W0395383

# deutsch ideen

## Kursstufe

**Informationen**
**für Lehrerinnen und Lehrer**

Schroedel

**deutsch.ideen Kursstufe**

Arbeitsbuch für die Qualifikationsphase
der gymnasialen Oberstufe

**Informationen für Lehrerinnen und Lehrer**

*Herausgegeben* von Günter Graf

*Erarbeitet* von Urban Büchel, Ulla Ewald-Spiller, Martina Geiger, Günter Graf, Winfried Harst,
Frauke Mühle-Bohlen, Thomas Rudel, Johannes Georg Sanders, Bernd-Michael Schülke, Horst Spittler,
Thorsten Zimmer



Druck A1/Jahr 2009
Alle Drucke der Serie A sind im Unterricht parallel verwendbar.

*Redaktion:* Manfred Zmy
*Herstellung:* Udo Sauter
*Satz:* tiff.any GmbH, Berlin
*Druck und Bindung:* westermann druck GmbH, Braunschweig

ISBN 978-3-507-**42031**-1

# Inhaltsverzeichnis

## Epochen im 19./20 Jahrhundert



## Epochen im 18./19. Jahrhundert



# Sprachreflexion

## Sprache und Kommunikation



## Sprache der Medien



# Themen-Magazin

## Filmanalyse



## Einen Essay schreiben

## Autorenporträt: Georg Büchner



## Facetten autoritären Verhaltens in der Literatur



## Migrantenliteratur

# Konzeption des Schülerbandes

## Grundlagen und Ziele

*deutsch.ideen Kursstufe* ist ein Arbeitsbuch für die Unterrichtspraxis in der Kursstufe der gymnasialen Oberstufe. Das Werk baut – curricular und konzeptionell – auf den bereits vorliegenden Bänden von *deutsch.ideen* für die Sekundarstufe I auf. Es zeichnet sich aus durch einen hohen Grad an didaktischer und damit unmittelbar unterrichtsbezogener Aufbereitung der Lerninhalte. Dabei wird großer Wert auf die Selbsttätigkeit der Schülerinnen sowie Schüler und auf kooperative Arbeitsformen gelegt. Die systematische Anordnung der Lernstoffe garantiert eine hohe Übersichtlichkeit des Buches und eröffnet Lehrerinnen sowie Lehrern Möglichkeiten für eine individuelle Gestaltung des Unterrichts. Die systematische Anlage stellt aber immer wieder Bausteine bereit, die auch einen integrativen Deutschunterricht ermöglichen, der allerdings betont funktional organisiert ist.

## Kompetenzorientierter Deutschunterricht

Das Arbeitsbuch *deutsch.ideen Kursstufe* möchte einen modernen, kompetenzorientierten Deutschunterricht ermöglichen, der die Schülerinnen und Schüler auf pragmatische, aber auch reflexive Weise in der Entfaltung ihrer *Schreib-* und *Lesekompetenz* – d.h. ebenfalls in ihrer *literarischen Kompetenz* – und in ihrer *Sprach- sowie Medienkompetenz* fördert. Dem Erwerb von *Methodenkompetenz* kommt dabei eine wichtige Bedeutung zu, vor allem hinsichtlich der Förderung selbstständiger und selbsttätiger Arbeitsprozesse bei den Schülerinnen und Schülern.
Die Kapitel in *deutsch.ideen Kursstufe* verknüpfen inhalts- und prozessbezogene Kompetenzbereiche, wie sie in aktuellen Bildungsstandards und Kerncurricula gefordert werden.

### Schreibkompetenz

Schreibfertigkeiten erlangen die Schülerinnen und Schüler, indem sie unterschiedliche Schreibarten einüben. Dabei lernen sie die jeweiligen Kriterien derselben kennen und werden so befähigt, den Anforderungen der schriftlichen Abiturprüfung gerecht zu werden. Entsprechend sind alle für das Abitur relevanten Aufsatzformen didaktisch aufgearbeitet. Dabei ist die methodische Anlage stets so organisiert, dass Textintention und formale Gestaltungsmittel – deren Bezüglichkeit ist häufig ein zentrales Erkenntnisziel: z. B. im Interpretationsaufsatz – genau wahrgenommen und im eigenen Schreibprozess dargestellt werden müssen.
In allen Schreibformen geht es um die Erfordernisse des Nachweisens und Beweisens, d.h. auch des Begründens und Argumentierens. So gesehen kann als ein wesentliches Ziel des Schreibunterrichts vor allem der Oberstufe der Aufbau von diskursiver Kompetenz, im weiteren Sinne auch von Urteilskompetenz bezeichnet werden.

### Lesekompetenz und literarische Kompetenz

Die Entfaltung von Lesekompetenz – immer verknüpft mit Textverstehen – setzt Lesefreude und Lesemotivation voraus. Um sie zu ermöglichen, stellt *deutsch.ideen Kursstufe* die didaktische Organisation eines methodisch variantenreichen Leseunterrichts vor, sowohl die pragmatischen als auch die literarischen Texte betreffend.
Im Zentrum der Beschäftigung mit poetischer Literatur steht ein vertieftes Verstehen der jeweiligen fiktionalen Texte, was den Schülerinnen und Schülern eine spezifische Form der Welterschließung eröffnen soll. Texte aus Gegenwart und Vergangenheit sensibilisieren dabei für unterschiedliche Weltsichten und regen zur persönlichen Auseinandersetzung an. Die Entwicklung der Fähigkeit, fremde Lebensentwürfe zu verstehen und sich in sie hineinzuversetzen, bildet für die Schülerinnen und Schüler zugleich eine wichtige Voraussetzung für die eigene Identitätsbildung.

### Sprach- und Medienkompetenz

Die Entfaltung von Sprachkompetenz schließt die Fähigkeit zur Beobachtung, Beschreibung und Deutung von Sprache ein, etwa ihrer historischen und kommunikativen Dimension. Die Sprachkapitel in *deutsch.ideen Kursstufe* möchten entsprechend grundlegende Kenntnisse über Sprachwandel sowie Spracherwerb vermitteln und Interesse wecken für kommunikative Prozesse wie etwa die psychologischen Implikationen von Nachrichten oder Botschaften. Die Verschränkung von Sprach- und Medienkompetenz wird erreicht, wenn die Schüler der Frage nachgehen, wie Sprache in bestimmten medialen Textzusammenhängen verwendet wird. Damit ist bewusst auch eine sprachkritische Sicht intendiert. Auf diese Weise bildet sich Sprachbewusstsein heraus, was den Schüler zu einem reflektierten Sprachbenutzer werden lässt.

## Methodenkompetenz

Durch neuere erziehungswissenschaftliche Studien angeregt wird der Methodenschulung auch im Deutschunterricht größere Bedeutung zugemessen. Entsprechend gilt es, vor allem hinsichtlich selbsttätiger Arbeitsprozesse, die Schülerinnen und Schüler beim Aufbau ihrer Methodenkompetenz zu fördern. Als Vorbild kann dabei ein Unterricht fungieren, der aus Gründen motivierender Impulssetzungen sich vielfältiger Methodenangebote und Arbeitstechniken bedient, allerdings nicht als Selbstzweck – die Gefahr besteht eventuell –, sondern stets im funktionalen Zusammenhang mit der Erarbeitung der jeweiligen Inhalte.

# Aufbau und Gliederung des Unterrichtswerkes

## Innere Struktur

**Unterrichtsbezogene Aufbereitung**
*deutsch.ideen Kursstufe* ist, wie schon die Bände für die Sekundarstufe I, durchgehend als Arbeitsbuch angelegt, d. h., es werden didaktische Bausteine mit ganz konkreter unterrichtsbezogener Aufbereitung der Lerninhalte vorgestellt. Entsprechend versteht sich das Arbeitsbuch weder als Textkompendium noch als Auflistung umfangreicher Regelkataloge. Vielmehr werden z. B. Texte und das zu ihrer Bearbeitung notwendige Regelwerk immer als funktionale didaktische Einheit dargestellt, die jeweils in konkreten Bausteinen unmittelbar unterrichtspraktisch realisiert wird.

**Systematische Anordnung der Lerninhalte**
Das Arbeitsbuch ist systematisch organisiert. Dies bedeutet in keiner Weise die Ausblendung von Möglichkeiten eines integrativen oder verbundenen Deutschunterrichts; immer wieder werden derartige Bausteine angeboten, aber bewusst funktional organisiert, d. h. auch im Sinne wechselseitiger Erhellung der verknüpften Arbeitsbereiche und ihrer Gegenstände. Die systematische Anordnung ermöglicht dem Lehrer die individuelle Gestaltung des Unterrichts. Eine Verknüpfung der verschiedenen Arbeitsbereiche kann nach Bedarf leicht hergestellt werden, ist außerdem in der Marginalspalte immer wieder angezeigt.

**Selbstständiges Lernen**
Wenn es stimmt, dass Selbsterarbeitetes am besten und längsten im Gedächtnis haften bleibt, wird ein moderner kompetenzorientierter Deutschunterricht, der auch langfristig auf die Stärkung der Schülersubjekte setzt, forciert Phasen der selbsttätigen Erarbeitung der Gegenstände organisieren.

Entsprechend stellt *deutsch.ideen Kursstufe* immer wieder didaktische Bausteine bereit, die die Eigentätigkeit der Schüler fördern, z. B. in der Struktur des Fragen- und Aufgabenapparats; so werden möglichst wenige und offene Fragen sowie Aufgaben formuliert und kooperative Sozialformen nehmen eine breiten Raum ein.

**Handlungs- und produktionsorientierte Verfahren**
Zunächst dienen sie der Zielsetzung, Methodenvielfalt in den Erarbeitungsprozessen anzubieten, etwa im Lernbereich »Umgang mit Literatur« die Ergänzung der üblichen kognitiv-analytischen Verfahren. Darüber hinaus aber verfolgt *deutsch.ideen Kursstufe* mit dem forcierten Angebot vor allem produktionsorientierter Aufgabenstellungen, z. B. auch im Bereich der Schreiblehre, die Absicht, die Schülerinnen und Schüler in ihren subjektiven Rezeptionspotenzialen zu fördern, allerdings immer verknüpft mit den hermeneutischen Erfordernissen der Literaturinterpretation.

## Äußerer Aufbau

*deutsch.ideen Kursstufe* bietet Grundlagenwissen für die unterschiedlichen Lernbereiche des Deutschunterrichts in der Kursstufe.
Entsprechend der systematischen Konzeption enthält der Band *deutsch.ideen Kursstufe* fünf verschiedene, auch farblich voneinander abgegrenzte Teile, die eine möglichst flexible Handhabbarkeit des Buches für Schüler und Lehrer bei gleichzeitig klarer und übersichtlicher Struktur ermöglichen sollen.
Neben den Kapiteln über Schreibformen und literarische Gattungen bietet das Buch auch Kapitel an, die stärker einen epochenspezifischen Zugang verfolgen. Die Sprachkapitel ergänzen das Angebot. In allen didaktischen Bausteinen wird Methodenvielfalt angestrebt, um so einen abwechslungsreichen und motivierenden Unterricht zu ermöglichen. Ein abschließendes Themen-Magazin sorgt – hinsichtlich seiner inhaltlichen Vielfalt – zusätzlich für einen facettenreichen Deutschunterricht.

## Übersicht über die Lernbereiche und die Kapitel in »deutsch.ideen Kursstufe«

**Das Lernen lernen**
- Präsentations- und Prüfungstraining (S. 12–S. 28)

**Sprechen und Schreiben**
- Poetische Texte interpretieren (S. 28–S. 71)
- Sachtexte lesen und analysieren (S. 72–S. 89)
- Argumentieren und Erörtern (S. 90–S. 121)

**Umgang mit Literatur**
- Literarisches Leben (S. 122–S. 135)
- Gegenwartsliteratur (S. 136–S. 163)
- Epochen im 19./20. Jahrhundert (S. 164–S. 191)
- Epochen im 18./19. Jahrhundert (S. 192–S. 221)

**Sprachreflexion**
- Sprache und Kommunikation (S. 222–S. 261)
- Sprache der Medien (S. 262–S. 277)

**Themen-Magazin**
- Filmanalyse (S. 278–S. 295)
- Einen Essay schreiben (S. 296–S. 305)
- Autorenporträt: Georg Büchner (S. 306–S. 325)
- Facetten autoritären Verhaltens in der Literatur (S. 326–S. 343)
- Migrantenliteratur (S. 344–S. 357)

## Übersicht über einzelne Gestaltungselemente

**Einstiegsseiten**
Die Einstiegsseiten bieten über Bild- und Textelemente einen motivierenden Einstieg in die Thematik des Kapitels. Ein kurzer Einführungstext gibt einen Überblick über Inhalte und Gliederung des Kapitels.

**Kolumnentitel**
Die Kolumnentitel am oberen Rand der Seiten sind ein wesentliches Strukturelement. Sie signalisieren Handlungs- und Erkenntnisrichtung sowie Ergebnisfindung, mit denen die Erarbeitung der Bausteine oder Module verknüpft ist.

**Aufgabenstellung**
Die Aufgaben führen zügig auf das Lernziel hin. Dabei soll der Lernprozess nicht über eine Vielzahl von Fragen gesteuert werden, vielmehr sollen sich die Schülerinnen und Schüler selbstständig mit einer Aufgabe auseinandersetzen können. Motivierend sind auch die Vorschläge für Gruppenarbeiten, bei denen die Schülerinnen und Schüler neben den eigentlichen Inhalten zusätzlich soziale Kompetenzen erwerben können.

**Zusammenfassung**
Am Schluss jener Kapitel, die stark von spezifischem Regelwissen und bestimmter Kompetenzförderung geprägt sind – wie etwa die Schreibkapitel –, findet sich jeweils unter der Kolumne *Was Sie an Wissen und Kompetenzen erlangen müssen* eine Zusammenfassung des Gelernten.

**Marginalspalte**
In der Marginalspalte finden die Schülerinnen und Schüler Informationen zu Autorinnen und Autoren, die Erläuterung von Fachbegriffen sowie Hinweise auf Vernetzungen zu anderen Kapiteln im Buch.
An vielen Stellen im Buch finden sich Hinweise auf Methoden und Arbeitstechniken, die die Lösung komplexer Aufgaben vorbereiten bzw. erleichtern.

## Konzeption der Lehrerinformationen

Jedes Kapitel des Schülerbandes ist in den *Informationen für Lehrerinnen und Lehrer* repräsentiert und enthält grundsätzlich drei Abschnitte:

- **Zielsetzung und Aufbau des Kapitels**
- **Aufgaben – Lösungen – Kommentare**
- **Ergänzungen und Vertiefungen**

**Zielsetzung und Aufbau des Kapitels**
In der Regel wird hier der fachdidaktische Rahmen abgedeckt, in dem das Kapitel angesiedelt werden kann, wozu vor allem auch methodische und strukturelle Aspekte zählen. Soweit geboten werden Ziele und Kompetenzen aufgeführt, die die Schüler jeweils – nach der Behandlung der didaktischen Bausteine – erreichen bzw. erlangen sollten.

**Aufgaben – Lösungen – Kommentare**
Soweit möglich und nötig werden zu allen Aufgaben Lösungen angeboten, die allerdings nicht selten lediglich Vorschlagscharakter haben, da je nach Gegenstand auch unterschiedliche Antworten oder Lösungen denkbar sind. In bestimmten didaktischen Zusammenhängen bieten sich Erläuterungen bzw. Kommentare an, die sich z. B. auf die unterrichtspraktische Umsetzung oder auch auf Möglichkeiten der Erweiterung der Gegenstände beziehen. In diesem Zusammenhang wird dann gegebenenfalls auf ergänzende und vertiefende Materialien verwiesen.

**Ergänzungen und Vertiefungen**
Dieser Abschnitt stellt Zusatzmaterial zur Verfügung – z. B. Tabellen, Grafiken, Tafelbilder, Arbeitsblätter, Texte –, das die Erkenntnisse des behandelten Stoffes erweitern und vertiefen könnte. Denkbar wäre hier, dass die Schüler sich das angebotene Material z. T. in kleinen Projekten selbst erarbeiten. Dies würde ohnehin auch einer grundsätzlichen konzeptionellen Leitlinie des Schülerbandes entsprechen: nämlich schülerorientierten, d. h. selbsttätigen Unterricht zu organisieren, etwa in Form kooperativer Arbeitsprozesse.

# Präsentations- und Prüfungstraining (S. 12–27)

Martina Geiger

## 1 Zielsetzung und Aufbau des Kapitels

Bereits in den *deutsch.ideen*-Bänden für die Sekundarstufe I findet sich in jedem Band ein Eingangskapitel, in dem das Lernen selbst Gegenstand ist. Aufeinander aufbauend werden Lerntipps und Arbeitstechniken erarbeitet, die sowohl den Deutschunterricht wie auch das Lernen allgemein betreffen. Insofern knüpft das Kapitel *Präsentations- und Prüfungstraining* in dem Band zur Kursstufe curricular an die Vorgängerbände an.

Zwar gibt es kein allgemeingültiges Methodencurriculum, jedoch ist es in den beiden Jahrgängen der Kursstufe naheliegend, den Fokus auf die anstehenden Abschlussprüfungen zu legen, um die Schülerinnen und Schüler – neben fachspezifischem Wissen und fachbezogenen Kompetenzen – auch in allgemeinen Lern- und Prüfungsstrategien fit zu machen. Primäre Zielsetzung des Kapitels ist demnach, die Schüler auf die Anforderungen der Abiturprüfung vorzubereiten.
Das Kapitel umfasst drei Bausteine, die sich im Überblick wie folgt darstellen:

- **Arbeitsorganisation und Zeitplanung**
- **Die Präsentation**
- **Die mündliche Abiturprüfung**

Es beginnt mit einem allgemeinen Teil zu Arbeitsorganisation und Zeitplanung. Die einzelnen Seiten (Selbstorganisation, Zeitplanung, unterschiedliche Lerntechniken) verstehen sich als voneinander unabhängige Module, die vom Lehrer zu unterschiedlichen Zeitpunkten eingesetzt werden können, etwa bereits zu Beginn der Kursstufe oder aber auch erst einige Monate vor dem schriftlichen Abitur, wenn die Schüler konkret mit den Vorbereitungen für die Prüfung beginnen.

Danach folgt ein Sprung in die Formen der mündlichen Prüfung. Die Vorbereitung und die Anforderungen der schriftlichen Abiturprüfung sind bewusst ausgeklammert, finden sie sich doch in den einzelnen Kapiteln der Schreiblehre wieder, etwa wenn es darum geht, wie einzelne Aufsatztypen vorbereitet und bewältigt werden können.
Den ersten Schwerpunkt zu mündlichen Prüfungsformen bildet die Präsentation. Dabei geht es zum einen darum, die Schüler auf das Präsentieren als alternative Form der Leistungsmessung (beispielsweise durch Referate) während der gesamten Kursstufe vorzubereiten. Darüber hinaus ist dabei auch die sogenannte »Präsentationsprüfung« gemeint, die in einigen Bundesländern Teil der Abiturprüfung ist. Insofern liegt die Entscheidung wiederum beim Lehrer, wann er die Seiten des Kapitels einsetzen will: Geht es ihm allgemein um das mündliche Präsentieren, kann der Kapitelbaustein bereits zu Beginn der Kursstufe eingesetzt werden, geht es um die konkrete Vorbereitung einer Präsentationsprüfung, empfiehlt es sich, den Baustein kurz vor dem mündlichen Abitur einzuplanen.
Da diese Präsentationsprüfung in der Regel nicht im Fach Deutsch stattfindet, liefert das Fach hier den anderen Fächern Methodenkompetenz zu.

Der dritte Baustein des Kapitels beschäftigt sich mit der mündlichen Abiturprüfung im Fach Deutsch im Sinne eines Prüfungskolloquiums. Verschiedene (und je nach Bundesland unterschiedliche) Varianten werden hier vorgestellt und durchgespielt. Insofern sind diese Seiten direkt vor der mündlichen Prüfung einsetzbar.

**Literaturtipps:**

Sigune Barsch-Gollnau u. a.: *Erfolgreich lernen – kompetent handeln. Der Methodentrainer für Seminarkurs und Präsentationsprüfungen.* Bamberg 2004.
Bernd Kolossa: *Methodentrainer. Arbeitsbuch für die Sekundarstufe II. Gesellschaftswissenschaften.* Berlin 2000.

# 2 Aufgaben – Lösungen – Kommentare

## Arbeitsorganisation und Zeitplanung (S. 13–16)

### Sich selbst einschätzen

**Aufgaben 1 und 2** (S. 13)
Im Idealfall werden folgende Antworten mit Ja angekreuzt: 1 – 2 – 3 – 5 – 8 – 13 – 15 – 16 – 19 – 20 – 21 – 22. Die Schüler sollten dazu ermuntert werden, sich ehrlich einzuschätzen. Es geht nicht um eine Herabwürdigung einer Arbeitsweise oder Zeitplanung, wenn sich herausstellt, dass jemand etwas chaotisch arbeitet. Auch ist herauszustellen, dass die oben genannten »Idealantworten« keine normativen Setzungen sind, sondern lediglich als Empfehlungen zu verstehen sind. Lernen ist immer typabhängig: Jemand kann beispielsweise trotz eines unaufgeräumten Schreibtisches sehr effektiv lernen, ein anderer lernt gar nicht an einem festgelegten Arbeitsplatz, sondern am Küchentisch oder im Bett und ist trotzdem erfolgreich.

**Aufgaben 3 und 4** (S. 13)
In Anbetracht des oben Gesagten geht es hier nicht darum, normativ ideale Lernumgebungen anzustreben, sondern individuell wirkliche Ursachen für Zeitverlust und schlechte Arbeitsorganisation aufzudecken. Dabei müssen nicht die Ideallösungen als Strategien formuliert werden. Beispiel: Jemand hat seine anstehenden Aufgaben prima im Überblick, ohne dass er schriftlich festlegt, wann er was erledigen muss (vgl. Frage 21), er vertut sich aber häufig in der Zeit, weil er länger als gedacht für eine bestimmte Aufgabe braucht. Eine Strategie für ihn wäre, die anstehenden Aufgaben mit einer Zeiteinschätzung zu notieren und diese nach Erledigung der Aufgabe zu überprüfen. Auf diese Weise stellt sich eine größere Routine ein bei der Einschätzung der benötigten Arbeitszeit, sodass auf Dauer das Notieren der Aufgaben tatsächlich überflüssig wird.

### Sich die Zeit einteilen

**Aufgabe 2** (S. 14)
Aufgabentyp A lässt sich am besten am Vormittag oder am späten Nachmittag / frühen Abend erledigen; Aufgabentyp B kann auch am späteren Abend (bis 23 Uhr) noch erledigt werden; Routineaufgaben des Typs C können auch zu Zeiten mit niedriger Leistungsfähigkeit (früher Morgen oder nach dem Mittagessen) abgearbeitet werden. Nachtarbeit nach einem vollen Arbeitstag ist in keiner Weise effektiv, weil hier die Leistungsfähigkeit des Menschen kaum vorhanden ist.

**Aufgabe 5** (S. 14)
Vilfredo Pareto untersuchte die Verteilung des Volksvermögens in Italien und fand heraus, dass ca. 20 % der Familien ca. 80 % des Vermögens besitzen. Banken sollten sich also vornehmlich um diese 20 % der Menschen kümmern und ein Großteil ihrer Auftragslage wäre gesichert.
Daraus leitet sich das Pareto-Prinzip ab. Es besagt, dass sich viele Aufgaben mit einem Mitteleinsatz von ca. 20 % so erledigen lassen, dass 80 % aller Probleme gelöst werden.
Das Pareto-Prinzip kann bei vielen – auch alltäglichen – Fragestellungen beobachtet werden, z. B.:

- 20 % der eingesetzten Zeit bringt 80 % der Ergebnisse.
- In einem durchschnittlichen Haushalt verursachen 20 % der Kostenpositionen 80 % der Kosten.
- In einer Wohnung weisen 20 % des Teppichs 80 % der Gesamtabnutzung auf.
- In einem Unternehmen werden 80 % des Umsatzes mit 20 % der Kunden erzielt.
- 80 % eines Textes werden mit 20 % der Wörter bestritten (z. B. der, die, das usw.).

(zitiert nach *www.wikpedia.de*, 15. 4. 2009)

### Verschiedene Lerntechniken anwenden

**Aufgabe 2** (S. 15)
- *Gruppe 1* wird das Lesen als Lerntechnik vorgegeben. Da die Begriffe jedoch scheinbar zusammenhangslos sind, wird das Memorieren schwierig sein. Möglicherweise werden einige Schüler aber doch – vielleicht unbewusst – weitere Lerntechniken einsetzen. Diese können nach der Auswertung des Experiments diskutiert werden.
- *Gruppe 2* soll Bilder, Symbole und Oberbegriffe als Lerntechnik einsetzen, um die scheinbar zusammenhangslosen Wörter in der richtigen Reihenfolge zu memorieren. Diese Technik eignet sich insbesondere, um sich komplexe Sachverhalte einzuprägen. Durch Bilder und Symbole (sei es vor dem inneren Auge oder direkt auf dem Papier) werden besonders die Lerner angesprochen, die sich durch Visualisierungen gut etwas merken können.
- *Gruppe 3* wird ein Lernen auf mehreren Kanälen vorgeschlagen. Die Geschichte vernetzt und versprachlicht Zusammenhänge zwischen den Begriffen. Zudem läuft vor dem inneren Auge die Geschichte als Film ab, wird also auch noch visualisiert.

Bei jeder Lerntypenbestimmung geht es um Tendenzen. Reine Lerntypen (z. B. auditiv, visuell) gibt es in der Realität wohl nicht, sondern es treten immer Mischformen auf. Daher ist zum effektiven Lernen eine möglichst große Nutzung aller Sinne am besten. Es gilt also, die Informationsaufnahme durch Lerntechniken zu unterstützen, die einem liegen (z. B. visualisieren), und darauf zu achten, dass mehrere Sinne gleichzeitig angesprochen werden (z. B. das Visualisierte jemandem erklären).

**Aufgabe 3** (S. 16)
Die Zuordnungen sind nicht immer eindeutig nur für ein Schlagwort zu treffen. Über manche Zuordnung, die hier vorgeschlagen wird, lässt sich sicher diskutieren.

**A.** Mehrkanaliges Lernen: 2, 5, 6, 8, 12, 15, 16, 17
**B.** Lernstrategien: 3, 7, 8, 11, 12, 13, 15, 17
**C.** Variationsreich lernen: 4, 5, 11, 16
**D.** Wiederholen und üben: 5, 6, 8, 10, 12, 13
**E.** Vernetzen: 2, 3, 4, 5, 9, 14
**F.** Lerntandems: 1

## Die Präsentation (S. 17–22)

### Medien auswählen

**Aufgaben 1 und 2** (S. 17)
Eine Zusammenstellung der Vor- und Nachteile einzelner Präsentationsmedien findet sich unter **M 1**. Diese könnte im Unterricht nach einer Sammlungsphase durch die Schüler als eine Ergebnisfolie aufgelegt oder an die Schüler als Checkliste ausgeteilt werden.

### Eine Präsentationsfolie gestalten

**Aufgabe 2** (S. 18)
*Folien-Faustregeln:* mindestens 16 P (besser 20 P); höchstens 16 Zeilen (besser 12); quadratisches Format; eine gut lesbare Schrift ist z. B. Arial; die Folie muss im Stehen lesbar sein, wenn man sie direkt vor sich auf den Boden legt.

### Ein Thesenpapier überarbeiten

**Aufgabe 1** (S. 19)
Das Thesenpapier zeigt verschiedene Schwächen. Es ist viel zu ausführlich und bildet im Prinzip den gesamten Vortrag ab, sodass die Referentin nur das Thesenpapier »vorliest«. Manche Zusammenhänge sind dennoch zu verkürzt dargestellt (z. B. Untergang des Heiligen Römischen Reichs Deutscher Nation). Einige wichtige Elemente fehlen, z. B. Literatur- und Quellenangaben, außerdem ist an manchen Stellen nicht klar, ob aus den Quellen direkt zitiert wird oder ob es sich um eigene Formulierungen der Referentin handelt; Zitate sind aber keine ausgewiesen.

Ein vertiefender Baustein, der im Zusammenhang mit dem Thesenpapier steht, ist der Umgang mit Quellen- und Literaturangaben. Ein Arbeitsblatt dazu unter **M 2**.

### Den Computer für die Präsentation einsetzen

**Aufgabe 1** (S. 21)
Der Vergleich von Präsentationsauszügen und Stichwortzettel zeigt, dass der Vortrag ein deutliches »Mehr« gegenüber der Computerpräsentation bietet. Diese dient tatsächlich nur zur Unterstützung und Visualisierung, während das Hauptaugenmerk des Publikums auf dem mündlichen Vortrag und auf dem Redner liegt. Der Stichwortzettel zeigt auch, dass die Folien verschieden genutzt werden können; sie dienen einerseits, wie oben gesagt, als Unterstützung der Informationen »für das Auge«, andererseits kann an ihnen auch etwas gezeigt und erklärt werden (z. B. die verschiedenen Maschinen).

**Aufgabe 2** (S. 21)
Die Zusammenstellung **M 1** der Vor- und Nachteile einzelner Präsentationsmedien kann auch zur Beantwortung dieser Aufgabe herangezogen werden.

### Einen Vortrag beginnen und beenden

**Aufgabe 1** (S. 22)
1. *Zitat* → erzeugt bei den Zuhörern einen Wiedererkennungseffekt, weckt Interesse für das Thema.
2. *Frage/Provokation* → regt die Zuhörer zum Mitdenken an, steigert die Spannung / das Interesse.
3. *aktueller Anlass* → findet die uneingeschränkte Aufmerksamkeit, zeigt Interesse des Vortragenden am Thema / stärkt dessen Glaubwürdigkeit.
4. *Problemaufriss/informierender Einstieg* → kommt schnell zu den Inhalten und Ergebnissen, verweist auf Glaubwürdigkeit der Information.
5. *Anschauungsobjekt/Anekdote* → bleibt im Gedächtnis haften, lockert die Atmosphäre, weckt Interesse.

**Aufgaben 2 und 5** (S. 22)
Bei einem Methodentraining zum Präsentieren, wie in diesen Aufgaben vorgeschlagen, geht es nicht nur um den Inhalt des Vorgetragenen, sondern auch um den richtigen Einsatz von Körper, Mimik, Gestik und Stimme. Daher sollte bei solchen Übungen unbedingt darauf geachtet werden, dass eine Atmosphäre und ein Raum geschaffen werden, die dieses Spiel zulassen und es den Schülern ermöglichen, in die Rolle des Präsentierenden zu schlüpfen, sodass sie nicht nur die Sache, sondern auch sich präsentieren können.

Dazu sind Vorübungen als sogenannte Warm-ups – ähnlich wie im szenischen Spiel – empfehlenswert (z. B. Lockerungsübungen für den Körper, Stimm- und Sprechproben usw.).

Vertiefendes Material zu Vortrag und Beurteilung einer Präsentation findet sich unter **M 3 – M 5**. Das Material kann als zusätzlicher Baustein an die Seite 22 des Schülerbandes anschließen, aber auch unabhängig davon, etwa bei einem Methodentag, eingesetzt werden.

**Als weiterführende Literatur zur Präsentation empfiehlt sich u. a.:**

- Siegmund, Rausch, Kegel, Amann: *Erfolgreich präsentieren. Ein Praxistraining mit Beispielen und Tipps.* Troisdorf 2002.
- Hartmann, M. / Funk, R. / Nietmann, H.: *Präsentieren, Präsentation: zielgerichtet und adressatenorientiert.* Weinheim, Basel 1998.
- Seifert, J. W.: *Visualisieren, Präsentieren, Moderieren.* Offenbach 1998.

## **Die mündliche Abiturprüfung** (S. 23–27)

### Die Anforderungen der mündlichen Prüfung bedenken

**Aufgabe 1** (S. 23)
Weitere Tipps

- *zur Prüfungsaufgabe:* Jeder sollte sein eigenes System finden, wo und wie er seine Stichpunkte für den mündlichen Vortrag notiert (aufs Aufgabenblatt, auf ein Extrablatt, auf Karteikarten). Wichtig ist aber, dass es nur Stichwörter sind, die eventuell ergänzt werden durch Symbole, Pfeile o. Ä., um Zusammenhänge zu verdeutlichen. Für mehr reicht die Vorbereitungszeit nicht aus.
- *zur Vorbereitungszeit:* Man sollte nicht bis zum Ende des Vorbereitungszeitraums schreiben, sondern die letzten Minuten dazu nützen, die Stichworte zu überdenken und sich einen Vortrag im Geist zu überlegen.
- *zum freien Vortrag:* Das Lampenfieber lässt sich leichter bekämpfen, wenn man mit seinen starken Wissensgebieten anfängt; auf das Ende des Vortrags zu warten, um erst dort zu punkten, wäre taktisch unklug. Auch wenn man selbst mit der Prüfungsvorbereitung oder der Aufgabenstellung nicht zufrieden ist, sollte man Zuversicht ausstrahlen und das Beste daraus machen. Sonst ist es möglich, dass dem Prüfer ein schlechteres Ergebnis suggeriert wird.

### Den ersten Prüfungsteil bewältigen

In den einzelnen Bundesländern gibt es unterschiedliche Vorstellungen über die Formulierung der mündlichen Prüfungsaufgaben: Einige Lehrer orientieren sich an den Aufgabenstellungen der Klausuren, also etwa
a) Einordnung der Textstelle in den Gesamtkontext,
b) Analyse der Textstelle und
c) Interpretation eines Aspekts, der über die Textstelle hinausreicht.

Andere Lehrer bevorzugen eine einzige, umfassende Aufgabe, weil sie denken, dass eine mehrgliedrige Aufgabenstellung in der kurzen Vorbereitungszeit nicht zu bewältigen ist.
Dennoch ist es auch bei dieser Art der Aufgabenstellung sinnvoll und hilfreich für den Schüler, wenn er mit einer knappen Inhaltszusammenfassung startet (auch wenn es die Aufgabe nicht explizit fordert).
Ein weiteres Beispiel für eine mündliche Abituraufgabe findet sich unter **M 6**.

**Aufgabe 1** (S. 25)
Die Schülerin beginnt damit, die Textstelle in den Handlungszusammenhang des Dramas einzuordnen (Karteikarte 1). Dann gibt sie den Inhalt des Dialogs zwischen Odoardo und Emilia wieder (Karteikarte 2). Beides ist Vorbereitung für die Aufgabenstellung 1, die nach dem Verhältnis zwischen Odoardo und Emilia fragt. Die eigentliche Frage nach dem Verhältnis zwischen Vater und Tochter müsste aber noch ergänzt werden. Hier könnten Stichwörter wie väterliche Autorität, moralische Verpflichtung, Gehorsam, Abhängigkeit, Weltferne und Naivität Emilias usw. stehen.
Die Karteikarte 3 skizziert den Konflikt Emilias zwischen bürgerlichen Wert- und Moralvorstellungen (repräsentiert durch den Vater) und der schillernden, aber ruchlosen Welt des Adels (in Person des Prinzen). Hier könnte noch die Bewertung / Deutung des Konflikts ergänzt werden, etwa dass gezeigt wird, wie ein übersteigertes bürgerliches Moralempfinden in der Konfrontation mit der adligen Gesellschaft versagt.

### Den zweiten Prüfungsteil bewältigen

**Aufgabe 1** (S. 26)
Wenn den Schülern die beiden Dramen *Emilia Galotti* und *Kabale und Liebe* nicht bekannt sind, können natürlich andere Themen gewählt werden. Es geht in dieser Aufgabe nicht um die inhaltliche Füllung dieser konkreten Prüfungsgespräche, sondern darum, wie die Prüfer in das Kolloquium einsteigen, nämlich einmal als Vertiefung des bereits im ersten Prüfungsteil bearbeiteten Themas und einmal durch Verknüpfung mit Paralleltexten und durch vergleichende Betrachtung.

**Aufgabe 2** (S. 26)
Ein Bewertungsbogen für eine mündliche Abiturprüfung findet sich unter **M 7**. Dieser kann den Schülern als Hilfestellung ausgeteilt werden, um ein Prüfungsgespräch zu simulieren und zu beobachten. Er kann aber auch noch einmal dazu dienen, die Kriterien für eine Beurteilung transparent zu machen. Im Grunde jedoch sollte auch den Schülern klargemacht werden, dass der Gesamteindruck entscheidend ist und einzelne Kriterien in der Regel lediglich eine Korrektur nach unten/oben bewirken.

**Aufgaben 3 und 4** (S. 27)
Zu den allgemeinen Kriterien seien noch einige ergänzt, die den Schülern als Tipps ebenfalls mit auf den Weg gegeben werden können, um sich eine Prüfungsstrategie zu überlegen.

**1. Gesprochene Sprache:**
- nicht zu kompliziert formulieren (keine langen Schachtelsätze oder Einschübe)
- Fachbegriffe klären
- persönliche Ansprache des Publikums (»Sie«, »wir«)
- Aktiv statt Passiv
- Wiederholungen bewusst einsetzen, um wichtige Aspekte zu betonen

**2. Stimme**
- laut und deutlich
- Modulation/Stimmführung bewusst einsetzen (laut/leise, langsam/schnell, empathisch, Pausen)
- richtige Atmung (Bauchatmung)

**3. Körpersprache**
- Blickkontakt mit Zuhörern halten, auf Reaktionen achten
- nicht mit Schreibgeräten, Papier, Zeigestock o. Ä. herumspielen
- Übersprungshandlungen kontrollieren (z. B. mit den Haaren spielen, mit den Fingern trommeln)
- Verstärkung der Aussagen durch möglichst natürliche Gestik und Mimik

## 3 Ergänzungen und Vertiefungen

**M 1**
**Übersicht:** Vor- und Nachteile einzelner Prüfungsmedien
Hier findet sich eine Zusammenstellung der Vor- und Nachteile einzelner Präsentationsmedien. Diese könnte im Unterricht nach einer Sammlungsphase durch die Schüler als eine Ergebnisfolie aufgelegt werden oder an die Schüler als Checkliste ausgeteilt werden.

**M 2**
**Arbeitsblatt:** Umgang mit Quellen- und Literaturangaben
Dieses Arbeitsblatt ist ein vertiefender Baustein zum Umgang mit Quellen und Literaturangaben.

**M 3 – M 5**
**Präsentationstraining**
Diese vertiefenden Materialien zu Vortrag und Beurteilung einer Präsentation können als zusätzlicher Baustein an die Seite 22 des Schülerbandes anschließen, aber auch unabhängig davon, etwa bei einem Methodentag, eingesetzt werden.

**M 6**
**Zusatztext:** Franz Kafka: *Eine kaiserliche Botschaft*
Beispiel für eine mündliche Abituraufgabe

**M 7**
**Bewertungsbogen für die mündliche Abiturprüfung**
Dieser Bewertungsbogen für eine mündliche Abiturprüfung kann den Schülern als Hilfestellung ausgeteilt werden, um ein Prüfungsgespräch zu simulieren und zu beobachten. Er kann aber auch noch einmal dazu diesen, die Kriterien für eine Beurteilung transparent zu machen.

**M1**

## Übersicht: Vor- und Nachteile einzelner Präsentations-Medien (+ positiv / – negativ)

**Overhead-Projektor mit Folien**

+ transportierbar
+ technisch einfach zu handhaben
+ Möglichkeit, Folien vorzubereiten, im Bedarfsfall zu ergänzen und aufzubewahren.
+ Möglichkeit der Informationssteuerung durch Ein- und Ausschalten, durch schrittweises Aufdecken
+ Leitfaden durch vorbereitete Folien
+ einfaches Kopieren von am Computer erstellten Vorlagen

– Gefahr technischer Störungen
– Unsicherheit in der Handhabung, Verdecken der Projektion
– ungeeignete Projektionsflächen
– zu kleine Schrift oder Darstellungen, da gedruckte Vorlagen einfach kopiert werden
– zu viele Folien; zu wenig Zeit für das Publikum, sich mit den Inhalten auseinanderzusetzen
– reines Ablesen von der Folie
– Sprechen mit dem Rücken zum Publikum oder mit Blick auf die Projektionsfläche

**Flipchart**

+ einfache Handhabung
+ geringer technischer Aufwand
+ einfacher Transport
+ Möglichkeit, Blätter vorzubereiten, in Anwesenheit des Publikums zu entwickeln oder zu ergänzen, sie aufzubewahren und ggf. auszuhängen
+ die Darstellungen bleiben im Raum sichtbar

– begrenzte Blattfläche, daher Reduzierung auf Schlagwörter und wenige Fakten
– nur per Hand beschreibbar
– Problem der Beschriftung (Lesbarkeit der Schrift, Schriftgröße, Platzeinteilung)
– Fehlermöglichkeiten durch Aufregung während der Präsentation

**Pinnwand**

+ Entwicklung der Darstellung vor den Augen der Teilnehmenden
+ Möglichkeit, die gesamte Darstellung oder einzelne Elemente vorzubereiten
+ Verwendung von vorgefertigten Moderationsmaterialien, z. B. Karten
+ Aufbewahrungsmöglichkeit fertiger Darstellungen
+ einfache Handhabung, transportierbar, geringer technischer Aufwand
+ die Darstellungen bleiben im Raum sichtbar

– Überfrachten oder unsystematisches Anordnen der Elemente, sonst wie Flipchart

**Computer (mit Beamer)**

+ nahezu unbegrenzte Darstellungsmöglichkeiten
+ durch zusätzliche Effekte besonders motivierende Darstellung
+ zu Hause gut vorzubereiten

– höhere Anforderungen in Bezug auf Geräteausstattung und Kenntnisse
– im Umgang mit Software technische Pannen möglich, evtl. im Rahmen der Präsentation nicht behebbar
– Gefahr, dass technische Anforderungen und Freude an den Effekten die Zeit für die gründliche inhaltliche Auseinandersetzung vermindern und den Kontakt zum Publikum einschränken
– Schwierigkeit, Veränderungen und Ergänzungen während der Präsentation vorzunehmen

**Wandtafel**

Die Wandtafel ist wegen ihrer zahlreichen Nachteile (z. B. Leserlichkeit, mangelnder Blickkontakt, Zeitbedarf, keine Vorbereitungsmöglichkeit) nicht für eine Präsentation geeignet!

*Aus: www.willigis-online.de/wghome/pdf/Praesentation.pdf*, 15. 05. 2009)

**M2**

## Arbeitsblatt: Umgang mit Quellen- und Literaturangaben

**Aufgabe 1:** Ordnen Sie die Begriffe in der Randspalte den Angaben im Quellenverzeichnis zu.

*Für eine Präsentation stellt man die benutzten Quellen in einem Quellenverzeichnis zusammen:*

*Bayrische Zentrale für politische Bildungsarbeit (Hg.):* Der Kosovo-Konflikt. Ursachen – Akteure – Verlauf. München,[1] 2000

*Gilges, Martina / Schaefer, Rainer:* Wohnzufriedenheit, Wohnpräferenzen und ihre Umsetzung in kommunale Wohnungspolitik. In: Aus Politik und Zeitgeschichte B 8–9 (1993), S. 43–52.

*Hermes, Claudia / Wiesner, Ulrich:* Der virtuelle Nahostkonflikt. In: Frech, Siegfried / Hesse, Wolfgang / Schinkel, Thomas (Hg.): Internationale Beziehungen in der politischen Bildung. Schwalbach/Ts.: Wochenschau-Verlag, 2000, S. 343–353.

*Hurrelmann, Klaus / Albert, Mathias* in Zusammenarbeit mit Infratest Sozialforschung: Aufstieg statt Ausstieg – 14. Shell Jugendstudie zeigt Wertewandel bei Heranwachsenden, Jugendliche gestalten ihre Zukunft pragmatisch und zielorientiert. In: http://www.familienhandbuch.de/cmain/f_Fachbeitrag/a_Kindheitsforschung/s_748.html (Stand 23. 6. 2004), Verantwortlich für den Inhalt: Das Online-Familienhandbuch des Staatsinstituts für Frühpädagogik (IFP) www.familienhandbuch.de (entnommen am 4. 11. 2008)

*Moser, Hugo / Tervoren, Helmut (Hg.):* Des Minnesangs Frühling I (Texte). Stuttgart: Hirzel,[38] 1988.

*Münkler, Herfried:* Machiavelli. Die Begründung des politischen Denkens der Neuzeit aus der Krise der Republik Florenz. Frankfurt/Main: Fischer Taschenbuch-Verlag, 1984.

*http://www.auswaertiges-amt.de/6_archiv/index/htm:* Eröffnungserklärung bei der Dritten Europa-Mittelmeerkonferenz des Außenministers, Stuttgart, 15. April 1999 (entnommen am 5. 12. 1999).

- Titel des Aufsatzes
- Erscheinungsjahr
- Herausgeber
- Internetadresse
- Titel des Buches
- Auflage
- Name des Autors / der Autoren
- Nummer des Bandes bei mehrbändigen Werken
- Name der Zeitschrift
- Entnahmedatum
- Beitrag in einem Sammelwerk
- Online-Quelle
- Seitenangabe
- Homepagetitel
- Verlag
- Einzelwerk
- Zeitschriftenartikel
- Letztes Update

**Aufgabe 2:** Bringen Sie die beiden nachfolgenden Quellenprotokolle in die für das Quellenverzeichnis (**M 2**) vorgegebene Form und zeigen Sie, an welcher Stelle sie stehen müssen.

| | |
|---|---|
| 1. Haltzel, Michael H.<br>Amerikanische Einstellungen zur deutschen Wiedervereinigung, S. 99–104<br><br>In:<br>Jochen Thies und Wolfgang Wagner (Herausgeber): Das Ende der Teilung. Der Wandel in Deutschland und Osteuropa. Beiträge und Dokumente aus dem Europa-Archiv. Bonn 1990.<br>Universitätsbibliothek Freiburg.<br><br>Gute Sammlung von Aufsätzen zur deutschen Wiedervereinigung | 2. Meyers Lexikon online<br>Deutsche Einheit<br>http://lexikon.meyers.de/wissen/deutsche+Einheit+ (Sachartikel)<br>Entnahmedatum: 4.11.2008<br><br>Verantwortlich für den Inhalt: Bibliographisches Institut & F. A. Brockhaus AG, 2008.<br><br>Ca. 45 000 Artikel, kostenlos, drucken und kopieren erlaubt. |

**M3**

## Übersicht über das Präsentationstraining (M3 – M5)

*Ziel dieses Bausteins ist es, anhand von erarbeiteten Kriterien eine gute von einer schlechten Präsentation zu unterscheiden.*

| Phasen | Inhalt | Impulse/Sozialformen | Medien |
|---|---|---|---|
| **Hinführung** | Der Lehrer hält einen »mittelmäßigen bis schlechten Vortrag«. Das Thema des Vortrags ist nebensächlich, es sollte aus dem Stegreif zu behandeln sein und nach 2–3 Minuten beendet sein. | ▸ Lehrervortrag | |
| **Erarbeitung** | Schüler beurteilen, was an dem Vortrag gelungen / nicht gelungen war. | Einzelarbeit:<br>Notiere auf den Kärtchen, was am Lehrervotrag gut bzw. schlecht gelungen war. Wichtig: groß schreiben, pro Kärtchen nur ein Aspekt<br>Zeitvorgabe ca. 5 Min. | Kärtchen, dicke Stifte |
| **Auswertung** | Die Schülerkärtchen werden von den Schülern aufgehängt und geordnet;<br>Kommentierung bzw. Diskussion. | Schülerpräsentation:<br>Bei der Diskussion soll klar werden, dass nur konkrete Kritikpunkte verwertbar sind (z. B. nur Dialekt gesprochen, Folie nicht lesbar) | Pinnwand und Nadel (alternativ Tafel und Magnete) |
| **Transfer** | Die Schüler erstellen zu zweit einen Kurzvortrag, in dem jeweils ein Kriterium besonders gut/ schlecht verwirklicht wird. | Partnerarbeit:<br>Zieht ein Thema und ein Kriterium für den Vortrag. Entwerft zu zweit einen Kurzvortrag (maximal 2 Minuten), in dem das Kriterium besonders gut / besonders schlecht verwirklicht ist.<br>Zeitvorgabe ca. 15 Min. | Kärtchen mit Themen (Vorschläge finden sich unter **M 4**)<br>Kärtchen mit Kriterien (diese können dem Bewertungsbogen **M 5** entnommen werden) |
| **Auswertung** | Schüler tragen vor und geben Feedback. | Schülerpräsentation und Diskussion | Bewertungsbogen (**M 5**) |

M4

## Vorschläge für einen Kurzvortrag: Kuriose Gesetze aus den USA

**Aufgabe:** Manchmal kann man über das Gesetz ja schon den Kopf schütteln, wie etwa bei diesen Beispielen aus den USA. Dennoch soll in Ihrem Vortrag zum Ausdruck kommen, warum Sie dieses Gesetz unbedingt für nötig halten.

**Arkansas:**
Ein Gesetz verbietet es dem Arkansas River, höher als bis zur Brücke der Hauptstraße in Little Rock zu steigen.

**Colorado:**
In Denver darf ein Hundefänger nur dann seinem Handwerk nachgehen, wenn er die Hunde durch Plakatanschläge in öffentlichen Parks ausdrücklich auf die drohende Gefahr hingewiesen hat.

**Colorado:**
Wer in Denver seinen Staubsauger an die Nachbarn verleiht, verstößt gegen das Gesetz.

**Florida:**
Männern ist es in Miami verboten, sich in einem Morgenmantel ohne Gürtel in der Öffentlichkeit sehen zu lassen.

**Florida:**
In Saratoga ist es illegal, öffentlich zu singen, wenn man einen Badeanzug trägt.

**Georgia:**
In Atlanta verstößt es gegen das Gesetz, wenn eine Giraffe an einer Telefonzelle oder an einem Laternenpfahl festgebunden wird.

**Idaho:**
Es ist ausdrücklich verboten, Forellen zu fischen, während man auf einer Giraffe sitzt.

**Illinois:**
Es ist in Zion illegal, einem Haustier eine angezündete Zigarre anzubieten.

**Illinois:**
In Chicago ist es illegal, nur mit einem Pyjama bekleidet zum Fischen zu gehen.

**Iowa:**
In Marshalltown ist es Pferden gesetzlich untersagt, Hydranten aufzuessen.

**Iowa:**
Ein Gesetz verbietet es, für ein Konzert eines einarmigen Pianisten Eintritt zu kassieren.

**Kalifornien:**
In Baldwin Park verstößt man gegen das Gesetz, wenn man mit dem Fahrrad in einem Swimmingpool fährt.

**Kentucky:**
In Lexington ist es unzulässig, Eiscremehörnchen in der Hosentasche zu transportieren.

**Kentucky:**
Ohne Begleitung seiner Frau darf kein Mann einen Hut käuflich erwerben.

**Massachusetts:**
Der Staat verbietet es allen Bürgern, Muschelsuppen mit Tomaten zu verfeinern.

**Michigan:**
In Detroit ist es den Männern gesetzlich verboten, ihre Frauen sonntags böse anzuschauen.

**North Carolina:**
Elefanten zum Umpflügen von Baumwollfeldern einzusetzen ist nicht erlaubt!

**M5**

## Kriterien für die Präsentation

| Präsentation zu: ______<br>von: ______ | sehr gut | gut | sollte besser werden | muss besser werden |
|---|---|---|---|---|
| **Begrüßung:** | | | | |
| Wurde klar, wer welches Thema hat und was den Adressaten erwartet? | | | | |
| **Inhalt und Struktur:** | | | | |
| Sachliche Richtigkeit | | | | |
| Gliederung, (Teil-) Themen bzw. roter Faden leicht erkennbar? | | | | |
| Schlagworte und Leitsätze aufgestellt? | | | | |
| **Sprache, Körpersprache:** | | | | |
| Sprechweise, Lautstärke: deutlich, variabel | | | | |
| Sprechtempo angemessen, gute Pausen | | | | |
| Humor, Anekdoten | | | | |
| (Fach-) Sprache, Wortwahl, Satzbau dem Thema angemessen, verständlich | | | | |
| Freie Rede | | | | |
| Haltung, Gestik, Ausstrahlung | | | | |
| Blickkontakt | | | | |
| **Ende, Schlusswort:** | | | | |
| Sicherung der »Botschaft« beim Adressaten | | | | |
| Zusammenfassung / Thesen / Abgang | | | | |

**M6**

## Beispiel für eine Aufgabenstellung in der mündlichen Abiturprüfung

**Aufgabe:** Ein Schüler trägt seine Analyse und Interpretation des folgenden Textes in einem Prüfungsgespräch vor.

## Eine kaiserliche Botschaft Franz Kafka

Der Kaiser – so heißt es – hat dir, dem Einzelnen, dem jämmerlichen Untertanen, dem winzig vor der kaiserlichen Sonne in die fernste Ferne geflüchteten Schatten, gerade dir hat der Kaiser von seinem Sterbebett aus eine Botschaft gesendet. Den Boten hat er beim Bett niederknien lassen und ihm die Botschaft ins Ohr geflüstert; so sehr war ihm an ihr gelegen, dass er sich sie noch ins Ohr wiedersagen ließ. Durch Kopfnicken hat er die Richtigkeit des Gesagten bestätigt. Und vor der ganzen Zuschauerschaft seines Todes – alle hindernden Wände werden niedergebrochen und auf den weit und hoch sich schwingenden Freitreppen stehen im Ring die Großen des Reichs – vor allen diesen hat er den Boten abgefertigt. Der Bote hat sich gleich auf den Weg gemacht; ein kräftiger, ein unermüdlicher Mann; einmal diesen, einmal den andern Arm vorstreckend schafft er sich Bahn durch die Menge; findet er Widerstand, zeigt er auf die Brust, wo das Zeichen der Sonne ist; er kommt auch leicht vorwärts, wie kein anderer. Aber die Menge ist so groß; ihre Wohnstätten nehmen kein Ende. Öffnete sich freies Feld, wie würde er fliegen und bald wohl hörtest du das herrliche Schlagen seiner Fäuste an deiner Tür. Aber stattdessen, wie nutzlos müht er sich ab; immer noch zwängt er sich durch die Gemächer des innersten Palastes; niemals wird er sie überwinden; und gelänge ihm dies, nichts wäre gewonnen; die Treppen hinab müsste er sich kämpfen; und gelänge ihm dies, nichts wäre gewonnen; die Höfe wären zu durchmessen; und nach den Höfen der zweite umschließende Palast; und wieder Treppen und Höfe; und wieder ein Palast; und so weiter durch Jahrtausende; und stürzte er endlich aus dem äußersten Tor – aber niemals, niemals kann es geschehen –, liegt erst die Residenzstadt vor ihm, die Mitte der Welt, hochgeschüttet voll ihres Bodensatzes. Niemand dringt hier durch und gar mit der Botschaft eines Toten. – Du aber sitzt an deinem Fenster und erträumst sie dir, wenn der Abend kommt.

*(Aus: Franz Kafka: Sämtliche Erzählungen. Hrsg. von Paul Raabe. Frankfurt/Main: Fischer 1970, S. 320f.)*

**M7**

**Aufgabe:** Füllen Sie nach dem Prüfungsgespräch den Bewertungsbogen aus.

## Bewertungsbogen für eine mündliche Abiturprüfung im Fach Deutsch

### Inhalt

| | Vortrag | Kolloquium |
|---|---|---|
| Fakten stimmen | | |
| Wesentliches ist klar geworden | | |
| Klare Struktur | | |
| | | |

### Sprache / kommunikative Leistung

| | Vortrag | Kolloquium |
|---|---|---|
| Freies Sprechen (nur Stichwortzettel / Kärtchen) | | |
| Deutliche Aussprache | | |
| Angemessenes Sprechtempo | | |
| Angemessene Wortwahl / Fachsprache | | |
| | | |
| Körpersprache / Blickkontakt | | |
| Engagierte Darbietung | | |
| Zeitplanung eingehalten | | |
| Zusatzfragen souverän beantwortet | | |
| | | |

### Stärken/Schwächen

| | Vortrag | Kolloquium |
|---|---|---|
| Stärken | | |
| Schwächen | | |

**Gesamteindruck:** ______________________________

______________________________

______________________________

**Notenvorschlag:** ________

## Notizen

# Poetische Texte interpretieren (S. 28–71)

Ulla Ewald-Spiller/Günter Graf/Frauke Mühle-Bohlen

## 1 Zielsetzung und Aufbau des Kapitels

Dieses zentrale Kapitel für die Schreibschulung in der Kursstufe gliedert sich in fünf Teile: Der erste Abschnitt **Textverstehen – Hermeneutik** versteht sich als eine Art Vorkapitel, das Grundlagen des Lesens und Verstehens poetischer Texte thematisiert. Es folgen vier Schwerpunktabschnitte, in denen anhand von jeweils einer poetischen Gattung das interpretierende Schreiben methodisch erarbeitet und gefestigt wird:

- **Kurzprosa analysieren und interpretieren**
- **Gedicht analysieren und interpretieren**
- **Eine Dramenszene analysieren und interpretieren**
- **Einen Romanauszug analysieren und interpretieren**

In diesen vier Abschnitten werden unterschiedliche Zugänge und Interpretationsverfahren in ihrer Komplexität zusammengeführt, vertieft und erweitert, die in den vorangegangenen Jahren in einer Art Spiralcurriculum entwickelt und erarbeitet wurden. Auch wenn der Interpretationsaufsatz im Abitur ein wesentliches Ziel der Schreibschulung ist, so ist eine Grundvoraussetzung dafür, dass die Schüler und Schülerinnen als Leser, auch in ihrer affektiven Beziehung zum Text, ernst genommen werden. Nur so gewinnt der Text Bedeutsamkeit.
Folgende Kompetenzen werden in diesem Kapitel weiterentwickelt und systematisch erarbeitet:

- die Fähigkeit, einen Text zu verstehen und dieses Verständnis begründet zu vermitteln;
- die Fähigkeit, einen Text hinsichtlich seiner bedeutungskonstituierenden Elemente zu analysieren;
- die Fähigkeit, einen Text sowohl inhaltlich als formal zu untersuchen und eine funktionale Interpretation anzuwenden;
- die Fähigkeit, mithilfe eines Beschreibungsinstrumentariums die ästhetische Dimension eines literarischen Textes herauszuarbeiten;
- die Fähigkeit, einen Interpretationsaufsatz zu schreiben;
- die Fähigkeit, den Schreibprozess zu reflektieren, Geschriebenes zu überarbeiten.

In allen fünf Abschnitten des Kapitels wird exemplarisch mit literarischen Texten gearbeitet, die weitgehend zum Kanon der gymnasialen Oberstufe gehören und an denen unterschiedliche Methoden der Interpretation erprobt werden: Neben der in der Schule weiterhin vorherrschenden werkimmanenten Methode wird das Augenmerk auf Epochenzusammenhänge gelegt sowie auf sozial-historische Hintergründe, die für das Verständnis des poetischen Werkes genutzt werden können.

In den nachfolgenden Informationen für Lehrerinnen und Lehrer wird jedem Teilabschnitt eine kurze Vorbemerkung vorangestellt, welche die jeweilige Zielsetzung und den Aufbau des Kapitels detailliert benennt und Orientierung für den Unterricht gibt. Jeder Abschnitt, dem eine abiturrelevante Aufgabenstellung vorangestellt ist, kann je nach Planung als Vorarbeit für die eigene Textwahl oder speziell für die Vorbereitung des Interpretationsaufsatzes herangezogen werden.
Der propädeutische Abschnitt *Textverstehen – Hermeneutik* ist als Einstieg in die Arbeit mit poetischen Texten gedacht und sollte entsprechend auch an den Anfang gestellt werden.

Folgende weiterführende Literatur kann empfohlen werden:

Jürgen H. Petersen: *Textinterpretation*. In: *Einführung in die neuere deutsche Literaturwissenschaft. Ein Arbeitsbuch.* 7. Aufl. Hrsg. Von Jürgen H. Petersen und Martina Wagner-Egelhaaf. Berlin 2006, S. 43–116.
Kaspar H. Spinner: *Handlungs- und produktionsorientierter Literaturunterricht*. In: *Grundzüge der Literaturdidaktik*. Hrsg. Von Klaus-Michael Bogdal und Hermann Korte (dtv). München 2002, S. 247–271.
Karlheinz Fingerhut: *Textstruktur, Interpretation und produktive Aneignung. Untersuchungen an Kafkatexten und deren Lektüre*. In: DU 45 (1993a) H. 4, S. 26–47.
Jürgen Schutte: *Einführung in die Literaturinterpretation*. Stuttgart 1994, S. 18–34.

# 2 Aufgaben – Lösungen – Kommentare

## Textverstehen – Hermeneutik (S. 29–33)

Die potenzielle Vieldeutigkeit poetischer Texte lässt sich an einem Kafka-Text bzw. an einem Gedicht von Else Lasker-Schüler gut zeigen, da beide Texte kurz sind und somit textnahes Lesen erleichtern. Es wird deutlich, dass Interpretieren von individuellen Lesarten abhängt, die in einem zweiten Schritt objektiviert und überprüft werden müssen, »um zu einer intersubjektiven Gemeinsamkeit hinsichtlich der Geltung des ermittelten Textsinns zu kommen«. (J. Schutte: *Einführung in die Literaturinterpretation,* S. 24). Es gibt nicht die richtige oder beste Interpretation, es gibt aber Kriterien für die intersubjektive Plausibilität von Deutungen.

### Die Vieldeutigkeit eines literarischen Textes nachvollziehen

**Aufgabe 1** (S. 30)
Die Schülerinnen und Schüler erfahren an zwei konträren Interpretationsbeispielen, wie plausible, argumentativ gestützte Deutungen desselben Textes entwickelt werden.

**Interpretation 1: Kiesel**
Der Autor versteht den Wunsch als Bild für den Flug der Fantasie, die sich über die Realität erhebt ohne Bodenhaftung und tatsächlich dann vor »einer perfekt gemähten Wiese« endet. Der Autor entwickelt seine Deutung über die metaphorische Struktur des Textes. Welche Bedeutung diese »glatt gemähte Heide« hat, das vollkommene Werk oder die ästhetische Leere schlechthin z. B., kann eine interessante Diskussion entfachen.

**Interpretation 2: Detering**
Der Autor nimmt zunächst das Indianerbild als Filmszene wahr, die eine Sehnsucht nach Einsamkeit und heldenhaftem Aufbruch zeigt. Die Wirklichkeit, die mithilfe der Imagination überwunden wird, ist negativ definiert. Der Autor entwickelt seine Deutung über die syntaktische Struktur des Textes.

**Aufgabe 2** (S. 30)
Die Diskussion verlangt ein textnahes Lesen. Sinnvoll ist, dass die Schüler ihre eigenen Notizen hinzuziehen, um dann im Gespräch widerstreitende Aussagen bzw. Behauptungen am Text zu belegen. Ziel dieser Diskussion sollte sein, dass auch bei mehreren unterschiedlichen Lesarten ein Konsens hergestellt werden kann. Dieser könnte z. B. darin bestehen, dass beide Autoren die Szene als Wunschtraum sehen.

### Unterschiedliche Lesarten prüfen

**Aufgabe 1** (S. 32)
Während Wallmann mithilfe eines formanalytischen Instrumentariums (z. B. Struktur der Strophen, Reimform und Kadenzen, Rhythmus und Metrum, Verknüpfung der Motive Teppich und Liebe) das Ineinander von Inhalt, Sprache und Struktur funktional analysiert und am Ende auch Biografisches einbezieht, stellt Rüdiger in diesem Ausschnitt die Sinnlichkeit dieses Gedichts und ihre Wirkung auf den Hörer in den Vordergrund. Insofern liegt der Schwerpunkt auf Inhaltlichem: wie z. B. die Lust am Kostbaren wie Strahlen, Farben, Sterne (Augensinn), die Füße auf dem Teppich und die Berührung im Kuss (Tastsinn) und der Duft der Moschuspflanze (Geruchssinn).
Das Textverständnis wird unterschiedlich entfaltet: Wallmann geht streng analytisch vor, während Rüdiger an den Anfang seine persönliche Begeisterung für die Schönheit dieses Gedichts stellt und nach und nach diesen Enthusiasmus aus dem Text heraus begründet.

### Text-Leser-Verhältnis bestimmen

**Aufgabe 1** (S. 33)
Die Autoren wenden sich mit diesem Text gegen eine oft praktizierte Interpretationswillkür. Sie plädieren für ein »textnahes« Lesen, d. h. für plausible, argumentativ gestützte Interpretationen.
Zentrale Aussagen:
- Texte brauchen Leser, damit über sie Aussagen gemacht werden können. (vgl. Z. 1–6)
- Ein und derselbe Text kann je nach »Rezeptionshaltung«, d. h. je nach Lebenserfahrung z. B., anders und neu gelesen werden. (Z. 7–14)
- Literatur lässt sich folglich nicht auf eine Lesart festlegen, andererseits gibt es nicht beliebig viele Lesarten. (Z. 14–19)
- Der Text wehrt sich selbst gegen beliebig viele Deutungsmöglichkeiten, da er ein kulturelles Produkt ist, so wie ein Leser stets innerhalb einer sozialen Gemeinschaft und ihren Traditionen steht. Daraus resultiert ein gemeinsamer Nenner für unterschiedliche Lesarten. (Z. 19–27)
- Die Entscheidung, welche Interpretation dem Text angemessen ist, wird am Text getroffen, d. h., Behauptungen müssen am Text belegt werden. Das beste Argument ist das, welches am meisten überzeugt. (Z. 28–37)

**Aufgabe 2** (S. 33)
Folgende Fragen können bei beiden Texten hilfreich sein:

- Welche Lebenserfahrung wird eingebracht?
- Welche Leseerfahrung wird deutlich?
- Welche literarische Tradition (→ Gattung: Parabel/Lyrik) fließt in die Texte mit ein?
- Welche Zeit/Geschichte ist für die Texte bedeutsam?

[s. ergänzende Texte zur Hermeneutik unter **M 1**]

## Kurzprosa analysieren und interpretieren (S. 34–41)

Der Interpretationsaufsatz zu einer Kurzgeschichte, sowohl analytisch wie produktiv, ist als Prüfungsaufgabe von der Sekundarstufe I bis zum Abitur den Schülerinnen und Schülern vertraut. Auf der Kursstufe nun wird vertieft, was in den vorangegangenen Bänden angelegt wurde: das Erfassen des Textes in seinen wesentlichen Elementen und Strukturen sowie die Beschreibung der zentralen inhaltlichen und sprachlichen Elemente. Verstärkt soll der Text auch in einen historischen oder sozialgeschichtlichen Zusammenhang gestellt werden.

### Das Vorverständnis klären

**Aufgabe 1** (S. 35)
Das Schreibgespräch sollte den Schülerinnen und Schülern erklärt werden. Ein weißes Blatt wird in der Kleingruppe bereitgelegt, jeder hat einen Stift parat. Erst dann soll der Text in Stillarbeit gelesen werden. Wichtig ist also, dass in dieser Phase kein Wort mehr gesprochen wird. Es folgt das Schreibgespräch. Im Anschluss daran wird auf der Grundlage des Geschriebenen eine Interpretationshypothese formuliert. Hierbei darf gesprochen werden.

**Aufgabe 2** (S. 35)
Alle drei Hypothesen formulieren das Kernproblem der Geschichte, jedoch unterschiedlich akzentuiert. Während die erste These mit dem Schlusssatz über den Text hinausgeht, formuliert die zweite These sehr genau einen Deutungsansatz, der für eine Analyse und Interpretation geeignet ist. Die dritte These ist zwar im Ansatz richtig, geht jedoch schon sehr ins Detail und nimmt Untersuchungen vorweg, die erst im Hauptteil erfolgen sollten.

### Die Beziehung zwischen Erzähler und junger Frau beschreiben

**Aufgabe 1** ( S. 36)
*Icherzähler:* Ratlosigkeit–Teilnahmslosigkeit–Mitgefühl–Entsetzen – Schweigen
*Junge Frau:* Verzweiflung – Appell – Aggression

**Aufgabe 2** (S. 36)
Die Beziehung entwickelt sich in folgenden Schritten:
- Icherzähler will nicht stehen bleiben, will weg. (Z. 4)
- Frau hält ihn fest, fleht um Hilfe. (Z. 5–6)
- Icherzähler will sie nicht ernst nehmen, ist verlegen. (»Grinsen«, Z. 7 )
- Frau reagiert aggressiv. (Z. 8 f.)
- Icherzähler ist verunsichert. (Griff nach Portemonnaie, Z. 10) Ist jetzt stehen geblieben, verlegen. Fängt an, die Frau wahrzunehmen. (Z. 12–15) Es entsteht eine Form der Intimität.
- Frau zeigt ein scheues Lächeln, öffnet ihre Hand. (Z. 22)
- Icherzähler wieder misstrauisch. (»Stoff«, Z. 23)
- Frau zeigt ihm die Vogelfüße. Appelliert an sein Verständnis. Spricht sehr leise. (Z. 24 f.)
- Icherzähler ist in ihren Bann gezogen, folgt ihren Blicken. (Z. 26–29)
- Höhepunkt in der Beziehung: Es entsteht eine Art von Dialog. (Z. 30–36)
- Icherzähler gewinnt Distanz, tritt aus ihrem Bann. Ratlosigkeit. (Z. 37–40)
- Reflexion des Icherzählers. (Z. 41–44)
- Icherzähler entfernt sich in sein Alltagsleben. (Z. 45–49)

### Die Rolle der »Jemands« erfassen

**Aufgabe 1** (S. 37)
Die »Jemands« werden als anonyme Masse (»Pulk« Z. 20/ Z. 38) dargestellt, sie sind namenlos. Sie verhalten sich alle gleich, sind ohne Gesicht. Der Icherzähler ist aus dieser Menschenmenge herausgetreten, steht nicht mehr in ihrer Reihe, hat hochgeschaut. Doch sehnt er sich zurück in die Reihe der Jemands, damit er seine Ruhe hat (vgl. Z. 16–19). Die Jemands haben nur sich im Blick, können nicht aufschauen und den anderen wahrnehmen (Z. 37–39).

**Aufgabe 2** (S. 37)
Der Icherzähler wird für einen Moment gegen seinen Willen aus der anonymen Masse der Jemands herausgerissen, da die Frau ihn festhält. Er wird zum »Ich«, der ein »Du« wahrnehmen muss. Gleichzeitig will er zurück, will nicht behelligt sein (»trete ich unter meinesgleichen«, Z. 45). Das Ich wird wieder Teil von »wir« (»Wir rollen davon«, Z. 46).

### Erzähltechnische und sprachliche Mittel herausarbeiten

**Aufgabe 1** (S. 38)
Die Analyse- und Interpretationsskizze dient der funktionalen Formanalyse und macht zugleich die erzähltechnische und sprachliche Gestaltung in Beziehung zur Aussage augenfällig.

Diese Aufgabe kann mit einer Formulierungsübung verbunden werden:
Jeder Schüler soll drei erzähltechnische und sprachliche Mittel herausgreifen und zusammenhängend deren Funktion für die Interpretation formulieren. Dabei sollen die Textbelege einbezogen werden. Z. B.: Der Anfangs- und der Schlusssatz sind identisch (»Zürich, hinterm Bahnhof, ein Morgen im Februar« [Z. 1/Z. 49]) und bilden einen Rahmen. Dieser Satz schließt wie zu einem Kreis zusammen und vermittelt den Eindruck von Endlosigkeit, Alltäglichkeit. Die Handlung hat nichts Einmaliges, dies geschieht immer wieder in einer Atmosphäre der Kälte.

### Einen analytischen Interpretationsaufsatz schreiben

**Aufgabe 1** (S. 39)
Anhand des Schülertextes soll das Augenmerk auf zentrale Aspekte des Interpretationsaufsatzes gelenkt werden: Beziehungen der Figuren zueinander – Rolle der »Jemands« und die erzähltechnischen sowie sprachlichen Mittel der Gestaltung. In arbeitsteiliger Kleingruppenarbeit kann jeweils ein Aspekt untersucht werden. Ein vierter Aspekt könnte gesondert bearbeitet werden.

**Aufgabe 2** (S. 39)
Ein vollständiger Schüleraufsatz findet sich in **M 2**.

### Einen produktiven Interpretationsaufsatz planen

**Aufgabe 1** (S. 40)
Figurencharakteristik:
Die Schülerinnen und Schüler werden den Schlussfolgerungen grundsätzlich zustimmen. Möglicherweise könnten auch andere Blickweisen oder Schlussfolgerungen zur Sprache kommen wie:
- Jeder (!) ist durch eine solche Situation abgeschreckt und überfordert.
- Was hätte der Icherzähler denn überhaupt tun können, z. B. die Polizei rufen? Ein Fall für die Psychiatrie?

**Aufgabe 2** (S. 40)
Andere mögliche Antworten:
- *Grinsen:* Icherzähler findet die Situation im ersten Augenblick komisch/kann sie gar nicht einordnen.
- *Schulterzucken:* Icherzähler ist völlig überrollt/noch verkatert/kann mit der Situation gar nicht umgehen.
- *Genaues Registrieren der jungen Frau:* Aufmerksamkeit, Betroffenheit, Mitleid
- *Plötzlicher Aufbruch:* Hilflosigkeit, Gefühl der Überforderung

**Aufgabe 3** (S. 40)
Figurenzeichnung und Antworten auf die Fragen geben ein Bild des Icherzählers:
Er ist zwar ein ganz normaler Mensch (»Durchschnittsbürger«, der »Gummischuhe« trägt, damit er am Arbeitsplatz saubere Schuhe hat), doch erlebt er für einen Moment etwas, das ihn ungewollt aus dieser Durchschnittlichkeit herausreißt. Paradoxerweise ist es ein Mensch, der die Gegenwelt, das Unordentliche, Unkontrollierte darstellt, eine heroinabhängige junge Frau.
Insofern treffen die Antworten auf die Fragen zwar zu, doch fehlt, dass der Icherzähler für einen Augenblick aus der Alltagsroutine heraustritt, menschliche Züge zeigt: nicht nur Widerwille, sondern auch Mitleid.

### Einen produktiven Interpretationsaufsatz schreiben

**Aufgabe 1** (S. 41)
Deutlich soll werden, dass die gestaltende Interpretation überprüfbares Textverständnis voraussetzt. Dieser Aufsatz zeigt sowohl inhaltliche, strukturelle sowie sprachliche Korrespondenz zwischen der Kurzgeschichte und der eigenen Gestaltung. Die Schülerin macht deutlich, wie der Icherzähler schwankt zwischen Betroffenheit und Distanzierungsbemühen. Die Erläuterung reflektiert die innere ambivalente Haltung zwischen Mitleid und der Haltung »Da kann ich sowieso nichts machen«.

[vgl. Zusatztext zur Kurzprosa unter **M 3**]

## Gedichte analysieren und interpretieren (S. 42–51)

Dieser Abschnitt setzt bei den bisher erworbenen Kompetenzen an – die formalästhetische Analyse von Gedichten erfolgt immer wieder auf der Sekundarstufe I –, indem diese zunächst aktiviert werden. Die Auswahl der Gedichte erfolgt unter dem Leitthema »Liebeslyrik«, der Fokus liegt auf der vergleichenden Gedichtinterpretation unter Einbeziehung des Epochenbezugs. Die Aufgabenstellungen orientieren sich an den wesentlichen Kompetenzen, die für den Abituraufsatz erforderlich sind.

### Über Liebesgedichte sprechen

**Aufgabe 1** (S. 43)
Die fünf Gedichte bieten aufgrund ihrer kurzen und pointierten sprachlichen Form eine gute Basis für einen ersten Zugang. Die sehr verschiedenen Facetten der Liebe, die in den Gedichten jeweils thematisiert werden, machen eine vergleichende Gegenüberstellung reizvoll.

Die Stunde kann auch mit einem kurzen Brainstorming zu dem Impuls »Facetten der Liebe« beginnen. Die Äußerungen werden in einem Cluster festgehalten und können ein Anhaltspunkt für die Auswahl der zu vergleichenden Gedichte sein.

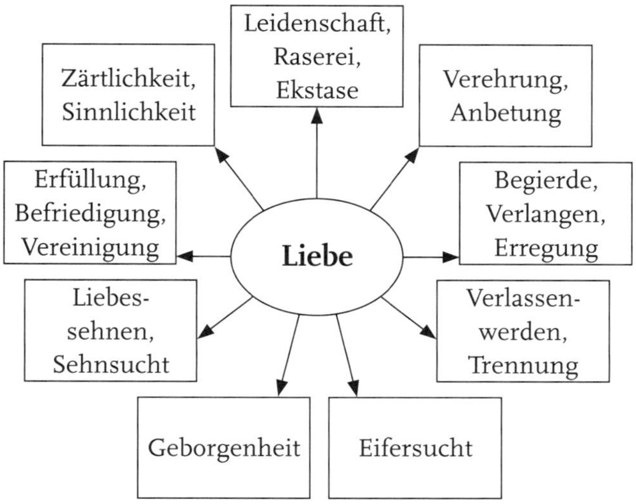


*Tipp:* Die Schüler sollten ermuntert werden, die Gedichte zu sprechen und dann erst Notizen zu machen.

**Aufgabe 2** (S. 43)
In dem Gespräch könnten folgende Gesichtspunkte bei dem Vergleich einzelner Gedichte angesprochen werden:

- was in den Gedichten mit Liebe eigentlich gemeint ist;
- wie ein Liebesgedicht seine besondere Liebeskonzeption poetisch vermittelt;
- in welchen lebensweltlichen Zusammenhängen ein Liebesgedicht existiert.

Mögliche Themen und Motive für eine Reihenuntersuchung:

- Beginn und Ende der Liebe,
- junge und alte Liebe,
- Liebessehnsucht und Liebeserfüllung,
- Dichterliebe und -leben.

Die zwei Gedichte *du also* von Doris Runge und *fallbeispiel* von Ostermaier sollen gegenübergestellt werden:

**Doris Runges Gedicht »du also«**

- Das Gedicht hat keinen Titel – die abgehobene erste Zeile ist zugleich der Beginn –, verzichtet bewusst auf alles Unnötige und lässt mit wenigen Strichen eine ganze Geschichte vom Verlieben anklingen.
- Die konsequente Kleinschreibung schafft optische Gleichberechtigung.
- Kein Reimschema, kein Versmaß drückt als formales Korsett. Innerhalb eines solchen poetischen Verfahrens gewinnt das einzelne Wort an Bedeutung.
- Die überraschend einsetzende Wendung in der letzten Zeile erinnert an das japanische Haiku: Das Erstaunen und Erschauern zugleich über die Entdeckung: »Der ist es«, mitten im Alltag, einfach so. Der Leser nimmt teil an dem einen kurzen Moment, wo die Liebe beginnt.

**Ostermaiers Gedicht »fallbeispiel«**

- Mit dem Wortspiel im Titel wird bereits die entgegengesetzte Erfahrung von Liebe angedeutet: das antizipierte Ende einer Liebe.
- Der Dichter malt mit wenigen Zeilen eine Geschichte, die nachdenklich werden lässt.
- Auch hier fällt zunächst die äußerste Reduktion der Sprache auf.
- Bei näherer Betrachtung ergeben sich weitere *Vergleichspunkte:* Die direkte Anrede an das »Du«, die Unmittelbarkeit und Nähe erzeugt.
- Die Lust am Spiel mit der Sprache ist offensichtlich, so z. B. das leicht spöttische Spiel mit Redewendungen und deren Doppeldeutigkeit (»aus allen wolken fallen«, »etwas trifft jemanden aus heiterem Himmel«, »am boden zerstört«).
- Gespielt wird auch mit den Möglichkeiten des Zeilenbruchs, der sich als unerwartbare Anknüpfungsmöglichkeit, als pfiffiges Enjambement erweist: »der eine geht der andere fällt/aus allen wolken«.

## Die bildhafte Sprache deuten

**Aufgabe 1** (S. 44)
Unter Berufung auf die Hermeneutik lässt sich der Zusammenhang von literarischem Verstehen und Gespräch aufzeigen: Verstehen wird als dynamischer, dialogischer Prozess gedacht, der individuell und unabschließbar ist und »kein endgültiges Wort« kennt. Das »Literaturgespräch« zielt deshalb nicht auf geschlossene Interpretationen ab, sondern will die Entfaltung von Textsinn im Gesprächsprozess ermöglichen.

**Aufgabe 2** (S. 44)
**Bildhafte Ausdrücke:**
»dem bitteren Kräutergesicht des Mondes, der zerfällt« (V. 2/3) = Trauer, Zerfall, Verlust
»die Frühe ein rötlicher Fisch [...] mit bebender Flosse« (V. 6) = Flüchtigkeit, Unsicherheit, Ungewissheit: die Situation nach dem Aufwachen, bei Anbruch des Morgens nach dem nächtlichen Beisammensein
»Dein Nacken [schlüpft] wie eine Taube durch die Maschen des blauen Laubes [...]« (V. 14) = nächtliche Situation, Fahlheit, die Frau verflüchtigt sich
»Wasserkühl [...] mein Schlaf« (V. 18) = Kälte, Wasser: Bereich des Flüssigen, Bewegten, Ungreifbaren, Kühlen, auch: Untergang
»an der Ziegelmauer [...] als Schatten« (V. 16) = Ungenauigkeit, Flüchtigkeit, Dunkelheit, Bedrohung

»die Nacht zerbricht wie Soda« (V. 20) = Zerfall, Ende, Entfremdung

*Fazit:* Verstörende Bilder der Distanz und Fremdheit zeigen die Flüchtigkeit der Liebe und die Vereinsamung der Liebenden. Es herrschen Bilder der Trauer, der Distanz und des Zerfalls vor, die auf das drohende Ende der Liebe hindeuten.

## Notizen systematisieren

**Aufgabe 2** (S. 45)
*Interpretationshypothese:* Der Titel des Gedichts *Liebeslied* von Karl Krolow weckt eine Erwartungshaltung beim Leser, die im nachfolgenden Text nicht erfüllt wird. Zentrales Thema ist der Widerspruch zwischen räumlicher Nähe und zugleich innerer Ferne der Liebenden. In Form einer offensichtlich monologischen Redesituation wird die von jeglicher Sinnlichkeit losgelöste, leidenschaftslose und flüchtige, nicht festzuhaltende Liebe angesprochen. Die Gefühle der Liebenden bleiben aber weitgehend im Dunkeln, Naturbilder vom Zerfall und der Bedrohung veranschaulichen die Kontaktlosigkeit und die zunehmende Vereinsamung des lyrischen Ichs.

## Gedichte vergleichen

Der Gedichtvergleich ist eine differenzierte aspektorientierte Vorgehensweise und setzt bei den Schülerinnen und Schülern verstärkt Strukturierungskompetenzen voraus.
Der Vergleich zweier motivgleicher Gedichte ist hilfreich, da die Eigenheiten der einzelnen Gedichte sich auf diese Weise besonders erschließen. Damit wird ein wechselseitiger Verstehensprozess initiiert.

**Aufgabe 1** (S. 47)
Beide Gedichte unterliegen einer strengen Form.
**Opitz:** 24 Verse in drei Gruppen zu je acht Zeilen gegliedert, **Brecht:** klassische Sonettform. Brecht unterläuft aber die traditionelle Sonettform durch einen unpoetischen und umgangssprachlichen, rhythmisch sperrigen Stil: rhythmische Disharmonien in Z. 1–2 unterstreichen z. B. das Zaudern im lyrischen Ich. Besonders hervorgehoben werden sollte, dass Brecht trotz Einhaltung der klassischen Sonettform eine Liebesepisode episch in umgangssprachlichen Wendungen erzählt. Das erzeugt eine besondere Spannung. These – Begründung durch eine Reihe von Beispielen (Z. 5–16) – Folgerung und Appell zum Lebensgenuss.
Es werden zwei gegensätzliche Liebeskonzepte entwickelt: Im Barockgedicht wird kein subjektiv-persönliches Erlebnis thematisiert, die Werbung ist rein rhetorisch. In Brechts Gedicht wird Liebe auf körperlich-sinnliche Begegnung (Z. 5) reduziert. Es findet ein Umschlag vom nüchternen Abschied über die Irritation durch die Zeichen des Alterns zur Begierde statt. Damit gewinnt die Aussage etwas Authentisches.

**Aufgabe 2** (S. 48)
**Parallelen:** Mahnung zum zeitigen Genuss der Sinnenfreuden angesichts der Vergänglichkeit des Menschen.
**Unterschiede:**
- reine Rhetorik gegenüber konkreter Wahrnehmung/Entdeckung
- barocke Exemplarreihung als Teil der Argumentationslinie und die spezifische Brecht'sche Bildhaftigkeit, die von einer banalen Alltagssituation ausgehend eine neue Qualität erhält: Wahrnehmung der grauen Haarsträhne/paradoxer Umschlag in Liebesverlangen.

**Zentrale Bilder und Symbole**
*Vergänglichkeit:* Die graue Haarsträhne macht dem lyrischen Ich die Vergänglichkeit bewusst. Sie lässt sich als ein Symbol verstehen. Die Aufforderung: »Doch nutze deine Zeit [...]« (V. 10), die dem barocken »carpe diem« (Martin Opitz' Gedicht *Carpe diem*) entspricht, ist ein Versuch, der nicht aufzuhaltenden eigenen Vergänglichkeit den Genuss des Moments entgegenzustellen.
*Unentschiedenheit:* Der Gesprächsort befindet sich zwischen »Tür und Angel« (V. 1, 11), d. h. zwischen Kommen und Gehen bzw. zwischen Gehen und Bleiben. Der Symbolcharakter dieses Ortes verweist auch auf die Lebenssituation der Frau zwischen Jugend und Alter; er ließe auch sexuelle Deutungen zu (vgl. V. 14).

## Den Epochenbezug für die Deutung nutzen

**Aufgabe 1** (S. 49)
Die Zeile »Wir haben Zeit« (V. 2) im Gedicht *Ach Liebste – laß uns eilen* von Opitz meint im 17. Jahrhundert: »Es ist an der Zeit.« Das »Verweilen« wäre also schädlich, denn der Körper der Frau altert und sie verfügt nicht mehr über die Vorzüge, die sie begehrens- und liebenswert machen. Das Barock verwendet dafür die von Horaz überlieferte lateinische Formel »Carpe diem!« (Nutze den Tag! Ergreife die Gelegenheit!).
Bei Brecht finden sich Merkmale der Neuen Sachlichkeit: Betonung der Individualität, Nüchternheit, Einfachheit in der Wortwahl und die letztlich pragmatische Lösung des lyrischen Ichs, die ohne ideale Überhöhung auskommt.

## Eine Gliederung für den Gedichtvergleich nutzen

**Aufgabe 1** (S. 50)
Die Aufgabenstellung »Interpretieren und vergleichen Sie die beiden Gedichte« (S. 46) gibt keine Gliederung vor. Umso wichtiger ist es, eine modellhafte Gliederung

zu kennen, die dann im Hinblick auf Thema, Motive, Symbolik, Bilder, Aufbau etc. variiert werden kann.
Die Vergleichspunkte sollten entsprechend der Schwerpunktsetzung aufgegliedert und Unterschiede sowie Gemeinsamkeiten herausgearbeitet werden.

**Linearer Gedichtvergleich:**
Ein Gedicht wird hinsichtlich der zentralen Aspekte gründlich untersucht, das zweite Gedicht beschränkt sich auf die Erarbeitung der zu vergleichenden Elemente:

*Gedichttext 1:*
Schwerpunktinterpretation, Überleitungstext

*Gedichttext 2:*
Ergänzende Interpretation
Vergleich (ausgesuchte Vergleichsaspekte)

**Vernetzter Gedichtvergleich:**
Man analysiert die beiden Gedichte parallel im Hinblick auf die jeweilige Fragestellung.

**Aufgabe 2** (S. 50)
Sowohl im Gedicht von Opitz als auch in dem von Brecht begegnen wir dem Appell des Mannes an die Frau, das Glück der Liebe rechtzeitig wahrzunehmen, bevor ihre Jugend und Schönheit vergehen.
Ein entscheidender Unterschied aber besteht darin, dass der Grund für diese Einsicht bei Opitz nicht Ausdruck wirklich erlebter Liebe ist, sondern ein konventionalisiertes, gesellschaftliches Geschehen.

## Eine Dramenszene analysieren und interpretieren (S. 52–61)

### Die Figuren szenisch interpretieren

**Aufgaben 1 und 2** (S. 53)
Folgende Vorstellungen könnten die Schüler entwickeln:

**Hauptmann**
*Aussehen:* majestätisch
*Körperhaltung:* aufrecht, spöttischer Blick
*Sprechen*: Sprechakt »befehlen«, spötteln

**Woyzeck**
*Aussehen:* bleich, »verhetzt«
*Körperhaltung:* gebückt, unterwürfig, scheuer Blick
*Sprechen:* Sprechakt »gehorchen«

**Aufgaben 3 und 4** (S. 53)
Die beiden beispielhaft genannten aussagekräftigen Sätze könnten so gesprochen werden: Hauptmann (»Ich hab auch Fleisch ...«): laut, großsprecherisch; Woyzeck (»Sehn Sie...«): leise, verschüchtert.

**Aufgaben 5 und 6** (S. 54)
Mögliche weitere Fragen (an Woyzeck: »Warum sind Sie denn so verhetzt?«; an den Hauptmann: »Macht es Sie denn nicht nachdenklich, dass Woyzeck so ›verhetzt‹ aussieht?«)

### Die Figuren analytisch interpretieren

**Aufgabe 1** (S. 55)
Die Prüfung der Skizze müsste ergeben, dass sie eine angemessene Möglichkeit darstellt, charakteristische Merkmale der Figuren festzuhalten. Methodisch entscheidend ist dabei, dass die Schüler den Zusammenhang von Analyse und Interpretation erfahren und begreifen, warum er die Grundlage auch für ihr Vorgehen innerhalb ihres Interpretationsaufsatzes abgeben sollte.

### Einen Zusatztext auswerten

**Aufgabe 1** (S. 56)
Der historische Kontext beschreibt indirekt auch die unverschuldete Armutssituation Woyzecks (»wir gemeinen Leut«, »Aber ich bin ein armer Kerl«, S. 53).

**Aufgabe 2** (S. 56)
Maries Flirt mit dem Tambourmajor beruht ja gerade auf ihrer prekären wirtschaftlichen Situation und Unterprivilegiertheit (zu ihrem Kind: »Bist doch nur ein arm Hurenkind«). Deshalb schaut sie am Tambourmajor hoch und empfindet ihn sinnlicher als ihren gehetzten und verstörten Franz. Das beginnende Eifersuchtsdrama und sein tödlicher Ausgang (Woyzeck tötet Marie) haben so gesehen ihre Ursache vor allem in den bedrängenden sozialen Verhältnissen.

### Einen analytischen Interpretationsaufsatz schreiben

**Aufgabe 1** (S. 57)
Wichtig ist, dass die Schüler den unmittelbaren Zusammenhang von Analyse- und Interpretationsskizze und Gliederung erkennen.

**Aufgabe 2** (S. 57)
Es empfiehlt sich, bei der Abfassung des Aufsatzes die genaue Formulierung der Aufgabenstellung in den Blick zu nehmen. – Die in der Randspalte notierten Gattungsmerkmale markieren zunächst eine Wiederholung des aus der S I bekannten Stoffes; als mögliche Analysekriterien dienen die Gattungsmerkmale lediglich der groben Orientierung. Denkbar wäre etwa, dass z. B. der Hinweis auf die Gebärdensprache (Mimik, Gestik: z. B. in Form der Regieanweisungen) ein nützliches Interpretationssignal abgeben könnte. – Es ist zweckmäßig, eine solche Aufgabenstellung (analytischer Interpretationsaufsatz) im Rahmen der Gesamtbehandlung des Dramas zu stellen.

### Das Verständnis der Szene klären

**Aufgabe 1** (S. 60)
Die Analyse der Szene unter dem Sprachaspekt »Sprechhandlung« anzugehen bietet sich aus zwei Gründen an:
1. Die Sprechhandlung ist ein zentrales Element des Dialogs oder Gesprächs, denn die Figuren »handeln« in Äußerungen und Absichten, die die Sprechhandlung als kleinste Redeeinheit konstituieren;
2. im Fall der vorliegenden Szene sind als rekurrente und dominante Sprechhandlungen auf Seiten Odoardos »vorwerfen« und entsprechend auf Seiten Claudias »sich verteidigen« oder »rechtfertigen« auszumachen. Da Sprechhandlungen Absichten sowie Interessen – und somit auch Haltungen, Einstellungen oder Denkweisen der Figuren – transportieren, bieten sie einen Methodenansatz für die Interpretation (Gehalt bzw. Aussage).

**Aufgabe 2** (S. 60)
Entsprechend könnten die Interpretationskategorien lauten: *Odoardo/vorwerfen* (Misstrauen, patriarchalischer Tugendanspruch/Moral); *Claudia/verteidigen* (Lustbetontheit, bürgerliche Ambitionen: etwa sich vom Adel hofiert fühlen). – Es ist zweckmäßig, auch einen solchen Arbeitsauftrag (produktive Aufgabenstellung) im Rahmen der Gesamtbehandlung des Dramas zu organisieren.

[s. als Interpretationshilfe die Instanzenlehre Sigmund Freuds, **M 4**]

### Einen produktiven Interpretationsaufsatz schreiben

**Aufgaben 1 und 2** (S. 61)
Produktive Verfahren setzen in gewisser Weise das Verständnis des poetischen Bezugstextes voraus; sonst besteht die Gefahr, die Textaussage durch die produktive Darstellung (sprich Textsorte) zu verfehlen. Eine produktive Hermeneutik impliziert aber gerade ein angemessenes Textverständnis, nur auf andere Weise, als es das kognitiv-analytische Verfahren zu erreichen sucht – entsprechend können die Gespräche fortgesetzt oder eigene verfasst werden, wenn die Szene (bzw. das Drama) verstanden ist. Somit könnten die Gespräche derart fortgesetzt werden:

ODOARDO: Moralist hin oder her! Würdest du deine Tochter denn einem Wollüstling überlassen?
FREUND: Na ja, da magst du ja recht haben mit dem Wollüstling, aber glaubst du, dass Appiani deshalb der Richtige für Emilia ist?
FREUNDIN: Bist du denn so sicher, dass die Avancen des Prinzen Emilia kalt lassen?
CLAUDIA: Es ist doch irgendwie schön, dass er sich mit ihr in der Vegghia beim Kanzler Grimaldi so lange unterhalten hat.

Zum Beispiel könnte der Hinweis »Figurenzeichnung« innerhalb der Kriterien des produktiven Interpretationsaufsatzes in diesem Zusammenhang von Bedeutung sein: Odoardo müsste durchgehend als Moralist gezeichnet werden, Claudia als eine naive Person, die verständlicherweise bei einem solchen Gatten das Höfische (Sinnliche) goutiert.

## Einen Romanauszug analysieren und interpretieren (S. 62–69)

### Die Szenerie genau beschreiben und analysieren

**Aufgabe 1** (S. 63)
Die Szenerie wirft ein bezeichnendes Licht auf den Beginn einer Beziehung (Effi – Innstetten), die keinen Bestand haben kann. Effi ist noch viel zu jung (s. das ausgelassene Spiel der Mädchen), als dass sie begreifen könnte, was hier eigentlich mit ihr geschieht (Verlobung). Allzu deutlich wird in dieser Szene der Gegensatz zu ihrem Verlobten, der sich in einem ernsten Gespräch mit dem Schwiegervater Briest befindet. Innstetten spürt wohl den Gegensatz und ahnt, dass es nicht gut ausgehen kann (s. seine Reaktion auf das »Effi, komm!«: kein »bloßer Zufall«).

### Die vorausdeutende Funktion der Szenerie erkennen

**Aufgabe 1** (S. 64)
Fontane misst der Szenerie große Bedeutung bei, konzipiert sie gleichsam als Exposition. Die scheiternde Beziehung Effi – Innstetten wird hier bereits vorausgedeutet: Effi wird unglücklich und lässt sich mit Crampas auf ein erotisches Abenteuer ein. Die Folge ist das Duell Innstetten – Crampas, der Tod des Letzteren und die Trennung der Ehepartner.

### Fontanes realistische Erzählweise erfassen

**Aufgabe 1** (S. 65)
Realistische Erzählweise bedeutet für Fontane nicht die bloße Abschilderung des alltäglichen Lebens, d. h. vor allem seiner sozialen Schattenseiten, wie der Naturalismus sie beschrieben hat. Vielmehr kommt in diesem Zusammenhang der Künstler ins Spiel, der den vorfindlichen rohen Stoff, d. h. auch reale Vorgänge, in seinem Sinne formt. Wirklichkeitsdarstellung im Sinne der Wahrheitsfindung geschieht nach Fontane immer mittels des individuellen künstlerischen Zugriffs. – Evtl. bietet sich hier auch ein eng geführtes Unterrichtsgespräch an, wenn die Aussagen des Textes dem Schüler nicht sogleich verständlich sind.

**Aufgabe 2** (S. 65)
Siehe dazu die »Vorarbeiten – mögliche Notizen« (S. 66 f.). – Die präzise wiedergegebene Szenerie in den Romanauszügen (S. 62–63) entspricht der Forderung des Realismus z. B. nach »direkter Beziehung zu den Gegenständen der Wirklichkeit ..., die mittels genauer Wahrnehmung konstituiert wird« (S. 190).

## Einen analytischen Interpretationsaufsatz schreiben

**Aufgabe 1** (S. 67)
Entscheidend für das Gelingen eines Interpretationsaufsatzes ist auch die Vorarbeit, die sich eng an die Aufgabenstellung anschließen muss. Dies sollte den Schülern einmal exemplarisch vorgemacht werden. Dabei ist wichtig, das Verhältnis von Textstellen und Interpretation deutlich zu machen, denn dieser hermeneutische Vorgang stellt gleichsam das zentrale Erfordernis der Interpretation dar.

## Einen produktiven Interpretationsaufsatz schreiben

**Aufgabe 1** (S. 69)
Was das Charakterprofil Innstettens betrifft, so wäre von zentraler Bedeutung, auf sein ambivalentes Wesen zu verweisen. Einerseits ist er der »Prinzipienreiter«, wie ihn der sterbende Crampas genannt hat, d. h. der trockene Beamtentypus – ohne Zärtlichkeit und erotische Ausstrahlung –; andererseits hat er durchaus sympathische Züge: Er liebt Effi trotz ihres Ehebruchs immer noch, er ist einsichtig und nachdenklich, wenn er angesichts des von ihm verschuldeten Todes des Majors Crampas sein Handeln als »Komödie« bezeichnet.

**Aufgabe 2** (S. 69)
Zentrale Merkmale des inneren Monologs wären etwa: ›Gedanken sind nicht ausformuliert‹ (»Gedankenfetzen«), »unvollständige Sätze«.

**Aufgabe 3** (S. 69)
Folgende Reihenfolge könnte gewählt werden: »Musste es ...«, »Mein Gott, ...«, »›Effi, komm!‹...«, »Der ›wilde Wein‹ ...«, »Damals in Hohen-Cremmen ...«, »Effi und ich ...«, »Aber glücklich ...«, »Crampas, der war ...«, »Der war so leichtsinnig ...«, »Von Hass ihm gegenüber ...«, »Warum soll ich ...«, »Er muss mir trotzdem ...«.

[vgl. Zusatztext aus *Effi Briest* unter **M 5**]

## 3 Ergänzungen und Vertiefungen

**M 1**
Hier finden Sie zwei Zusatztexte, die zur vertiefenden Beschäftigung mit dem hermeneutischen Ansatz verwendet werden können.

**M 2**
**Schüleraufsatz:** Schüleraufsatz zum Text *Flug durch Zürich* von Thomas Hürlimann
Der Interpretationsaufsatz einer Schülerin zu Hürlimanns Kurzgeschichte *Flug durch Zürich* kann im Unterricht für die Textüberarbeitung genutzt werden. Auch ist der Schüleraufsatz geeignet, die im Einzelnen trainierten Erschließungswege auf ihre Tragfähigkeit hin zu überprüfen.

**M 3**
**Zusatztext:** Peter Stamm: *Eisweiher*
Der Zusatztext *Eisweiher* könnte als Grundlage für eine Klausur zur Interpretation eines Kurzprosatextes gewählt werden.

**M 4**
**Zusatztext:** Jürgen Kriz: *Freuds Strukturmodell der Persönlichkeit*
Die Instanzenlehre Sigmund Freuds kann als Interpretationshilfe für das Gespräch zwischen Odoardo und Claudia (Schülerband S. 58 f.) genutzt werden, ebenfalls für eine Analyse des Gesprächs »Innstetten – Wüllersdorf«. (s. **M 5**)

**M 5**
**Zusatztext:** Theodor Fontane: *Effi Briest* (35. Kapitel, Auszug)

M1

**Aufgabe:** Welche Fragen würden Sie Enzensberger nach der Lektüre von Dieterichs Text zur richtigen und falschen Interpretation stellen?

## Mittelmaß und Wahn (1988)

### Hans Magnus Enzensberger

*In dem folgenden Text empört sich der Autor über Lehrer und deren Korrekturen von Schülerinterpretationen.*

[Am schlimmsten ist dabei] die idée fixe von der »richtigen Interpretation«. An dieser Wahnvorstellung wird mit unbegreiflicher Hartnäckigkeit festgehalten, obwohl ihre logische Inkonsistenz und ihre empirische Unhaltbarkeit auf der Hand liegen. Wenn zehn Leute einen literarischen Text lesen, kommt es zu zehn verschiedenen Lektüren. Das weiß doch jeder. In den Akt des Lesens gehen zahllos viele Faktoren ein, die vollkommen unkontrollierbar sind: die soziale und psychische Geschichte des Lesers, seine Erwartungen und Interessen, seine augenblickliche Verfassung, die Situation, in der er liest. [...] Das Resultat ist mithin durch den Text nicht determiniert und nicht determinierbar. Der Leser hat in diesem Sinn immer recht, und es kann ihm niemand die Freiheit nehmen, von einem Text den Gebrauch zu machen, der ihm passt.

*(Aus: Hans Magnus Enzensberger: Mittelmaß und Wahn. © Suhrkamp Verlag Frankfurt am Main 1988.)*

## Hermeneutik (1996)

### Veit-Jakobus Dieterich

Um Texte einer vergangenen Zeit zu verstehen, muss ich ein Vorverständnis mitbringen, die entsprechende Sprache kennen, den Text in einen Zusammenhang einordnen können, ich muss eine, wenn auch unklare, Vorstellung über die damaligen Verhältnisse haben (Vorstadium 0). Bei der Beschäftigung mit dem Text findet eine Horizontverschmelzung zwischen meinem Verstehenshorizont und dem Bedeutungshorizont des Textes statt (1. Stadium). Damit die Begegnung mit dem Text zu einer wirklichen Erfahrung wird und mein Vorverständnis nicht zum Vorurteil erstarrt, muss ich bereit sein, falsche Vorstellungen durch den Text hinterfragen zu lassen und neue Gedanken aufzunehmen. Das Vorverständnis verändert sich also in zweifacher Weise, es wird korrigiert und erweitert (2. Stadium). Lege ich den Text beiseite, ist mein Vorverständnis gereift. Ich bin einem tieferen Verstehen ein Stück nähergekommen (3. Stadium). Man spricht vom hermeneutischen Zirkel zwischen Vorverständnis, Begegnung und besserem Verständnis. [...]

*(Aus: Oberstufe Religion 2. Hrsg. von E. Marggraf und E. Röhm. Glaube und Naturwissenschaft. © 8., neu bearbeitete Aufl. 1996 by Calwer Verlag, Stuttgart. S. 55.)*

**M2**

**Aufgaben:** 1. Lesen Sie den Aufsatz der Schülerin.
2. Korrigieren Sie den Aufsatz, indem Sie die erarbeiteten Kriterien zum Maßstab nehmen.
3. Setzen Sie sich in Kleingruppen zusammen und diskutieren Sie Ihre Korrektur.
4. Schreiben Sie gemeinsam ein Gutachten und einigen Sie sich auf eine Punktzahl.
5. Achten Sie auf eine entsprechende Begründung der Note.

## Schüleraufsatz zum Text »Flug durch Zürich« von Thomas Hürlimann

Jasmin Siebold

Die Kurzgeschichte »Flug durch Zürich« von Thomas Hürlimann erzählt von einem Morgen im Februar, hinter dem Bahnhof in Zürich. Sie beschreibt das Zusammentreffen des Icherzählers mit einer vermeintlich drogenabhängigen jungen Frau.

Der Icherzähler wird mit einer jungen Frau konfrontiert, welche weinend um Hilfe bittet, da ihre Taube sterbe – noch oben in der Luft, weil der Taube die Füße abgerissen worden seien, wodurch sie nicht mehr landen können und sie somit gezwungen sei, immer weiterzufliegen. Der zum Weitergehen verleitete, jedoch von ihr angehaltene Erzähler beschreibt sie als altes Kind, betrachtet sie distanziert und abschätzig, bis sie ihm zwei Vogelfüße, in ihrer Hand liegend, zeigt. Um die beiden herum das alltägliche Stadtleben an einer Tramhaltestelle, beginnt nun auch das literarische Ich den Himmel nach einer rastlos umherfliegenden Taube abzusuchen, kann jedoch keinen Vogel sehen. Dann ist die Taube, der Frau zufolge, verschwunden. Der Icherzähler weiß nichts darauf zu sagen und begibt sich, als die Tram einfährt, unter die von ihm als »Jemands« bezeichnete Masse von Passanten und auf die Tram Wartenden. Kurz darauf fährt er davon.

Die 1992 verfasste Kurzgeschichte greift mit ihrer metaphorisch dichten Gestaltung sowie der zeitgenössischen, wenig ausschweifenden Sprache den modernen Zeitgeist auf und weist in ihrem gesellschaftskritischen Grundthema große Aktualität auf.

Die Verbindung zwischen einer – der Aussage des Mädchens zufolge – nicht landen könnenden und deshalb zum Fliegen verdammten Taube und dem als verwahrlost beschriebenen (Z. 12/13: »... ihren abgewetzten, löchrig dünnen Jeansklamotten, das T-Shirt voller Rotz, ...«) Mädchen selbst, welches so wirr sprechend und ehrlich verzweifelt um das Schicksal ihrer Taube trauert, lässt in Verbindung mit Hinweisen wie »Stoff?« (Z. 23) oder »... in die nächste Spritze stürzen« (Z. 41) darauf schließen, dass Drogenkonsum, -missbrauch und die damit zusammenhängenden persönlichen, wie gesellschaftlichen Abgründe im Vordergrund stehen.

Der erste Satz »Zürich, hinterm Bahnhof, ein Morgen im Februar.« ist zugleich der letzte Satz der Geschichte; das Ende und der Anfang, dieser Satz schließt wie zu einem Kreis zusammen und vermittelt damit den Eindruck der Endlosigkeit, aber auch der Alltäglichkeit. Es scheint dadurch immer eine Wiederholung des Erzählten möglich zu sein; irgendwann und irgendjemand, in Zürich, hinter dem Bahnhof, an einem Morgen im Februar.

Des Weiteren stellt die Geschichte den Zusammenstoß zweier Welten, zweier unterschiedlicher Lebensentwürfe, zweier Gesellschaftsschichten in Form des Aufeinandertreffens des Icherzählers und der jungen Frau dar. Das literarische Ich, welches aufgrund männlich charakterisierter Gewohnheiten (»Hand greift zum Gesäß, kontrolliert das Portemonnaie« (Z. 10) als männlich einzustufen ist, repräsentiert eine beliebige, in die Gesellschaft integrierte Person; ein »irgendwer« – oder, wie es die Menschen um sich herum beschreibt, ein »Jemand« –, was sich gegen Ende des Textes durch das Übergehen in diese Gruppe mit » – ... trete ich unter meinesgleichen« (Z. 46) insofern bestätigt sieht, dass ihm der Zugang zu dieser Gruppe der Jemands, zur Gesellschaft, offen steht.

Die junge Frau wiederum wirkt in ihrem Verhalten, wie in ihrer Erscheinung, ihren Aussagen seltsam. Sie ruft den Drang beim Icherzähler hervor, »weiter«, »bloß weg hier« (Z. 4) zu wollen. Denn, wie auch folgend noch durch »..., riecht jemand nach Unglück« (Z. 39) beispielsweise hervorgehoben wird, ist Unglück, Leid, Hilflosigkeit, in der anonymen Welt der »Jemands« »riechbar«, etwas sinnlich Erfassbares. Auch sprachlich hebt der Autor ihre Haltlosigkeit hervor, so macht er Gebrauch von Ausdrücken wie »Arsch« (Z. 8) und »kapiert« (Z. 9). Die junge Frau, zwischenzeitlich als »plötzlich alt« (Z. 12) aussehend und »altes Kind«/Z. 14) beschrieben, bittet das literarische Ich um Hilfe für eine Taube, die nicht landen kann, weil ihre die Füße fehlen. Landen, zurückkehren auf den Boden, auf die Erde, auf den Boden der Tatsachen; zurückkehren von einem Flug, einem Höhenflug, der im Falle des Vogels ohne Füße den Tod bedeuten kann – denn wie die Frau, die selbst fast »noch ein Kind« (Z. 5) ist, stets wiederholt, kann ohne die Füße nicht gelandet werden.

Bei dem Icherzähler löst dies allerdings zuerst nur einen Reflex aus, den Griff zu seiner Gesäßtasche, die Kontrolle, ob seine Geldbörse noch an Ort und Stelle ist. Das Verhalten der jungen Frau löst in seiner Ungewohntheit und deshalb Seltsamkeit Misstrauen und Unbehagen bei ihm aus. Er ist einer von »ihnen«, nicht fit, denn verkatert, vielleicht also ein Mensch, der sich gerne den Freuden des Lebens hingibt, der jetzt nicht aufgehalten werden möchte. Vielleicht will er ihr deshalb Geld geben und sich somit loskaufen von diesem Anblick des Elends.

Demgegenüber ist die Welt um sie herum geordnet, die Menschen gehen ihren typischen morgendlichen Aktivitäten nach; die Jemands, die anonymen anderen, bekommen vielleicht was von ihrem Gespräch mit (»jemand hört hin, jemand sieht weg,...«), doch lassen sie sich nichts davon anmerken, sie sind von der durch in Zeile 18 und 19 beschriebenen Hektik gefangen, in ihrer Welt. Von eben besagter Hektik wird auch das literarische Ich berührt (»pass doch auf, Idiot, meine Nerven.« Z. 19), doch fungiert es dennoch als Beobachter und zeigt die Ignoranz der Jemands beispielsweise durch »jemand blickt in den Abgrund seiner Zeitung« und »klemmt sich den Abgrund unter den Arm, sauber gefaltet« auf. Dieser Jemand liest Zeitung, informiert sich über aktuelle Geschehnisse, Katastrophen, Missstände, Leid, all die menschlichen Abgründe, worüber in Zeitungen berichtet wird, und sieht nicht, dass ganz in seiner Nähe ein Mädchen »am Abgrund« steht.

Das Mädchen, das der Autor als »Kinderfrau« (Z. 22) bezeichnet, als eine Mischung aus beidem, Kind und Frau, als eine in ihrem Erfahrungs- und Entwicklungsreichtum zwischen den Entwicklungsstadien Hängende. Sie zeigt ihm zwei Vogelfüße; dass er diese zuerst für etwas anderes hält, erwartet, »verbotene Ware« (Z. 23) angeboten zu bekommen, spiegelt seine in Konventionen und allem voran Misstrauen gefangene Haltung wider.

Die Vogelfüße, ein verzweifelter Appell? Die Hoffnung des Mädchens, auf Hilfe zu stoßen? Womöglich. Wie die Taube – dahingestellt sei, ob sie ein Produkt der Fantasie der jungen Frau ist und somit allein Symbol für deren innere »Landeunfähigkeit« – kann auch das Mädchen nicht mehr landen, ist zum Sterben in den Lüften verdammt. Das literarische Ich kann die Taube nicht sehen, doch für einen Moment ist er mit ihr verbunden, auf einer »Insel« (S. 37) vereint. Zwei auf demselben Flecken Beton Gestrandete, abgeschottet von den restlichen Menschen, den Jemands, die alle nicht zuhören und nicht hinhören.

Als diese jedoch ihre Insel »erobern«, die Tram naht, zieht es auch den jetzt Anteil nehmenden Erzähler zurück in »seine Welt«. Er tritt zurück »unter meinesgleichen« (Z. 45), er rollt davon. Denn das Mädchen und die Taube, das hat er erkannt, »sie gehören zusammen« (Z. 42 f.). Er nennt es einen »Tanz durch die Stadt« (Z. 43 f.), einen Tanz durch die wiederkehrende Alltäglichkeit, an den Jemands, den Trams, der Hektik und dem Gefühl, den Boden verloren zu haben, vorbei. Er entfernt sich aus der Verbindung, die er nur kurz zu der Welt der »Aussätzigen« geknüpft hatte, er geht zurück in die anonyme Uniformität des Nichtsehens.

**M3**

**Aufgabe:** Analysieren und interpretieren Sie die Kurzgeschichte. Achten Sie dabei auf folgende Aspekte:
- die metaphorische Bedeutung des Titels für die Geschichte;
- erzähltechnische Mittel wie Dialoge, Perspektive, Erzählzeit;
- Funktion der Naturbeschreibungen;
- Figurengestaltung: Beziehung zwischen Icherzähler, Stefanie und Urs;
- Deutung des offenen Schlusses.

## **Am Eisweiher** (1999) Peter Stamm

Ich war mit dem Abendzug aus dem Welschland nach Hause gekommen. Damals arbeitete ich in Neuchâtel, aber zu Hause fühlte ich mich noch immer in meinem Dorf im Thurgau. Ich war zwanzig Jahre alt.

Irgendwo war ein Unglück geschehen, ein Brand ausgebrochen, ich weiß es nicht mehr. Jedenfalls kam mit einer halben Stunde Verspätung nicht der Schnellzug aus Genf, sondern ein kurzer Zug mit alten Wagen. Unterwegs blieb er immer wieder auf offener Strecke stehen, und wir Passagiere begannen bald, miteinander zu sprechen und die Fenster zu öffnen. Es war die Zeit der Sommerferien. Draußen roch es nach Heu, und einmal, als der Zug eine Weile gestanden hatte und das Land um uns ganz still war, hörten wir das Zirpen der Grillen.

Es war fast Mitternacht, als ich mein Dorf erreichte. Die Luft war noch warm, und ich trug die Jacke über dem Arm. Meine Eltern waren schon zu Bett gegangen. Das Haus war dunkel, und ich stellte nur schnell meine Sporttasche mit der schmutzigen Wäsche in den Flur. Es war keine Nacht zum Schlafen.

Vor unserem Stammlokal standen meine Freunde und berieten, was sie noch unternehmen sollten. Der Wirt hatte sie nach Hause geschickt, die Polizeistunde war vorüber. Wir redeten eine Weile draußen auf der Straße, bis jemand aus einem Fenster rief, wir sollten endlich ruhig sein und verschwinden. Da sagte Stefanie, die Freundin von Urs: »Warum gehen wir nicht im Eisweiher baden? Das Wasser ist ganz warm.«

Die anderen fuhren schon los, und ich sagte, ich würde nur schnell mein Fahrrad holen und dann nachkommen. Zu Hause packte ich meine Badehose und ein Badetuch ein, dann fuhr ich hinter den anderen her. Der Eisweiher lag in einer Mulde zwischen zwei Dörfern. Auf halbem Weg kam mir Urs entgegen.

»Stefanie hat einen Platten«, rief er mir zu. »Ich hole Flickzeug.«

Kurz darauf sah ich dann Stefanie, die an der Böschung saß. Ich stieg ab.

»Das kann eine Weile dauern, bis Urs zurückkommt«, sagte ich. »Ich gehe mit dir, wenn du magst.«

Wir schoben unsere Fahrräder langsam den Hügel empor, hinter dem der Weiher lag. Ich hatte Stefanie nie besonders gemocht, vielleicht weil es hieß, sie treibe es mit jedem, vielleicht aus Eifersucht, weil Urs sich nie mehr ohne sie zeigte, seit die beiden zusammen waren. Aber jetzt, als ich zum ersten Mal mit ihr allein war, verstanden wir uns ganz gut und redeten über dies und jenes.

Stefanie hatte im Frühjahr die Matura gemacht und arbeitete bis zum Beginn ihres Studiums im Herbst als Kassiererin in einem Warenhaus. Sie erzählte von Ladendieben und wer im Dorf immer nur die Aktionen und wer Kondome kaufe. Wir lachten den ganzen Weg.

Als wir beim Weiher ankamen, waren die anderen schon hinausgeschwommen. Wir zogen uns aus, und als ich sah, dass Stefanie keinen Badeanzug dabeihatte, zog auch ich meine Badehose nicht an und tat, als sei das selbstverständlich. Der Mond war nicht zu sehen, aber unzählige Sterne und nur schwach die Hügel und der Weiher.

Stefanie war ins Wasser gesprungen und schwamm in eine andere Richtung als unsere Freunde. Ich folgte ihr. Die Luft war schon kühl gewesen und die Wiese feucht vom Tau, aber das Wasser war warm wie am Tag. Nur manchmal, wenn ich kräftig mit den Beinen schlug, wirbelte kaltes Wasser hoch. Als ich Stefanie eingeholt hatte, schwammen wir eine Weile nebeneinander her, und sie fragte mich, ob ich in Neuchâtel eine Freundin hätte, und ich sagte nein.

»Komm, wir schwimmen zum Bootshaus«, sagte sie.

Wir kamen zum Bootshaus und schauten zurück. Da sahen wir, dass die anderen wieder am Ufer waren und ein Feuer angezündet hatten. Ob Urs schon bei ihnen war, konnten wir aus der Entfernung nicht erkennen. Stefanie kletterte auf den Steg und stieg von dort auf den Balkon von dem wir als Kinder oft ins Wasser gesprungen waren. Sie legte sich auf den Rücken und sagte, ich solle zu ihr kommen, ihr sei kalt. Ich legte mich neben sie, aber sie sagte: »Komm näher, das hilft ja so nichts.«

Wir blieben eine Zeit lang auf dem Balkon. Inzwischen war der Mond aufgegangen und schien so hell, dass unsere Körper Schatten warfen auf dem grauen, verwitterten Holz. Aus dem nahen Wald hörten wir Geräusche, von denen wir nicht wussten, was sie bedeuteten, dann, wie jemand auf das Bootshaus zuschwamm, und kurz darauf rief Urs: »Stefanie, seid ihr da?«

Stefanie legte den Finger auf den Mund und zog mich in den Schatten des hohen Geländers. Wir hörten, wie Urs schwer atmend aus dem Wasser stieg und wie er sich am Geländer hochzog. Er musste nun direkt über uns sein. Ich wagte nicht, nach oben zu schauen, mich zu bewegen.

»Was machst du da?« Urs kauerte auf dem Geländer des Balkons und blickte auf uns herab. Er sagte es leise, erstaunt, nicht wütend, und er sagte es zu mir.

»Wir haben gehört, dass du kommst«, sagte ich. »Wir haben geredet, und dann haben wir uns versteckt, um dich zu überraschen.«

Jetzt schaute Urs zur Mitte des Balkons, und auch ich schaute hin und sah dort ganz deutlich, als lägen wir noch da, den Fleck , den Stefanies und mein nasser Körper hinterlassen hatten.

»Warum hast du das gemacht?«, fragte Urs. Wieder fragte er nur mich und schien seine Freundin gar nicht zu bemerken, die noch immer regungslos im Schatten kauerte. Dann stand er auf und machte hoch über uns auf dem Geländer zwei Schritte und sprang mit einer Art Schrei, mit einem Jauchzer, in das dunkle Wasser. Noch vor dem Klatschen des Wassers hörte ich einen dumpfen Schlag, und ich sprang auf und schaute hinunter.

Es war gefährlich, vom Balkon herunterzuspringen. Es gab im Wasser Pfähle, die bis an die Oberfläche reichten, als Kinder hatten wir gewusst, wo sie waren. Urs trieb unten im Wasser. Sein Körper leuchtete seltsam weiß im Mondlicht, und Stefanie, die nun neben mir stand, sagte: »Der ist tot.«

Vorsichtig stieg ich vom Balkon hinunter auf den Steg und zog Urs an einem Fuß zu mir. Stefanie war vom Balkon gesprungen und schwamm, so schnell sie konnte, zurück zu unseren Freunden. Ich zog Urs aus dem Wasser und hievte ihn auf den kleinen Steg neben dem Bootshaus. Er hatte am Kopf eine schreckliche Wunde.

Ich glaube, ich saß die meiste Zeit einfach nur da neben ihm. Irgendwann, viel später, kam ein Polizist und gab mir eine Decke, und erst jetzt merkte ich, wie kalt mir war. Die Polizisten nahmen Stefanie und mich mit auf die Wache, und wir erzählten, wie alles gewesen war, nur nicht, was wir auf dem Balkon getan hatten. Die Beamten waren sehr freundlich und brachten uns, als es schon Morgen wurde, sogar nach Hause. Meine Eltern hatten sich Sorgen gemacht.

Stefanie sah ich noch bei der Beerdigung von Urs. Auch meine anderen Freunde waren da, aber wir sprachen nicht miteinander, erst später, in unserem Stammlokal, nur nicht über das, was in jener Nacht geschehen war. Wir tranken Bier, und einer sagte, ich weiß nicht mehr, wer es war, es reue ihn nicht, dass Stefanie nicht mehr komme. Seit sie dabei gewesen sei, habe man nicht mehr vernünftig reden können.

Einige Monate später erfuhr ich, dass Stefanie schwanger war. Von da an blieb ich an den Wochenenden oft in Neuchâtel und fing sogar an, meine Wäsche selber zu waschen.

*(Aus: Peter Stamm: Blitzeis. Erzählungen. Zürich: Arche 2001, S. 9)*

**M4**

**Aufgaben:** 1. Klären Sie zunächst, was Freud unter den drei psychischen Instanzen »Es«, »Ich« und »Über-Ich« versteht. Machen Sie sich, jeder für sich, kurze Notizen. – Besprechen Sie, ob Ihre Notizen die wesentlichen Merkmale der Instanzen wiedergeben.
2. Versuchen Sie anschließend, in kleinen Gruppen die Erkenntnisse Freuds auf die Interpretation und das Verständnis der Figuren Odoardo und Claudia anzuwenden.

## **Freuds Strukturmodell der Persönlichkeit** (2001) Jürgen Kriz

*Der psychische Apparat ist nach der Theorie Freuds in drei Bereiche (Instanzen oder psychische Provinzen) unterteilt: das ES, das ICH und das ÜBER-ICH.*

**Das ES.** Im ES wirken die ursprünglichen biologischen Triebe in animalischer, nicht sozialisierter Form. Es handelt sich also um die nicht mehr auflösbaren, basalen Grundbedürfnisse und primären Impulse. Sowohl in der individuellen als auch in der stammesgeschichtlichen Entwicklung ist das ES daher die älteste Instanz, was nicht zuletzt auch seine Wichtigkeit für das Wesen eines Menschen das gesamte Leben hindurch erklärt. Da das ES seine Energie aus den inneren Organen bezieht und keinen direkten Verkehr mit der Außenwelt hat, drängen die basalen Bedürfnisse auf unverzügliche und rücksichtslose Befriedigung – die ohne die Korrektur der beiden anderen Instanzen ständig zu lebensbedrohlichen Konflikten mit der Außenwelt führen würde.

**Das ÜBER-ICH.** Das ÜBER-ICH repräsentiert hingegen die moralischen und ethischen Wertvorstellungen, die Norm und Moral der Gesellschaft (bzw. der Eltern). Es umfasst somit den normativen Bereich der Gebote und Verbote und hat Gewissensfunktion. Diese Normen und Werte gehören zunächst zweifellos ausschließlich der Außenwelt an, werden aber nach wenigen Lebensjahren als neue psychische Instanz – eben als ÜBER-ICH – zum Bestandteil der Innenwelt.
Dabei setzt das Gewissen, das ja nicht Bestandteil der Außen-, sondern der Innenwelt ist, solche Aufgaben fort, die zunächst allein Personen der Außenwelt (allen voran den Eltern) zukamen: nämlich insbesondere die dem ES entspringenden Aktivitäten zu steuern, überwachen, strafen etc. Oft – und besonders bei Neurotikern – ist dabei das ÜBER-ICH als Gewissen in Vertretung bzw. Ergänzung und Fortführung dieser Funktion von Erziehungspersonen noch strenger, als es die realen Vorbilder waren. Konflikte mit realen Personen werden hier also ggf. verinnerlicht und überakzentuiert.

**Das ICH als Entscheidungsinstanz.** Zwischenbeiden Instanzen hat das ICH in Form eines Kompromisses die Synthese herzustellen, indem es einerseits den emotionalen Grundbedürfnissen und triebhaften Impulsen zu einer realitätsangepassten Verwirklichung verhilft, gleichzeitig aber die Einschränkungen aus dem ÜBER-ICH zu berücksichtigen hat und somit Sorge trägt, dass die Person mit den Normen der Umwelt nicht zu sehr in Konflikt gerät. Das ICH hat also als zentrale Entscheidungsinstanz und als Verwalter des bewussten Handelns in Form von Selbstkontrolle zwischen den ungestümen Wünschen des ES und den normativen Einschränkungen des ÜBER-ICHs die Verbindung zur Realität aufrechtzuerhalten.
Für die Beziehung zwischen ICH und ES wird dabei gern das Bild eines Reiters auf seinem Pferd gewählt: Die Energie und Kraft des Tieres ist durchaus positiv zu werten und dient dem Vorankommen, sofern der Reiter die Zügel fest in der Hand behält. Für die Beziehung zwischen ICH und ÜBER-ICH ist bemerkenswert, dass das ÜBER-ICH in der bereits erwähnten übertriebenen Strenge das ICH nicht nur für Taten, sondern ggf. auch schon für Gedanken und unausgeführte Handlungen zur Rechenschaft ziehen kann.

*(Aus: Jürgen Kriz: Grundkonzepte der Psychotherapie. Eine Einführung. © 2001 PVU in der Verlagsgruppe Beltz, Weinheim & Basel.)*

**M5**

**Aufgabe:** Lesen Sie das zweite Gespräch Innstetten – Wüllersdorf im 35. Kapitel. – Nutzen Sie für Ihre Einschätzung des Verhaltens der beiden die Instanzenlehre S. Freuds, vor allem seine Kategorien »Über-Ich« und »Ich« (s. **M 4**, S. 38).

## **Effi Briest** (1895) Theodor Fontane (35. Kapitel, Auszug)

Johanna trat ein und meldete: »Geheimrat Wüllersdorf.« Dieser stand schon auf der Türschwelle. »Gratuliere, Innstetten.«

»Ihnen glaub ich's; die anderen werden sich ärgern. Im Übrigen ... «

»Im Übrigen. Sie werden doch in diesem Augenblick nicht kritteln wollen.«

»Nein. Die Gnade Seiner Majestät beschämt mich, und die wohlwollende Gesinnung des Ministers, dem ich das alles verdanke, fast noch mehr.«

»Aber ... «

»Aber ich habe mich zu freuen verlernt. Wenn ich es einem anderen als Ihnen sagte, so würde solche Rede für redensartlich gelten. Sie aber, Sie finden sich darin zurecht. Sehen Sie sich hier um; wie leer und öde ist das alles. Wenn die Johanna eintritt, ein sogenanntes Juwel, so wird mir angst und bange. Dieses Sich-in-Szene-Setzen (und Innstetten ahmte Johannas Haltung nach), diese halb komische Büstenplastik, die wie mit einem Spezialanspruch auftritt, ich weiß nicht, ob an die Menschheit oder an mich – ich finde das alles so trist und elend, und es wäre zum Totschießen, wenn es nicht so lächerlich wäre.«

»Lieber Innstetten, in dieser Stimmung wollen Sie Ministerialdirektor werden?«

»Ah, bah. Kann es anders sein? Lesen Sie, diese Zeilen habe ich eben bekommen.«

Wüllersdorf nahm den zweiten Brief mit dem unleserlichen Poststempel, amüsierte sich über das »Wohlgeboren« und trat dann ans Fenster, um bequemer lesen zu können.

»Gnäd'ger Herr! Sie werden sich wohl am Ende wundern, dass ich Ihnen schreibe, aber es ist wegen Rollo. Anniechen hat uns schon voriges Jahr gesagt: Rollo wäre jetzt so faul; aber das tut hier nichts, er kann hier so faul sein, wie er will, je fauler, je besser. Und die gnäd'ge Frau möchte es doch so gern. Sie sagt immer, wenn sie ins Luch oder über Feld geht: ›Ich fürchte mich eigentlich, Roswitha, weil ich da so allein bin; aber wer soll mich begleiten? Rollo, ja, das ginge; der ist mir auch nicht gram. Das ist der Vorteil, dass sich die Tiere nicht so drum kümmern.‹ Das sind die Worte der gnäd'gen Frau, und weiter will ich nichts sagen und den gnäd'gen Herrn bloß noch bitten, mein Anniechen zu grüßen. Und auch die Johanna. Von Ihrer treu ergebenen Dienerin
Roswitha Gellenhagen«

»Ja«, sagte Wüllersdorf, als er das Papier wieder zusammenfaltete, »die ist uns über.«

»Finde ich auch.«

»Und das ist auch der Grund, dass Ihnen alles andere so fraglich erscheint.«

»Sie treffen's. Es geht mir schon lange durch den Kopf, und diese schlichten Worte mit ihrer gewollten oder vielleicht auch nicht gewollten Anklage haben mich wieder vollends aus dem Häuschen gebracht. Es quält mich seit Jahr und Tag schon, und ich möchte aus dieser ganzen Geschichte heraus; nichts gefällt mir mehr; je mehr man mich auszeichnet, je mehr fühle ich, dass dies alles nichts ist. Mein Leben ist verpfuscht, und so hab ich mir im Stillen ausgedacht, ich müsste mit all den Strebungen und Eitelkeiten überhaupt nichts mehr zu tun haben und mein Schulmeistertum, was ja wohl mein Eigentliches ist, als ein höherer Sittendirektor verwenden können. Es hat ja dergleichen gegeben. Ich müsste also, wenn's ginge, solche schrecklich berühmte Figur werden, wie beispielsweise der Doktor Wichern im Rauhen Hause zu Hamburg gewesen ist, dieser Mirakelmensch, der alle Verbrecher mit seinem Blick und seiner Frömmigkeit bändigte ... «

»Hm, dagegen ist nichts zu sagen; das würde gehen.«

»Nein, es geht auch nicht. Auch das nicht mal. Mir ist eben alles verschlossen. Wie soll ich einen Totschläger an seiner Seele packen? Dazu muss man selber intakt sein. Und wenn man's nicht mehr ist und selber so was an den Fingerspitzen hat, dann muss man wenigstens vor seinen zu bekehrenden Confratres den wahnsinnigen Büßer spielen und eine Riesenzerknirschung zum Besten geben können.«

Wüllersdorf nickte.

»Nun, sehen Sie, Sie nicken. Aber das alles kann ich nicht mehr. Den Mann im Büßerhemd bring ich nicht mehr heraus und den Derwisch oder Fakir, der unter Selbstanklagen sich zu Tode tanzt, erst recht nicht. Und da hab ich mir denn, weil das alles nicht geht, als ein Bestes herausgeklügelt: weg von hier, weg und hin unter lauter pechschwarze Kerle, die von Kultur und Ehre nichts wissen. Diese Glücklichen! Denn gerade das, dieser ganze Krimskrams, ist doch an allem schuld. Aus Passion, was am Ende gehen möchte, tut man dergleichen nicht. Also bloßen Vorstellungen zuliebe ... Vorstellungen! ... Und da klappt denn einer zusammen, und man klappt selber nach. Bloß noch schlimmer.«

»Ach was, Innstetten, das sind Launen, Einfälle. Quer durch Afrika, was soll das heißen? Das ist für 'nen Leutnant, der Schulden hat. Aber ein Mann wie Sie! Wollen Sie mit einem roten Fes einem Palaver präsidieren oder mit einem Schwiegersohn von König Mtesa Blutfreundschaft schließen? Oder wollen Sie sich in einem Tropenhelm, mit sechs Löchern oben, am Kongo entlangtasten, bis Sie bei Kamerun oder da herum wieder herauskommen? Unmöglich!«

»Unmöglich? Warum? Und wenn unmöglich, was dann?« »Einfach hierbleiben und Resignation üben. Wer ist denn unbedrückt? Wer sagte nicht jeden Tag: ›Eigentlich eine sehr fragwürdige Geschichte.‹ Sie wissen, ich habe auch mein Päckchen zu tragen, nicht gerade das Ihrige, aber nicht viel leichter. Es ist Torheit mit dem Im-Urwald-Umherkriechen oder In-einem-Termitenhügel-Nächtigen; wer's mag, der mag es, aber für unserein ist es nichts. In der Bresche stehen und aushalten, bis man fällt, das ist das Beste. Vorher aber im Kleinen und Kleinsten so viel herausschlagen wie möglich und ein Auge dafür haben, wenn die Veilchen blühen oder das Luisendenkmal in Blumen steht oder die kleinen Mädchen mit hohen Schnürstiefeln über die Korde springen. Oder auch wohl nach Potsdam fahren und in die Friedenskirche gehen, wo Kaiser Friedrich liegt und wo sie jetzt eben anfangen, ihm ein Grabhaus zu bauen. Und wenn Sie da stehen, dann überlegen Sie sich das Leben von dem, und wenn Sie dann nicht beruhigt sind, dann ist Ihnen freilich nicht zu helfen.«

»Gut, gut. Aber das Jahr ist lang, und jeder einzelne Tag ... und dann der Abend.«

»Mit dem ist immer noch am ehesten fertig zu werden. Da haben wir ›Sardanapal‹ oder ›Coppelia‹ mit der del Era, und wenn es damit aus ist, dann haben wir Siechen. Nicht zu verachten. Drei Seidel beruhigen jedes Mal. Es gibt immer noch viele, sehr viele, die zu der ganzen Sache nicht anders stehen wie wir, und einer, dem auch viel verquergegangen war, sagte mir mal: ›Glauben Sie mir, Wüllersdorf, es geht überhaupt nicht ohne ›Hilfskonstruktionen‹.‹ Der das sagte, war ein Baumeister und musste es also wissen. Und er hatte recht mit seinem Satz. Es vergeht kein Tag, der mich nicht an die ›Hilfskonstruktionen‹ gemahnte.«

Wüllersdorf, als er sich so expektoriert, nahm Hut und Stock. Innstetten aber, der sich bei diesen Worten seines Freundes seiner eigenen voraufgegangenen Betrachtungen über das »kleine Glück« erinnert haben mochte, nickte halb zustimmend und lächelte vor sich hin.

»Und wohin gehen Sie nun, Wüllersdorf? Es ist noch zu früh für das Ministerium.«

»Ich schenk es mir heute ganz. Erst noch eine Stunde Spaziergang am Kanal hin bis an die Charlottenburger Schleuse und dann wieder zurück. Und dann ein kleines Vorsprechen bei Huth, Potsdamer Straße, die kleine Holztreppe vorsichtig hinauf. Unten ist ein Blumenladen.«

»Und das freut Sie? Das genügt Ihnen?«

»Das will ich nicht gerade sagen. Aber es hilft ein bisschen. Ich finde da verschiedene Stammgäste, Frühschoppler, deren Namen ich klüglich verschweige. Der eine erzählt dann vom Herzog von Ratibor, der andere vom Fürstbischof Kopp und der Dritte wohl gar von Bismarck. Ein bisschen fällt immer ab. Dreiviertel stimmt nicht, aber wenn es nur witzig ist, krittelt man nicht lange dran herum und hört dankbar zu.« Und damit ging er.

*(Aus: Theodor Fontane: Effi Briest. Stuttgart: Reclam 1980, S. 325–330.)*

# Sachtexte lesen und analysieren (S. 72–89)

Winfried Harst

## 1 Zielsetzung und Aufbau des Kapitels

Dieses Kapitel gliedert sich in zwei Teile, in die Abschnitte

- **Wissenschaftliche Texte**
- **Sachtextanalyse**

In beiden werden unterschiedliche Informationsverarbeitungs- und Lesekompetenzen vertieft, über die die Schülerinnen und Schüler der gymnasialen Oberstufe verfügen müssen und die sie in den vorangegangenen Schuljahren teilweise schon erworben haben. Im Einzelnen handelt es sich um die folgenden Kompetenzen:

- die Fähigkeit, einem Text gezielt, d.h. geleitet von einem bestimmten Erkenntnisinteresse, Informationen entnehmen zu können;
- die Fähigkeit, diese Informationen zu prüfen, zu bewerten und auswählen zu können;
- die Fähigkeit, Informationen mithilfe unterschiedlicher, je nach Bedarf variierender Lesestrategien zu gewinnen, wobei vor allem das kursorische und das intensive Lesen zum Tragen kommen, und zwar in Form der Skimming-, der Scanning- und der SQ3R-Methode.

Im Unterschied zum Umgang mit literarischen Texten geht es bei der Auseinandersetzung mit nichtliterarischen Texten nicht um ästhetische Kompetenzen im engeren Sinn. Daher müssen die Schülerinnen und Schüler bei der Auswertung der ersten drei Texte – es handelt sich um reine Sachtexte, nämlich »wissenschaftliche Texte« (erster Abschnitt) – keine Darstellungsmittel erschließen, müssen also Form und Inhalt nicht zueinander in Bezug setzen. Anders verhält es sich jedoch beim vierten, einem rhetorischen Text aus dem Kapitelabschnitt *Sachtextanalyse,* denn in politischen Reden sind Information, Intention und Darstellung eng miteinander verknüpft und die Leser bzw. Hörer müssen das funktionale Ineinander dieser drei Aspekte bei ihrer Analyse berücksichtigen. In diesem Kapitelabschnitt wird also der Kompetenzbereich der praktischen Rhetorik berührt. Hier erlernen die Schülerinnen und Schüler, Redebeiträge kritisch zu reflektieren und auf ihr eigenes Gesprächsverhalten zurückzuspiegeln.

Zusammenfassend lässt sich also feststellen, dass dieses Kapitel einerseits eine propädeutische Funktion hat, weil die Schülerinnen und Schüler hier neue Kenntnisse erwerben und vorhandene Fähigkeiten festigen, die unabdingbar sind für das wissenschaftliche Arbeiten mit Sachtexten im Beruf und an der Universität. Andererseits können die Verstehens- und Lesekompetenzen, die hier ausgebildet werden, die textgebundene und die materialgestützte Erörterung vorentlasten, weswegen es unter Umständen ratsam ist, das Kapitel *Sachtexte lesen und analysieren* vorab zu behandeln.
Folgende weiterführende Literatur kann empfohlen werden:

Praxis Deutsch 173 (2002), *Vergleichendes Lesen*
Praxis Deutsch 176 (2002), *Leseleistung, Lesekompetenz*
Juliane Köster: *Die Profilierung einer Differenz. Aufgaben zum Textverstehen in Lern- und Leistungssituationen.* In: DU 56 (2003), H 5, S. 19–25.
Juliane Köster, Will Lütgert, Jürgen Creutzburg (Hrsg.): *Aufgabenkultur und Lesekompetenz. Deutschdidaktische Positionen.* Frankfurt/M. 2004.
Juliane Köster: *Leseaufgaben wirkungsvoll gestalten. Verständnisorientierte Aufgabenkultur beim Umgang mit Texten.* In: *Pädagogik: Lesen und Verstehen.* Heft 6 (2007), S. 16–19.

## 2 Aufgaben – Lösungen – Kommentare

### **Wissenschaftliche Texte** (S. 73–81)

#### Vom ersten Leseeindruck zum Basissatz kommen

**Aufgabe 1** (S. 75)
Für die Bewältigung dieser Aufgabe kann es sinnvoll sein, die Schülerinnen und Schüler zu bitten, dass sie die Zeit stoppen, die sie für das erste überfliegende Lesen benötigen (s. erster Punkt in der Liste »Lesetechnik: Skimming«). Der Vergleich der unterschiedlichen gemessenen Lektürezeiten ergibt Hinweise auf den Förderungsbedarf der Lerngruppe bzw. auf geeignete Maßnahmen zur Binnendifferenzierung. Die Frage nach der Leseorientierung (s. zweiter Punkt in der Liste), nach der Textsorte (s. dritter Punkt) und der Überschrift (s. vierter Punkt) lässt sich zusammenfassend bearbeiten. Sowohl das Adjektiv »instinktiv« als auch der Name des Autors können das Vorwissen der Schüler aktivieren. Offensichtlich handelt es sich um einen wissenschaftlichen, vermutlich biologischen Sachtext, womit auch schon die Frage nach der Textsorte beantwortet ist. Zu den häufig wiederholten Signalwörtern gehören:

- Tier (Pavian, Schimpanse, Affe),
- Mensch,
- Reaktion, Reiz, reflexhaft, instinktiv,
- Verhalten,
- Begeisterung.

**Aufgabe 2** (S. 75)
Wie die neuere Schreibforschung belegt, helfen Schreibaufgaben, die unter Zeitdruck erledigt werden müssen, Schreibblockaden zu beseitigen. (Vergleiche dazu: Daniel Perrin/Ingrid Böttcher/Otto Kruse/Arne Wrobel (Hrsg.): *Schreiben. Von intuitiven zu professionellen Schreibstrategien.* Wiesbaden 2002.)

#### Basissätze überprüfen

**Aufgabe 1** (S. 76)
Die Schülerinnen und Schüler sollen dabei denjenigen Satz notieren, von dem sie glauben, dass er inhaltlich ihrem am nächsten kommt.

**Aufgabe 2** (S. 76)
*Basissatz 1:* Hier wird der Leser nicht informiert, da weder das Verhalten noch die Situationen präzisiert werden.
*Basissatz 2:* Hier wird das Verhalten (s. Basissatz 1) immerhin präzisiert.
*Basissatz 3:* Der Begriff »positive Instinkte« ist nichtssagend und müsste präzisiert werden.
*Basissatz 4:* Dieser Basissatz ermöglicht eine weitgehende Leserorientierung.
*Basissatz 5:* Dieser Basissatz setzt zu viel philosophiegeschichtliches Vorwissen voraus und ist dadurch zu wenig adressatenbezogen.
*Basissatz 6:* Hier wird eine wichtige Denkoperation im Konrad-Lorenz-Text nicht erwähnt, nämlich die Gleichsetzung von Mensch und Tier.
*Basissatz 7:* Dieser Basissatz ermöglicht eine weitgehende Leserorientierung.
*Basissatz 8:* Hier wird der Leser nicht informiert, da der Begriff »kulturell etablierte Werte« nicht präzisiert wird.
*Basissatz 9:* Hier wurde der Referenztext nicht richtig verstanden, denn Konrad Lorenz lehnt die Begriffe »richtig« und »falsch« ab.
*Basissatz 10:* Hier wurde nur ein Aspekt des Konrad-Lorenz-Textes wiedergegeben.

**Aufgabe 3** (S. 76)
Unter Umständen sollte die Lehrkraft darauf hinweisen, dass die Schülerinnen und Schüler auch zwei, drei Basissätze zu einem längeren zusammenfassen können.

#### Den Zusammenhang von Bild und Text erkennen

**Aufgabe 1** (S. 77)
*Bild 1:* Hier wird nur ein Teilaspekt illustriert.
*Bild 2:* Hier wird zwar der Januskopf (Z. 90), auf den Konrad Lorenz zu sprechen kommt, gezeigt, doch nicht in dem von Konrad Lorenz gemeinten Sinn einer menschlich-tierischen Doppelgesichtigkeit.
*Bild 3:* Hier wird, ähnlich wie im Text, die menschliche Herkunft aus dem Tierreich illustriert. Dieses Bild wäre geeignet.
*Bild 4:* Der Menschenkopf auf dem Affenkörper versinnbildlicht die Aussage des Referenztextes. Dieses Bild wäre gut geeignet.
*Bild 5:* Diese Abbildung bezieht sich nur auf den ersten Abschnitt des Referenztextes und ist daher ungeeignet.

#### Selektiv Informationen erfassen

**Aufgabe 1** (S. 79)
Der Text wurde unter folgenden Aspekten »gescannt«: Der erste Leser ging der Frage nach: Wurden die Zahlen entdeckt oder von den Mathematikern bzw. von den Menschen erfunden? Der zweite Leser hat sich auf die Entwicklung des menschlichen Zahlensinns konzentriert, der dritte auf die Geschichte der mathematischen Systeme. Der vierte Leser hat sich die Frage gestellt: Wie viel Zahlen gibt es überhaupt?

### Einen Text intensiv lesen

**Aufgabe 1** (S. 81)
Die Aufgabe kann nur dann richtig bearbeitet werden, wenn die Lehrkraft darauf hinweist, dass der Text nicht vorab gelesen werden darf. Er muss entsprechend den Anweisungen in der Marginalspalte bearbeitet werden, denn nur so ist sichergestellt, dass die SQ3R-Methode sinnvoll zum Einsatz kommt.

**Aufgabe 2** (S. 81)
Die Strukturskizze **M 1** könnte in vergleichbarer Form auf dem Lernplakat erscheinen bzw. die Äste einer Mindmap bilden. Die genannten Begriffe sollten in gleicher oder synonymer Form in der Textwiedergabe auftauchen. Unter Umständen kann diese Strukturskizze auch als Tafelanschrieb verwendet werden.

[vgl. weitere Zusatzmaterialien **M 2–M 4**]

## Sachtextanalyse (S. 82–88)

### Position und Absicht der Rede erfassen

**Aufgabe 1** (S. 85)
Fischers Position lässt sich wie folgt beschreiben: Die Partei der Grünen befindet sich nach der Übernahme der Regierungsverantwortung in einem »Widerspruch« (Z. 108), denn sie hat in ihrem eigenen Verständnis ein pazifistisches Profil, muss nun aber »mit militärischen Mitteln, mit einem Krieg, Milosevic Einhalt gebieten« (Z. 109 f.). Fischer hat sich als Außenminister für die zweite Option entschieden. Er begründet diese Entscheidung mit folgenden politischen Argumenten:

- Er hat vergeblich mit Milosevic geredet, um »der Diplomatie eine Chance« (Z. 14 f.) zu geben und eine friedliche Rückkehr der Vertriebenen zu ermöglichen und einen Abzug der bewaffneten Streitkräfte Jugoslawiens zu erreichen.
- Der Krieg in Jugoslawien dauert schon zu lange und hat zwischenzeitlich »Hunderttausenden das Leben gekostet« (Z. 24).
- Die Bombardierung Jugoslawiens erfolgt »auf der vollen Grundlage von Rambouillet« (Z. 44 f.).

Neben diesen politischen Argumenten nennt Fischer persönliche:

- Den »furchtbaren mörderischen Anschlag auf eine ausländische Familie« (Z. 53) in Solingen empfindet er als schreckliches Erlebnis, das seine Biografie nachhaltig geprägt hat. Dieser Anschlag war das Werk von Rassisten, und derselbe Rassismus führt nun zu Krieg und Vertreibung in Jugoslawien.
- Auch wenn Auschwitz »unvergleichbar« (Z. 60) ist, dürfen sich Völkermord und Faschismus in Europa nicht wiederholen; dazu verpflichtet »die Erinnerung an unsere Geschichte« (Z. 55 f.).

Fischers Absicht lässt sich wie folgt skizzieren:

- Er möchte »erfolgreich Außenminister sein« (Z. 94) und die bisherige Politik fortsetzen.
- Er benötigt dafür die Unterstützung der Partei (vgl. Z. 120 ff.) und möchte dadurch »gestärkt aus diesem Parteitag herausgehe[n]« (Z. 123 f.).

### Die sprachlich-rhetorischen Mittel analysieren

**Aufgabe 1** (S. 86)
Von oben nach unten verwendet Fischer folgende sprachlich-rhetorischen Mittel:

- rhetorische Frage
- Vulgarismus
- Parallelismus
- Emphase
- Anakoluth
- Metapher

**Aufgabe 2** (S. 86)
- Mit der *rhetorischen Frage* verdeutlicht Fischer seine Verbitterung gegenüber den Parteigenossen, die eine geregelte Diskussion verweigern.
- Der *Vulgarismus* ist Ausdruck der emotionalen Betroffenheit des Redners, zugleich als eine bewusste Selbstherabsetzung des Außenministers anzusehen, der auf dem Parteitag als Parteigenosse zu Parteigenossen spricht und sich dazu einer (seinem vorwiegend intellektuellen Publikum bekannten) Intertextualität bedient, nämlich der Luther-Übersetzung von Matthäus 12,34: »Wes das Herz voll ist, des geht der Mund über.«
- Der *Parallelismus* mit dem dreimalig topikalisierten Ich-Subjekt kann als Zeichen der Selbstrechtfertigung Fischers verstanden werden, der seine Bemühungen um den Erhalt des Friedens sozusagen an den Fingern aufzählt.
- Mit der *emphatischen* Wiederholung, Rechtsversetzung und Interjektion »seit 1992!« fordert Fischer sein Publikum auf, auszurechnen, wie lange der Krieg schon dauert. Hierbei handelt es sich um ein subtiles Instrument, das Gewissen seiner Zuhörer zu erreichen.
- Der *Anakoluth* verdeutlicht ebenso wie der Vulgarismus (s. o.) Fischers emotionale Betroffenheit und verleiht seiner frei gehaltenen Rede Authentizität.
- Mit der *Metapher* »Auschwitz«, die für den Holocaust steht, appelliert Fischer an das kollektive Gedächtnis seiner Zuhörer.

## Die Redestrategien untersuchen

**Aufgabe 1** (S. 87)
Es finden sich vor allem die Redestrategien »Suggestion« und »Überredung«.

**Aufgabe 2** (S. 87)
Folgende Redestrategien finden sich in den einzelnen Abschnitten:

- *Z. 1–4:* Die Anrede der parteiinternen Opposition als »liebe Gegner, geliebte Gegner« (Z. 1) stellt eine (ironische) Kampfansage dar.
- *Z. 5–38:* Fischer differenziert zwischen denen, die »diskutieren wollen« (Z. 7), und denen, »welche nicht diskutieren wollen (Z. 7 f.), d. h., er parzelliert die Gegner und weist einem Teil die Schuld zu, »dass wir Grüne unter Polizeischutz einen Parteitag abhalten müssen« (Z. 5). Sein Hinweis auf seine Gespräche mit Milosevic (vgl. Z. 16 ff.) und auf die Dauer des Krieges (vgl. Z. 22 ff.) haben den Charakter einer Information, doch die häufige Verwendung der 1. Person Singular deuten auf eine stark subjektive, emotionale Färbung dieser Information hin. Die Betonung der Tatsache, dass die Grünen in der Bundesregierung sind (vgl. Z. 26 f.), zeigt, dass Fischer Verantwortung übernehmen will. Denen, die ihn auffordern, seine Rede zu unterbrechen (vgl. Z. 30 f.), sagt er den Kampf an.
- *Z. 39–73:* Im Folgenden nennt Fischer eine Reihe von Begründungen für seine Haltung in der Kosovofrage, indem er auf »Rambouillet« (Z. 45), »Solingen« (Z. 52) und auf den »Völkermord« (Z. 61) zu sprechen kommt. Dabei kann festgestellt werden, dass diese Argumente sehr emotional, ja anklagend vorgetragen werden, wenn er z. B. sagt: »[...] es hat wehgetan, wenn der persönliche Vorwurf erhoben wurde, ich hätte die Bundesrepublik Deutschland in den Krieg gefingert« (Z. 41 ff.). In diesem Zusammenhang legt er seine Maßstäbe und Ziele offen, nämlich »[nie] wieder Krieg, nie wieder Auschwitz; nie wieder Völkermord« (Z. 61) und fordert von »Linke[n] und »Linksradikale[n]« (Z. 65) dasselbe. Interessant ist, dass Fischer mit der Verwendung der 1. Person Plural (Z. 56 f.) durchaus eine Brücke bauen möchte, später jedoch durch die Verwendung der 2. Person Plural (Z. 63 ff.) zwischen sich und dem Publikum polarisiert.
- *Z. 74–93:* Das Bedrohungsszenario, dass »es keinen Frieden geben« (Z. 79 f.) werde, wenn die vertriebenen Kosovaren nicht zurückkehren dürfen, verknüpft er mit – zumindest von seinen Gegnern – einer als Erpressung interpretierbaren Aufforderung, sich zu entscheiden: »Ja oder nein, das ist der Maßstab [...]« (Z. 77 f.). In diesem Zusammenhang legt er noch einmal Ziele und Maßstäbe der Bundesregierung offen (vgl. Z. 86) und polarisiert, indem er unterscheidet zwischen der »Partei« (Z. 88) und »ein paar in der Fraktion und der Regierung, die sind dafür zuständig dann für die Realitäten« (Z. 89 f.).
- *Z. 94–96:* Hier erbittet Fischer Unterstützung für seine Politik, prognostiziert allerdings auch eine Schwächung seiner Position (vgl. Z. 95), wodurch er seinen innenpolitischen Gegnern eine Sündenbockrolle zuweist.
- *Z. 97–114:* Durch die Wiederholung seiner Position zur Bombardierung Jugoslawiens sagt er den Oppositionellen in seiner Partei zum wiederholten Male den Kampf an, wobei jedoch seine Feststellung »[...] was wir gemeinsam brauchen, ist die Kraft jetzt in der Verantwortung« (Z. 105) durchaus als Versuch gewertet werden kann, die Partei der Grünen als Wir-Gruppe aufzuwerten. Die Skrupel, die einige wegen der Jugoslawien-Politik haben könnten, sind ihm durchaus bewusst, er versucht jedoch, das Gewissen seiner Parteigenossen zu beruhigen, und nennt deswegen zwei Begründungen für die Kehrtwende in der grünen Außenpolitik: »Wir haben dafür den Stabilitätspakt südlicher Balkan entwickelt. Sagt mir eine Regierung, die mehr politische Initiativen erfolgreicher entwickelt hat als diese Bundesregierung« (Z. 112 ff.).
- *Z. 115 ff.:* Der Schluss von Fischers Rede ist geprägt von dem Versuch, die Gemüter zu beruhigen, indem er Verständnis signalisiert für »die Argumente der Ablehnung« (Z. 116 f.), und seine Partei als Wir-Gruppe aufzuwerten (s. das Adjektiv »gemeinsam«, Z. 119). Fischer beendet seine Rede mit der Bitte um »Unterstützung« (Z. 121) und dem Dank (vgl. Z. 124) an seine Zuhörer.

## Eine Sachtextanalyse schreiben

**Aufgabe 1** (S. 88)
Die Aufsatzsplitter sind als Hilfen für die nun zu schreibende Sachtextanalyse gedacht. Sie können, müssen aber nicht verwendet werden.

**Aufgabe 2** (S. 88)
Die Aufsatzsplitter sind wie folgt den drei Teilen zuzuordnen:

1. Beschreibung
2. Interpretation
3. Stellungnahme
4. Interpretation
5. Interpretation
6. Beschreibung
7. Stellungnahme
8. Interpretation
9. Interpretation
10. Beschreibung

# 3 Ergänzungen und Vertiefungen

**M 1**

**Strukturskizze:** Der moderne, kommunikativ vernetzte Mensch (»homo connectus«)
Die Strukturskizze ermöglicht einen alternativen Zugang zu einem Text, indem dessen Informationen – eventuell an der Tafel – visualisiert und anschließend von den Schülerinnen und Schülern in die Form einer Dezimalklassifikation gebracht werden. Mit diesem Verfahren kann die gedankliche Gliederung eines Textes erarbeitet werden.

**M 2**

**Zusatztext:** Konrad Lorenz: *Aggression*
Bei Material 2 handelt es sich um einen Zusatztext, der als vertiefende Übung zu den Basissätzen und zur Skimming-Methode verwendet werden kann.

**M 3**

**Arbeitsblatt zum Zusatztext M 2**
Im Anschluss an **M 2** findet sich ein Arbeitsblatt zu den Basissätzen und zur Skimming-Methode.

**M 4**

**Zusatztext:** Karl Eibl: *Das verfluchte Erbe der Steinzeit*
Dieser Text kann von den Schülerinnen und Schülern nach der SQ3R-Methode bearbeitet werden.

**M1**

## Strukturskizze

**Aufgabe:** Setzen Sie diese Skizze in eine Dezimalklassifikation um, indem Sie die folgende Dezimalklassifikation vervollständigen:

1. Der moderne, kommunikativ vernetzte Mensch (»homo connectus«)

1.1. sein Kommunikationsverhalten etc.

...

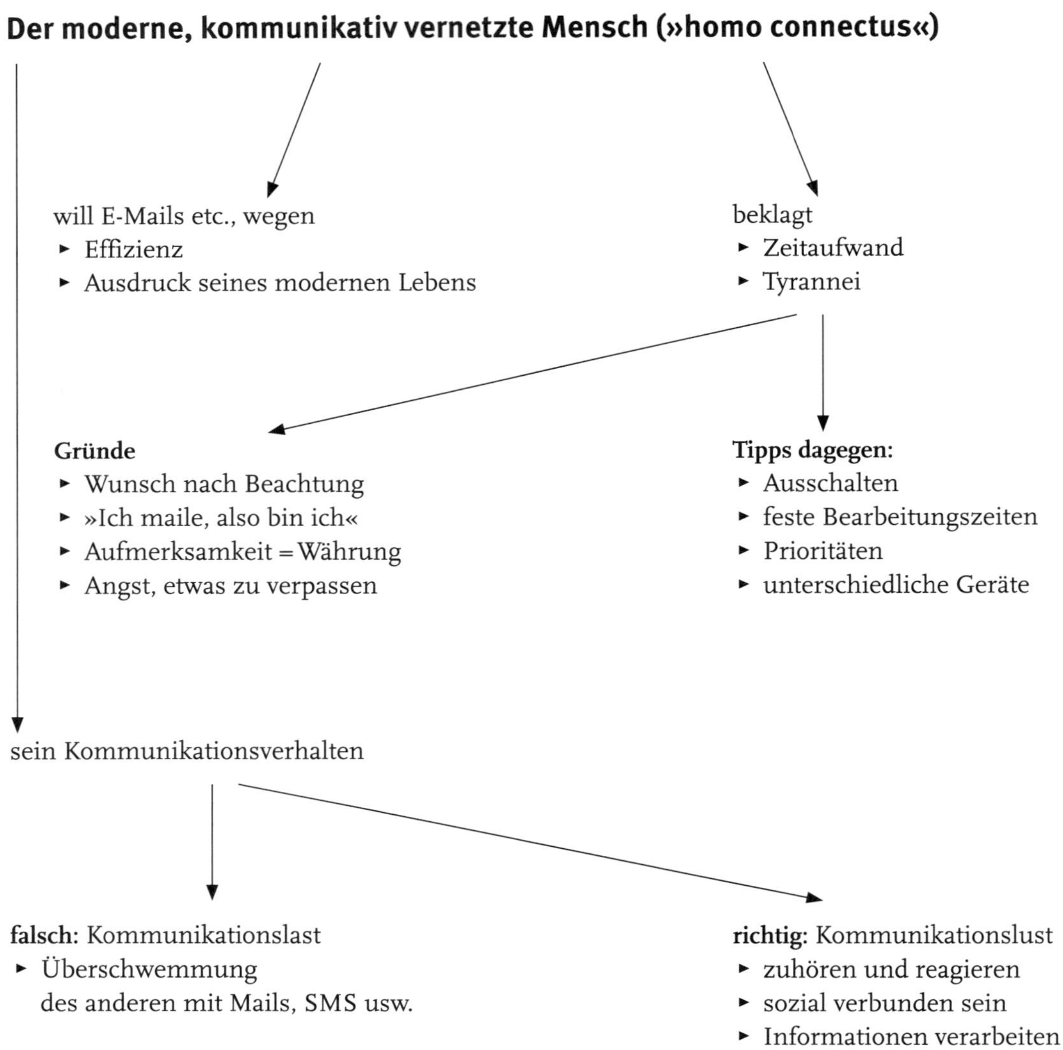

**M2**

**Aufgabe:** Verfassen Sie einen Basissatz zu dem folgenden Text.

## Aggression (1963) Konrad Lorenz

Nehmen wir an, ein objektivierender Verhaltensforscher säße auf einem anderen Planeten, etwa dem Mars, und untersuche das soziale Verhalten des Menschen mithilfe eines Fernrohrs, dessen Vergrößerung zu gering sei, um Individuen wiederzuerkennen und in ihrem Einzelverhalten verfolgen zu können, das aber wohl gestatte, grobe Ereignisse, wie Völkerwanderungen, Schlachten usw., zu beobachten. Er würde nie auf den Gedanken kommen, dass das menschliche Verhalten von Vernunft oder gar von verantwortlicher Moral gesteuert sei.

Wenn wir annehmen, unser außerirdischer Beobachter sei ein reines Verstandeswesen, das, selbst bar aller Instinkte, nichts davon wüsste, wie Instinkte im Allgemeinen und Aggressionen im Besonderen funktionieren und in welcher Weise ihre Funktion misslingen kann, er würde in arger Verlegenheit sein, die menschliche Geschichte zu verstehen. Die sich immer wiederholenden Ereignisse der Geschichte können aus menschlichem Verstand und menschlicher Vernunft nicht erklärt werden. Es ist ein Gemeinplatz zu sagen, sie seien durch dasjenige verursacht, was man gemeinhin »menschliche Natur« nennt. Die vernünftige und unlogische menschliche Natur lässt zwei Nationen miteinander wetteifern und kämpfen, auch wenn keine wirtschaftlichen Gründe sie dazu zwingen, sie veranlasst zwei politische Parteien oder Religionen trotz erstaunlicher Ähnlichkeit ihrer Heilsprogramme zu erbittertem Kampf, und sie treibt einen Alexander oder Napoleon, Millionen von Untertanen dem Versuch zu opfern, die ganze Welt unter seinem Zepter zu einen. Merkwürdigerweise lernen wir in der Schule, Menschen, die diese und ähnliche Absurditäten begangen haben, mit Respekt zu betrachten, ja als große Männer zu verehren. Wir sind dazu erzogen, uns der sogenannten politischen Klugheit der für die Staatsführung Verantwortlichen zu unterwerfen, und wir sind an alle hier in Rede stehenden Phänomene so gewöhnt, dass die meisten von uns sich daraus nicht klar darüber werden, wie ungemein dumm und menschheitsschädlich das historische Verhalten der Völker ist.

Hat man dies aber einmal erkannt, so kann man der Frage nicht ausweichen, wie es kommt, dass angeblich vernünftige Wesen sich so unvernünftig verhalten können. Ganz offenbar müssen überwältigend starke Faktoren am Werke sein, die imstande sind, der individuellen Vernunft des Menschen die Führung so völlig zu entreißen, und die außerdem völlig unfähig sind, aus Erfahrungen zu lernen. Wie Hegel sagt, lehrt uns die Erfahrung der Geschichte, dass Menschen und Regierungen nie aus der Geschichte gelernt oder Folgerungen aus ihr gezogen haben.

Alle diese erstaunlichen Widersprüche finden eine zwanglose Erklärung und lassen sich lückenlos einordnen, sowie man sich zu der Erkenntnis durchgerungen hat, dass das soziale Verhalten des Menschen keineswegs ausschließlich von Verstand und kultureller Tradition diktiert wird, sondern immer noch allen jenen Gesetzlichkeiten gehorcht, die in allem phylogenetisch entstandenen instinktiven Verhalten obwalten, Gesetzlichkeiten, die wir aus dem Studium tierischen Verhaltens recht gut kennen. [...]

Wir haben in dem Kapitel über moralanaloges Verhalten von den Hemmungsmechanismen gehört, die bei verschiedenen sozialen Tieren die Aggression zügeln und ein Beschädigen und Töten von Artgenossen verhindern. Wie gesagt, sind diese natürlicherweise bei solchen Tieren am wichtigsten und daher auch am höchsten ausgebildet, die imstande sind, ungefähr gleich große Lebewesen ohne Weiteres umzubringen. Ein Kolkrabe kann einem anderen mit einem Schnabelschnappen die Halsvenen aufreißen. Es gäbe längst keine Raben und keine Wölfe mehr, wenn nicht verlässliche Hemmungen solches verhinderten. Eine Taube, ein Hase und selbst ein Schimpanse sind nicht imstande, durch einen einzigen Schlag oder Biss ihresgleichen zu töten. Dazu kommt noch die Fluchtfähigkeit solcher nicht besonders bewaffneter Wesen, die hinreicht, um selbst den »berufsmäßigen« Raubtieren zu entkommen, die im Nachjagen, Einfangen und Abschlachten weit tüchtiger sind als ein noch so stark überlegener Artgenosse. In freier Wildbahn besteht also für gewöhnlich gar nicht die Möglichkeit, dass ein solches Tier ein gleichartiges wesentlich beschädigt. So ist auch kein Selektionsdruck wirksam, der Tötungshemmungen herauszüchtet. [...]

Man kann sich lebhaft vorstellen, was geschehen würde, wenn ein nie da gewesenes Naturspiel jählings einer Taube den Schnabel eines Kolkraben verleihen würde. Der Lage dieser Missgeburt scheint die des Menschen genau zu entsprechen, der eben den Gebrauch eines scharfen Steines als Schlagwaffe erfunden hat. Man schaudert bei dem Gedanken an ein Wesen von der Erregbarkeit und dem Jähzorn eines Schimpansen, das einen Faustkeil in der Hand schwingt. [...]

In der Vorgeschichte der Menschen waren keine besonders hoch entwickelten Hemmungsmechanismen zur Verhinderung plötzlichen Totschlages nötig, da ein solcher sowieso nicht möglich war. Der Angreifer konnte sein Opfer ja sowieso nur durch Kratzen, Beißen und Würgen ums Leben bringen, und dabei hatte dieses reichlich Gelegenheit, durch Demutgebärden und Angstschreie an die Aggressionshemmung des Angreifers zu appellieren. Bei einem nur schwach bewaffneten Tier war begreiflicherweise kein Selektionsdruck am Werke, der jene starken und verlässlichen Hemmungen des Waffengebrauches hervorbringen konnte, die für das Überleben einer mit gefährlichen Waffen ausgestatteten Tierart unbedingt notwendig sind. Als dann die Erfindung künstlicher Waffen mit einem Schlage neue Tötungsmöglichkeiten eröffnete, wurde das vorher vorhandene Gleichgewicht zwischen den verhältnismäßig schwachen Aggressionshemmungen und der Fähigkeit zum Töten von Artgenossen gründlich gestört. [...]

Die Entfernung, auf die alle Schusswaffen wirken, schirmt den Tötenden gegen die Reizsituationen ab, die ihm anderenfalls die Grässlichkeit der Konsequenzen sinnlich nahebringen würden. Die tiefen gefühlsmäßigen Schichten unserer Seele nehmen es einfach nicht mehr zur Kenntnis, dass das Abkrümmen eines Zeigefingers zur Folge hat, dass unser Schuss einem anderen Menschen die Eingeweide zerreißt. Kein geistig gesunder Mensch würde auch nur auf die Hasenjagd gehen, müsste er das Wild mit Zähnen und Fingernägeln töten. Nur durch Abschirmung unserer Gefühle gegen alle sinnfälligen Folgen unseres Tuns wird es möglich, dass ein Mensch, der es kaum fertigbrächte, einem unartigen Kind eine verdiente Ohrfeige zu geben, es sehr wohl über sich bringen kann, den Auslöseknopf einer Raketenwaffe oder einer Bombenabwurf-Vorrichtung zu betätigen und damit Hunderte von liebenswerten Kindern einem grässlichen Flammentod zu überantworten. Gute, brave, anständige Familienväter haben Bombenteppiche gelegt. Eine entsetzliche und heute beinahe schon unglaubhafte Tatsache! Demagogen besitzen offenbar ganz ausgezeichnete, wenn auch nur praktische Kenntnis des menschlichen Instinktverhaltens und benutzen die Abschirmung der zu verhetzenden Partei gegen aggressionshemmende Reizsituationen zielbewusst als ein wichtiges Werkzeug. [...]

*(Aus Konrad Lorenz: Das sogenannte Böse. Zur Naturgeschichte der Aggression. © 1983 Deutscher Taschenbuch Verlag, München, S. 222–228.)*

M3

## Arbeitsblatt

*Die folgenden zwölf Basissätze beziehen sich auf den Konrad-Lorenz-Text (S. 47f.) und wurden ebenfalls von Schülern verfasst.*

**Aufgaben:** 1. Vergleichen Sie diese Basissätze mit Ihrem Basissatz und einigen Sie sich mit Ihrem Nachbarn auf den, der am ehesten zutrifft.

2. Untersuchen Sie Satz für Satz und achten Sie vor allem darauf, ob folgende Merkmale der Skimming-Methode (s. Schülerband S. 73) realisiert wurden:
   - Leserorientierung (worum geht es in dem vorliegenden Text?)
   - Beachtung hervorgehobener, weil häufig wiederholter Signalwörter

① Es geht um die Gewaltbereitschaft und um den Aggressionstrieb als typisch menschliches Fehlverhalten, was auf die Abschirmung menschlicher Gefühle und Hemmungsmechanismen durch entfernungsüberbrückende Tötungswaffen zurückzuführen ist.

② Es geht um aggressive Verhaltensweisen, die durch bestimmte Hemmungsmechanismen bei Tieren noch vorhanden sind, beim Menschen indessen aufgrund neuerer technischer Entwicklungen verschwunden sind.

③ Es geht um durch angeborene Triebe und durch Gefühlsabschirmung beeinträchtigtes logisches und moralisches Verhalten des Menschen in seiner Frühgeschichte und in heutiger Zeit.

④ Es geht um die Gründe und Folgen des menschlichen und tierischen Aggressionstriebs.

⑤ Es geht darum zu klären, warum der Mensch in der Lage ist, sich gegenüber anderen Menschen aggressiv zu verhalten, während andere Lebewesen durch Hemmungsmechanismen daran gehindert werden.

⑥ Es geht darum, die menschliche Aggression gegenüber einem Artgenossen zu erklären und dadurch zu entschuldigen.

⑦ Es geht um die Erklärung des Verhaltens der Menschen in ihrem Zusammenleben und um die Gründe, warum die Menschen so handeln.

⑧ Es geht um die Frage, welche Faktoren die Vernunft des Menschen außer Kraft setzen. Gleichzeitig wird menschliches und tierisches Verhalten miteinander verglichen.

⑨ Es geht um die Erklärung eines bestimmenden Einflusses der Instinktmäßigkeit auf das vernunftbestimmte und moralisch logische Verhalten des Menschen.

⑩ Es geht darum, dass dem Menschen aufgrund der Tatsache, dass er keine natürlichen Waffen wie Krallen und Reißzähne u. Ä. hat, eine natürliche Aggressionshemmung beinahe vollkommen fehlt, wie sie etwa berufsmäßige Raubtiere besitzen, und dass daher die Aggressionshemmungen durch Ferntötungswaffen wie Pistolen, Raketen, Bomben u. Ä. völlig umgangen werden können.

⑪ Es geht um den Versuch, der Frage nachzugehen, warum der Mensch ein anderes Aggressionsverhalten hat als die Tiere, und um die Frage nach den Auswirkungen eines Austausches der beiden Verhaltensweisen.

⑫ Es geht um die Klärung der Frage, warum die Menschen – angeblich vernünftige Wesen – sich so unvernünftig verhalten und sich gegenseitig töten.

**M4**

**Aufgabe:** Bearbeiten Sie den folgenden Text nach der SQ3R-Methode.

## Das verfluchte Erbe der Steinzeit (2009) Karl Eibl

Titel und Vorspann

[...] Die Soziobiologie hat unter den Stichwörtern ›kin selection‹[1] und ›inclusive fitness‹[2] aufgezeigt, dass es unter den Lebewesen eine Art von natürlichem Altruismus gibt, nämlich dann, wenn es um das Wohlergehen der eigenen Verwandtschaft geht.

Hauptteil

Grundlage dafür ist, dass verwandte Organismen eine ähnliche genetische Ausstattung haben. Wenn wir (oder irgendwelche Insekten) einem Verwandten helfen, dann begünstigen wir damit die Reproduktion unserer eigenen Gene, unter anderem auch jener, die uns zur Begünstigung unserer Verwandten veranlassen. Keine Säugetiermutter würde die Mühe auf sich nehmen, ein Kind großzuziehen, wenn sie nicht durch ihre genetische Ausstattung dazu gezwungen würde. Und von Menschenmüttern wissen wir, dass ihnen das gelegentlich sogar Freude macht. Aber auch unsere Geschwister, unsere Vettern und Basen, Nichten und Neffen teilen die Gene mit uns: Wer Vetternwirtschaft betreibt, folgt sozusagen dem Ruf der Natur. Der Ruf der Kultur hingegen reicht noch etwas weiter. Schon manche Tiere reagieren auf Reize bloß scheinbarer Verwandtschaft. Wenn Vogeleltern alles als Nachwuchs identifizieren, was im eigenen Nest hockt, das Maul aufreißt und einen bestimmten Bettelruf ausstößt, dann ziehen sie auch den Kuckuck auf. Die Anerkennung als Vogelmutter kann man sich, wie wir von Konrad Lorenz und der Graugans wissen, sogar als Mensch zuziehen. Beim Menschen, so dürfen wir annehmen, ist es vor allem die frühe Vertrautheit, die als Symptom von Verwandtschaft verarbeitet wird und auch den Bereich von Nachbarschaft und Heimat mit Verwandtschaftsvalenzen verknüpft[3]. Vor allem aber sind es die sprachlich-symbolischen Ordnungen der kulturellen Zwischenwelten, die zwischen den vielfältigen Umwelten der Menschen und ihrem evolvierten[4] Nervensystem vermitteln. Sattsam bekannt sind die diversen Brüder und Schwestern politischer wie religiöser Art. Mittelalterliche Lehensverhältnisse wurden als Verwandtschaftsverhältnisse konzipiert ebenso das neuzeitliche Verhältnis zwischen Herrscher und Volk, selbst demokratisch gewählte Ministerpräsidenten werden gern als Landesväter tituliert, und die Gattin wird dann auch noch zur Landesmutter ernannt. Auch die Gemeinschaftsrhetorik, in der Gemeinschaft der Gesellschaft gegenübergestellt wird, setzt letztlich Verwandtschaft gegen den Rest der Welt. Die Mitglieder von Protektionskartellen sehen sich als Familienmitglieder, und auch die Mafia versteht sich als »famiglia«.

Schluss

Wahrscheinlich ist homo sapiens nur deshalb fähig, solch riesige Rudel von einander unbekannten Individuen leidlich konfliktlos interagieren zu lassen, weil er sie seinem Nervensystem als entfernte Verwandte anbietet, die, wenn nicht unterstützt, so doch zumindest geschont werden müssen. [...]

*(Aus: Karl Eibl: Kultur als Zwischenwelt. © Suhrkamp Verlag Frankfurt am Main 2009.)*

---

1 Verwandtenselektion: Wenn Tiere Verwandten dabei helfen, ihre Jungen aufzuziehen, fördert dies die Weitergabe ihres »eigenen« Erbgutes.

2 Anzahl der eigenen Gene, die über Verwandte an die nächste Generation weitergegeben wird.

3 Nachbarschaft und Heimat werden als Verwandtschaft (im weiteren Sinne) bewertet.

4 entwickelt

# Argumentieren und Erörtern (S. 90–119)

Günter Graf / Winfried Harst

## 1 Zielsetzung und Aufbau des Kapitels

Während in der 10. Jahrgangsstufe die verschiedenen Spielarten der Erörterung – die dialektische, textgebundene und literarische – eingeführt wurden, geht es jetzt darum – auch im Hinblick auf die Anforderungen der Abiturprüfung –, den Schwierigkeitsgrad der Aufgabenstellungen zu erhöhen und die Schreibformen auszudifferenzieren. Das Kapitel ist, entsprechend der Weiterführung der Spielarten der Erörterung, in folgende Abschnitte gegliedert:

- **Die textgebundene Erörterung**
- **Die materialgestützte Problemerörterung**
- **Die literarische Erörterung**

Die *textgebundene Erörterung* (erörterndes Erschließen pragmatischer Texte) erfordert grundsätzlich zwei Arbeitsschritte: das Erfassen des Inhalts des vorgegebenen Sachtextes und die Auseinandersetzung mit seinem Problemgehalt. Entsprechend sind die einzelnen didaktischen Bausteine organisiert: Abschnittsüberschriften, Schlüsselwörter, Strukturskizze, Textwiedergabe, exemplarische argumentative Erörterung von Kernsätzen.
Hinzu kommt – in Ergänzung zur Jahrgangsstufe 10 – die produktive Erörterung des Sachtextgehaltes (gestaltendes Erschließen pragmatischer Texte), etwa in Form eines Leserbriefes.
Die bereits eingeführte binnendifferenzierte dialektische Erörterung – in Abgrenzung vom einfachen Blockverfahren pro und kontra gekennzeichnet durch unmittelbare Einschränkung der Argumente beider Seiten – wird weiter gefestigt in Form der *materialgestützten Problemerörterung*. Aus guten Gründen – häufiges Informationsdefizit auf Seiten der Schüler – wird in neueren aufsatzdidaktischen Studien gefordert, die traditionelle sogenannte »freie« Erörterung durch die materialgestützte zu ersetzen; d. h., der Schüler erhält für seine Bearbeitung eines Erörterungsthemas Material bzw. ein Dossier, d. h. eine Zusammenstellung von Bildern, Dokumenten, Texten u. a. m. Die Informationen dieses Materials gilt es zu sichten, zu ordnen und zu bewerten im Hinblick auf das Argumentationsvorhaben, d. h. die Auseinandersetzung mit der Thema- und Aufgabenstellung.

Die *literarische Erörterung* erfordert, analog zur textgebundenen Erörterung, zwei Vorgänge: das Verstehen des literarischen Textes und die argumentative Auseinandersetzung mit seinem Problemgehalt.
Methodisch nützlich könnte im Zusammenhang mit der didaktischen Erarbeitung der genannten Vorgänge z. B. sein: eine Analyse- und Interpretationsskizze, eine fremde Interpretationsnotiz und ein Paralleltext mit ähnlicher Thematik.
Wie schon bei der textgebundenen Erörterung bietet sich auch hier – in Weiterführung und Ausdifferenzierung der argumentativen Schreibform, wie sie bereits in der Klassenstufe 10 eingeführt wurde – die produktive Spielart an, etwa in Form einer Rede.
Gemeinsam ist allen drei Formen der argumentativen Spielart der Erörterung zum einen das Erfordernis eines stringenten Aufbaus und einer kohärenten Gedankenführung, zum anderen aber auch die Vermittlung diskursiver Kompetenz, die sich vor allem im Abstraktions- und Urteilsvermögen widerspiegelt.

# 2 Aufgaben – Lösungen – Kommentare

## **Die textgebundene Erörterung** (S. 92–101)

### Den Sachtext genau lesen

**Aufgabe 1** (S. 94)
Folgende kürzelhafte Notizen könnten sich die Schüler zu den zentralen Aspekten »soziale Netze« und »gesellschaftlicher Wandel« machen:

- amerikanische Internetfirma Facebook
- soziale Netzwerke StudiVZ und SchülerVZ
- soziales Netzwerk (persönlicher Steckbrief, kommunizieren)
- gesellschaftlicher Wandel (keine Privatheit, mehr Probleme: z. B. Missbrauch mit den persönlichen Daten)

[s. weitere Informationen zu dem Thema: **M 1**]

### Den Inhalt des Sachtextes erfassen

**Aufgabe 1** (S. 95)
Folgende Abschnittsüberschriften könnten als passend bezeichnet werden:

1. *Abschnitt:* Facebook und das Ende der Privatheit
2. *Abschnitt:* Gefühl der Einsamkeit
3. *Abschnitt:* Änderung des Datenschutzes und die Folgeprobleme
4. *Abschnitt:* Inschutznahme der sozialen Netzwerke

**Aufgabe 2** (S. 95)
Folgende Schlüsselwörter könnten als aussagekräftig gelten:

1. *Abschnitt:* Facebook, gesellschaftlicher Wandel
2. *Abschnitt:* Kontakt, Sprengung der Konventionen
3. *Abschnitt:* exhibitionieren, Datenschutz
4. *Abschnitt:* mehr Privatsphäre, keine langfristigen Persönlichkeitsprofile

Welche Begriffe als Schlüsselwörter bezeichnet werden können, ist nicht immer eindeutig. Wenn ein Textabschnitt, wie etwa der vierte, mehrere Aspekte beschreibt, ist es schwieriger, sich auf bestimmte Schlüsselwörter festzulegen – diese Überlegungen gelten auch für die Abschnittsüberschriften. Subjektive Entscheidungen sind dann durchaus legitim; die Schüler sollten allerdings ihre persönlichen Vorschläge jeweils begründen. In diesem Zusammenhang bietet es sich deshalb an, die Schüler eigene Abschnittsüberschriften und Schlüsselwörter finden zu lassen.

**Aufgabe 3** (S. 96)
Vor dem Hintergrund der bereits bearbeiteten methodischen Schritte (Abschnittsüberschriften, Schlüsselwörter) dürfte es den Schülern leichtfallen, die zentralen Aussagen der Kernsätze zu erläutern.
Der 7. Kernsatz könnte den Schülern Schwierigkeiten bereiten, weil hier offenbar – gegenüber den eher objektiven Informationen des übrigen Textes – der Autor eine persönliche Einschätzung der Entwicklung abgibt. Diskussionswürdig ist sie allemal.

**Aufgabe 4** (S. 97)
Die Skizze spiegelt vereinfacht die Abschnittsstruktur des Textes wider. Grafisch abgesetzt ist (s. Gegenpfeil) bewusst der Aspekt »Beeinflussung des gesellschaftlichen Wandels«, wie er im letzten Teil des 4. Textabschnittes entwickelt wird (s. Z. 88).

### Den Inhalt des Sachtextes argumentativ erörtern

**Aufgabe 1** (S. 98)
Es könnte sein, dass die Schüler – vielleicht haben sie sich ja selbst im SchülerVZ eingeschrieben – nur das Pro bearbeiten. Dem sollte man an dieser Stelle auch seinen Lauf lassen (s. die Aufgabe 3).

**Aufgabe 3** (S. 99)
Hier allerdings können die Schüler einer kritischen Diskussion nicht ausweichen. Die beiden Zusatztexte mit ihren besorgniserregenden Informationen lassen dies nicht mehr zu. Und es gehört zum langfristig angelegten Aufbau von Urteilskompetenz, fremde Meinungen ernst zu nehmen und vor dem Hintergrund der Auseinandersetzung mit ihnen evtl. die eigene (auch emotionale) Position zu korrigieren. Neuerdings ist auf einen ernst zu nehmenden Missbrauch des SchülerVZ hingewiesen worden: nämlich das Cyber-Mobbing und die Aktivitäten von Hackern in den sozialen Netzen von Facebook.

[s. zu weiteren Informationen: **M 2**]

### Den Inhalt des Sachtextes produktiv erörtern

**Aufgabe 1** (S. 100)
Der erste Leserbrief ist ein reiner Meinungstext (»Vor allem finde ich es klasse …«), in dem der Verfasser sich für die Informationen des Autors bedankt. Er wird sich daraufhin im SchülerVZ einschreiben und hofft in Zukunft auf eine interessante Kommunikation über das soziale Netz. Produktiv erörtert wird hier nicht.

Der zweite Leserbrief dagegen zeigt Ansätze einer produktiven Auseinandersetzung. Einfallsreich wird der Bezug zu George Orwells Roman *1984* und zum »gläsernen Menschen« genutzt; auf diese Weise ist geschickt die Möglichkeit der Kritik an dem Phänomen »soziales Netz« vorbereitet (»Denn ... «).

**Aufgabe 2** (S. 100)
Hier könnte man sich früherer Argumente (s. o. Aufgabe 3, S. 99) bedienen und versuchen, sie sprachlich originell (evtl. auch polemisch: der Leserbrief hat keine »festgeschriebene Form«) darzustellen.

**Aufgaben 4 und 5** (S. 101)
Die Angebote dienen der »spielerischen« Abrundung des Themas. Sie müssen allerdings sorgfältig vorbereitet werden, sodass eine seriöse und substanzielle Auseinandersetzung mit dem Thema garantiert ist. – Darüber hinaus dient das Arrangement auch der Einübung von Gesprächsregeln (z. B. beim Thema bleiben, aufeinander eingehen, Meinungen begründen) und des mimischen sowie gestischen Verhaltens.

[s. zu einem weiteren Sachtext, einem Schüleraufsatz und einer Schreibkonferenz: **M 3, M 4, M 5**]

## Die materialgestützte Problemerörterung
(S. 102–121)

### Das Thema erfassen

**Aufgabe 1** (S. 102)
Die freien Äste des Ideennetzes könnten mit folgenden Ideen und Assoziationen ausgefüllt werden:
- Unteilbarkeit von Atomen
- Freisetzung von großer Energie bei Atomspaltung
- Härte, Festigkeit, Dichte von Vorverurteilung
- Vorurteile als Grundstruktur (des menschlichen Denkens?)
- Freisetzung von Kräften

### Den Materialien wichtige Informationen entnehmen

**Aufgabe 1** (S. 105)
Folgende Gedanken/Stichwörter können – unter anderem! – dem Lexikonartikel und dem Expertengespräch entnommen werden:

- unkritische Übernahme
- fehlende persönliche Urteilsbildung
- fehlende Erfahrung
- soziale Vorurteile:
  *Unterast:* äußere Merkmale;
  *weitere Unteräste:* Hautfarbe, Sprechweise, Zugehörigkeit zu einer bestimmten Gruppe, Kleidung
- nicht sachlich begründete negative Einstellung
- Feindseligkeit und Aggressivität gegenüber Minderheiten
- Speicherung der Vorurteile im Gedächtnis
- Aktivierung von Vorurteilen in Stresssituationen
- Unbeeinflussbarkeit von Vorurteilen
- positive Funktion: *Unteräste:* schnellere Reaktion, hilfreiches Wissen
- Rückwirkung des Vorurteils auf die Diskriminierten im Sinne einer Selffulfilling Prophecy: *Unteräste:* Blondinen, Schüler, ältere Menschen
- Möglichkeit der Sensibilisierung gegenüber Vorurteilen: *Unteräste:* durch Kenntnis der Stereotype, durch Vermeidung von zwanghaftem Denken

[s. zu weiteren Informationen: **M 6** und **M 7**]

**Aufgabe 2** (S. 105)
Der Text, den die Schülerinnen und Schüler verfassen, muss die ironische Aussage der Karikatur berücksichtigen und alle Kommentare, die Haderer um seine Karikatur gruppiert hat, mit negativen Vorzeichen versehen. Vor allem folgende drei Begriffe könnten dann in die Mindmap übernommen werden:

- fehlende Anpassungsfähigkeit
- fehlende Dezenz im Umgang mit Angehörigen fremder Kulturen
- fehlendes Verständnis für die Probleme in der dritten Welt

### Informationen sichten und ordnen

**Aufgabe 1** (S. 106)
Folgende Textelemente können dem restlichen Expertengespräch entnommen werden:

- *These:* Nicht nur die echten Vorurteile haben eine fatale Wirkung
- *Argument:* Auch stereotypes Wissen wirkt
- *Beispiel:* Aggressivität als Folge von Gedanken an Ausländer
- *Entfaltung:* Auslösung von Assoziationen durch Gedanken
- *Beispiel:* Experiment mit Studenten
- *These* im Sinne einer Folgerung: Gedächtnisfunktionen sind übermächtig
- *Entfaltung* im Sinne einer Differenzierung: bewusste und unbewusste Entscheidungen, Stereotype bei Tätern und Opfern
- *Beispiele* für Selffulfilling Prophecy: Schüler, Blondinen
- *Argument:* Stereotype wirken sich auf die Gehirne der Opfer aus
- *These:* Nützlichkeit von Stereotypen
- *Beispiel:* Feministinnen

- *These:* Schwierigkeit, Vorurteile zu überwinden
- *Argument:* Trotz Bewusstmachung von Vorurteilen entstehen neue
- *Beispiel:* persönliches Erlebnis des Verfassers
- *Entfaltung:* wissenschaftliche Tests und Einfluss der Medien
- *These:* Vertiefung von Vorurteilen durch zwanghaften Versuch der Vorurteilsvermeidung
- *Argument:* unbewusste Aktivierung der »Gedächtnisspur«
- *These* im Sinne einer Folgerung: Vorurteile gehören zum Leben dazu
- *These* im Sinne einer Differenzierung: Es gibt auch lustvolle Vorurteile

Folgende Textelemente können dem Lexikonartikel und unter Umständen dem selbst verfassten Text entnommen werden:

- *These:* unkritische Übernahme
- *Entfaltung:* soziales Vorurteil – Beispiele: Hautfarbe, Sprechweise, Zugehörigkeit zu einer bestimmten Gruppe, Kleidung
- *These* im Sinne einer Folgerung: Vorurteile in ihrer Gesamtheit sind Klischees
- *These:* Vorurteile sind nicht sachlich begründete negative Einstellungen, Feindseligkeit, Diskriminierung, Aggressivität
- *Beispiele:* Tourismus, fehlende Dezenz, Beleidigungen, provokantes Verhalten

## Was die Erörterungstypen leisten

**Aufgabe 1** (S. 107)
Im Typ 2 wird die Form der Binnendifferenzierung realisiert, wobei – vergleichbar einem natürlichen Alltagsgespräch – sofort ein Einwand genannt wird, der in der anschließenden Replik vom Argumentierenden abgeschwächt oder differenziert wird. Dem Typ 1 entspräche eine Situation, bei der zunächst ein Redner in aller Breite seinen Standpunkt, die These, vertritt, woraufhin ein Gegenredner seinen (gegensätzlichen) Standpunkt, also die Antithese, erläutert. Ein Schlagabtausch wie im Alltagsgespräch oder in seiner vertexteten Form, dem Erörterungstyp 2, findet nicht statt.

## Einen Aufsatz untersuchen

**Aufgabe 1** (S. 109)
Folgende Thesen, Argumente, Entfaltungen, Beispiele und Belege wurden den Materialien entnommen:

- *Argument* zur These (pro Einstein): verzerrende Berichterstattung in den Medien
- *These* im Sinne einer Folgerung: Bestätigung der Vorurteile bei Zuschauern und Lesern
- *Argument* zur These (pro Einstein): fatale Auswirkung des Massentourismus auf die Vorurteilsbildung
- *Entfaltung:* geringschätzige Haltung der Touristen
- *Beispiele:* Fotografien von Einheimischen, unpassende Kleidung
- *These* im Sinne eines Belegs bzw. einer Folgerung: Vorurteile werden verfestigt
- *Beispiele:* Verallgemeinerungen
- *Argument* zur These (pro Einstein): Gedächtnisspeicherung
- *Entfaltung:* Experimente von Jens Förster
- *Beispiele:* Rentner, Ausländer
- *These* im Sinne einer Folgerung: Ein Vorurteil ist ein Vor-Urteil
- Entfaltung: Auswirkung von Vorurteilen auf die Betroffenen
- *Beispiel:* Teufelskreis in der Lehrer-Schüler-Interaktion

Folgende zusätzliche Thesen, Argumente, Entfaltungen, Beispiele und Belege wurden verwendet bzw. ergänzt:

- *Beispiel:* gelingende Integration in Berlin
- *Beispiel* für einseitige Darstellung in den Medien
- *Beispiel* für »sanften« Tourismus: Studienreisen
- *Argument* gegen die These (kontra Einstein): vorurteilsfreie Kooperation der Mitarbeiter global tätiger Unternehmen
- *Beispiel:* Dreiländereck
- *These* im Sinne einer Folgerung: wirtschaftliche Vorurteile erzwingen die Überwindung von Vorurteilen
- *Argument* gegen die These (kontra Einstein): Aufklärung ermöglicht die Überwindung von Vorurteilen
- *Entfaltung:* Rolle der Medien und Lehrer
- *Beispiel:* christlich-islamischer Dialog, TV-Comedy

**Aufgabe 2** (S. 109)
Die Binnendifferenzierung vom Typ 2 wird an folgenden Textpassagen sichtbar:

- »Obwohl es Beispiele gelingender Integration [...] gibt« (Z. 4–7)
- »Nun werden viele einwenden, es gebe [...]« (Z. 13–15)
- »Viele stehen dieser weltweit stattfindenden Entwicklung zwar kritisch gegenüber [...]« (Z. 55 ff.)
- »Auch wenn Aktionen dieser Art einer breiten Öffentlichkeit nur wenig bekannt gemacht werden [...]« (Z. 69 ff.)

## Die literarische Erörterung (S. 110–119)

### Den literarischen Text verstehen

**Aufgabe 1** (S. 114)
Folgende Notizen könnten gemacht werden:
*Zum Inhalt:*

- äußere Schilderung der Gegend (»eine graue Fahne von Kalkstaub ..., grau wie eine Fahne der Resignation«, Z. 39 f.)
- Beschreibung Bela Bonzos (»altes Gesicht, staubgrau«, »Oberlippe geschwollen«, »verkrustete Blutspuren«, Z. 60 f.; »Schneidezähne fehlten«, Z. 83 f.; »rätselhafte Zufriedenheit«, Z. 97)
- Gespräch der Journalisten mit Bonzo (»Unabhängigkeit«, Z. 89; »Freunde dieser Regierung«, Z. 115)
- zentrales Ereignis (Übergabe der Papierkugel, Z. 142; »angesplitterter Zahn«, Z. 176 f.)

*Zur Sprache:*

- die gegensätzlichen Adjektive (z. B.: »sauber gekämmt« – »die verkrusteten Blutspuren«, Z. 62 f.)
- wie auswendig gelernt: Bonzos Äußerungen über die Regierung (»Die Unabhängigkeit kann man nicht essen«, Z. 90)

**Aufgabe 2** (S. 114)
Die Schüler werden gezwungen, sich nun noch genauer mit dem Inhalt des Textes zu befassen. Damit ist – hermeneutisch gesehen – die Grundlage geschaffen für eine genauere Darstellung der Aussage mittels der produktionsorientierten »Anregungen« 1 und 2. Auf jeden Fall müssten die Schüler in den verlangten Textsorten Dialog und Bericht den Widerspruch verdeutlichen, den die Journalisten durchschaut haben (Beschönigung der politischen Verhältnisse, die tatsächlichen Unterdrückungsmechanismen, die Unmenschlichkeit der Regierung).

**Aufgabe 3** (S. 114)
*Erster Teil:* z. B. »sauber gekämmt« (Z. 62), »frisches Baumwollhemd« (Z. 64) – »mit schleppendem Schritt« (Z. 134 f.), »raue, aufgesprungene Hand« (Z. 142)

*Zweiter Teil:* etwa ›Schein-Realität‹ (Kritik an dem diktatorischen, menschenverachtenden System)

### Die Aussage des literarischen Textes argumentativ erörtern

**Aufgabe 1** (S. 115)
Nützlich ist zunächst, vor der schriftlichen Ausarbeitung, die Schlüsselbegriffe der Interpretationsnotiz zu bestimmen (etwa: »Macht«, »Terror«, »totalitäres Regime«, »Monismus«, »Angst«, »Unterwerfung«, »Resignation«, »Scheinwirklichkeit«). – Es wird darauf ankommen, durch genauen Nachweis am literarischen Text die Aussagen der Interpretationsnotiz zu bestätigen.

**Aufgabe 3** (S. 116)
Beide Texte erzählen gleichermaßen von totalitären Regimen. Nur kaschiert der Gouverneur aus Hans Joachim Schädlichs *In abgelegener Provinz* nichts im Vergleich zur »freundlichen Regierung«. Willkür und Unterdrückung sind in beiden Fällen die üblichen Machtmittel. Der Mensch wird kujoniert, d. h. zum Objekt des totalitaristischen Interesses der Machthaber.

**Aufgabe 4** (S. 116)
Es bietet sich an, die in beiden literarischen Texten angesprochene Thematik auszuweiten und Beispiele aus der historischen und gegenwärtigen Realität einzubeziehen (z. B. politische Systeme in einigen afrikanischen Ländern wie Kongo und Simbabwe, der Nationalsozialismus, die ehemalige DDR). – Auch bei der argumentativen Form der literarischen Erörterung sind die üblichen Kriterien zu berücksichtigen: Aufbau (Einleitung, Hauptteil, Schluss), Entfaltung der Argumente, Kohärenz der gedanklichen Darstellung.

[s. ergänzende Informationen zum Totalitarismus-Begriff: **M8**]

### Die Aussage des literarischen Textes produktiv erörtern

**Aufgabe 1** (S. 117)
Die Rede sollte nicht im strengen Sinne diskursiv, d. h. auch argumentativ verfasst sein. Vielmehr sind rhetorische Mittel und Redestrategien (s. S. 86 und 87) geeignete Mittel, die Gedanken des Redners zum Ausdruck zu bringen. Entscheidend ist allerdings, dass das repressive Verhalten des Gouverneurs angeprangert wird.

# 3 Ergänzungen und Vertiefungen

**M 1**

**Zusatztext:** Götz Hamann: *Nackt unter Freunden*

Der Text ist ein interessanter Erfahrungsbericht des Autors über die ersten sechs Wochen, die er im sozialen Netz von Facebook verbracht hat. So gesehen stellt er eine konkrete Veranschaulichung seiner eher allgemeinen Ausführungen des Artikels *Meine Daten sind frei* dar.

**M 2**

**Zusatztext:** Heribert Prantl: *Das Ende der Privatheit – Orwell und Orwellness*

Der Text bietet weitere Argumente für eine kritische Betrachtung der sozialen Netze. Bezeichnend ist in diesem Zusammenhang der ironische Begriff der »Orwellness«.

**M 3**

**Zusatztext:** Ernst Elitz: *Die Herren von der Müllabfuhr*

Neben den in vielen Sachtexten verhandelten politischen und sozialen Themen bieten sich zur Auseinandersetzung auch dezidiert kulturelle Fragen an. Da der Deutschunterricht entsprechend die Behandlung von Literaturkritik einschließt (s. Schülerband, S. 130 ff.), liegt die Erörterung des Textinhaltes nahe. Hier stellt er die Grundlage für eine Aufsatzklausur dar **(M 4)**.

**M 4/M 5**

**Schüleraufsatz und Schreibkonferenz**

Der Schüleraufsatz **(M 4)** ist Gegenstand der Schreibkonferenz **(M 5)**. Letztere repräsentiert eine beliebte Methode im Rahmen der Textüberarbeitung und damit ein probates Mittel, langfristig Schreibkompetenz aufzubauen.

**M 6/M 7**

**Zusatztext:** Werner Bergmann: *Rassistische Vorurteile*

Dieser expositorische Text zur Geschichte des Rassismus in Deutschland **(M 6)** kann das Materialdossier zum Thema »Vorurteil« ergänzen. Die Schülerinnen und Schüler übertragen die wesentlichen Informationen, die sie diesem Material entnehmen, in die Tabelle **(M 7)**. Die Lösung ist beigefügt. Im Übrigen eignet sich das gesamte Dossier einschließlich dieses Textes auch als Grundlage für einen Essay (s. Schülerband, S. 296 ff.).

**M 8**

**Zusatztext:** Lexikonartikel: Totalitarismus

Der Auszug ist geeignet, die in den beiden Kurzgeschichten *Ein Freund der Regierung* und *In abgelegener Provinz* dargestellten politischen Systeme auf einer erweiterten semantischen Ebene zu diskutieren.

**M1**

**Aufgabe:** 1. Beziehen Sie in Ihre Klärung des Inhalts auch diesen Erfahrungsbericht des Autors mit ein (s. Schülerband, S. 94, Aufgabe 1).

## Nackt unter Freunden (2008) Götz Hamann

*Mehr als 70 Millionen Menschen treffen sich im digitalen Freunde-Netz von Facebook und offenbaren der Werbeindustrie ihre Vorlieben. Götz Hamann beschreibt seine ersten sechs Wochen.*

Es ist der 28. November. »Tag eins« eines Selbstversuchs. Mein Name ist Götz Hamann, und ich bin dabei, mich zu entblößen. Ausziehen muss ich mich dafür nicht. Ich plaudere. Schreibe. Beschreibe. Gebe preis. Dies ist der Tag, an dem ich im Internet ein persönliches Profil bei Facebook anlege und Teil einer weltumspannenden Bewegung werde. Bei Facebook muss ich als Erstes einen Lebenslauf ausfüllen: geboren am 11. Dezember 1969, männlich, studiert an der Westfälischen Wilhelms-Universität in Münster. Direkten Zugriff auf diese persönlichen Daten hat erst einmal niemand – außer Facebook. Aber es ist ja erst der Anfang. Es ist der erste Tag. An diesem ersten Tag lasse ich noch viele Felder frei: Stehe ich auf Frauen oder Männer? Was denke ich politisch? Glaube ich an Gott? Habe ich eine Beziehung? Meine Handynummer und meine Adresse soll auch niemand erfahren! Aber jedes Mal keimt die stille Frage, ob das in Ordnung ist. Oder verstoße ich gegen eine ungeschriebene Etikette und werde Außenseiter sein, sobald ich den ersten Kontakt zu jemandem suche? Später wird klar, viele machen es wie ich, wobei generell gilt: Je jünger jemand ist, umso mehr gibt er preis.

...

*29. November. Lauter weiße Felder* haben die Leute von Facebook eingerichtet. Sie signalisieren: »Du hast längst nicht genug von dir aufgeschrieben.« Meine Hobbys könnte ich eintragen, welche Musik ich mag, welche Filme. Beschreiben soll ich mich auch. [...] Jeder muss sein persönliches Netzwerk aufbauen und abbilden, denn erst wenn Freunde und Kollegen mitmachen, bekommt Facebook einen Sinn. [...]

*30. November. Jetzt gilt es.* Werde ich in der Lage sein, ein Netzwerk aufzubauen? Wer meiner Freunde ist schon dabei? Wer von den Leuten, die für meine Arbeit wichtig sind? Ich tippe die ersten Namen: Heiko Strebel. Heike Grusemann. Markus Hippeli. Kein Treffer. Aber nach und nach finde ich doch zwei oder drei Dutzend, vor allem aus Unternehmen. Einigen wenigen sende ich eine Nachricht, lade sie in mein Netzwerk ein. Unbedingt brauche ich noch ein Foto von mir, nur darf es auf keinen Fall ein Passfoto sein. Irgendetwas ohne Schlips. Nicht zu leger, denn man findet zwar barbrüstige Männer, aber deren berufliche Kontakte sind sicher nicht die meinen. Sicher werde ich in Kürze eine Anzeige des Internethändlers Amazon zu sehen bekommen, die mir den neuen Roman Der *Mond und das Mädchen* von Martin Mosebach anpreist. Machiavelli schreibt ja nichts mehr.

*1. Dezember. Zwei Kollegen* schicke ich an diesem Tag eine Nachricht und lade sie ein, ein kleines Zusatzprogramm namens Foodfight mit mir zu spielen, was so viel wie Tortenschlacht heißt. Eigentlich eine nette Vorstellung: Man bewirft die Fotos seiner Kollegen mit Kuchen oder Grillgut und kann zusehen, wie Rippchen mit Soße langsam an ihnen hinabgleiten. ... Wer die Rippchen werfen will, muss zunächst einige Marktforschungsfragen beantworten: Wie viel gebe ich für Weihnachtsgeschenke aus? Welche Jobbörse nutze ich im Internet? Welche Autoversicherung habe ich? Von welchem Onlinebuchhändler würde ich Freunden einen Geschenkgutschein schicken? Welche Spielkonsole möchte ich haben? Habe ich ein Haustier? Wo kaufe ich meine Musik im Internet? Und schon hatte ich mir die Rippchen verdient. Hätte ich Hummer werfen wollen, ich hätte noch mehr Fragen beantworten müssen.

*3. Dezember. Das mit der Tortenschlacht* ärgert mich noch immer. Und überhaupt. Was macht der Entwickler dieses albernen Programms eigentlich mit meinen Daten? Und Facebook erst?

*5. Dezember. Ich bin nicht der Einzige,* den die Frage umtreibt. Es hat sich eine Interessengruppe gegründet, die sich »Facebook, hör auf, in meine Privatsphäre einzudringen« nennt. Grundsätzlich gilt: Wer dem sozialen Netzwerk aus den USA beitritt, darf sich der Werbung nicht komplett verweigern. Facebook kann die persönlichen Daten für Werbezwecke nutzen. Bei deutschen Angeboten können Nutzer genau das ausschließen. Was mehr als 85.000 Mitglieder gegen Facebook aufgebracht hat, geht viel weiter als normale Werbung. Es trägt den Namen Beacon-Leuchtfeuer. Die Manager von Facebook haben Verträge mit 60 Internetanbietern geschlossen. Darin steht, dass, wenn ein Facebook-Mitglied beispielsweise eine Kinokarte bei der Firma Blockbuster im Internet bestellt, dies in seinem Facebook-Profil angezeigt wird. Alle Freunde können das sehen und auch, ob man einen Flug bei Travel Ticker bucht, Filme bei Sony kauft oder Pornoartikel bei Redlight bestellt. Anfangs verweigerte Facebook sogar die Möglichkeit, diese Funktion auszustellen. Erst nach wochenlangen Protesten lenkte die Firma ein, und Gründer Mark Zuckerberg entschuldigte sich für sein Leuchtfeuer: »Wir haben viele Fehler gemacht, als wir diese Funktion entwickelt haben. ...« Zuckerberg ist 23 Jahre alt und hat Facebook vor vier Jahren während seines Harvard-Studiums entwickelt. ... Er will die persönlichen Daten der Mitglieder in ein maximal großes Geschäft verwandeln. »Wir haben die rechte Balance nicht hinbekommen«, sagt Zuckerberg. Aber: »Wir glauben daran, dass viele Informationen nicht bei Facebook vorhanden sind, die unsere Nutzer miteinander teilen wollen.«

*18. Dezember. Es dauert,* Seth Goldstein, den Gründer von Social Media, in Kalifornien ans Telefon zu bekommen. Seine Firma vermarktet nicht nur die enttäuschende Tortenschlacht namens Foodfight, sondern Hunderte kleiner Programme, die man seinem Facebook-Profil hinzufügen kann. Wenn sie Spaß versprechen, verbreiten sie sich schnell. Manchmal millionenfach. So haben beispielsweise 8,5 Millionen Nutzer ein Programm namens Happy Hour heruntergeladen, bei dem man seinen Freunden einen virtuellen Cocktail zukommen lassen kann. Nach wenigen Monaten hat dieses Spielchen zwar seinen Reiz verloren, die Nutzungszahlen sinken rapide, aber auch mit *Happy Hour* sammelte Social Media immens viele Daten. Auf die Frage, was er damit vorhat, sagt Goldstein: »Wir nutzen sie noch nicht. Wir verdienen kein Geld damit.« Es gebe eine rechtliche Grauzone und Streit zwischen Facebook und Firmen wie Social Media. Bisher ist unklar, ob externe Anbieter die Daten nutzen dürfen, die sie in Facebook erheben. Und so sitzt Goldstein auf einem riesigen Datenberg, aus dem er keine verwertbaren Informationen ziehen darf. Aber er ist optimistisch: »Vielleicht wird das eine echte Goldmine.« Der Köder ist offenbar immer gleich – Spaß haben. ... Es ist wie in drittklassigen Zeitschriften mit all den Persönlichkeitstests: total sinnlos, und trotzdem vertreiben sich Millionen damit die Zeit. ...

*19. Dezember. Spaß ist aber nicht alles.* Einige Programmierer tun auch etwas für die Armen und die Umwelt. Ihre Projekte tragen Namen wie Donate Rice, iRipple und Carbon DietPlan. Für jede dieser Ideen haben sich Sponsoren gefunden. Die Firmen, beispielsweise die australische Brauerei Cooper's, sagen zu, jedes Mal zu spenden, wenn sich jemand ihre Werbung anschaut, meistens während eines Spiels. ...

*20. Dezember. Verbraucher zu Botschaftern* der eigenen Sache zu machen entpuppt sich als eines der interessantesten Werbeexperimente. Seit Längerem bin ich selbst Teil eines solchen Experiments – ohne es gleich zu bemerken: Es geht um MyMusic, auch eines dieser kleinen Zusatzprogramme. ... Was ich auch hören möchte, praktisch alles ist nur einen Klick entfernt. Zwar ist die Tonqualität schlecht. Aber für die handelsüblichen Computerlautsprecher reicht es. Und es kommt noch besser. Zu den meisten Liedern gibt es das passende Video. Im nächsten Schritt kann MyMusic mit der eigenen Musiksammlung verbunden werden, sofern diese auf dem Computer gespeichert ist. Richtig spannend wird es, sobald einige Freunde das Gleiche tun. Denn dann kann man auch in deren Musiksammlung stöbern. Kann lästern. Aber sich vor allem Anregungen holen – oder seine Freunde auf neue Musik aufmerksam machen. Tatsächlich versucht MyMusic vor allem zu werben, indem es Nutzer darauf aufmerksam macht, was ihre Freunde hören. [...]

*7. Januar. Das Jahr 2008* werde für Facebook und alle Firmen in seinem Umfeld »ein weiteres Jahr der Erprobung«, sagt Max Levchin und bleibt dabei sehr gelassen. Levchin hat vor Jahren ein Bezahlsystem für kleine Beträge im Internet entwickelt. Es heißt PayPal und wurde im Jahr 2002 für 1,5 Milliarden Dollar an den Internetkonzern eBay verkauft. Levchin müsste seither nicht mehr arbeiten, aber auch er erprobt mit seiner aktuellen Firma namens Slide mehrere Werbemittel für soziale Netzwerke. Wie recht Levchin mit seiner Einschätzung hat, dass Facebook noch eine Weile brauchen wird, sehe ich jeden Tag. Neckermann schickt mir wiederholt Werbung für billige Turnschuhe und Frauenpullover. Und dann fragt mich eine mir vollkommen unbekannte Firma namens Netbiz in einer Anzeige, ob ich von zu Hause aus arbeiten und Geld verdienen will. »Wir suchen Menschen, die ernsthaft interessiert sind, in ihrem Leben etwas zu verändern.« Eine weitere Recherche ergibt: Netbiz vermittelt Jobs im Direktvertrieb – zum Beispiel von Kosmetikartikeln.

*8. Januar. Sechs Wochen dauert* dieser Selbstversuch nun. Und am ehesten war er für mein Privatleben nützlich. Ich kann jetzt alle Musik hören, die ich will. Und das legal. Außerdem konnte ich die Weihnachtsfotos eines Freundes sehen, der im Ausland lebt. In Facebook hat er sie mir gezeigt, und auch deshalb werde ich wohl dabeibleiben.

*(Aus: DIE ZEIT, 10. 01. 2008, Nr. 3)*

**M2**

**Aufgabe:** Beziehen Sie in die Diskussion der Gefahren der sozialen Netze diese Informationen mit ein (s. Schülerband, S. 99, Aufgabe 3)

## Das Ende der Privatheit – Orwell und Orwellness (2008) Heribert Prantl

Die Geschichte vom Frosch ist sehr beliebt in Motivationsseminaren aller Art; neuerdings hört man sie oft von Bürgerrechtlern, verbunden mit der Frage, ob es uns »auf dem Weg in die Überwachungsgesellschaft« nicht ähnlich erginge wie jenem Frosch? Wie also ergeht es dem Frosch?

Die Story ist ebenso schicksalsschwer wie drastisch: Ein Frosch, den man in heißes Wasser wirft, springt sofort wieder heraus. Setzt man ihn dagegen in einen Topf mit kaltem Wasser, das man allmählich erwärmt, bleibt der Frosch drin. Zunächst mag ihm das Wasser, das wärmer wird, angenehm sein. Wird es aber weiter erhitzt, erlahmen die Kräfte des Frosches. Er bleibt sitzen und kommt zu Tode. Was die Geschichte besagt? Die Gesellschaft solle es nicht zulassen, dass der Staat die Temperatur erhöht, also die Kontrolle seiner Bürger immer weiter verstärkt.

Telefonüberwachung, Rasterfahndung, Lauschangriff – seit dem 11. September 2001 ist das, was es schon zuvor an staatlichen Überwachungsmaßnahmen gab, rasant ausgebaut worden. Viele neue Maßnahmen kamen dazu: Die Ortung von Personen durch GPS, der staatliche Zugriff auf Bankkonten, die geheime Durchsuchung privater Computer, die langfristige Speicherung aller elektronischen Spuren des Telekommunikationsverkehrs, Videoüberwachung; es wurden Personenkennziffern verteilt und es wird veranlasst, dass die Menschen durch biometrische Fingerabdrücke und digitalisierte Konterfeis in den Ausweisen besser identifizierbar sind.

Nun soll dem Bundeskriminalamt die Erlaubnis zum Spähangriff in Privatwohnungen erteilt werden – zu Zwecken der Prävention. Die Berufsgeheimnisse der Rechtsanwälte, Strafverteidiger, Ärzte und Journalisten bleiben zwar formell in Kraft; die neuen Überwachungsmethoden nehmen aber darauf keine Rücksicht.

Peter Schaar, der Bundesdatenschutzbeauftragte, stellt fest, dass die Überwachung des Bürgers »drastisch zugenommen« habe und konstatiert »Das Ende der Privatsphäre«. Winfried Hassemer, der scheidende Vizepräsident des Bundesverfassungsgerichts, zeichnet in einem großen Aufsatz Entwicklungslinien des Strafrechts »von der Nachkriegszeit bis heute« nach und kommt zum Ergebnis, dass Ermittlungsmethoden massiv zugenommen haben, von deren Einsatz die Betroffenen nichts wissen. Hassemer sieht die Gefahr, dass der Bürger »zum bloßen Ausforschungsobjekt« wird.

*Intimitäten ausposaunt*

Die Politiker und die Praktiker der inneren Sicherheit sind wenig schuldbewusst. Sie verweisen nicht nur auf die Terrorgefahr, sondern auf den Exhibitionismus der Handy- und Internet-Gesellschaft: Die Menschen wollten offensichtlich gar nicht mehr unbeobachtet und unbelauscht sein.

Als Kay Nehm Generalbundesanwalt war, pflegte er bei Klagen über die zunehmenden Telefonüberwachungen süffisant seine Erlebnisse bei Reisen mit der Deutschen Bahn zu erzählen.

Eine Gesellschaft, die ihre Intimitäten öffentlich in die Handys posaune, habe, das wollte er damit sagen, das Fernmeldegeheimnis aufgegeben. Man brauche sich also über die steigenden Zahlen von Abhöraktionen gar nicht empören. »Dereliktion« sagen die Juristen, wenn einer sein Eigentum aufgibt; es wird dann zur herrenlosen Sache. Hat die Gesellschaft also das Fernmeldegeheimnis, vielleicht gar den Datenschutz insgesamt, weggeworfen wie ein altes Fahrrad?

Es gibt einen alltäglichen Web-2.0-Narzissmus; er ist kein Unterschichtenphänomen, wie es die Krawallsendungen der Privatsender sind. Das Internet ist ein Entblößungsmedium auch der jungen gehobenen Mittelschichten geworden, die Schamschwelle ist schnell weggeklickt; auf Familienhomepages wird veröffentlicht, was früher im Fotoalbum klebte.

In den sogenannten Sozialen Netzwerken wie MySpace und Facebook, StudiVZ und SchülerVZ stehen persönliche Steckbriefe, dort schreiben Nutzer auf, was sie lieben und hassen, dort klagen sie lustvoll ihr Leid und offenbaren ihre politischen Einstellungen. Aus Orwell wird Orwellness. Aus der Datenaskese von einst, die das Volkszählungsurteil und das Grundrecht auf informationelle Selbstbestimmung hervorgebracht hat, ist eine Datenekstase geworden, eine Selbstverschleuderung aller nur denkbaren Persönlichkeitsdetails in Wort und Bild.

Was der Staat selbst nach dem 11. September 2001 nicht zu fragen und zu eruieren wagte – im Internet steht es im Schaufenster. Eine staatliche Rasterfahndung in den sozialen Netzwerken ist womöglich schon jetzt viel erfolgversprechender als eine in den Dateien der Behörden.

Erst allmählich erwacht das Bewusstsein dafür, dass das Internet nichts vergisst. Bei Haustürgeschäften gibt es bekanntlich den Widerruf, man kann das Zeitschriften-Abo, zu dem man sich überreden hat lassen, wieder stornieren. Ein Storno für Interneteinträge gibt es nicht; einmal im Netz, immer im Netz.

Das Bundeszentralregister und die Flensburger Verkehrssünderdatei sind gnädiger. Selbst wenn Internetnutzer Informationen über sich längst gelöscht haben – die legalen und illegalen Kopien kursieren. Personalchefs berichten, dass Einträge in Google Karrieren zunichte gemacht haben. Mit der Privatsphäre im Netz ist es wie mit einem Ei: einmal angeschlagen, immer angeschlagen; einmal aufgeschlagen, immer aufgeschlagen.

Muss man also die Bürger vor sich selbst schützen? Spiros Simitis, er war einst der erste Datenschutzbeauftragte in Deutschland und später Vorsitzender des nationalen Ethikrates, macht sich Gedanken darüber. Und die Verfassungsrichterin Christine Hohmann-Dennhardt spricht davon, dass der Staat Garant der Privatsphäre sein müsse.

Das bedeutet wiederum, dass er dort, wo er selbst als Sicherheitsstaat die Privatsphäre massiv gefährdet, sich zur Rechtfertigung und Entschuldigung nicht auf ein Fehlverhalten der Bürger berufen kann. Handyposaunisten und Internetexhibitionisten können nicht die Grundrechte für andere und schon gar nicht für die Gesellschaft insgesamt aufgeben. Der Sicherheitsstaat darf sich also nicht darauf berufen, dass die Bürger selbst ihre Privatsphäre aufgegeben hätten.

Die Sensibilität, die es in der Web-Gemeinde bei Online-Eingriffen des Staats gibt, muss gegenüber den Selbstgefährdungen noch wachsen. Und damit ist man wieder beim Frosch-Beispiel: Nicht nur die Sicherheitsbehörden, auch Bürger selbst drehen den Temperaturregler hoch. Tierforscher halten freilich Trost bereit: Sie konnten im Experiment zeigen, dass der Frosch auch bei allmählicher Temperaturerhöhung merkt, ob und wann es ihm zu heiß wird. Dann springt er aus dem Topf, wenn Randhöhe und Öffnung es zulassen.

*(Aus: Süddeutsche Zeitung, 24.04.2008)*

**M3**

**Aufgaben:** 1. Klären Sie den Inhalt des Zeitungstextes: Benutzen Sie dazu, jeweils in Gruppenarbeit, die im Buch vorgestellten Methoden (S. 95 ff.: »Abschnittsüberschriften«, »Schlüsselwörter«, »Kernsätze«, »Strukturskizze«, »Textwiedergabe«). Jede Gruppe wählt eine Methode aus.
2. Stellen Sie anschließend Ihre Gruppenergebnisse vor.

## Die Herren von der Müllabfuhr (2007) Ernst Elitz

Was sagt man dem Rezensenten nicht alles nach: Mit einer schnellen launischen Geste vernichte er das Werk und den Künstler – ein Werk, das der Künstler sich asketisch in jahrelanger Arbeit abgepresst hat. Häme spräche aus der Suada des Kritikers, denn er selbst habe weder einen akzeptablen Roman, einen Film, ein Theaterstück oder eine Sinfonie zustande gebracht. Und nun lade er den eigenen Frust scharfzüngig und scharfrichterlich bei jenen ab, die ihm durch ihre künstlerische Leistung sein eigenes Versagen vor Augen führen. »Der Tausendsakerment! Schlagt ihn tot, den Hund! Er ist ein Rezensent.«
So eifersüchtig Künstler sich untereinander belauern mögen, wenn es gegen die Kritiker geht, eint sie dieses Goethe-Wort. Der Kritiker langt gerne zu, aber er steckt nicht gern ein. Er urteilt harsch – das erwartet das Publikum –, aber er ist aus tiefster Seele beleidigt, wenn ihm mit gleicher Münze heimgezahlt wird. Keiner ist so am Boden zerstört wie der Kritiker, wenn man seine Arbeit nicht würdigt. Auch der Kritiker hat eine sensible Künstlerseele. Das bewies der Theaterrezensent der FAZ, der aufschrie und seine Menschenwürde zutiefst verletzt sah, nur weil ein Schauspieler ihm seinen Notizblock entrissen hatte. O würde der Rezensent doch mit gleichem Eifer die Seelen der Schauspieler pflegen!
Ich ehre den Rezensenten. Sein Beruf verlangt Mut, Disziplin und Gerechtigkeit. Der Kritiker würde mit jeder Zeile seinen Beruf verfehlen, wenn er seine Arbeit nicht täglich an diesem Tugendkatalog misst. Er stellt sich wie der Künstler der Öffentlichkeit. Und die Öffentlichkeit kann gnadenlos sein. Ist das Kritikerurteil nicht gut formuliert, schaltet der Leser ab. Vielleicht gibt er dem Rezensenten noch eine zweite Chance. Anders als der Künstler muss der Kritiker schon mit dem ersten Satz überzeugen. Gelingt ihm das nicht, wird im Knistern der Zeitung ein Kritikerschicksal begraben.
Der Rezensent schreibt für den Tag. Er muss erklären und schlüssig argumentieren, warum er ein Werk bemerkenswert findet. Er kann nicht jahrelang an seinen Zeilen feilen. Er muss den Mut zur schnellen Entscheidung haben, und er hat die Pflicht zur Begründung. In einer Zeit, in der die hundert besten Romane, die zweihundert wichtigsten Gedichte, die dreihundert Filme, die man unbedingt gesehen haben muss, wie Mannequins auf dem Laufsteg flanieren, kann der Tagesrezensent sich mit seinem Urteil über einen gerade erschienenen Roman nicht auf das Urteil seiner Kritikervorfahren berufen. Er muss den Mut zur Gegenwart haben. Er muss kurz und konkret sein. Er muss auch begeistern.
Was täte das Publikum ohne den Kritiker? Der Rezensent ist nicht Platzanweiser im Kino oder der Hilfsangestellte, der im Buchladen nichts Besseres zu tun hat, als den Blick des Kunden auf den Bestsellerstapel zu lenken. Diese Art des Nützlichkeitsdenkens ist ihm fremd. Er ist nicht der Bauchredner seines Publikums, sondern er will mit der Kraft seiner Argumente das Publikumsurteil schärfen. Und selbst wenn er ein Buch, einen Film oder eine Ausstellung verreißt, gelingt es ihm doch, mit eben diesem Verriss die Aufmerksamkeit des Publikums für das gerade vernichtete Opfer zu wecken, eben weil er es mit einer Leidenschaft tut, die neugierig macht. Keiner konnte das so gut wie Marcel Reich-Ranicki im »Literarischen Quartett« des ZDF. Von ihm ist das Zitat überliefert: Kritik ist auch Müllabfuhr.
Wer sonst vertritt die Künste mit solcher Leidenschaft in der Öffentlichkeit? Der Hollywood-Film braucht keinen Rezensenten. Seine Großdarstellerinnen lassen sich von Thomas Gottschalk die Wade tätscheln. Die Fließbandarbeiterinnen der Bestsellerbranche werden aus einer Talkshow umgehend in den Schminkraum der nächsten Hudelrunde chauffiert. Wer so bewundert wird, dessen Werk muss nicht mehr besprochen werden.
Mein Rezensent dagegen lenkt und belebt das Gespräch über die moderne, nicht immer beachtete Kunst. Ohne ihn bliebe der Künstler ein unbekanntes Wesen – wie ein nicht identifiziertes Objekt aus einem fremden Planetensystem. Wenn er spricht oder schreibt, folgt er dem Rat des Altmeisters Johann Christoph Gottsched, »deutlich und natürlich zu schreiben – damit mich auch die Unstudierten lesen und verstehen möchten«. [...]
Und wenn er vernünftig tadelt und leidenschaftlich lobt, werden auch die Künstler ihn lieben: »Der Tausendsakerment! Er ist ein Schatz! Er ist ein Rezensent!«

*(Aus: Sonntag aktuell, 21. 10. 2007, S. 3)*

**M4**

*Folgende Aufgabenstellung wurde zu dieser textgebundenen Erörterung formuliert:*

1. Beschreiben Sie das Berufsbild des Kritikers, indem sie die Kerngedanken des Autors Ernst Elitz in seinem Artikel »Die Herren von der Müllabfuhr« wiedergeben.
2. Erörtern Sie, ausgehend vom Text, inwiefern wir Kritiker benötigen, die Bücher, Filme und Theaterstücke besprechen. Gehen Sie dabei auch auf Ihre eigenen Erfahrungen ein.

## Schüleraufsatz

In Ernst Elitz Zeitungsartikel *Die Herren von der Müllabfuhr* aus der *Sonntag aktuell* S. 3 vom 21. Oktober 2007 geht es um den Beruf des Kritikers. Elitz stellt dessen Probleme und Aufgaben für die Gesellschaft und in der Gesellschaft dar.

Zu Beginn seines Artikels legt Elitz die allgemein bekannten Vorurteile über Kritiker dar: »Mit einer schnellen launischen Geste« (Z. 1 f.) vernichte der Kritiker das in jahrelanger Arbeit Produzierte. Und dies nur aus Neid und Frustration sich selbst gegenüber, da der Kritiker selbst unfähig sei, einen »akzeptablen Roman« oder »Film« (Z. 6) zu erstellen. Der Kritiker, so Elitz, könne austeilen, aber nicht einstecken. Diese Aussage unterstreicht er mit dem Beispiel des in »seine[r] Menschenwürde zutiefst verletzt[en]« (s. Z. 21) FAZ-Reporters, nachdem ihm ein entnervter Schauspieler den Block entrissen habe. Elitz wirft den Rezensenten hiermit Ungleichbehandlung sich und den Künstlern gegenüber vor. Im nächsten Abschnitt geht Elitz auf die Aufgaben des Kritikers ein. Der Kritiker müsse sich jeden Tag aufs Neue an seinen Tugenden »Mut, Disziplin und Gerechtigkeit« messen. Er sei, wie der Schauspieler auch, der öffentlichen Meinung schutzlos ausgeliefert. Formuliere er nicht gut, würde »im Knistern der Zeitung [s]ein Kritikerschicksal begraben« (s. Z. 34 f.), der Leser schalte ab. Er fügt weiter hinzu, der Kritiker müsse stets auf dem aktuellen Stand der Dinge sein und »Mut zur Gegenwart haben« (s. Z. 47).

Im nun folgenden Abschnitt bezieht sich Elitz auf die Abhängigkeit zur Öffentlichkeit vom Rezensenten. Seine Arbeit diene der Schärfung des Publikumsurteils und sei nicht etwa eine Art von Nützlichkeitsdenken, schließlich habe er nicht die Aufgabe des Angestellten im Buchladen, möglichst viele Werke zu verkaufen. Nein, vielmehr wolle der Kritiker die Aufmerksamkeit des Publikums auf das Objekt fokussieren, egal ob mit einer positiven oder negativen Kritik.

Abfällig erwähnt Elitz im Folgenden kurz den »Hollywood-Film«, der keinen Bedarf an Kritik zeigt, da er ohnehin nur von seinen hübschen Darstellerinnen lebe. Elitz ist überzeugt davon, dass »sein Rezensent« (vgl. Z. 72) die Aufgabe habe, die Aufmerksamkeit des Publikums auf die »moderne, nicht immer beachtete Kunst« (s. Z. 73) und ihre Künstler zu lenken.

Zum Schluss ergänzt er noch die Pflicht zur leichten Verständlichkeit von Kritiken mit einem Zitat Johann Christoph Gottscheds, welcher Wert darauf legte, Kritiken müssten für »jedermann« verständlich sein.

Nun stellt sich aber die Frage, wozu sind sie gut, die Kritiker? Inwieweit brauchen wir, das normale Volk, sie? Was ist ihre Existenzberechtigung? Mit seiner Arbeit legt der Kritiker den Grundstein für die Existenz des Künstlers und dessen Bestehen. Doch negative Presse, die der Kritiker publiziert, führt beim Künstler zum unweigerlichen Absturz und auch die öffentliche Hand verliert das Interesse am Künstler, denn wie auch Elitz sagt, spielt der Kritiker den Sachverständigen und dessen Meinung kann letztendlich auch dazu führen, dass ein kleines, in der Presse schwach, eventuell auch negativ repräsentiertes Theater an ihm zugrunde geht. Der Kritiker zerstört also die Existenz. Des Weiteren schließen die meisten Kritiker, mit ihrer oftmals hochgestochenen Sprache, weniger gebildete Bevölkerungsteile davon aus bei ihnen Informationen einzuholen. Kulturelle Information findet also nur für die Bildungselite statt. Elitz stellt den Kritiker fern jedweden Nützlichkeitsdenkens dar, doch muss man nicht vielmehr den Eindruck gewinnen, dass der Kritiker nur dazu dient, durch seinen kompetenten Eindruck das Publikum zu verleiten, in beispielsweise einen ganz bestimmten Film zu gehen, ohne sich selbst zu informieren. Es bleibt also der kommerzielle Hintergedanke Antrieb des Kritikers und verhindert so einen ehrlichen Bericht.

All diesen Punkten steht aber gegenüber, dass es ohne Kritiker kaum eine Chance für Künstler gäbe, sich in der Kulturflut zu profilieren, vor allem Kleine und »Kleinstkünstler« sind abhängig davon, ob von ihnen berichtet wird. Die Aufgabe des Kritikers besteht also dann darin, egal ob positiv oder negativ, sich zu allem eine Meinung zu bilden und diese auch zu publizieren. Keine Presse ist schlechter als negative Presse, denn so erfährt man immerhin etwas vom Ereignis beziehungsweise vom Künstler. Dies wird auch am Schluss von Elitz' Essay deutlich, als er Goethe zitiert: »Der Tausendsakerment! Er ist ein Schatz! Er ist ein Rezensent!«

Außerdem muss man sich der Tatsache bewusst sein, dass Kritiker einen erheblichen Teil zum Verbraucherschutz beitragen, wenn sie auch nicht vor genmanipulierten Schauspielern warnen. Sie schützen jeden Einzelnen, aber nicht etwa durch Warnungen, sondern durch ihre ehrliche Meinung. Denn nun kann der eine sich dem Rezensenten anschließen und der andere weiß ganz genau, dass er sich dieses Theaterstück gar nicht erst anschauen muss, weil es ihm sowieso nicht gefallen wird. Beide haben daraus ihren Vorteil ziehen können (Marcel Reich-Ranickis Zitat ist sehr treffend, vgl. Z. 63).

Die Kritik erfüllt zudem schlicht die Aufgabe einer Erläuterung. Der Kritiker führt in die Thematik ein und gibt Hilfen. Während er die Information bündelt, vereinfacht er sie auch. Oft gibt der Rezensent auch interessante Hintergrundinformationen, wie zum Beispiel Information zum Entstehungsprozess eines Stückes, oder er gibt Meinungen anderer wieder, was wiederum den Horizont des Lesers erweitert. Zu alldem stellt ein kritischer Kommentar einen wichtigen Aspekt in der Allgemeinbildung und in der allgemeinen Meinungsbildung dar. Wir diskutieren mehr über Artikel zu Flugzeugabstürzen im Regenwald, wollen aber die Kritik zur letzten Theateraufführung aus der Zeitung streichen. Dafür besteht in keinster Weise Begründung, schließlich handelt es sich bei der Kritik um gleichwertige Nachrichten, nur dass sich diese, statt von einer Boeing zu handeln, um die Wiederaufführung des *Faust* drehen. Der Leser braucht die Hilfe der Kritik, um sich im Wirrwarr der Medienflut zurechtzufinden. Wie soll er sonst ein passendes Werk finden, wenn nicht irgendwo jemand sein Interesse weckte? Wie soll ich mich zwischen mir unbekannten Stücken entscheiden, wenn ich nicht eine Meinung eines anderen zurate ziehen könnte, bei dem ich mich informieren kann? Schließlich stellt der Kritiker mit seiner Rezension Diskussionsstoff her und gibt Grund zu eigener Initiative, sich weiter zu informieren. Er »[…] tut [es mit Leidenschaft], die neugierig macht.« (s. Z. 55)

Resümierend lässt sich also festhalten, dass ohne Kritiker und ihr Schaffen das kulturelle Leben langweiliger und dennoch undurchschaubarer wäre. Doch wäre es sicherlich auch einmal einen Versuch wert, seine Entscheidungen bezüglich eines Films oder Theaterstückes komplett ohne äußere Einflüsse zu treffen. Die Frage bleibt, ob einem das auf diese Weise Ausgewählte dann überhaupt gefällt.

**M5**

## Arbeitsblatt: Schreibkonferenz zum Schüleraufsatz

*Die Überarbeitung des Schüleraufsatzes* **(M 4)** *sollte in kleinen Gruppen (nicht mehr als vier Teilnehmer) erfolgen. Dabei bieten sich folgende Arbeitsschritte an:*

**a) Einlesen**
Jeder liest für sich den Aufsatz durch.

**b) Vorlesen**
Ein Gruppenmitglied liest den Aufsatz laut vor.

**c) Klärendes Gespräch**
Unverständlich gebliebene Textstellen sollten besprochen werden.

**d) Korrektur**
Markieren Sie Fehler inhaltlicher und formaler Art im Text und benutzen Sie dabei die folgenden Korrekturzeichen: I (Inhalt), A (Ausdruck), St (Stil), G (Grammatik), R (Rechtschreibung), Z (Zeichensetzung).
[Zur Differenzierung des Inhalts: (Th.): Abschweifung; (Zshg.): Logik; (Bsp.): unpassend]

**e) Vergleich der Korrektur**
Tauschen Sie sich in der Gruppe über Ihre Korrekturmaßnahmen aus.

**f) Globaler Eindruck**
Nach diesen 5 Arbeitsschritten sollten Sie mit dem bis dahin erreichten Kenntnisstand eine vorläufige Bewertung des Aufsatzes vornehmen und sich in der Gruppe darüber austauschen.

1. Führen Sie zunächst die oben genannten Arbeitsschritte (a-f) durch.

2. Befassen Sie sich nun noch eingehender mit dem Aufsatz. Behalten Sie die Gruppeneinteilung bei.
- Versuchen Sie, aus der Struktur des Aufsatzes eine Gliederung zu entwickeln.
- Prüfen Sie, ob der erste Teil der Aufgabenstellung vom Schüler bewältigt wird.
  - Treffen die gewählten Begriffe (z. B. »Vorurteil«, Z. 7; »Ungleichbehandlung«, Z. 17) den zentralen Inhalt der Abschnitte?
  - Untersuchen Sie exemplarisch den folgenden Aufsatzteil (»Abfällig erwähnt […] Darstellerinnen lebe«, Z. 37 ff.). Gibt die Darstellung die Absicht des Artikelschreibers wieder?

- Prüfen Sie, ob der zweite Teil der Aufgabenstellung vom Schüler bewältigt wird.
  - Diskutieren Sie die vom Schüler erörterten Aspekte (z. B. Existenzzerstörung, Z. 59 f.; »Bildungselite«, Z. 64). Überzeugen Sie die jeweiligen Thesen und Argumente?
  - Untersuchen Sie ebenfalls hier exemplarisch einen Aufsatzteil (z. B. »Mit seiner Arbeit […] die Existenz«, Z. 50 ff.). Welche These stellt der Schüler auf? Mit welchem Argument begründet er die These? Wird das Argument entfaltet und ergänzt durch einen Beleg sowie ein Beispiel, evtl. aus der eigenen Erfahrung? Wird eine Folgerung formuliert?

3. Beurteilen Sie den Aufsatz, indem Sie in einem kurzen Kommentar die Stärken und Schwächen beschreiben.

4. Stellen Sie die Gruppenergebnisse im Plenum vor.

**M6**

**Aufgabe:** Übertragen Sie die wesentlichen Informationen, die Sie diesem Material entnehmen, in die Tabelle **M 7**.

## Rassistische Vorurteile (2001) Werner Bergmann

Menschen anderer Hautfarbe wurden in den zehn Jahren seit der deutschen Einheit besonders häufig Opfer fremdenfeindlicher Gewalt. Fälle offener Gewalt bilden jedoch nur die Spitze des Eisbergs eines alltäglichen Rassismus.

Dieser beginnt bei »nicht böse gemeinten« Fragen wie etwa »Sie haben doch sicher Rhythmus im Blut bei Ihrer Abstammung« oder dem distanzlosen Wunsch, einmal durch die dunklen Locken des Gegenübers fahren zu dürfen, wovon Jeannine Kanntara, eine schwarze Deutsche, erzählt. In vielen Erlebnisberichten beklagen farbige Bürgerinnen und Bürger, dass man sie nicht respektiert, sondern mit ihnen wie mit Kindern redet, sich überrascht zeigt, wenn sie gut Deutsch können, ungeniert mit dem Finger auf sie zeigt oder herabsetzende Gesten macht. Härter äußert sich die feindselige Stimmung in offenen Beleidigungen mit Bezeichnungen wie »Nigger«, »Bimbo« oder »Buschmänner« und in den Benachteiligungen, die Farbige bei der Wohnungs- und Arbeitssuche, in Geschäften und Diskotheken, Behörden, Krankenhäusern und öffentlichen Verkehrsmitteln über sich ergehen lassen müssen. Diese Übergriffe reichen bis hin zu Schikanen und Gewalt durch Polizei und andere Behörden, die Farbige oft von vornherein wie Kriminelle behandeln. Die beleidigten oder gar angegriffenen Farbigen beklagen, dass Deutsche ihnen nur selten zu Hilfe kommen. In Gesprächen berichten Schwarze häufig davon, dass man sich in Deutschland entweder über sie lustig macht oder sich vor ihnen zu fürchten scheint.

Dabei leben heute schwarze Deutsche bereits in der fünften Generation in Deutschland. Ende des 19. Jahrhunderts wanderten Afrikaner aus den deutschen Kolonien ein und nach dem Ersten Weltkrieg waren schwarze Soldaten unter den französischen Besatzungstruppen im Rheinland, was viele Deutsche als »Schmach für die Ehre und Würde des deutschen Volkes und der weißen Rasse« empfanden. Deren Kinder mit einheimischen Frauen wurden als »Rheinlandbastarde« diskriminiert und von den Nationalsozialisten gemäß ihrem »Gesetz zur Verhütung erbkranken Nachwuchses« (1933) zu Hunderten zwangssterilisiert.

Die nach 1945 geborenen sogenannten Besatzungskinder wurden, vor allem wenn sie aus Beziehungen von schwarzen Soldaten mit deutschen Frauen hervorgingen, von Politik, Wissenschaft und Erziehung als ein »soziales Problem« definiert:

Einmal, weil zu Recht befürchtet wurde, die damalige von der rassistischen NS-Ideologie geprägte deutsche Gesellschaft würde diese Kinder diskriminieren, worauf diese rebellisch reagieren könnten. Zum anderen waren die Verantwortlichen selbst noch einem rassistischen Denken verhaftet und glaubten, die Kinder würden aufgrund ihrer ererbten Eigenschaften benachteiligt sein und nicht nach Deutschland passen. Es wurde angenommen, sie würden das Klima nicht vertragen oder aufgrund ihres »heißblütigen« Temperaments Schwierigkeiten bekommen. Dies entsprach dem Stereotyp des schwarzen Amerikaners, wie es damals in Deutschland vorherrschte. Die deutsche Bevölkerung konnte sich für diese Kinder nur dienende oder exotische Berufe vorstellen wie Wäscherin, Zimmermädchen, Artist, Musiker, Liftboy.

*(Aus: Werner Bergmann: Rassistische Vorurteile. In: Informationen zur politischen Bildung Nr. 271 (2001), S. 27f.)*

M7

## Arbeitsblatt

| Zeitraum | Vorurteile | | | |
|---|---|---|---|---|
| | verbale Beleidigungen | gestische Beleidigungen | politische und soziale Diskriminierung | stereotype Vorstellungen |
| nach 1918 | | | | |
| nach 1933 | | | | |
| nach 1945 | | | | |
| nach 1989 | | | | |

M7

## Arbeitsblatt/Lösungen

| Zeitraum | Vorurteile | | | |
|---|---|---|---|---|
| | verbale Beleidigungen | gestische Beleidigungen | politische und soziale Diskriminierung | stereotype Vorstellungen |
| **nach 1918** | »Schmach für die Ehre und Würde des deutschen Volkes und der weißen Rasse« | | | |
| **nach 1933** | | | Zwangssterilisierung »Gesetz zur Verhütung erbkranken Nachwuchses« | |
| **nach 1945** | »soziales Problem« | | | sie (Menschen anderer Hautfarbe) vertragen das Klima nicht, haben heißblütiges Temperament; eignen sich nur für »dienende und exotische Berufe« |
| **nach 1989** | Unterhaltung in »Babysprache« »Nigger«, »Bimbo«, »Buschmänner«, man macht sich lustig über sie | »durch die Locken des Gegenübers fahren«, mit dem Finger auf sie zeigen, »herabsetzende Gesten« | Benachteiligung bei der Wohnungs- und Arbeitssuche, Benachteiligung in Geschäften, Diskotheken und Behörden, Polizeischikanen, keine Hilfe durch Deutsche bei Übergriffen | »Rhythmus im Blut«, (Menschen anderer Hautfarbe) »sind zum Fürchten« |

**M8**

**Aufgabe:** Beziehen Sie in Ihre Diskussion der politischen Systeme die Lexikon-Informationen mit ein (s. Schülerband, S. 116, Aufgabe 4).

## Lexikonartikel: Totalitarismus

*Totalitarismus* [lat.], wiss. und polit., Begriff für die von einem polit. Machtzentrum ausgehende Ausrichtung von Staat, Gesellschaft und Individuen sowie die gewaltsame Verfügung über die solcherart zentrierten Energien einer Gesellschaft zur Durchsetzung ideolog. Ziele, die ohne gesellschaftl. Partizipation von den Mgl. des polit. Machtkerns formuliert werden. [...].

Die in der Vergangenheit herausgebildete Unterscheidung von Staat und Gesellschaft weicht im Zeichen totalitärer Herrschaft Bemühungen, die Gesellschaft mehr und mehr zu verstaatlichen, wodurch rechtsstaatl. Beschränkungen sowie individuelle und soziale Freiräume eingeschränkt werden. Ein Produkt begriffl. Verarbeitung dieser Bedrohung bürgerl. Freiheitsrechte und der Rechtsstaatlichkeit stellen die Totalitarismustheorien dar; folgende hauptsächl. Varianten lassen sich unterscheiden:

1. vorrangige Betonung des Ggs. zw. faschist. Systemen einerseits und liberalen, demokrat. und parlamentar. Systemen andererseits;
2. krit. Spielarten liefern – bezogen auf den dt. Faschismus – eine Kritik der sozialen Ursprünge und Funktionen totaler Staatlichkeit und des »totalitären Monopolkapitalismus«;
3. die identifizierende T.-theorie wird als liberale, kath. und sozialdemokrat. Theorievariante bis zum Beginn des 2. Weltkrieges und dann wieder während des Kalten Krieges vorgetragen. Sie setzt Faschismus und Bolschewismus gleich und beschreibt ein Syndrom totalitärer Herrschaft anhand folgender Charakteristika: ausgearbeitete Ideologie, eine einzige Massenpartei, Terrorsystem, Monopol der Massenkommunikation, Waffenmonopol; zentrale Lenkung der Wirtschaft durch bürokrat. Koordinierung; [...]

Die Diskussion, ob T. einen Rückfall Europas ins 16. oder 17. Jh. bedeute oder ob es einen einzigartigen Charakter der totalitären Gesellschaft gebe, ist lange Zeit heftig geführt worden. Zur Stützung der These vom neuartigen Charakter totalitärer Herrschaft wird insbes. auf die Schrankenlosigkeit der Machtansprüche, die Monopolisierung aller Gewalt, die neue Qualität der Herrschaftstechniken, den Bezug zu den Massen und die spezif. sozialen Ursprünge in den Mittel- und Unterschichten hingewiesen. Von Anfang wurde T. als polem. Kampfbegriff verwendet. Die Stoßrichtung der Polemik richtet sich dabei gegen polit. Systeme und Organisationen, die als grundsätzl. Bedrohung der westl. pluralist.-parlamentar. und freiheitl.-demokrat. Ordnungen und Wertsysteme verstanden werden.

Nach dem 2. Weltkrieg spielt die identifizierende T.-theorie eine Rolle in der ideolog.-polit. Ost-West-Auseinandersetzung, v. a. in der Verkürzung auf die Gegensatzpaare T. – Pluralismus, Unterdrückung – Freiheit, Diktatur – Demokratie, Planwirtschaft – Marktwirtschaft, Einparteiensystem – Mehrparteiensystem, Terror– Rechtsstaatlichkeit, Zensur – Gedankenfreiheit, Intoleranz – Toleranz. [...]

*(Aus: Meyers Großes Taschenlexikon, Bd. 22.*

# Literarisches Leben (S. 122–135)

Ulla Ewald-Spiller/Frauke Mühle-Bohlen

## 1 Zielsetzung und Aufbau des Kapitels

Dieses Kapitel führt in den Umgang mit Literatur ein. Es zeigt exemplarisch in den drei Abschnitten

- **Formen literarischer Geselligkeit**
- **Mediale Verbreitung von Literatur**
- **Literaturkritik**

wie Literatur in unserer Gesellschaft lebendig ist und unsere Kultur facettenreich prägt. Gerade der Deutschunterricht als Grundlagenfach soll den jungen Menschen befähigen, an diesem kulturellen Leben teilzunehmen, die öffentlichen Angebote wie Lesungen, Theateraufführungen, Radio- und Zeitungsfeuilletons für sich zu nutzen und darüber hinaus auch wahrzunehmen, dass ebenfalls das Internet inzwischen für die Literatur ein Forum darstellt, das von zahlreichen Autoren genutzt wird. Vorrangiges Ziel ist zu zeigen, dass Literatur schon immer ein öffentliches Ereignis darstellt, das vielfältige Reaktionen auslöst, die von Zustimmung über kontroverse Debatten bis zum Skandal reichen. Aber stets dient Literatur auch der Unterhaltung.

Aus der Summe eines höchst vielfältigen Literaturbetriebs wurden die Aspekte herausgegriffen, die für den Umgang mit Literatur interessant und für den Jugendlichen erfahrbar sind. Gleichzeitig soll dieses Kapitel nicht nur Wissen vermitteln, sondern gemäß dem Prinzip des entdeckenden Lernens vielfältige Aktivitäten anregen, die im Zusammenhang mit Literatur stehen. Im Einzelnen handelt es sich um folgende Kompetenzen:

- die Fähigkeit, Literatur kritisch zu lesen und zu beurteilen;
- die Fähigkeit, über Literatur zu kommunizieren;
- die Fähigkeit, am Literaturbetrieb nicht nur rezipierend, sondern auch produzierend teilzunehmen.

Dieses Kapitel hat insofern eine Sonderstellung, als produktive Aufgaben wie z. B. ein Hörfeature zu gestalten oder ein Thema zu präsentieren, eine Diskussion zu führen oder eine Umfrage zu entwerfen neben analytischen Aufgaben stehen, literarische Texte neben essayistischen bzw. Sachtexten. Denkbar ist also, dass das vorliegende Material für Projektarbeit bzw. für Leistungen, die im kooperativen Rahmen durchgeführt werden können, genutzt wird.

Folgende weiterführende Literatur kann empfohlen werden:
Bodo Plachta: *Literaturbetrieb.* (UTB) Paderborn 2008.
Thomas Anz, Rainer Baasner (Hrsg.): *Literaturkritik. Geschichte – Theorie – Praxis.* München 2004 (S. 194–219).
Gunther Nickel (Hrsg.): *Kaufen! statt Lesen! Literaturkritik in der Krise?* Göttingen 2006.
Ein Buchtipp zur Situation der Theaterkritik:
Vasco Boenisch: *Krise der Kritik? Was Theaterkritiker denken – und ihre Leser erwarten. Recherchen 63.* Verlag Theater der Zeit, Berlin 2008.

# 2 Aufgaben – Lösungen – Kommentare

## Formen literarischer Geselligkeit (S. 123–125)

### Formen literarischer Geselligkeit vergleichen

**Aufgabe 1** (S. 123)
Diese Aufgabe kann arbeitsteilig am Computer (Wikipedia) ausgeführt werden. Eine Gruppierung der Personen wie z. B. die Philosophen (deutscher Idealismus): Wilhelm Joseph Schelling, Georg Wilhelm Friedrich Schlegel und August Wilhelm Schlegel; die romantischen Dichter: Ludwig Tieck, Novalis, Hölderlin und Clemens Brentano; und die Frauen: Caroline Schlegel, Sophie Mereau in 2. Ehe verh. mit Clemens Brentano, Dorohea Veit verh. mit Friedrich Schlegel und Caroline Schlegel verh. mit August W. Schlegel kann zuvor stattfinden.
Vgl. auch S. 208–212: Kapitel *Mit Vernunft wider die Vernunft* – Frühromantiker Novalis, Tieck u. Friedrich Schlegel

**Aufgabe 2** (S. 123)
Laut Text:
- Versammlung von Individualisten, die den geistigen Austausch suchten
- Gefühl, dass ihnen »die Zukunft gehörte«
- geistige Unterhaltung auf hohem Niveau
- viel lesen, viel schreiben, viel vorlesen, viel darüber sprechen

[vgl. Zusatztext unter **M 1**]

**Aufgabe 3** (S. 123)
Unterrichtspraktische Hinweise zu dem Projekt: Ein Hörfeature (nicht länger als 20 Minuten) gestalten.
Die Schüler bekommen den Text von Schiller ausgeteilt und lesen ihn mit der Aufgabe, das Gedicht in Abschnitte einzuteilen. Es folgt die Gruppenarbeit als Vorbereitung des Hörfeatures:
- Passagen markieren, welche die Frauen zu ironischen Kommentaren (Schillers Frauen- u. Familienbild – reaktionär?) anregen.
- Verbindung zwischen Französischer Revolution und dem *Lied von der Glocke* herstellen.
- Rollen verteilen (z. B. Schiller, der sein neues Gedicht vorträgt) usw.
- Musik: Collage von der *Marseillaise*, Beethovens *9. Symphonie* (Freude schöner Götterfunken) oder Texte aus aktueller Popmusik (z. B. wird anlässlich von Schillers 250. Geburtstag in Marbach eine Rock-Oper *Das Lied von der Glocke* uraufgeführt: Informationen unter *www.glocken-rock.de*)
- Weitere Hintergrundgeräusche (z. B. Gläserklirren, Besteckgeklapper etc., auch Glockenläuten)

Auf jeden Fall sollte das Feature aufgenommen und »gesendet« werden.

**Aufgabe 4** (S. 124)
*Hans-Werner Richter:*
- ein Forum für »Anfänger«, »Neulinge« in der Kunst des Schreibens
- in der Nachkriegszeit der Anfang einer literarischen Kommunikation, die durch den 2. Weltkrieg abgerissen war

*Marcel Reich-Ranicki:*
- keine »literarische Richtung«, sondern der Beginn eines »literarischen Lebens in Westdeutschland«
- ein Zentrum der deutschsprachigen Literatur
- eine »Probebühne«, auf der sich junge Schriftstellerinnen und Schriftsteller häufig zum ersten Mal der Kritik stellten

**Aufgabe 5** (S. 124)
Informationen zu der »Gruppe 47« finden sich im Internet bei Wikipedia. Dort wird auch auf einen Film des SWR 2007 (*Vom Glanz und Vergehen der Gruppe 47*. Dokumentation, 45 Min. Buch und Regie: Andreas Ammer. Erstsendung ARD am 14. Oktober 2007) hingewiesen, der für ein Referat genutzt werden könnte (Kreisbildstellen). Eine Rezension dieses Films findet sich unter: *http://www.tagesspiegel.de/medien-news/art15532,2399247* (entnommen am 13. 05. 09).

**Aufgabe 6** (S. 125)
Vgl. dazu auch das Kapitel *Argumentieren und Erörtern* (S. 90 ff.).
1. Vorbereitung der Diskussion: Die Kerngedanken der Autorin werden zusammengefasst:
- Literarische Weblogs setzen sich mit Literatur auseinander und sind eine Art Navigationssystem durch Literatur und kulturelle Events. (Z. 1–6)
- Die Blog-Besucher kommentieren die dort zitierten Texte und formulieren dazu Kommentare, die wiederum gelesen und kommentiert werden. So entsteht eine Art »Kommentardialog«, manchmal sogar ein anspruchsvoller Austausch über poetologische Fragestellungen. (Z. 6–11)
- Die Form der Veröffentlichung in einem literarischen Weblog ist nicht linear – im Gegensatz zum Buch –, d. h., es verfügt über Hyperlinks, die vom Leser ganz individuell verknüpft werden können. (Z. 12–17)
- Ein wesentlicher Unterschied zur kollektiven Autorschaft eines Hypertextes besteht darin, dass das literarische Weblog einen Autor hat, der zwar nicht eine Identität wie der klassische Autor besitzt, da sich seine

Individualität erst im Vollzug des Dialogs mit den Weblog-Besuchern formt. (Z. 18–22)

- Das literarische Weblog als eine Art öffentlich einsehbares Tagebuch unterscheidet sich von dem gedruckten literarischen Tagebuch durch die Möglichkeit des unmittelbaren Dialogs zwischen Blog-Autor und Blog-Besuchern. (Z. 22–25)

2. Prüfen der These in Stichworten (Gemeinsamkeiten und Unterschiede)

- *Kommunikation* findet in beiden Räumen statt, im Netz allerdings nur schriftlich, im Salon mündlich.
- *Teilnehmer* sind im Weblog beliebig viele, können aus sozial ganz unterschiedlichen Schichten kommen, bleiben weitgehend anonym, sind »worldwide«. Insofern handelt es sich um eine künstliche Gemeinschaft. Im Salon sind die Teilnehmer am selben Ort, kommen aus einer eher elitären Schicht, sind sich bekannt und vertraut.
- *Geselliger Rahmen* fehlt im literarischen Weblog völlig, es gibt keinen festgelegten Termin. Demgegenüber hat der Salon einen Gastgeber, der auch für Kulinarisches sorgt. Die Zeiten sind festgelegt, man folgt einer Einladung.
- *Autor und Leser* sind im literarischen Weblog nicht streng getrennt, da der Leser (Blog-Besucher) zum Produzenten werden kann, der Blog-Autor verschiedene Rollen einnimmt als Leser, als Literaturkritiker, als Schreiber, als Verwalter literarischen und kulturellen Wissens, als Experte für Literatur und Kultur. Insofern hat er eine Schreiberidentität und ist darin vergleichbar mit dem Autor, der sein Produkt im Salon vorträgt. Auch dieser kann in unterschiedlichen Rollen auftreten. Im Salon dagegen ist die Identität von Autor und kommunizierendem Teilnehmer festgelegt.
- *Texte* im literarischen Weblog unterliegen einem Prozess, können unvollständig sein und auch immer wieder neu entstehen. Durch die mediale Vernetzung und die Imagination des Rezipienten kann auch in die Texte eingegriffen werden. Im Allgemeinen sind die Texte relativ kurz. Die Fiktion ist von der Wirklichkeit nicht zu trennen. Im Salon dagegen wird das fertige Werk vorgestellt, das von den Anwesenden rezipiert und diskutiert wird. Insofern sind Fiktion und Wirklichkeit deutlich getrennt.

**Aufgabe 7** (S. 125)
Diese Aufgabe sollte im Computerraum in Gruppenarbeit bearbeitet werden. Einen ersten Zugang bieten die folgenden Internetadressen:
*http://www.litblogs.net/* oder
*http://albannikolaiherbst.twoday.net* oder
*http://www.abendschein.ch/site/weblog*

[vgl. dazu das Arbeitsblatt **M 2**]

**Aufgabe 8** (S. 125)
Unterrichtspraktische Hinweise: Dieser Vergleich kann tabellarisch durchgeführt werden.

[Dazu kann das Arbeitsblatt **M 3** genutzt werden.]

## Mediale Verbreitung von Literatur
(S. 126–129)

### Den Literaturbetrieb kritisch betrachten

**Aufgabe 1** (S. 127)
Die Satire kritisiert

- die Auswüchse des Buchmarkts: Bücher als Massenware, die schnell ein breites Publikum erreichen soll. (Vergleich mit Rosamunde Pilcher, »Cornwall ist verbraucht ... « Z. 33 ff.);
- die sinkende Qualität von Literatur (»orthografieloses Manuskriptfragment«, Z. 1 / Krimis / dramatische Liebesromane Z. 45 f.), die im Augenblick den Markt erfolgreich überschwemmen mit sog. Prominenten als Buchautoren (TV-Stars, Fußballstars, vgl. Z. 20);
- den Erfolg von Literatur durch die Medienwirksamkeit seines Autors (Aussehen, Haarfarbe, usw., vgl. Z. 24–26);
- den Trend zu massenhaften Bestsellerautoren (Z. 4 f.);
- die Beziehung zwischen Literaturagent und Schriftsteller: Der Agent wird zum Arbeitgeber, der Bücher ausschließlich unter finanziellen Gesichtspunkten vermarktet; der Autor wird zu seinem Angestellten;
- das Geschäft des Literaturagenten, der ohne literarisches Know-how mit Literatur handelt; die »Tipps« banalisieren den Anspruch von Literatur.

**Aufgabe 2** (S. 127)

1. Literaturagenten nehmen die geschäftlichen Interessen eines Autors im Literaturbetrieb wahr. Er arbeitet diskret ohne öffentliche Werbung für seine Dienstleistung und stellt ein wichtiges Scharnier zwischen Autor, Verlag und Öffentlichkeit dar. Literaturagenturen sind vergleichbar mit Künstleragenturen und sind wie diese darauf spezialisiert, einen Autor und sein Werk an einen Verlag zu vermitteln. Der Literaturagent übernimmt dann häufig die gesamte wirtschaftliche Organisation eines Autors: Aushandeln von Verlagsverträgen, Lizenzen, Übersetzungen, Vertonungen, Verfilmungen usw. So überwachen sie auch die Zahlung von Honoraren. Sie selber arbeiten meistens auf Provisionsbasis, d. h., sie sind prozentual am Honorar, das ein Autor für sein Werk erzielt, beteiligt.
2. Literaturagenten sind auch Berater eines Autors hinsichtlich seiner Vermarktung wie Werbung, Fördermöglichkeiten, Entwicklung langfristiger literarischer Strategien.

3. Der Literaturagent verfügt über ein literarisches »Know-how«: Er prüft literarische Manuskripte auf ihre Qualität und ihren Marktwert; er kennt Verlagsprofile und hat Kontakte zu Verlegern und Lektoren. (Quelle: Bodo Plachta: *Literaturbetrieb*, S. 57 f.)

   [vgl. Zusatztext **M 4**]

## TV-Sendungen zur Literatur untersuchen

**Aufgabe 1** (S. 128)
*Bild 1: Literarisches Quartett*
*Ort:* Bibliotheksraum, gediegenes Mobiliar (schwarze Ledersessel mit Stahlrahmen)/*Sitzposition:* die vier Personen sitzen diszipliniert lässig im Halbkreis, die Damen mit übereinandergeschlagenen Beinen, die Herren mit überkreuzten Füßen/*Kleidung:* aufeinander abgestimmt: die Herren in hellen Sommeranzügen, die Damen in schwarzem Hosenanzug bzw. Kostüm/*Gesprächsatmosphäre:* locker, vertrauter Umgang, »man kennt sich«/ *Haltung:* man ist unter sich, auch mit seinem Urteil, nicht der Zuschauer wird angesprochen, sondern die Gesprächspartner/*Gesamteindruck:* Buchkritik auf hohem Niveau, der Zuschauer bleibt außen vor

*Bild 2: Lesen*
*Ort:* Studio mit Treppe, keine Bücher/ *Sitzposition:* Heidenreich sitzt auf einer Treppenstufe, die Ellbogen auf den Knien abgestützt, die Hände gefaltet/*Kleidung:* leger offiziell mit weißer Bluse, Jackett und Hose/*Atmosphäre:* Gesicht blickt freundlich in die Kamera, der Zuschauer ist im Blick/*Gesamteindruck:* da sitzt eine Frau, die Bücher liebt und mit dem Herzen liest (*Urteil der Kritik:* sie macht aus Büchern Bestseller, aus Menschen begeisterte Leser)

*Bild 3: druckfrisch*
*Ort:* Kellerraum mit einem Tisch, auf dem Bücher gestapelt sind, die besprochen werden; Bücher haben Zettel zwischen den Seiten, Eindruck, dass es gelesene Bücher sind/*Position des Moderators:* steht neben dem Bücherstapel, spricht in ein Mikrofon; Zeichen, dass er sich im Raum bewegt/*Kleidung:* traditionell, konventionell dunkel mit Krawatte, weißes Hemd/*Atmosphäre:* lebendig, spricht über die Bücher zu seinem Publikum/*Haltung:* Bücher stehen im Mittelpunkt dieser Sendung, sie sind entweder Stapelware oder etwas Besonderes, dann wird es aufgestellt/*Gesamteindruck:* hier spricht ein Fachmann, der kein Blatt vor den Mund nimmt (lästert über Bücher, die er in den Müll wirft, oder lobt sie mit der Aufforderung: »Lesen!«)

**Aufgaben 2 und 3** (S. 128)
Unterrichtspraktische Hinweise: Es gibt zu Schecks Sendung Aufzeichnungen, wenn man nicht eine aktuelle Sendung selber aufgezeichnet hat, was zu empfehlen ist. Im Internet findet man das Datum für die nächste Sendung in der ARD. Die Präsentation der Ergebnisse sollte auf jeden Fall durch einen Videomitschnitt die Aussagen veranschaulichen.

## Die Bedeutung von E-Books für den Buchmarkt bewerten

**Aufgabe 1** (S. 129)
Argumente für E-Books:
- schaffen Platz im Regal und im Wohnraum
- kann lesen, wo und wann man will
- tausend Bücher in der Jackentasche
- schnelle Verfügbarkeit
- Ergänzung zum Hardcover
- gewinnt zusätzliche Leser

Argumente für das Buch als Objekt:
- Buch als sinnlicher Gegenstand, das riecht, altert, sich anfassen lässt
- Ästhetik des Buches
- ungestörte Lektüre, ohne von Technik abhängig zu sein
- Möglichkeit des Blätterns, Markierens, Sichaneignens
- Dokumentation von Leben und Erfahrung
- Atmosphäre der persönlichen Bibliothek (lieb gewordene Bücher)

**Aufgabe 2** (S. 129)
Mögliche Fragen:
1. *Wer?* In Ihrer Schule/Stadt: Lehrerinnen und Lehrer – Buchhändler – Verleger – Autoren – Menschen auf der Straße
2. *Zweck des Lesens?* Z. B. Was verbindet mit Lesen?
3. *Leseorte?* professionell – Freizeit ...
4. *Einstellung zu Büchern?* Leseverhalten – Bücherkauf – Orientierungen – Verzicht auf das heimische Bücherregal?
5. *Bücherkauf?* Häufigkeit? Anregungen?
6. *Bücher auf einem elektronischen Lesegerät?* Gewinn?

## Literaturkritik (S. 130–135)

Literaturkritik ist der umfassende Begriff für Texte/Beiträge in Zeitung, Fernsehen oder Rundfunk über Themen, Gegenstände, Personen aus dem Bereich Literatur, die sich argumentativ und wertend damit auseinandersetzen. Sie beurteilt Literatur nach einer Reihe von Maßstäben, welche offengelegt werden sollten. Bei der Rezension eines Romans sind das z. B.: Sprache, Personenzeichnung, Handlungsführung, Originalität, Unterhaltungswert, Bedeutung des Themas etc.
Die Literaturkritik schafft Überblick, wählt aus, informiert, interpretiert, wertet, regt zur Lektüre bzw. zum Kauf des Buches an, macht Werbung für das Lesen in einer Zeit, in der AV-Medien dominieren. Sie ist ein Bestandteil des literarischen Lebens, insofern sie mit Verlagen, Zeitungs-, Rundfunk- und Fernsehredaktionen, mit Theatern, Bibliotheken, Schulen, Universitäten und schließlich mit Schriftstellern und Lesern interagiert.

### Bewertungsaspekte der Kritiker überprüfen

**Aufgabe 1** (S. 131)
Es wäre sicherlich lohnend, die vollständigen Beiträge der Juroren während der Diskussion in Klagenfurt zu kennen. Tellkamps Romanauszug »fand von der Jury ein bis zu diesem Zeitpunkt nicht gekanntes Ausmaß an Zustimmung«, so heißt es unter
*http://bachmannpreis.orf.at/bachmannpreis.*
Auf der Internetseite kann in einer Videoaufzeichnung der gesamte Verlauf der Diskussion verfolgt werden.
Die Bewertungen der Jurymitglieder sind nahezu einhellig positiv, was u. a. in einem sehr subjektiv und emotional gefärbten Stil zum Ausdruck kommt (»Ich bin von dem Text begeistert« – »Der Text ist in sich ganz wunderbar«). Die zugrunde liegenden Wertmaßstäbe beziehen sich auf

- *Inhalt:* historische Bezüge, autobiografische Bezüge, »Erinnerungsstrom«, die Fülle
- *Form und Aufbau:* zeitliche Struktur – »wie in einer Erinnerungsstaffette«
- *Sprache/Stil:* »Sprachmittel«, »Sprechweise«, »Bilderwelt«

Die Bewertungsaspekte im Einzelnen:
*positiv:*
- überwältigende Fülle/die Fülle des Dargestellten
- große Literatur
- großes, schwieriges Thema/Thema wirkt glaubhaft/Darstellung der deutschen Geschichte
- souveränes Erzählen/hohe Kunstfertigkeit/mit leichter Hand/die Struktur
- Erzählexperiment mit Sprachmitteln, Sprechweisen/sprachlicher Furor/überbordende Bilderwelt/musikalische Sätze

*negativ:*
- die »Übertragbarkeit musikalischer Strukturen auf die Literatur« wird bezweifelt (Detering)
- es gibt gar kein richtig emotionales Interesse (Radisch)
- die Meditation über die Zeit am Beispiel von Hofmannsthals »Rosenkavalier« (Detering)

[Sie können dazu das Arbeitsblatt **M 5** nutzen.]

### Aufgabe und Bedeutung der Literaturkritik diskutieren

**Aufgabe 1** (S. 133)
Die Frage nach dem Rollenverständnis des Literaturkritikers könnte die weitere Diskussion beleben. Ist er Richter, Erzieher, Anwalt des Lesers, Anwalt des Autors? Oder ...?

Zu den Texten der vier Kritiker:
*Die grundlegende Aufgabe des Literaturkritikers*
- nicht »ein bloßer Claqueur des Marktes«
- »einen Rest des hohen aufklärerischen Anspruchs einzulösen«
- »fachliche Kompetenz, Seh- und Hörerfahrung, Verantwortungs- und Fingerspitzengefühl«
- »gebildet ist«
- »eine moralisch ethische Haltung haben muss«

*Die Reflexions- und kommunikationsfördernde Funktion*
- »Gründe angeben und in den Austausch der Argumente eintreten«
- »das Pro und Kontra und der gegenläufige Zwischenruf«
- »Leidenschaft und Kenntnis der Sache«

*Die didaktisch vermittelnde Funktion*
- »Literatur als Herausforderung [zu] begreifen«
- »Werturteilsbegründung«
- »eine intelligente Analyse ... und eine klare Stellungnahme«
- »zum einen Merkmale und zum anderen Wirkungen eines literarischen Werkes [zu] beschreiben«

*Die Unterhaltungsfunktion*
- »das literarische Gespräch lebendig« halten (Greiner)
- »Leidenschaft«

**Aufgabe 2** (S. 133)
Kriterienkatalog für den Literaturkritiker (Vorschlag):
Er sollte

- seine Bewertungsmaßstäbe transparent machen
- dem Dichter keine Verbesserungsvorschläge machen
- persönliche Beleidigungen vermeiden
- niveauvoll und differenziert argumentieren statt plakativ (siehe »Buchtipp«)
- ein schlechtes Buch aber durchaus auch »verreißen«
- Interpretationsaspekte deutlich machen, die für den Leser bei der Auseinandersetzung mit dem literarischen Werk nützlich sind
- auf unterhaltsame Weise schreiben
- sich dem *mainstream* auf dem Büchermarkt widersetzen
- die literarischen Kompetenzen des Lesers fördern
- eine öffentliche Diskussion über Literatur anregen
- qualitativ gute Literatur fördern
- literarische Neueinsteiger entdecken und einer breiteren Öffentlichkeit bekannt machen.

## Eine Theaterkritik untersuchen

**Aufgabe 1** (S. 135)
Die folgenden Hinweise im Text könnten zur Sprache kommen:
1. In der Überschrift wird ein wesentlicher Aspekte des Theaterabends angedeutet: die Regiekonzeption.
2. Folgende Gliederungsschritte lassen sich erkennen: Fragen zur Rezeption der Stücke von Brecht – kurze Informationen zum Regisseur (1) – inhaltliche Hinweise zum Stück (»unerklärliche[r] Kampf zweier Männer in der Riesenstadt Chicago«) – wertende Beschreibung einzelner Aspekte der Regiekonzeption (»bizarrer Wechselbalg aus fernöstlichem Mafia-Thriller, Kleinbürger-Farce und surrealem Science-Fiction-Comic«) – Hinweis auf das Bühnenbild (»längliche[r] Leichtmetall-Container«) – der Schluss (»Tod in der Eiswüste«) – Hinweise zur Aktualität des Regisseurs (2) – Herausheben und Bewerten einzelner »eindrücklicher« Momente des Theaterabends – Nennung und Bewertung einzelner Schauspieler – die Bedeutung des Regisseurs für das zeitgenössische Theater (3).

**Aufgabe 2** (S. 135)
Im Gegensatz zu der Trennung von Information und Meinung bei den anderen journalistischen Stilformen enthalten sowohl die Buch- als auch die Theaterkritik beschreibende und wertende Elemente. Diese Mischung ist das Wesentliche einer Kritik und unterscheidet sie damit von einem Kommentar, dem Kritiken ansonsten als journalistische Stilform am nächsten kommen.

Jede Inszenierung des Theaters bietet dem Zuschauer ein Gesamtkunstwerk, das Elemente der Literatur, der bildenden Kunst, des Tanzes, der Musik zu einer Einheit verbinden kann. Die Theaterkritik, die eine Inszenierung beschreibt, analysiert und bewertet, muss alle diese Bereiche berücksichtigen.
Außer den an bestimmte Inszenierungen geknüpften Rezensionen veröffentlichen zahlreiche Theaterkritiker allgemeine Betrachtungen zum Theater – dies ist der zweite wesentliche Bereich von Theaterkritik.
Daher bieten Theaterkritiken eine ideale Motivation für die Beschäftigung mit dem kulturellen Leben der Vergangenheit und der Gegenwart.
Eine besondere Schwierigkeit besteht für den Theaterkritiker darin, dass er die vielfältigen Eindrücke eines Theaterabends möglichst schnell, knapp und überzeugend in einer Kritik darstellen soll.

## 3 Ergänzungen und Vertiefungen

**M 1**

**Zusatztext:** *Rüdiger Safranski:* Lesen und Leben

Die Bedeutung des Lesens und Schreibens bei den Frühromantikern am Anfang des 18. Jahrhunderts kann mit der Bedeutung des Lesens im Leben der Schülerinnen und Schüler im 21. Jahrhundert verglichen werden.

**M 2**

**Arbeitsblatt:** Literarische Weblogs

Während Internetportale wie Facebook oder SVZ vertraute Kommunikationsforen sind, sollen mit diesem Zusatzmaterial literarische Weblogs und deren Kommunikationsformen vorgestellt und erprobt werden.

**M 3**

**Arbeitsblatt:** Formen literarischer Geselligkeit vergleichen

Das Arbeitsblatt stellt Formen literarischer Geselligkeit aus unterschiedlichen Jahrhunderten einander vergleichend gegenüber.

**M 4**

**Zusatztext:** *Katja Lange-Müller:* Autoren und Agenten

Der Text beleuchtet aus der Sicht einer Gegenwartsautorin die Rolle des Literaturagenten.

**M 5**

**Arbeitsblatt:** Literaturkritik am Beispiel

Auf einem Arbeitsblatt sollen die jeweiligen Positionen von Literaturkritikern zu Uwe Tellkamps Textauszug aus seinem Roman *Der Turm* notiert und miteinander verglichen werden.

**M1**

**Aufgaben:** 1. Welche Bedeutung haben Lesen und Schreiben für die Romantiker?
2. Inwiefern ist die literarische Geselligkeit dafür ein notwendiges Forum?
3. Erörtern Sie, welche Bedeutung der Literatur in Ihrem Leben zukommt.

## Lesen und Leben (2007) Rüdiger Safranski

Das vermehrte Lesen lässt Lesen und Leben zusammenrücken. Man fahndet im Gelesenen nach dem Leben des Autors, der plötzlich mit seiner Biografie interessant wird und, wenn er es noch nicht ist, sich interessant zu machen versucht. Die Schlegels waren Meister darin, sich interessant zu machen. Ihre Liebesgeschichten waren in Jena Stadtgespräch. Man fahndete nach dem Leben hinter der Literatur und war umgekehrt von der Vorstellung fasziniert, wie die Literatur das Leben formen könnte. Man versuchte das zu leben, was man gelesen hatte. Man zog Werthers Sperlingsfrack an oder rollte mit den Augen wie Karl Moor. Man setzte auf Erlebnisse nach dem literarischen Drehbuch, das schon die Rollen verteilt, die Atmosphäre bezeichnet und die Handlung festgelegt hatte. Es ging damals von dem noch recht neuen Leitmedium Literatur eine faszinierende, das Leben inszenierende Kraft aus. Was der großen Literatur recht war, konnte der sogenannten Unterhaltungsliteratur, dem Lafontaine'schen Familienromanen, den Räubergeschichten des Goethe-Schwagers Vulpius und den Geheimbundromanen eines Karl Grosse, ein Lieblingsautor der Frühromantiker, nur billig sein. Auf beiden Niveaus äußert sich der Wunsch nach intensiverem Selbstgefühl. Man will sich fühlen, man verlangt Lebendigkeit vom Leben, und wenn die äußeren Umstände dem entgegenstehen, dann muss eben die Identifikation mit literarischen Mustern aus dem in alltäglichen Ritualen verrinnenden Lebensstrom bedeutungsvolle Momente herausheben. Man will sein Leben im Spiegel der Literatur aufwerten, ihm eine Dichte, eine Dramatik und eine Atmosphäre geben. So kann der Lesende, der nach seiner im Alltag verschollenen Existenz sucht, zum Selbstgenuss kommen. [...] Wer liest und schreibt, spekuliert auf eine persönliche Revolution, eine Umwälzung, in deren Folge entweder die gewöhnlichen Dinge unseres Lebens in neuem Licht erglänzen oder sich Abgründe öffnen. [...] Lesen und Schreiben versprechen also das Abenteuer um die Ecke, die kleine Revolution.

*(Aus: Rüdiger Safranski: Romantik. Eine deutsche Affäre. © 2007 Carl Hanser Verlag München, S. 51/52.)*

**M 2**

**Aufgaben:** 1. Gehen Sie ins Internet unter der Adresse *http://www.litblogs.net/*.
2. Wählen Sie einen Beitrag aus.
3. Verfolgen Sie dann einige weitere Beiträge bzw. Kommentare. Was passiert mit dem Ausgangstext?
4. Präsentieren Sie Ihren Befund.

## Arbeitsblatt: Literarische Weblogs

Fundort/Internetadresse: *http://hanginglydia.skyppaperpress.com*
Datum
**1. Ausgangstext:**

Datum
**2. Kommentar / Folgetext:**

Datum
**3. Kommentar / Folgetext:**

Datum
**4. Kommentar/Folgetext:**

Datum
**5. Kommentar/Folgetext:**

**Auswertung: Die Entstehung eines Textes. Beobachtungen.**

**M3**

**Aufgabe:** Ergänzen Sie die folgende Tabelle. Nutzen Sie dazu die Texte im Schülerband, S. 123 ff.

## Arbeitsblatt: Formen literarischer Geselligkeit vergleichen

| Der literarische Salon | Die Gruppe 47 | Der literarische Weblog |
|---|---|---|
| ▸ eine elitäre Gemeinschaft (Adel, Dichter von Rang, Literaten) | ▸ Nachkriegsgeneration, bemüht um Aufbau und Entwicklung einer neuen Literatur | ▸ eine Kunstgemeinschaft von professionellen und unprofessionellen Schreibern im Internet |
| ▸ eine kleine intime Gruppe von namhaften Geistesgrößen in privater Atmosphäre | ▸ ein geschlossener Kreis geladener etablierter und angehender Schriftsteller | ▸ wollen ein möglichst großes Publikum erreichen |

**M4**

**Aufgabe:** 1. Wie beschreibt Katja Lange-Müller das Autor-Agenten-Verhältnis?
2. Vergleichen Sie die Satire im Schülerband, S. 126 f. mit Lange-Müllers Sichtweise auf das Autor-Agenten-Verhältnis.

## Autoren und Agenten Katja Lange-Müller

Ich habe es schon vorher begriffen und es auch gesehen, anhand von Kollegen, dass das Agenturenwesen um sich griff und, wie sich zeigte, einige Vorteile mit sich brachte. Was mich lange abgeschreckt hat, war die Tatsache, dass ein Handschlag für mich – ich bin ja ein Mensch, der auf schriftliche Zeichen fixiert ist – keinen Vertrag bedeutet. Und solange also die Agenturen das so machten: Man gibt sich die Hand und dann ist das irgendein justiziables Ding, was einen dazu bringt, 15 % abzudrücken, von allem, was man bekommt, hat mir das natürlich nicht behagt. Als dann irgendwie eine Situation eintrat, in der zumindest die Agentur Graf & Graf Verträge anbot, da habe ich gedacht: Ja, jetzt können wir das machen und sollten es auch. Das Gute, was man auch lernen kann von einer guten Agentin oder einem guten Agenten, ist eine gewisse Konfliktfähigkeit. Die geben dir das Gefühl, dass du sie ruhig fragen kannst, welche Leistungen sie erbringen sollen und welche nicht. Sie sagen nicht gleich: »Misstraust du mir?«, wie der listige Lektor; mit denen kann man ganz normal reden. Also kann man sagen: »Ich stelle mir das und das vor«, und dann sagt die Agentin oder der Agent: »Ich stelle mir das und das vor.« Das Verhältnis ist in aller Regel sachlich, sicherlich auch freundschaftlich. [...] Das Schreiben ist ein einsames Gewerbe. Man ist doch sehr stark auf sich selbst zurückgeworfen, wenn man vor der Schreibmaschine oder vor dem Computer oder jedenfalls vor dem Blatt Papier sitzt. Da liegt es nahe zu vermuten, dass man im Agenten jemanden haben möchte, der sich um einen kümmert. Ich habe irgendwo aufgeschnappt, dass von Schriftstellerseite die Hauptaufgabe des Agenten darin gesehen wird, sich um drei Dinge zu kümmern: Schreibhemmung, Liebeskummer, leeren Kühlschrank.

*(Katja Lange-Müller: »Inzwischen kenne ich kaum einen, der nicht bei einer Agentur wäre.« Im Gespräch mit Ernst Fischer. In: Literarische Agenturen – die heimlichen Herrscher im Literaturbetrieb? Hg. V. Ernst Fischer. Wiesbaden; Harrassowitz 2001 (Mainzer Studien zur Buchwissenschaft. Bd. II). S. 58–60. Zitiert nach Plechta: S. 58 f.)*

**M5**

**Aufgabe:** Füllen Sie das Arbeitsblatt aus (s. Schülerband S. 13).

## Arbeitsblatt: Literaturkritik am Beispiel

**Uwe Tellkamp:** *Der Schlaf in den Uhren*

| Kritiker/Kritikerin | Gesamturteil | einzelne Bewertungskriterien |
|---|---|---|
| Martin Ebel | | |
| Heinrich Detering | | |
| Iris Radisch | | |
| Norbert Miller | | |
| Burkhard Spinnen | | |

**Schlussfolgerungen über Literaturkritik der Gegenwart:**

___

___

___

___

___

# Gegenwartsliteratur (S. 136–163)

Martina Geiger

## 1 Zielsetzung und Aufbau des Kapitels

Das Kapitel befasst sich mit Werken aus der deutschen Literatur seit etwa Mitte der 80er-Jahre. Dabei werden zwei Schwerpunkte gesetzt, die zugleich auch die beiden Abschnitte des Kapitels bezeichnen:

- **Vergangenheitsbewältigung**
- **Jugendliche Lebensentwürfe**

Der erste Fokus des Kapitels ist der Blick zurück in die deutsche Vergangenheit. Die Aufarbeitung der nationalsozialistischen Geschichte Deutschlands war und ist ein wichtiges Thema der deutschen Literatur in beiden deutschen Staaten nach dem 2. Weltkrieg. Jedoch werden hier nicht die vergangenen Erzähldiskurse aus den 50er- und 60er-Jahren vorgestellt, sondern zeitgenössische literarische Verfahren, mit denen Vergangenem nachgespürt wird. Insbesondere nach der historischen Zäsur von 1989 wurde die Vergangenheit (möglicherweise durch den Wegfall von politischen Zwängen nach dem Wegfall der deutschen Teilung) für viele deutsche Autoren wieder interessant. Dies zeigt der hohe Anteil der Erinnerungsthematik in den schriftstellerischen Werken seit den 90er-Jahren.
Exemplarisch wird diese Thematik aufgegriffen an zwei Texten: *Bronsteins Kinder* von Jurek Becker und *Am Beispiel meines Bruders* von Uwe Timm. Die beiden Texte ergänzen sich in vielfacher Hinsicht, stammt doch einer von einem DDR-Autor, der andere von einem Westautor, zeigt der eine Text die Sicht der Opfer des Holocaust, während der andere die Geschichte der Täter aufarbeitet. Beide Texte stellen Auseinandersetzungen mit einer Familiengeschichte vor, beide sind autobiografisch geprägt, bei beiden Autoren unterstützt das Schreiben die eigene Erinnerungsarbeit. Insofern können an diesen beiden Texten – neben der inhaltlichen Arbeit – auch Verfahren einer »Werk-im-Kontext«-Analyse eingeübt werden.

Die Aufgabestellungen sind so gewählt, dass sich die Schüler in analytischen und produktiven Verfahren weitgehend selbstständig mit den Texten und den Materialien beschäftigen können. Daher findet sich eine Vielzahl von schülerzentrierten Arbeitsformen (Präsentationen, Expertengespräch, Gruppenpuzzle) in den Impulsen wieder.

Der zweite Abschnitt des Kapitels ist als Leseprojekt konzipiert. Ziel ist es, die Schüler dazu zu motivieren, sich – weitgehend selbstständig – mit zeitgenössischer Literatur auseinanderzusetzen und Leseinteresse zu entwickeln. Vorgeschlagen werden vier aktuelle Werke, mit denen sich die Schüler in Gruppen beschäftigen sollen. Ziel ist hierbei nicht die tiefgreifende Analyse einzelner Textpartien, sondern ein eher lustvolles, vielleicht sogar kursorisches Lesen von aktueller Literatur. Der Blick wird auf Themen gelenkt, die die jugendlichen Leser interessieren und die ihnen naheliegen dürften: jugendliche Lebensentwürfe und Paarbeziehungen. Die Textauszüge und Kontexte sind passend zu diesen beiden Aspekten ausgewählt, sodass die Schüler ihre Lektürearbeit darauf konzentrieren sollen. Die Arbeitsaufträge sind weitgehend offen formuliert, die Ergebnisse hängen stark davon ab, welche Romane die Schüler für ihre Lektüre auswählen, wie intensiv sich die Gruppen mit den Texten auseinandersetzen und in welche Richtung die einzelnen Gruppen arbeiten wollen.
Der Kapitelabschnitt ist gedacht als Baustein, der beliebig im Schuljahr (z. B. auch am Schuljahresende) zur »Erholung« und Motivation der Schüler einsetzbar ist. Er soll Leseförderung im Allgemeinen betreiben durch die projektartige, offene Herangehensweise, aber auch die Kompetenz fördern, sich eigenständig auf literarische Werke einzulassen.

## 2 Aufgaben – Lösungen – Kommentare

### Sich mit Notizen zur Literatur befassen

**Aufgabe 1** (S. 137)
Die Aufgabe dient dazu, dass die Schüler sich allgemein Gedanken über die Produktion und Rezeption von Literatur machen. Die Aussagen Beckers können aber auch als direkte Vorbereitung auf die Lektüre von *Bronsteins Kinder* gelesen werden (etwa in Verbindung mit dem Romananfang). Dabei könnten Beckers Ansichten über Literatur und Schriftsteller (z. B. Motive des Schreibens: Widerspruch kundtun, erschrecken, gefallen, Aggressionen loswerden, Zweifel und Verzweiflung darstellen usw.) in Verbindung gebracht werden mit einem möglichen Romanplot und der Thematik des Romans, wie sie sich im Romananfang abzeichnet.

[Eine weitere Möglichkeit, sich mit Gedanken über Literatur zu befassen, findet sich unter **M 1**.]

## Vergangenheitsbewältigung (S. 138–153)

### Hans' Auseinandersetzung mit dem Vater untersuchen

Die Seiten im Schülerarbeitsbuch geben die wesentlichen Textstellen wieder, sodass die Arbeit auch ohne umfassende Textkenntnis möglich ist. Sicherlich ist es aber sinnvoll, mit den Schülern den Roman in Gänze zu lesen, um eine vertiefte Auseinandersetzung zu erreichen.
Weiterhin konzentrieren sich die Seiten auf den Aspekt der Vergangenheitsbewältigung. Andere, vielleicht ebenfalls interessante Deutungsebenen und Aspekte des Romans werden ausgeklammert. Diese könnten bei einer ausführlichen Behandlung des Romans noch einbezogen oder gegebenenfalls in Form von Schülerreferaten bearbeitet werden. Solche weiteren Dimensionen in der Auseinandersetzung mit dem Roman könnten sein:

- Identitätssuche: Erwachsenwerden eines Jugendlichen
- Gegenpole: Hans und Elle, die Bruder-Schwester-Geschichte (Kap. 7, 18, 28)
- Das Erkalten einer Liebe: Martha und Hans (Kap. 19, 25, 30, 35)
- Generationskonflikte: aktive Alte und indifferente Junge? (Kap. 9, 20, 32)
- Die Täter als Opfer – die Opfer als Täter?: der Aufseher Heppner (Kap. 10, 31, 32)
- Jüdische Identität 30 Jahre nach dem Holocaust: Hans Bronstein (Kap. 6)
- Erzähltechnik und Sprache: die Ästhetik Jurek Beckers

**Aufgabe 1** (S. 139)
Die Arbeitsaufträge der Schüler befassen sich alle mit der Beziehung Hans – Vater. In unterschiedlichen Teilaspekten sollten dabei folgende Interpretationsdimensionen herausgearbeitet werden:
Der Roman *Bronsteins Kinder* liest sich zunächst einmal als Familiengeschichte und hier insbesondere als Generationenkonflikt zwischen Vater und Sohn. Hans' Verhältnis zu seinem Vater prägt sein Leben und seine Suche nach Identität, seine weiteren Beziehungen (zu seiner Schwester Elle, die Liebesbeziehung zu Martha) sind hier nur peripher.

Bereits der Eingang des Romans *(Textstelle 1)* zeigt die gestörte Beziehung des Icherzählers Hans zu seinem Vater. Der lakonische und zugleich bittere Ton signalisiert das Ausmaß der seelischen Verletzungen, die Hans durch den Liebesentzug des Vaters, dessen Zuneigung offenbar nur der psychisch kranken Tochter Elle gilt, erlitten hat.
Die tiefe Betroffenheit Hans' und die Intensität der seelischen Kränkungen durch den Vater werden insbesondere in *Textstelle 3* deutlich, wenn Hans den miserablen Zustand der Vater-Sohn-Beziehung hinterfragt: »*Oder ist es normal, dass Eltern eines Tages ihrer Kinder überdrüssig werden? Dass nur eine begrenzte Menge an Fürsorge und Freundlichkeit vorhanden ist und dass, wenn dieser Vorrat erschöpft ist, Verdruss und Feindseligkeit überhandnehmen, wie bei anderen Leuten auch, die zu eng zusammenleben müssen?*« (S. 244).
Die Gefangennahme des ehemaligen KZ-Aufsehers wie auch die brutalen Verhörpraktiken werden von Vater und Sohn unterschiedlich bewertet. Während der Vater die Aktion als legitime Rache ansieht und als einzige Möglichkeit, Gerechtigkeit für die Opfer herzustellen, klagt Hans die Inhumanität der Aktion an *(Textstelle 2)*. Die primitive Rachementalität, die sich in dem Akt der Selbstjustiz widerspiegelt, ist Hans fremd. Sein Vater hingegen sieht den Sohn als Feind, weil er als Mitwisser gegen die gemeinsame Sache ist. Diese unterschiedliche Auffassung führt Vater und Sohn in eine existenzielle Beziehungskrise, die sich auch als Generationenkonflikt zwischen einer reaktionären, auf die Vergangenheit bezogenen und einer progressiven Haltung zeigt. Hans möchte seinen Vater dazu bringen, begründet Stellung zu nehmen. Seine Versuche scheitern aber zum einen an der eigenen argumentativen Hilflosigkeit, wenn es ihm nicht gelingt, seine Vorwürfe auf den Punkt zu bringen und auszusprechen: »*Wenn ihr euch zu Richtern dieses Mannes aufspielt*«, *sagte ich*, »*dann verletzt ihr nicht nur Gesetze [...] Ich unterbrach mich, weil ich den Satz unüberlegt begonnen hatte und keine Fortsetzung wusste*« (S. 82).

Auch der Vater ist argumentativ hilflos, spricht nur über unverfängliche Dinge und reagiert auf Hans' Vorwürfe lediglich mit Autorität (*»Lassen wir das«*, S. 81).
Diese Sprachlosigkeit und die Unfähigkeit, sich über existenzielle Fragen zu verständigen, verhindern eine gelingende Vater-Sohn-Beziehung (Vater und Sohn sind sich *»furchtbar fremd«*, S. 72).

## Den biografischen Hintergrund kennenlernen

**Aufgabe 1** (S. 141)
Mir Recht kann man in Beckers Roman autobiografische Züge erkennen. Wie seine Romanhelden hat auch Jurek Becker als Kind im Getto von Lodz sowie in den Konzentrationslagern Ravensbrück und Sachsenhausen den Holocaust miterlebt. Allerdings, so gibt er in Interviews an, hat er an diese Zeit keine Erinnerungen und die Erlebnisse der schlimmen Zeit wohl verdrängt. Ähnlich wie Hans Bronstein (*»Ich bin nicht der Sohn eines Opfers des Faschismus«*; S. 52) scheint auch Becker seine jüdische Abstammung quasi zu verleugnen, wenn er sagt: *»Meine Eltern waren Juden.«* Wie bei Hans Bronstein wird die Aufarbeitung der eigenen Geschichte zu einem Lebensproblem. Auch Beckers Vater schwieg zu den Fragen des Sohnes, der Zustand der Sprachlosigkeit zwischen Vater und Sohn herrscht in der Realität des Autors wie in der Romanfiktion. Weil das Gespräch mit dem Vater nicht stattfinden konnte (er starb 1972), fungiert das Schreiben für Becker, der sich über die defizitäre Auseinandersetzung mit dem Vater wohl bewusst war, als eine Art späte Aufarbeitungsstrategie. Die bohrende Frage nach der eigenen (jüdischen) Identität, die den Romanhelden Hans Bronstein beschäftigt, spiegelt sich auch in Beckers ursprünglichem Romantitel *Wie ich ein Deutscher wurde*. So ist das Lebensproblem des Romanhelden, sein Schwanken zwischen Assimilierung und bewusster Annahme der eigenen (Familien-) Geschichte, gleichsam ein Versuch Beckers, die eigene Entwurzelung im Schreiben aufzuarbeiten.

## Die Art der Vergangenheitsbewältigung der Figuren untersuchen

**Aufgabe 1** (S. 144)
Für alle drei noch lebenden Mitglieder der Familie Bronstein ist die jüdische Identität und damit verbunden die Bewältigung der familiengeschichtlichen Ereignisse während des Faschismus ein existenzielles Problem.

**Elle:**
Um die Tochter vor den Judenpogromen zu bewahren, hatten die Eltern Bronstein Elle während der Nazizeit gegen Geld einem mecklenburgischen Bauern zur Verwahrung gegeben. Doch offensichtlich trug das Mädchen von dieser Zeit so irreparable seelische Schäden davon, dass es in einer Irrenanstalt untergebracht werden musste. Die traumatischen Folgen ihres Versteckaufenthalts zeigen sich in Elles Anfällen, ihre Aggressionen könnten sich indirekt gegen die Menschen richten, von denen sie damals versteckt worden war *(Textstelle 1)*. Das Irrenhaus ist für sie der Schutzraum, in dem sie – außerhalb der Gesellschaft – ihre Traumata ausleben kann. Jedoch kann in diesem Raum und in diesem traumatisierten Zustand keine angemessene Aufarbeitung der Vergangenheit erfolgen. Daher ist es auch wenig verwunderlich, dass sich Elle auf die Seite des Vaters schlägt *(Textstelle 2)*, dem sie, da er auch ein Opfer ist, ideologisch nähersteht als dem erst nach dem Krieg geborenen Hans. Sie verfolgt wie der Vater eine »Auge-um-Auge«-Mentalität, die keine rationale Auseinandersetzung mit dem Faschismus und der eigenen Vergangenheit zulässt, sondern die ehemaligen Opfer zu Tätern macht und damit die Verbrechen fortsetzt.

**Hans:**
Hans schließt im Sinne eines demokratischen, an den Menschenrechten orientierten Denkens Selbstjustiz als Mittel des Rechts und der Vergangenheitsbewältigung aus *(Textstelle 1)*. Allerdings kann auch bei ihm keine adäquate Auseinandersetzung mit der Familiengeschichte stattfinden, weil der Vater die notwendige Erinnerungsarbeit nicht zulässt: *»Wir haben uns nie über das Thema unterhalten«* (S. 52), stellt Hans lakonisch fest. Um aber zu einer selbstbewussten jüdischen Identität zu gelangen, müsste sich Hans bewusst zur eigenen Familiengeschichte bekennen – und genau dies tut er nicht: *»Ich bin nicht der Sohn eines Opfers des Faschismus«* (S. 52, vgl. *Textstelle 2)*. Die Problematik dieses Verdrängungsprozesses wird an Hans' Beziehung zu Martha deutlich. Seine ablehnende Haltung gegenüber Marthas Filmrolle und seine Weigerung, sich mit der Vergangenheit auseinanderzusetzen *(Textstelle 3)*, führen zur endgültigen Entfremdung von Martha.

**Vater:**
Die Ablehnung der eigenen Opferrolle wie auch die mangelnde Bereitschaft, mit dem Sohn die leidvolle Vergangenheit zu diskutieren (*Textstelle 2*), rächt sich auf fatale Weise, als der Sohn zufällig vom Akt der Selbstjustiz gegen den ehemaligen KZ-Aufseher Kenntnis bekommt. Hans stellt diese brutale und menschenverachtende Art der Vergangenheitsbewältigung als primitive Rachehaltung infrage und schlägt eine Alternativlösung vor, nämlich den Aufseher anzuzeigen (*Textstelle 1*). Hans findet die Argumentation des Vaters nicht angemessen, wird hier doch ein gesellschaftspolitischer Grund (Mangel an Vertrauen in die Rechtsprechung) angeführt, um Machtmissbrauch und Gewaltanwendung zu rechtfertigen. Fatal ist dieses Begründungsmuster insbesondere in die-

sem Fall, weil sich die Opfer gerade jener Unterdrückungsmuster bedienen (Verhöre, Folter), unter denen sie selbst unsäglich gelitten haben. Die Tragödie von Vater Bronstein besteht nun darin, dass er als Opfer durch ungebremste Gewaltbereitschaft selbst zum Täter wird. Rationale Erinnerungsarbeit und echte Vergangenheitsbewältigung müssten jedoch zur Verhinderung jeglicher Gewaltherrschaft führen. Allerdings ist das persönliche Scheitern Arno Bronsteins nur zum Teil selbst verschuldet. Der Romantext dokumentiert auch eine Außensteuerung durch bestimmte Verhaltensmodi der Staatsmacht der DDR gegenüber der faschistischen Vergangenheit und der jüdischen Bevölkerungsgruppe (vgl. hierzu den Text von Katrin Hammerstein: *Deutsche Geschichtsbilder vom Nationalsozialismus,* S. 151–153).

## Das Problem des Icherzählers erfassen

Uwe Timms autobiografisches Werk *Am Beispiel meines Bruders* aus dem Jahr 2003 kann als Parallel- und Vergleichstext zu *Bronsteins Kinder* gelesen werden. Ein weiterer Vergleichstext ist Friedrich Christian Delius' Roman *Mein Jahr als Mörder.* Dieser Roman kann zusätzlich zu Uwe Timms *Am Beispiel meines Bruder*s oder alternativ im Unterricht eingesetzt werden.

[Materialien dazu finden sich unter **M 2–M 3.**]

**Aufgabe 1** (S. 145)
Die Probleme des Icherzählers/Uwe Timms konzentrieren sich auf drei Aspekte:

- Der Bruder war Soldat in der SS-Totenkopfdivision. Der Icherzähler fürchtet, durch intensive Recherche und Auseinandersetzung mit den Kriegstagebüchern des Bruders herauszufinden, dass dieser während des Kriegs an Gräueltaten beteiligt war.
- Leben und Tod des Bruders bestimmen auch nach dem Krieg den Familienalltag und wirken auf den Icherzähler, sodass dieser – als Zweitgeborener und Überlebender – immer im Schatten des großen Bruders steht. Die Eltern glorifizieren den toten Bruder, der Icherzähler kämpft unbewusst mit der Schuld, nicht wie der Bruder vorbildlich zu leben und heldenhaft gestorben zu sein.
- Die Eltern schweigen sich über die vergangenen Kriegsgräuel aus, auch eine mögliche Beteiligung des Bruders daran wird nicht besprochen. Dieses Verschweigen verhindert, dass der Icherzähler sich rational mit der Familiengeschichte und der Lebensgeschichte des älteren Bruders auseinandersetzen kann.

**Aufgabe 2** (S. 145)
**Parallelen:**
Aufarbeitung einer Familiengeschichte – Frage nach der eigenen Identität – Auseinandersetzung mit der NS-Zeit – Hinterfragung der »Gnade der späten Geburt« – Vater-Sohn-Konflikt und Liebesentzug, weil der Vater das andere Kind bevorzugt – Weigerung der Elterngeneration, sich mit der Vergangenheit zu beschäftigen und die eigene Rolle in und nach dem Krieg zu bedenken – Frage nach der moralischen Schuld des Vaters/der Eltern.
Die genannten Aspekte beziehen sich zum Teil auch auf die auf den Seiten 146–147 abgedruckten Textstellen.
**Unterschiede:**
Die Thematik »Judentum« spielt in *Am Beispiel meines Bruders* keine Rolle.

## Die Auseinandersetzung mit der Familiengeschichte untersuchen

**Aufgabe 1** (S. 147)
Die Aspekte von Uwe Timms Auseinandersetzung mit der Familiengeschichte und dem toten Bruder sind oben bereits erwähnt. Die Beschäftigung mit der Vergangenheit dient dem Autor und Icherzähler zunächst einmal der Klärung. Er möchte Klarheit über das Leben und Handeln des verstorbenen Bruders erlangen, um ihn zu verstehen. Er möchte Zweifel ausräumen und Fragen beantworten, auch wenn die Antworten möglicherweise unangenehm sind. Die Aufarbeitung der Lebenszeugnisse des Bruders bringt auch Klarheit über das Verhalten der Eltern, über ihr Verharren in ansozialisierten Rollen und Idealen, über die Frage nach ihrer Mitschuld an den Verbrechen des Zweiten Weltkriegs. Schließlich erhofft der Autor, daraus auch mehr Klarheit über sich selbst zu erlangen, über seine eigenen Lebenshaltungen und Rollen. Dies geschieht aus der Sicht eines schon gealterten Autors/Erzählers, der nicht nur auf das Leben seiner Familienmitglieder, sondern auch auf sein eigenes zurückblicken kann.

## Über die Funktion des Schreibens nachdenken

**Aufgaben 1 und 2** (S. 149/150)
Die beiden Aufgaben sind im Zusammenhang zu sehen. Die Texte auf S. 149 verstehen sich als Zusatzmaterial zum Interview mit Uwe Timm.
Das Schreiben wird in Zusatztexten als eine Möglichkeit der Erinnerungsarbeit (neben dem mündlichen Erzählen) und damit auch als eine Möglichkeit der Therapie bei traumatischen Erlebnissen bezeichnet. Autobiografisches Schreiben (und dies trifft auf alle drei fiktionalen Texte zu: *Bronsteins Kinder, Am Beispiel meines Bruders, Mein Jahr als Mörder*) hat also immer auch eine therapeutische Funktion.
Darüber hinaus ist das Schreiben ein Spiel mit dem Gedächtnis und mit der Erinnerung, da im autobiografischen Schreiben verschiedene Erinnerungsmöglichkeiten erprobt und gestaltet werden können.

Das erinnerte, autobiografisch motivierte Schreiben ist subjektiv, aber auch wertvoll für das kollektive Gedächtnis der Leser, insofern es private Einblicke in das Innere historischer Prozesse erlaubt. Damit trägt das Schreiben als Erinnerungsarbeit nicht nur für den Schreiber zur Identitätsfindung bei, sondern hinterfragt und verändert die kollektive Identität der Leser.

**Literaturtipp:**
Hannes Krauss: *Das Vergangene erzählen – Erinnerungsdiskurse nach 1989.*
In: Fabrizio Cambi (Hrsg.): *Gedächtnis und Identität. Die deutsche Literatur nach der Vereinigung.* Würzburg: Königshausen & Neumann 2008, S. 45–56.

### Vergangenheitsbewältigung in DDR und BRD vergleichen

**Aufgabe 3** (S. 153)
Der Text von Katrin Hammerstein stellt die mühsamen Bemühungen der beiden deutschen Staaten dar, sich mit der deutschen Geschichte von 1933–45 auseinanderzusetzen. Die unterschiedliche, ideologisch dominierte Qualität dieser Auseinandersetzung zeigt auch, dass es immer wieder gesellschaftlicher Anstrengung bedarf, um »wider das Vergessen« zu handeln und die deutsche Geschichte bewusst zu erinnern.
Mit diesem Text schließt sich auch der Baustein um die beiden behandelten Romane, *Bronsteins Kinder* von Jurek Becker und *Am Beispiel meines Bruders* von Uwe Timm. Einer der Texte spielt in der DDR und zeigt die Auseinandersetzung mit dem Faschismus in der DDR, der andere Text arbeitet eine westdeutsche Familiengeschichte auf. Beides sind sehr persönliche, autobiografisch geprägte Aufarbeitungen der Nazizeit, beide Autoren benutzen das Schreiben und Sicherinnern als eine Art Selbstklärung und Selbstheilung. Insofern stellt der Text über die Geschichtsbilder von BRD und DDR eine Ausweitung wie auch einen Abschluss der Romanbehandlung dar.

## Jugendliche Lebensentwürfe (154–163)

### Erzählanfänge vergleichen

**Aufgabe 2** (S. 155)
Inhaltsangaben zu den abgedruckten Romanen:

**Juli Zeh: Spieltrieb**
Ada, 14 Jahre, scharfsinnig, hochintelligent und eine der Protagonisten des Romans, kommt nach einem Schulverweis wegen sinnloser Gewalttätigkeit neu auf das Ernst-Bloch-Gymnasium in Bonn. Dieses und seine nähere Umgebung stellen fast durchgängig den Handlungsort des Romans dar.
Ada ist an ihrer neuen Schule eine Außenseiterin, eine Rolle, die sie bewusst verkörpert. Sie hält ihre Mitschüler für kindisch, dumm und stereotyp und knüpft daher nur vereinzelt von ihr beherrschte soziale Kontakte an, die eher destruktiv sind. In der Schule erbringt sie durchgehend, ohne sich anzustrengen, exzellente Leistungen. Auch auf dem Gebiet des Sportes leistet sie Hervorragendes. Vor dem Hintergrund eines durchdachten Nihilismus verneint sie die Existenz jeglicher grundlegender Werte und Autoritäten.
Ihr Alltag und ihre Apathie werden massiv erschüttert, als Alev, 18 Jahre, Halb-Ägypter, Viertel-Franzose, aufgewachsen in Deutschland, Österreich, Irak, den Vereinigten Staaten und Bosnien-Herzegowina, in ihre Klasse kommt. Er ist der zweite Protagonist des Romans, wie Ada Außenseiter, hochintelligent, jedoch zusätzlich Zyniker und Sadist. Zwischen Ada und Alev entwickelt sich eine elitäre Beziehung, die sich durch ein hohes Maß an Selbstreflexion, klarer Rollenverteilung und strategisch-spielerischem Handeln auszeichnet. Sie fußt auf der gemeinsamen Überzeugung der Nichtexistenz von Werten und der Scharfsinnigkeit, mit der beide ihre Umwelt sezieren, bloßstellen und demütigen.
Sie weist jedoch auch sexuelle Komponenten auf, und es lässt sich eine Sehnsucht nach Bindung und festen, Halt bietenden Elementen vermuten. Als ein solches erscheint beispielsweise der zynische und sarkastische Geschichtslehrer Höfi, mit denen sich beide, jenseits verbal-intellektueller Gedankenspiele, verbunden fühlen. Im Verlauf der Geschichte begeht dieser jedoch, unbeabsichtigt in Gegenwart von Ada, Suizid. Es stellt sich heraus, dass er in enger geistig-seelischer Gemeinschaft mit seiner todkranken Frau gelebt hatte und seine Ironie durchaus andere Wurzeln hatte als die Weltverachtung der beiden Jugendlichen.
Alevs Idee, die Anwendbarkeit der Spieltheorie zu überprüfen, gibt den Anstoß zu einer Interaktion, die den polnischen, sehr engagierten und beliebten Sportlehrer Smutek ins Blickfeld des Rezipienten rückt. Dieser wird von Ada exakt nach Alevs Spielplan zu sexuellen Handlungen verführt, von Alev fotografiert und schließlich mit dem Bildmaterial erpresst. Hauptziel ist dabei keineswegs die Erpressung von Geld oder Vorteilen, wenngleich dies ebenfalls vorkommt, sondern vielmehr die Entwicklung des Spieles zu erleben und zu sichern sowie die Berechenbarkeit des Einzelnen und kompletter sozialer Gefüge zu untersuchen. Alev nimmt dabei Bezug auf das sogenannte »Gefangenendilemma«, das die Interaktion zweier Gefangener beschreibt.
Mit Fortgang des Spieles entwickelt sich zwischen Ada und Smutek eine schwer zu klassifizierende positiv-emotionale Beziehung, die auch außerhalb des gesetzten Rahmens zunehmend Geltung beansprucht.

Das Spiel endet mit Smuteks gewaltsamer Auflehnung und leitet über zum juristischen Finale, das erstmals der Erzählerin des Romans, »der kalten Sophie«, wie auch Ada an einer Stelle genannt wird, eine wesentliche Rolle einräumt. Im nachfolgenden Strafprozess gegen Smutek und Alev ist sie die Richterin und lässt Ada als Zeugin wesentliche Überlegungen zu den Fragen von Gerechtigkeit, Schuld und Recht anstellen, äußert sich zudem über die eigene und abstrakte Zuständigkeit, Möglichkeit und Rechtfertigung des Auftrages zu richten. Ergebnis ist ein Urteil, das den Haupttäter Alev (»Luzifer«) und das Opfer, das zum Täter wird, bestraft, Ada als wichtige Beteiligte außen vor lässt. Recht und Gerechtigkeit erschließen sich hierdurch nicht. Jedoch beendet Zeh ihr Werk mit der Andeutung, dass eine Beziehung vielleicht möglich sein kann.
(Quelle: *www.wikipedia.de*, entnommen am 13. 5. 2009)

**Peter Stamm: Agnes**
Im überheizten Lesesaal der Public Library in Chicago wechseln sie die ersten Blicke, bei einem Kaffee die ersten Worte: er, ein Schweizer, der über amerikanische Luxuseisenbahnwagen recherchiert, sie, eine amerikanische Physikstudentin, die ihre Dissertation schreibt. Sie gehen zusammen essen, machen Ausflüge in die nahe gelegenen Wälder oder spazieren am Lake Michigan entlang. Eines Tages fordert die junge Frau ihn auf, eine Geschichte über sie zu schreiben, damit sie sieht, was er von ihr hält. Schnell zeigt sich, dass Bilder und Wirklichkeit sich nicht entsprechen – und dass die Fantasie immer mehr Macht über ihre Liebesbeziehung erhält.
(Quelle: *www.libri.de*, entnommen am 13. 5. 2009)

**Karen Duve: Taxi**
Eine ziellose Jugend, eine spießige Familie, eine frustrierende Ausbildung – da kommt die Annonce »Taxifahrerin gesucht« schon fast wie die Rettung schlechthin daher. Auch wenn Alex Herwig leider ein Gedächtnis wie ein Sieb hat. Trotzdem büffelt sie Straßennamen und Wegstrecken – und hat das Glück, auf einen extrem gnädigen Prüfer zu treffen. Bald sitzt sie zum ersten Mal im Wagen und schwitzt Blut und Wasser, weil sie die Straße nicht kennt, nach der ihr erster Fahrgast fragt. Und Alex wird – halb wider Willen – von einer Kollegenclique aufgesogen, die aus abgebrochenen Studenten, gescheiterten Künstlern, misanthropischen Gar-nicht-Akademikern und frauenfeindlichen Verklemmten besteht – bis sie Marco trifft, einen extrem kleingewachsenen, aber umso bestimmter agierenden jungen Mann... Karen Duve erzählt mit gewohnter Brillanz, Lakonie und Unbarmherzigkeit von einer jungen Frau, der das Leben nichts schenkt, die einen Beruf hat, in dem sie andauernd Leute trifft, denen das Leben erst recht nichts schenkt.
(Quelle: *www.hood.de*, entnommen am 13. 5. 2009)

**Siegfried Lenz: Schweigeminute**
Siegfried Lenz erzählt in *Schweigeminute* von einer unmöglichen Liebe, die nicht länger als einen Sommer dauert, aber den Protagonisten Christian für immer verändern wird.
Es ist ein Sommer vor langer Zeit, in einem kleinen Ort an der deutschen Küste. Die junge Lehrerin Stella Petersen kommt an das Gymnasium, in dem der bodenständige und zupackende Christian die Oberstufe besucht. Alle Schüler verehren die attraktive und sympathische Englischlehrerin.
Vor den Sommerferien kommen sich Christian und Stella näher und verleben eine kurze und sehr glückliche gemeinsame – und natürlich geheime – Zeit. Christian macht bereits Zukunftspläne, in denen Stella eine zentrale Rolle spielt. Aber Stella wird das Ende des Sommers nicht mehr erleben.
Die Gedenkfeier zu Stella Petersens tragischem Tod ist der erzählerische Ausgangspunkt dieser so feinsinnigen und klaren Geschichte. Während Christian seinen Schmerz mühsam unter Kontrolle zu halten versucht, lässt er die Zeit mit Stella Revue passieren.
Die allzu kurzen Begegnungen werden zu Erinnerungsikonen, eine von vornherein zum Scheitern verurteilte Liebesgeschichte, die sich gar nicht erst an den mit ihr verbundenen Widrigkeiten bewähren muss, zum Maßstab alles künftigen Glücks.
(Quelle: *www.amazon.de*, entnommen am 13. 5. 2009)

**Aufgabe 3** (S. 155)
Als Ergänzung oder Alternative zu den vorgeschlagenen Romanen bietet sich auch an: Christian Kracht, *Faserland*. München: Deutscher Taschenbuch Verlag 1995.

## Über Erzählanfänge reflektieren

**Aufgabe 1** (S. 156)
Platz 1 in der Kategorie »Erwachsene«:
Grass: *Der Butt* (»Ilsebill salzte nach.«)
Platz 2: Kafka: *Die Verwandlung* (»Als Gregor Samsa ...«)
Platz 3: Lenz: *Der Leseteufel* (»Hamilkar Schaß ...«)

Platz 1 in der Kategorie »Schüler«:
Paul Maar: *Neue Punkte für das Sams* (»Es war Mitternacht ...«)

Platz 3 in der Kategorie »Kinder und Jugendliche«:
Ildikó von Kürthy: *Blaue Wunder* (»Entweder mach ich mir Sorgen ...«)

*Link zu den Ergebnissen des Wettbewerbs:*
http://www.stiftunglesen.de/wettbewerbe/der_schoenste_erste_Satz (15. 10. 2008).

**Aufgabe 4** (S. 157)
Während die abgedruckten zeitgenössischen Erzählanfänge gleich inmitten eines Geschehens einsetzen und die Personen meist ohne große Vorinformation handelnd zeigen, setzt das Erzählen im Stil Fontanes oft mit ausführlichen Orts- oder Personenschilderungen ein, der Leser wird sehr langsam in die Geschichte eingeführt. Fontane konnte noch eine geschlossene Welt vorstellen. Aufgrund der Komplexität unserer Welt kann der moderne Erzähler so nicht mehr verfahren.
Als Kontrast zu Fontane wären auch Romananfänge der Moderne denkbar, die mit sehr spärlicher Figuren- und Ortszeichnung auskommen. Man denke etwa an Kafkas »strichmännchenhafte« Figurendarstellung und seine unmittelbaren Erzählanfänge, z. B. in *Der Proceß*: »*Jemand mußte Josef K. verleumdet haben, denn ohne daß er etwas Böses getan hätte, wurde er eines Morgens verhaftet*« (Franz Kafka: *Der Proceß*, Braunschweig: Schroedel 2009, S. 9).

## Die Beziehungen der Figuren untersuchen

**Aufgabe 1** (S. 159)
In allen vier Texten geht es um scheiternde Liebesbeziehungen. Die Gründe für das Scheitern allerdings sind vielfältig und unterschiedlich:

### Spieltrieb
Die 14-jährige Ada rechnet sich zu den »Urenkeln der Nihilisten«. Sie weiß mit moralischen Begriffen nichts mehr anzufangen und passt deshalb nicht in die traditionellen Urteilsschemata ihrer Lehrer und Eltern. Deshalb sind ihre Beziehungen stark intellektuell-rational und zumeist für beide Seiten frustrierend. Ihren kongenialen, aber diabolischen Konterpart findet Ada, als der Halbägypter Alev El Qamar an die Schule kommt. Auch er ist ein hochintelligenter Außenseiter und lädt seine Mitschülerin dazu ein, alles als ein Spiel zu sehen und dessen Regeln an einer von ihnen selbst geschaffenen Konstellation zu studieren. Als Opfer dieser Strategie wird der aus Polen stammende Deutsch- und Sportlehrer Smutek auserkoren. Die beiden Jugendlichen stellen dem sympathischen Lehrer eine Falle, und Alev schießt heimlich Fotos, als es zwischen Ada und Smutek in der Turnhalle zum Beischlaf kommt. Damit beginnt Adas und Alevs »Spiel«: Eine Erpressung schließt sich an, die Beteiligten fahren jeden Freitag mit ihrer Ménage à trois fort. Am Ende sehen sich alle vor Gericht wieder. Die Frage ist, welches Element der Mixtur aus Liebe, Gewalt und Nötigung zwischen den drei Beteiligten jeweils überwiegt. Neben allem intellektuellen Zynismus und Spieltrieb weisen Adas Beziehungen auch sexuelle Komponenten auf, und es lässt sich eine Sehnsucht nach Bindung und festen, Halt bietenden Elementen zumindest vermuten. Sie scheint am Ende des Romans ihren Halt gefunden zu haben, als sie ihr »Opfer« Smutek vor Gericht verteidigt und mit ihm zu einer Reise aufbricht.

### Agnes
Die Beziehung zwischen dem Icherzähler und dem Mädchen Agnes könnte eigentlich gelingen. Sie lernen sich kennen und lieben. Dann zieht sie bei ihm ein. Ein heiteres, einfaches Leben zeichnet sie aus, bis Agnes wissen möchte, warum er eigentlich nie einen Roman geschrieben hat. Sie fordert ihn auf, eine Erzählung über ihrer beider Geschichte zu schreiben. Schon beim Aufschreiben der Anfänge fällt ihm auf, dass sie sich an andere Dinge erinnern, andere Wertigkeiten setzen. Dann hat er in seiner Erzählung die Gegenwart erreicht, sie fangen an, die Geschichte vorauszuschreiben und nachzuleben. Es entwickelt sich eine Eigendynamik, die sie irgendwann nicht mehr aufhalten können. Die Aufgabe, die Geschichte über seine Beziehung zu seiner Geliebten aufzuschreiben, sich also auch in die andere Person einzufühlen, bringt den Erzähler und die Frau in einen unüberbrückbaren Zwiespalt. Die Grenzen zwischen Realität und Fiktion zerfließen, bis einer der beiden Protagonisten daran zerbricht.

### Taxi
Die Icherzählerin Alex Herwig weiß nach einer abgebrochenen Ausbildung zur Versicherungskauffrau nichts mit sich anzufangen und beginnt deshalb, Taxi zu fahren. Es braucht einige Zeit, bis sie feststellt, dass dies ihr Grundproblem nicht beseitigt, sondern nur verschiebt. Alex ist müde, müde vom Taxifahren und müde von dem Leben zu Hause in der Provinz. Sie ist eine halt- und willenlose junge Frau, die niemals positive Verstärkung ihres Selbstwertgefühls erfährt und daher alles nur über sich ergehen lässt. Das dominierende Gefühl der Leere kann für Alexandra auch durch die Clique der Taxifahrer und durch ihre Männerbeziehungen nicht kompensiert werden. Sie lässt sich aus lauter Trägheit auf eine Beziehung mit ihrem Kollegen Dietrich ein und hat darüber hinaus noch einige andere lose »Herrenbekanntschaften«, da sie sich eigentlich nicht binden will.
Der einzige Mann, dem sie etwas bedeutet und der ihr auch einigermaßen wichtig ist, ist ausgerechnet der kleinwüchsige Marco, zu dem sie aber vor ihrer Clique nicht stehen kann und der anstrengend ist, weil er unangenehme Wahrheiten sagt und sie zu Aktivität sowie zum Nachdenken zwingt. So bleiben die Bindungslosigkeit und Bindungsunfähigkeit der Icherzählerin bis zum Schluss bestehen.

### Schweigeminute
Die Novelle ist durchgängig aus der Perspektive des Schülers Christian erzählt. Er erinnert sich während der Trauerfeier an seine Lehrerin und Geliebte Stella, seine Beob-

achtungen in Bezug auf Stella sind geprägt von starken Gefühlen. Während der Icherzähler als der liebestrunkene Oberstufenschüler ganz in seinem Gefühl aufgeht und tief in seiner verklärten Welt gefangen ist, sogar Pläne für eine idealisierte und weltabgewandte Zukunft mit Stella schmiedet, spielt die Lehrerin ein undurchsichtiges Spiel. Einerseits lässt sie sich auf ein Verhältnis mit ihrem Schüler ein, dann wieder weist sie ihn zurück, sie gibt ihm nach und erst ganz am Ende gesteht sie ihm ihre Liebe. Dass die Liebesgeschichte unglücklich endet, ist von Anfang an klar, vielleicht auch für Stella, die mehr als einmal ein resigniertes »*Ach, Christian*« seufzt. Dass auch den Lehrerkollegen und den Eltern das Verhältnis nicht verborgen geblieben ist, lässt sich aus Andeutungen heraus vermuten. Die Normalität des bürgerlichen Lebens stellt sich letztendlich von allein wieder ein – durch Stellas Tod als äußerem Handlungselement motiviert.

### Über Lebensgefühl und Selbstverständnis der Figuren nachdenken

**Aufgabe 1** (S. 160)

- **Spieltrieb** lässt sich eindeutig in die Zeit nach 2000 einordnen. Der Roman nimmt sogar auf aktuelle Tagesereignisse Bezug, etwa auf den 11. September 2001.
- In **Agnes** werden keine zeitgeschichtlichen Ereignisse erwähnt, die Liebesgeschichte zwischen dem Icherzähler und der jungen Frau scheint zeitlos. Man könnte annehmen, dass der Roman etwa zeitgleich zu seiner Entstehungszeit spielt, allerdings ist Agnes dann keine typische Vertreterin der »Generation X«. Nimmt man zur Unterrichtseinheit allerdings den Roman **Faserland** von Christian Kracht hinzu, dann hat man einen Text, der in typischer (möglicherweise bewusst scharfer und kritischer) Weise die Jugendlichen der 90er-Jahre darstellt.
- **Taxi** spielt in den 80er-Jahren in Hamburg. Die erzählte Zeit umfasst einen Zeitraum von etwa 5 Jahren.
- **Schweigeminute** erzählt eine zeitlose Liebesgeschichte, die aufgrund einiger Hinweise wohl in den 70er-Jahren der alten BRD zu verankern ist (z. B. Es wird noch in DM bezahlt). Jedoch spielt die Zeitgeschichte keine Rolle für die Beziehungsgeschichte. Die beiden Protagonisten sind keine typischen Vertreter der Hippie-Generation, die Lehrerin Stella noch am ehesten, indem sie sich auf die Liebesbeziehung zu einem Schüler einlässt, allerdings reichen ihr Protest und ihre Selbstbestimmung nicht so weit, dass sie sich von einem bürgerlichen Alltag befreien wollte.

Am Abschluss der Einheit könnte eine Rezension der Texte durch die Schüler stehen.

[Ein Arbeitsblatt mit Rezensionsnotizen findet sich unter **M 4**.]

## 3 Ergänzungen und Vertiefungen

M 1

**Zitatsammlung:** Aussagen über Literatur

In diesem Zusatzmaterial stehen verschiedene Zitate über Literatur und das Lesen. Jeder Schüler erhält nach dem Zufallsprinzip ein Zitat, mit dem er sich auseinandersetzt und das er kurz vor der Klasse kommentiert und seine Leseerfahrungen damit vergleicht.

M 2

**Zusatztext:** Friedrich Christian Delius: *Mein Jahr als Mörder*

In diesem Roman aus dem Jahr 2006 erzählt der Icherzähler, wie er, durch eine Radionachricht aufgerüttelt, beschließt, einen ehemaligen Richter am Volksgerichtshof, der das Todesurteil gegen den Vater eines Freundes sprach, zu ermorden. Auch in diesem Roman geht es um die Auseinandersetzung eines jungen Icherzählers mit der Vergangenheit. Wie in *Bronsteins Kinder* werden die Fragen nach einer adäquaten Vergangenheitsbewältigung, nach der Rolle der Gewalt wie auch nach dem Umgang mit der Vätergeneration gestellt.

M 3

**Zusatztexte:** Formen des Widerstands

1. F. Chr. Delius: *Mein Jahr als Mörder*
2. Interview mit Rudi Dutschke
3. Ulrike Meinhof zum Thema Gewalt
4. Martin Luther King: *Rede bei der Verleihung des Friedensnobelpreises 1964*
5. Grundgesetz, Artikel 20

M 4

**Arbeitsblatt:** Kritiken aus dem Netz

1. Zu Juli Zeh: *Spieltrieb*
2. Zu Peter Stamm: *Agnes*
3. Zu Karen Duve: *Taxi*
4. Zu Siegfried Lenz: *Schweigeminute*

**M1**

## Zitatsammlung: Aussagen über Literatur

1. Bücher sind nicht Denkmäler der Vergangenheit, sondern Waffen der Gegenwart.
*(Heinrich Laube, dt. Schriftsteller)*

2. Die Zeit ist gekommen, Literatur nicht vom Standpunkt traditioneller ästhetischer Ideale aus zu beurteilen, sondern vor allem von der Höhe der aktuellen und brennenden Anforderungen des Tages her.
*(Tschingis Aitmatow, kirgis.-sowjet. Schriftsteller)*

3. Das literarische Deutschland von heute ist eine Schulklasse, in der jeder den Posten eines Lehrers erringen will.
*(Friedrich Sieburg, dt. Schriftsteller)*

4. Bei der Erwartung einer neuen deutschen Literatur ist man wie am Anfang eines Walzers: Man hört das Hm-ta-ta, Hm-ta-ta, und man fragt sich: Wann kommt denn nun endlich die Melodie?
*(Marcel Reich-Ranicki, poln.-dt. Literaturkritiker)*

5. Die Literatur ist der Ausdruck der Gesellschaft, wie das Wort der Ausdruck des Menschen ist.
*(Ambrose de Bonald, frz. Philosoph)*

6. Die Zeit von 1968 bis heute lässt sich nicht mehr unter einem prägenden Schlagwort zusammenfassen, wie noch vorangegangene Epochen. Es finden sich stattdessen gegenläufige Tendenzen, die geprägt sind von Reaktionen auf das Zeitgeschehen und dessen Verarbeitung sowie von Abgrenzungen und Weiterentwicklungen der verschiedenen literarischen Strömungen.
*(Andrea Fischer http://www.xlibris.de/Epochen/Gegenwart?page=0%2C0)*

7. Die deutsche Literatur ist einäugig. Das lachende Auge fehlt.
*(Erich Kästner, dt. Schriftsteller)*

8. Der aktuellen deutschsprachigen Literatur wird oft politische Indifferenz vorgeworfen sowie ein Kreisen um autobiografische Themen aus der Kindheit.
*(www.wikipedia.de)*

9. »Der Totstellreflex, der die deutschsprachigen Literaturprodukte weithin kennzeichnet, äußert sich in der praktizierten hemmungslosen Tabuisierung bestimmter »Wörter«, anstatt auf Wörter oder Sätze so lange draufzuschlagen, bis das in ihnen eingekapselte Leben (Dasein, einfach nur: Dasein) neu daraus aufspringt in Bildern, Vorstellungen ... «
*(Rolf Dieter Brinkmann/Ralf-Rainer Rygulla: Acid. Neue amerikanische Szene. März-Verlag 1969, S. 399.)*

10. Musik, Drogenkonsum, Reisen sowie die Verarbeitung sekundärer Lektüren aus den Bereichen Fernsehen, Musik, Internet, Popkultur im Allgemeinen oder aktueller Lifestyle finden Eingang in die literarischen Werke.
*(www.wikipedia.de)*

**M2**

**Aufgaben:** 1. Welche der drei Nachrichten könnte den Studenten Ihrer Meinung nach zu einem Mord veranlassen? Begründen Sie.
2. Arbeiten Sie Parallelen und Unterschiede zwischen *Mein Jahr als Mörder* und *Bronsteins Kinder* heraus.

## Mein Jahr als Mörder (2006) Friedrich Christian Delius

**Der Romananfang**

*Am Nikolaustag 1968 hört ein junger Berliner Student eine Nachricht im Radio, die sein Leben verändert:*

Es war an einem Nikolausabend, in der Dämmerstunde, als ich den Auftrag erhielt, ein Mörder zu werden. Von einer Minute auf die andere war ich, wenn auch flatternden Leichtsinns, einverstanden. Eine feste männliche Stimme aus der Luft, dem unendlichen Äther, stiftete mich an, kein Teufel, kein Gott, sondern ein Nachrichtensprecher, der seine Meldungen ablas und, wie auf einer zweiten Tonspur, mir die Aufforderung ins Ohr blies, [...] zu morden. Eine Stimme aus dem RIAS, dem Rundfunk im amerikanischen Sektor, noch dazu am Tag des heiligen Nikolaus – ich verstehe jeden, der mich oder den, der ich damals war, für verrückt hält, wenn ich heute den längst verjährten Mordanschlag gestehe.
Mein Geheimnis kennt niemand, die Polizei hat von den verborgenen kriminellen Trieben so wenig bemerkt wie meine besten Freunde, und da ich als stiller und friedlicher Mensch gelte, ist mein Schweigen beim Thema Mord und Gewalt nie verdächtig gewesen. Jetzt darf ich sprechen, das Geständnis ist fällig.[...]
Es kamen die Nachrichten, gewöhnliche Sätze im gewöhnlichen Nachrichtendeutsch, ich hörte nicht richtig zu, in mir die verschleppte Müdigkeit des grauen, nassen Dezembers. Das Zimmer war noch kühl, ein Kachelofen braucht seine Zeit, ich ließ mich wärmen von der Stimme des Sprechers, von dem vertrauten Bass, der sich im Dunkeln zur freien Stimme der freien Welt erhob. [...]
Wie alle Sender in Berlin war auch der amerikanische RIAS nicht frei von Propaganda, aber er hatte die besten Sprecher mit suggestiven, tief schwingenden Stimmen, männlich, schützend und entschieden wie die Schutzmacht selbst. Ich hörte mehr auf die markante Modulation des Basses als auf die Neuigkeiten, bis die routiniert dahingesprochene Meldung kam:

*1 Der Hilfsarbeiter Josef Bachmann schoss vor dem SDS-Büro am Kurfürstendamm dreimal auf den Studentenführer Rudi Dutschke. Er traf ihn zweimal in den Kopf, einmal in die linke Schulter. Dutschke erlitt lebensgefährliche Gehirnverletzungen und wird seit mehreren Stunden operiert.*

*2 Das Schwurgericht am Berliner Landgericht hat den früheren Richter am Volksgerichtshof, Hans-Joachim Rehse, vom Vorwurf des Mordes in sieben Fällen freigesprochen.*

*3 Eine junge Berliner Fotografin ist bei einem Aufenthalt in Mexiko tödlich verletzt worden. Auf einem Indiomarkt war ihr von drei Jungen die Kamera geraubt worden. Als die Deutsche ihnen nachlief, rammten sie ihr ein Messer in den Bauch. Drei Stunden später erlag die Fotografin ihren schweren Verletzungen.*

*(Aus: Friedrich Christian Delius: Mein Jahr als Mörder. Copyright © 2004 by Rowohlt Berlin Verlag GmbH, Berlin, S. 7.)*

**M3**

**Aufgaben:** 1. Fertigen Sie in Kleingruppen Kurzreferate zu folgenden Themen an und tragen Sie diese in der Klasse vor:
- Die Widerstandsgruppe um Robert Havemann und Georg Groscurth
- Roland Freisler und der Volksgerichtshof
- Rudi Dutschke und die deutsche Studentenbewegung der späten 60er-Jahre
- Martin Luther King und die amerikanische Bürgerrechtsbewegung
- Ulrike Meinhof und die RAF

2. Beschreiben Sie die Formen von Gewalt und Widerstand, die in den Kurzreferaten und in den Texten 1–4 genannt werden.
3. Diskutieren Sie, inwiefern Sie die Formen des Widerstands für gerechtfertigt halten. Beziehen Sie dabei Artikel 20 des Grundgesetzes ein.
4. Ist Gewalt ein legitimes Mittel in einem Rechtsstaat? Diskutieren Sie in diesem Zusammenhang die Mordpläne des Icherzählers von *Mein Jahr als Mörder* und die Gewalt, die der alte Bronstein und seine Freunde dem ehemaligen KZ-Aufseher in *Bronsteins Kinder* antun.

## Formen des Widerstands

### 1. »Man muss sich wehren, aber wie?«
(Aus: Fr. Chr. Delius: *Mein Jahr als Mörder*)

*Der Icherzähler aus »Mein Jahr als Mörder« plant den Mord am ehemaligen Nazirichter Hans-Joachim Rehse, weil dieser das Todesurteil über den Vater seines besten Freundes gesprochen hat und dafür selbst – über 20 Jahre später – freigesprochen wird.*

[...] Prompt schoss mir das entscheidende Bild in den Kopf: mein Freund Axel am Tisch der Mensa, neben uns die Zeitung, aufgeschlagen die Seite mit einer Überschrift zum beginnenden Prozess gegen diesen Richter, der am Volksgerichtshof mindestens 230 Todesurteile gefällt hatte. Sogleich stellte sich der Ton zu diesem Bild ein, der bittere, verächtliche Satz, den Axel hatte fallen lassen und der mich erst jetzt, im Bett, wie eine böse Erleuchtung traf: Der hat das Urteil für meinen Vater fabriziert, der und der Freisler.
Die dunkle Geschichte von Axels Vater, den die Nazis umgebracht hatten, weil er gegen die Nazis kämpfte, war schon durch meine kindliche Seele gegeistert. Der Vater, das wusste ich inzwischen, hatte mit Robert Havemann und anderen eine Widerstandsgruppe gebildet und war dafür 1944, noch vor dem 20. Juli, hingerichtet worden. Nun erst, tief in der Nikolausnacht, begriff ich: Der war es, der Georg Groscurth hatte köpfen lassen! Den Vater meines besten Freundes! Hand in Hand mit Roland Freisler! Und kommt ohne Strafe davon! [...]
Nun hörte ich nicht mehr die Stimme des Nachrichtensprechers, sondern meine eigne: Einer wird diesen Mörder ermorden, und das werd ich sein.
Kein besonders abwegiger Gedanke am Ende des Jahres, in dem Martin Luther King und Robert Kennedy ermordet wurden und beinah auch Rudi Dutschke, im Jahr der großen Massaker in Vietnam und Mexiko, im Jahr des Aufstands in Paris und des Widerstands in Prag gegen die russischen Panzer. Jeden Monat neue Verletzungen des Gerechtigkeitssinns, jeden Monat Wut und Erregung. Jedes dieser Dramen bestätigte den Wunsch nach Veränderung, Rebellion, Freiheit. Die Macht ist korrupt, ob in Moskau oder Washington oder Bonn oder Paris, die Repression richtet sich gnadenlos gegen jeden, der die schlichten Grundrechte verlangt. So einfach das Weltbild, so kompliziert war die Frage: Man muss sich wehren, aber wie?

*(Aus: Friedrich Christian Delius: Mein Jahr als Mörder. Copyright © 2004 by Rowohlt Berlin Verlag GmbH, Berlin)*

### 2. Interview mit Rudi Dutschke (10. 06. 1967)
Der Spiegel

SPIEGEL: [...] Ist das Werfen von Tomaten oder Rauchbomben auch eine Form der direkten Aktion?
DUTSCHKE: Tomaten und Rauchbomben sind ohnmächtige Mittel zum Zeichen des Protests, und nichts anderes. Niemand kann sich einbilden, dies sei ein Moment des wirksamen Protestes.
SPIEGEL: Sind Steine wirksamer?
DUTSCHKE: Eine systematische Provokation mit Steinen ist absurd. Steine als Mittel der Auseinandersetzung unterscheiden sich prinzipiell nicht von Tomaten. Tomaten sind ohnmächtig, Steine sind ohnmächtig. Sie können

nur begriffen werden als Vorformen wirklicher Auseinandersetzungen. [...]

SPIEGEL: Ihre Reden wurden gelegentlich wegen solcher Wendungen als versteckte Aufforderungen zur Anwendung von Gewalt gedeutet. Predigen Sie Gewalt?

DUTSCHKE: Aufruf zur Gewalt, zu Mord und Totschlag in den Metropolen hoch entwickelter Industrieländer – ich denke, das wäre falsch und geradezu konterrevolutionär. Denn in den Metropolen ist im Grunde kein Mensch mehr zu hassen. Die Regierenden an der Spitze – ein Kiesinger, Strauß oder was auch immer – sind bürokratische Charaktermasken, die ich ablehne und gegen die ich kämpfe, die ich aber nicht hassen kann wie einen Ky in Vietnam oder Duvalier in Haiti. [...]

SPIEGEL: Sie verneinen also Gewalt nicht grundsätzlich, sondern nur unter den obwaltenden Umständen?

DUTSCHKE: Ganz sicher wird niemand behaupten können, dass es überhaupt keine Gewalt innerhalb des Prozesses der Veränderung geben wird. Gewalt ist Konstituens der Herrschaft und damit auch von unserer Seite mit demonstrativer und provokatorischer Gegengewalt zu beantworten. Die Form bestimmt sich durch die Form der Auseinandersetzung. In Berlin hat sich die Gewalt auf Seiten der Senatsexekutive exemplarisch in der Erschießung von Benno Ohnesorg tatsächlich gezeigt. Wir können nun innerhalb dieser Auseinandersetzung nicht sagen: Greifen wir mal zu den Maschinengewehren und führen wir die letzte Schlacht. [...]

*(Aus: SPIEGEL 29/1967, S. 29.)*

### 3. Ulrike Meinhof zum Thema Gewalt (1968)

Protest ist, wenn ich sage, das und das passt mir nicht. Widerstand ist, wenn ich dafür sorge, dass das, was mir nicht passt, nicht länger geschieht [...] Die Grenze zwischen verbalem Protest und physischem Widerstand ist bei den Protesten gegen den Anschlag auf Rudi Dutschke in den Osterfeiertagen erstmals massenhaft [...] überschritten worden.

Stellen wir fest: Diejenigen, die von politischen Machtpositionen aus Steinwürfe und Brandstiftungen hier verurteilen, nicht aber die [...] Bomben auf Vietnam, nicht den Terror in Persien, nicht die Folter in Südafrika [...], deren Argumentation ist heuchlerisch.

*(Aus: konkret 5, 1968, S. 17)*

### 4. Rede bei der Verleihung des Friedensnobelpreises (10.12.1964, Oslo) Martin Luther King Jr.

Ihre Majestät, Ihre königliche Hoheit, Herr Präsident, Exzellenzen, meine Damen und Herren: Ich nehme den Friedensnobelpreis an zu einem Zeitpunkt, an dem 22 Millionen Neger der Vereinigten Staaten einen kreativen Kampf führen, um die lange Nacht der rassischen Ungerechtigkeit zu beenden. Ich nehme diese Auszeichnung im Namen einer Bürgerrechtsbewegung an, die entschlossen und mit erhabener Geringschätzung von Risiko und Gefahr dahin drängt, ein Reich der Freiheit und die Herrschaft der Gerechtigkeit zu errichten.

Ich tue das eingedenk dessen, dass erst gestern in Birmingham, Alabama, unseren Kindern, die nach Brüderlichkeit riefen, mit Wasserwerfern, knurrenden Hunden und sogar dem Tod begegnet wurde. Eingedenk dessen, dass erst gestern in Philadelphia, Mississippi, junge Menschen, die sich ihr Wahlrecht sichern wollten, misshandelt und ermordet wurden. Eingedenk dessen, dass schwächende und nagende Armut meinem Volk zu schaffen macht und es an die unterste Sprosse der ökonomischen Leiter kettet.

Deshalb muss ich fragen, warum dieser Preis einer Bewegung verliehen wird, die belagert wird und sich dem unerbittlichen Kampf verschrieben hat, und einer Bewegung, die den Frieden und die Brüderlichkeit noch nicht erreicht hat, die das Wesen des Nobelpreises ausmachen.

Nach reiflicher Überlegung komme ich zu dem Schluss, dass diese Auszeichnung, die ich im Namen dieser Bewegung entgegennehme, eine große Anerkennung der Tatsache ist, dass Gewaltlosigkeit die Antwort auf die zentralen politischen und moralischen Fragen unserer Zeit darstellt: die Notwendigkeit für die Menschheit, Unterdrückung und Gewalt zu überwinden, ohne auf Gewalt und Unterdrückung zurückzugreifen.

Zivilisation und Gewalt sind gegensätzliche Konzepte. Die Neger der Vereinigten Staaten haben in der Nachfolge der Menschen Indiens gezeigt, dass Gewaltlosigkeit nicht sterile Passivität bedeutet, sondern eine mächtige moralische Kraft darstellt, die soziale Veränderungen bewirkt. Früher oder später werden alle Menschen auf der Welt einen Weg finden müssen, in Frieden zusammenzuleben und dabei diese vorläufige kosmische Elegie in einen kreativen Psalm der Brüderlichkeit verwandeln. Wenn das erreicht werden soll, muss die Menschheit für alle menschlichen Konflikte eine Methode entwickeln, die Rache, Aggression und Vergeltung zurückweist. Das Fundament einer solchen Methode ist Liebe.

Die dornige Straße, die von Montgomery, Alabama, nach Oslo geführt hat, bezeugt diese Wahrheit, und es ist eine Straße, die Millionen Neger entlanggehen, um ein neues Verständnis von Würde zu finden. Dieselbe Straße hat allen Amerikanern eine neue Ära des Fortschritts und der

Hoffnung eröffnet. Sie hat zu einem neuen Bürgerrechtsgesetz geführt, und sie wird, davon bin ich überzeugt, verbreitert und verlängert werden in eine riesige Autobahn der Gerechtigkeit, wenn eine zunehmende Anzahl Schwarzer und Weißer Bündnisse eingehen, um ihre gemeinsamen Probleme zu überwinden. […]

*(Aus: TAZ, 30.09.2003, Quelle: http://www.taz.de/index.php?id=archivseite&dig=2003/09/13/a0245)*

**5. Grundgesetz, Artikel 20**

(1) Die Bundesrepublik Deutschland ist ein demokratischer und sozialer Bundesstaat.

(2) Alle Staatsgewalt geht vom Volke aus. Sie wird vom Volke in Wahlen und Abstimmungen und durch besondere Organe der Gesetzgebung, der vollziehenden Gewalt und der Rechtsprechung ausgeübt.

(3) Die Gesetzgebung ist an die verfassungsmäßige Ordnung, die vollziehende Gewalt und die Rechtsprechung sind an Gesetz und Recht gebunden.

(4) Gegen jeden, der es unternimmt, diese Ordnung zu beseitigen, haben alle Deutschen das Recht zum Widerstand, wenn andere Abhilfe nicht möglich ist.

M4

**Aufgaben:** 1. Diskutieren Sie mit Ihren Mitschülern, die den gleichen Roman wie Sie gelesen haben, über die Kritiken.
2. Verfassen Sie eine eigene Rezension für ein Online-Literaturforum.

## Kritiken aus dem Netz

### Spieltrieb

1 Perfekt strukturiert und hinreißend geschrieben, spannend von der ersten bis zur letzten Zeile, ist dieses Buch eine hochinteressante und brandaktuelle Auseinandersetzung mit der Welt, die Jugendliche heute vorfinden. Schon mit zehn haben sie alles gesehen, was es gibt an Kriegen, Sex, Liebe, Glück, Unglück, Pornografie, Gewalt, Folter, Mitleid, Heldentaten, Vergewaltigungen und vieles mehr. Desillusion ist die Folge. Wertewandel und Werteverlust sind nicht die richtigen Schlagworte dafür; Jugendliche werden seit mittlerweile mehreren Generationen in eine Welt hineingeboren, der die Werte permanent davonlaufen. Amoral und kriminelles Verhalten sind nur die Hotspots, an denen Juli Zeh das Interesse und die Betroffenheit ihrer Leser/-innen unfehlbar entzündet. Mehr noch als bei *Adler und Engel* führt sie uns hier viel näher an die Wurzeln des Übels heran, ohne Lamento, ohne Rührseligkeit, ganz nüchterne, coole Juristin. Die Fakten zählen. Hervorragend – und beängstigend.

2 All diese Figuren machen eigentlich wenig (wenigstens bis zur Buchmitte) als gestelztes Zeug zu labern und auf die anderen herabzublicken. Das erinnert ein wenig an den Zauberberg, nur dass es ein paar Klassen schlechter ist. Spannung, Glaubwürdigkeit, Fluss? Sind dabei leider verloren gegangen. Die für ein Buch entscheidende Identifikation mit den Figuren sowieso.
So funktionieren Romane nicht. Ein schönes Thema – leider völlig verschenkt.

*(Beide Texte aus: http://www.amazon.de/Spieltrieb-Juli-Zeh/dp/3442733693, 16.05.2009)*

### Agnes

1 [...] Ich hatte, bevor ich Agnes von Peter Stamm gelesen hatte, schon viel Lob über seine Erzählungen gelesen – und war, ehrlich gesagt, etwas skeptisch. Absolut zu unrecht! Ich habe mit dem allergrößten Vergnügen diesen schmalen Roman gelesen und darin viele kluge und interessante Bemerkungen gefunden. Eine ruhige, unspektakuläre Geschichte wird hier erzählt; von einer Liebe, die an den Vorstellungen, die man voreinander verbirgt, im Endeffekt scheitert.
Sehr, sehr lesenswert!

*(http://www.die-leselust.de/buch/stamm_peter_agnes.htm, 31.08.2008)*

2 Es ist ein schmales Bändchen, mit dem der Schweizer Autor Peter Stamm sein Debüt als Schriftsteller gibt. Vordergründig erzählt er eine wunderbare Liebesgeschichte zwischen einer amerikanischen Physikstudentin und einem jungen Journalisten, der Nachforschungen zu seinem Buch über Eisenbahnen betreibt.
Doch glückliche Liebesgeschichten sind nicht interessant, »denn Glück macht keine guten Geschichten«, meint Agnes, und so ermuntert sie ihren Freund, eine Erzählung über sie und ihre Liebe zu erfinden. Es geht nicht gut aus, denn immer mehr greift die erfundene Handlung in ihre Realität ein und bald verschwimmt für die beiden die Grenze zwischen Fiktion und Wirklichkeit.
Peter Stamm hat in seinem ersten Roman *Agnes* das gar nicht so leichte Kunststück fertiggebracht, einen gehaltvollen Inhalt durchsichtig schillernd und schwebend leicht wie eine Seifenblase zu verpacken – sehr zur Freude seiner Leser.

*(Manuela Haselberger, http://www.amazon.de, 31.08.2008)*

### Taxi

1 [...] Nun kann man sich nicht so recht vorstellen, wie man den Leser auf über 300 Seiten mit den Erlebnissen einer Taxifahrerin bei Leselaune hält und nicht langweilt. Doch Karen Duve vermag das scheinbar Gewöhnliche ungewöhnlich gut in Szene zu setzen. Ihr Erfolgsrezept: Man nehme einen oder mehrere Antihelden, auf jeden Fall einige skurrile, fast schon wieder realistische Protagonisten, eine liebevolle Prise Boshaftigkeit, kräftig gewürzt mit jeder Menge Humor und Selbstironie, lasse al-

les langsam köcheln und münde es in ein grotesk surreales Finale. [...]

**2** Ich habe mehr erhofft. Die Taxi-Anekdoten sind teils interessant, teils witzig, aber – was mich stört – es kommt keine rechte Nähe zu Alex auf. Eine Nähe, die mich mitreißt, mich mit der Protagonistin fühlen ließe, entstand nicht, sodass der Roman mich nicht überzeugen konnte. Der gesamte Roman hat eine düstere Stimmung, leicht depressiv, aussichtslos, monoton und nicht lebensbejahend. Wirkliche Tiefe kommt nicht auf, selbst die tiefergehenden Gedanken Alex' werden nur »dahingerotzt« und gut ist. Das Buch ist leider nichts, was einen bleibenden Eindruck bei mir hinterlässt. [...]

*(Beide Texte aus: http://www.amazon.de/Taxi-Karen-Duve/dp/3821809531/ref=sr_1_1?ie=UTF8&s=books&qid=1220212820&sr=1-1, 31.08.2008)*

**Schweigeminute**

**1** Auch wenn Siegfried Lenz eine unbestrittene schriftstellerische Größe ist, enttäuscht dieses Buch doch gewaltig. Die Geschichte – die Liebe eines Schülers zu seiner Englischlehrerin – plätschert nur so dahin. Höhepunkte und Spannung sind Fehlanzeige, die Charaktere der Protagonisten rasch ausgemacht. Es ist flüssig zu lesen, aber am Ende fragt man sich unweigerlich: Worum ging es überhaupt? Ein überaus blasses Buch.

**2** [...] Siegfried Lenz erzählt ohne großes Aufhebens so atmosphärisch, stimmig und sinnlich von authentischen Gefühlen zweier sehr unterschiedlicher Menschen. Ein stilles Meisterwerk, ein bleibendes Kleinod!

**3** [...] Man mutmaßt, es müsse in den Siebzigerjahren gewesen sein. War das wirklich die Zeit, in der die Eltern eines Achtzehnjährigen über dessen Liebesbeziehung zu einer Lehrerin hinwegsahen, in der die Klassenkameraden lediglich mit einem hämischen Tafelanschrieb reagierten und der Vater der Lehrerin sich über den jugendlichen Besuch für seine Tochter freute? Und wie soll man eine junge Lehrerin verstehen, die sich in eine solche Beziehung (soll man es wirklich Liebe nennen) hineinfallen lässt? Aufgrund der gewählten Erzählperspektive muss der Autor es uns nicht erklären.
So schwebt denn diese stilistisch großartige Novelle über den Zeiten und beschäftigt sich mit dem, was wir schon immer wussten, aber nicht noch einmal lesen wollten. Sie legt sich nicht fest, sie will die Probleme nicht sehen, die sich aus solchen Beziehungen ergeben, und endet viel zu früh (aber nicht tragisch), weil ein ahnungsloser Skipper die Segel falsch setzt. [...]

*(Alle Texte aus: http://www.amazon.de/review/product/3455042848/ref=-cm_cr_pr_hist_3?_encoding=UTF8&filterBy=addThreeStar, 31.08.2008)*

# Epochen im 19./20. Jahrhundert (S. 164–191)

Horst Spittler

## 1 Zielsetzung und Aufbau des Kapitels

Literaturepochen sind keine in der Wirklichkeit vorfindbare, sondern nachträglich von der Literaturwissenschaft konstruierte Einheiten, die das Kontinuum der Geschichte strukturieren und so fasslich machen sollen. Die schulische Beschäftigung mit Literaturepochen verfolgt das Ziel, literarische Werke der Vergangenheit in und aus dem historischen Zusammenhang verstehbar werden zu lassen. Dazu müssen immer auch andere kulturelle und historische Zeugnisse aus der jeweiligen Zeit in die Betrachtung einbezogen werden.

Literaturepochen sollten möglichst nicht isoliert behandelt, sondern von den Schülern in ihren diachronen und synchronen Bezügen erkundet werden. Das bedeutet für das 19. und den Anfang des 20. Jahrhunderts die Beschäftigung mit dem Realismus, dem Naturalismus und seinen Gegenströmungen (Symbolismus/Fin de Siècle) und dem Expressionismus. Um dem Missverständnis einer chronologischen Abfolge von Epochen zu wehren und Verständnis für die Gleichzeitigkeit des Ungleichzeitigen zu wecken, ist das Kapitel nach Problemen bzw. Themen gegliedert, die in diesen Epochen von zentraler Bedeutung sind; sie bilden zugleich die Abschnittsüberschriften des Kapitels:

- **Sozial- und Gesellschaftskritik**
- **Lebensraum Großstadt**
- **Faszination des Morbiden und Dekadenten**

Diese Konzentration im Sinne eines exemplarischen Unterrichts nötigt zum Verzicht auf weitere Aspekte der jeweiligen Epoche, für den Expressionismus etwa auf dessen Auseinandersetzung mit dem Ersten Weltkrieg oder den Vater-Sohn-Konflikt.

Die Vermittlung von Epochenwissen stellt ein didaktisches Problem dar, vor allem, wenn es nicht »totes« Wissen bleiben soll. Daher wird hier ein Weg beschritten, der zunächst die literarischen Werke ins Zentrum des Verstehens und Erkenntnisinteresses stellt, noch ohne ihren epochalen Bezug. Zunächst sollen die literarischen Werke gleichsam aus sich heraus verstanden werden, allerdings unter einer thematischen Perspektive (s. die genannten Themen), die mit Bedacht gewählt ist. Denn die Themenkomplexe implizieren sehr wohl von den Schülern zunächst noch unerkannte Epochenmerkmale. Diese werden erst am Schluss – nach der Analyse und Interpretation der poetischen Texte – zusammengestellt und sollen nun in einem zweiten Verstehensdurchgang auf die jeweiligen bestimmten Epochenströmungen zugehörigen Werke bezogen werden.

## 2 Aufgaben – Lösungen – Kommentare

### Den Epochenbegriff problematisieren

**Aufgabe 1** (S. 165)
Beide Texte bezeichnen Epochen als historische Gliederungsversuche, die zwei vergangene Zeiträume gegeneinander abgrenzen und daher immer erst im Rückblick festgelegt werden können. Literaturepochen fassen Werke eines bestimmten Zeitraums zusammen, die gemeinsame Merkmale aufweisen. Das lässt die Möglichkeit zeitgleicher Epochen zu.
Jede Epochenkonzeption ist angreifbar, da sie eine notwendige Abstraktion darstellt und kein einer bestimmten Epoche zugeordnetes Werk sämtliche epochenspezifische Merkmale enthält. Obwohl also keine Epochenbezeichnung jemals »ganz passen« kann, erleichtern Epochenbildungen das Verständnis der Literatur vergangener Zeiten.

## Sozial- und Gesellschaftskritik
(S. 166–175)

### Die Duell-Thematik diskutieren

**Aufgabe 1** (S. 167)
Bei der Gegenposition sollte versucht werden, nicht aus heutiger Sicht, sondern aus der damaligen Zeit heraus zu argumentieren. Dabei sind folgende Aspekte zu berücksichtigen:

- Innstetten ist bereit, seiner Frau zu verzeihen.
- Er lässt sich in seiner Entscheidung für das Duell nicht von Gefühlen leiten, weder »von Hass« gegenüber Crampas noch von seiner unveränderten Liebe für Effi.
- Wüllersdorf selbst weist auf die große zeitliche Distanz zu der Affäre hin.
- Innstetten nennt als Grund für das Duell »jenes ... uns tyrannisierende Gesellschafts-Etwas«, Wüllersdorf bezeichnet den »Ehrenkult«, dem das Duellieren verpflichtet ist, als »Götzendienst«. Diese negative Charakterisierung zeigt, dass beide gegen ihre innere Überzeugung handeln. Darin besteht das eigentlich Kritikwürdige.

Alternativ zu der Formulierung einer Gegenposition kann entsprechend Fontanes historischer Vorlage eine Gerichtsverhandlung gegen Innstetten inszeniert werden, die freilich ebenfalls die historische Perspektive einhalten muss.

### Historische Hintergründe kennenlernen

[Der Zusatztext **M 1** ergänzt die beiden Texte im Schülerband, S. 169.]

### Die sozialen Gegensätze herausarbeiten

**Aufgabe 1** (S. 172)
- Übersicht über die sozialen Gegensätze:

| 2. Akt | |
|---|---|
| *Sprache:* | Dialekt |
| *Bühnenbild:* | armselig eingerichtetes Stübchen |
| *Situation:* | hungernd, notleidend, bei der Arbeit |
| **4. Akt** | |
| *Sprache:* | Hochsprache |
| *Bühnenbild:* | »luxuriös ausgestatteter Raum« |
| *Situation:* | Kaffeetrinken, beim Spielen (Whist), Unterstützung des Fabrikanten durch den Pastor, Verständnis für die Weber bei dem Hauslehrer |

- vgl. den historischen Kontext *Industrielle Revolution* (Schülerband, S. 169): »Ausbeutung der Arbeitskraft, soziale Verelendung«

### Jimmys Botschaft erfassen

**Aufgabe 1** (S. 175)
Die Botschaft könnte lauten:
»Schließt euch, statt sinnlos gegen die Maschinen zu wüten, zu einem Arbeitsbund zusammen und kämpft gemeinsam dafür, dass nicht der Mammon und die Maschinen über den Menschen regieren, sondern umgekehrt der Mensch über die Maschinen und den Mammon. Kämpft für den Traum ›vom Land der werkverbundenen Menschheit‹.«
(›Veränderung der privatkapitalistischen Wirtschaftsordnung‹, ›genossenschaftliche Eigentumsverhältnisse‹)

**Aufgabe 2** (S. 175)
Tenor der Diskussion könnte sein, gegenüber der radikalsozialistischen Haltung Tollers die Differenziertheit heutiger sozialdemokratischer Überzeugungen zu betonen: etwa am Begriff der sozialen Gerechtigkeit.

**Aufgabe 3** (S. 175)
Fontane übt Kritik an der Haltung, sich gegen die eigene Überzeugung überholten gesellschaftlichen Ritualen zu unterwerfen, und zeigt dies am Beispiel der bürgerlichen Klasse.
Hauptmann stellt am Beispiel der Weber das soziale Elend der Arbeiterschaft als Folge der durch die Industrialisierung hervorgerufenen materiellen Kluft zwischen Arbeitern und Fabrikanten dar. Seine Sympathie liegt eindeutig auf Seiten der Weber.
Toller geht über Hauptmanns Zustandsbeschreibung hinaus und ruft in der Figur des Jimmy die Arbeiter auf, ihr Schicksal selbst in die Hand zu nehmen, durch ihren Zusammenschluss eine Gegenmacht zu der des Kapitals zu bilden.

[vgl. die ergänzenden Texte unter **M 2** und **M 3** zum Themenkomplex »Sozial- und Gesellschaftskritik«]

## Lebensraum Großstadt (S. 176–183)

### Wie die Großstadt Berlin dargestellt wird

**Aufgabe 1** (S. 177)
Während Bölsche den Eindruck großstädtischer Hektik vermittelt, zeigt Döblin, wie schutzlos die werktätigen Menschen der unteren Gesellschaftsschicht der winterlichen Witterung ausgesetzt sind im Gegensatz zu den »Drohnen« (= Angehörige der Oberschicht). »Die schlafen in ihren Federbetten und saugen uns aus.« Die in erlebter Rede bzw. innerem Monolog gestaltete Passage weist den indirekten Sprecher als Mitglied der Unterschicht aus.

### Den Umschlag in den Gedichten erfassen

**Aufgabe 1** (S. 179)
Zum Beispiel: keine besonders einladenden Städte, eher triste Stimmung, plötzlicher Wechsel

**Aufgabe 2** (S. 179)
In beiden Gedichten wird die nächtliche Stadt als abstoßend und hässlich empfunden (Rilke: »lauer Lappen«, »Feuermauer eines Hinterhauses«, »Schauer«; Hofmannsthal: »verstaubter Rand«, »Bretterwand«, »öder Wall von Lehm«, »öde Gruben Sand und Lehm/Und Disteln halb verdorrt«, »Schutt und Staub und Qualm«).
Im Gegensatz zu der irdischen Hässlichkeit steht die Pracht der himmlischen Gestirne (»Vollmond«, »Mond«, »Funken«, »Sterne«). Mit der Wendung des Blicks von unten nach oben vollzieht sich eine Wandlung vom Hässlichen zum Schönen, die bei Rilke durch eine erstaunliche Verwandlung bewirkt wird: aus Grau wird Weiß.

### Die Milieuschilderungen analysieren

**Aufgaben 1–3** (S. 181)
Man muss sich vorab bewusst machen, dass beide Genrebilder parteiisch sind: Das Verhalten der Oberschichtfamilie wird mit Spott bedacht, dem Schicksal der Unterschichtfamilie Anteilnahme entgegengebracht.
In beiden Gedichten geht es um die Krankheit der Frau, in beiden bildet das letzte, durch einen Gedankenstrich abgesetzte und dadurch besonders betonte Wort die Schlusspointe – spöttisch im ersten, anteilnehmend im zweiten. Einige Entsprechungen, die das unterschiedliche Milieu kennzeichnen, lassen sich direkt einander gegenüberstellen:

| Ein Bild | Ein Andres |
|---|---|
| ▸ Haus mit »Portal«, »Säulen aus Granit«, »Piedestal«<br>▸ »Treppenhaus«<br>▸ »einer Ampel rötliches Geflimmer«<br>▸ »Hausarzt«<br>▸ mit Stroh bestreuter Straßendamm | ▸ »letztes Stockwerk einer Mietskaserne«<br>▸ »fünf wurmzernagte Stiegen«<br>▸ das Fenster durch ein Brett vernagelt<br>▸ »Armenhilfsarzt«<br>▸ strohgestopftes Bett |

Den schärfsten Gegensatz bilden die übertriebene Rücksichtnahme und der übertriebene Aufwand angesichts einer harmlosen Migräne in dem einen und der Tod einer dreifachen Mutter aufgrund von Mittellosigkeit und zu später medizinischer Hilfe in dem anderen Gedicht.

### Zwei Gedichte vergleichen

**Aufgabe 1** (S. 183)
Interessante Aspekte für die Besprechung der Schülerarbeiten sind etwa:
- Farbgebung bzw. Schwarz-Weiß-Zeichnung
- Wahl der Perspektive
- abstrakt bzw. eher gegenständlich
- Aufschluss der Bilder über das Textverständnis
- ...

**Aufgabe 2** (S. 183)
In Heyms Gedicht gehen Konkretes und Abstraktes eine merkwürdige Verbindung ein, die dessen bildliche Umsetzung nicht eben erleichtert. Paradoxerweise führt gerade die Personifizierung des Gottes der Stadt zu einer gewissen Abstraktheit. Wenn von ihm gesagt wird, »Auf einem Häuserblock sitzt er breit«, so wird durch diese Pose das Lauernde, Drohende und Bedrückende, das von diesem Gott ausgeht, vermittelt und keineswegs eine Veranschaulichung erreicht. Noch deutlicher wird dies in den drei Zeilen, in denen mithilfe meteorologischer Ereignisse und Begriffe das Haupt des Gottes »beschrieben« wird:

»Die Winde lagern schwarz um seine Stirn.«
»Das Wetter schwelt in seinen Augenbrauen.«
»Die Stürme flattern ... von seinem Haupthaar.«

Diese Bilder vermitteln den Eindruck von der Fürchterlichkeit und der Überdimensionalität des Gottes der Stadt, der gerade in seiner konkreten Körperlichkeit unfassbar bleibt. Ihm wird gehuldigt, obwohl er grausam und unberechenbar ist, ein wahrer Moloch, der als »Dank« für die ihm zuteilgewordene Ehrerweisung in einem völlig kontingenten Willkürakt eine ganze Straße durch »ein Meer von Feuer« zerstört. Offenbar aber erscheint der Gott der Stadt ähnlich wie der Krieg in Heyms gleichnamigen Gedicht nicht trotz, sondern gerade wegen seiner Tyrannei und zerstörerischen Gewalt anbetungswürdig. So findet in diesem Gedicht mit der religiösen Hypostasierung des Schrecklichen die von vielen Expressionisten geteilte ambivalente Einstellung zur Großstadt ihren Ausdruck.

Storms Gedicht besitzt nicht die Bedeutungsschwere; trotz der Nebel, die ›die Dächer schwer drücken‹, vermittelt es den Eindruck von Glücklichsein: das lyrische Ich (= Storm) liebt die Stadt.

**Aufgabe 4** (S. 183)
Rilke und Hofmannsthal versuchen, der Hässlichkeit der Großstadt zu entfliehen, sie nicht wahrnehmen zu müssen, indem das Hässliche entweder durch eine wundersame Verwandlung ästhetisiert wird (Rilke) oder indem man den Blick auf den prachtvollen Sternenhimmel über sich richtet, der all den Schmutz der Stadt vergessen macht (Hofmannsthal).
Holz lenkt den Blick vor allem auf die negativen Begleiterscheinungen, die das Anwachsen der Städte mit sich bringt: die soziale Verelendung und die Diskrepanz zwischen Arm und Reich. Heyms Einstellung zur Großstadt ist durch Ambivalenz gekennzeichnet. Er fühlt sich von ihr gleichermaßen abgestoßen und angezogen, er empfindet für sie Abscheu und Faszination zugleich.

[s. dazu den Zusatztext **M 4**]

## Faszination des Morbiden und Dekadenten (S. 184–189)

### Das Krankheitsbild der Figur beschreiben

**Aufgabe 1** (S. 185)
Der versehentlich oder zu Unrecht aus der Anstalt entlassene Irre hält bezeichnender Weise nicht sich, sondern die Menschen seiner Umgebung für wahnsinnig; er gibt nicht sich und seinem Verhalten die Schuld daran, in die Anstalt eingewiesen worden zu sein, sondern seiner Frau. Damit verkehrt er die Rollen von Opfer und Täter. In seinen Augen hat nicht er Böses getan, sondern alle in der Anstalt Beschäftigten wollen ihm und den anderen Insassen Böses antun. Deshalb fühlt er sich berechtigt, an seiner Frau und sogar an ihm völlig fremden Menschen Rache zu nehmen.

**Aufgabe 2** (S. 185)
Beide Figuren leiden unter einem für die Paranoia typischen Verfolgungswahn und handeln unter einem inneren Zwang. Sie fühlen sich von ihrer Umwelt verachtet.

## Redeweise und Verhalten Thienwiebels erfassen

**Aufgabe 1** (S. 187)
Thienwiebel hält sich für ein verkanntes Schauspielergenie und die Verhältnisse, in denen er leben muss, seiner unwürdig. Er versetzt sich in die Titelfigur von Shakespeares *Hamlet* und versucht, diese Rolle auf sein armseliges Leben zu übertragen, um es so erträglich zu machen. Ob er sich der Vertauschung von Wirklichkeit und Fiktion bewusst bleibt oder allmählich in Schizophrenie verfällt, ist anhand der abgedruckten Textpassage nicht abschließend zu entscheiden. Sein weiteres Verhalten spricht allerdings dafür.

**Aufgabe 2** (S. 187)
Folgende Gedanken könnte sich der Psychotherapeut machen: Eine entscheidende Rolle spielt die Unzufriedenheit mit seiner Lebenssituation, aber auch seine Selbstüberschätzung; Thienwiebel müsste also lernen, sich der Realität zu stellen und sie anzunehmen, anstatt zu versuchen, in eine Scheinwelt auszuweichen.

## Aschenbachs innere Einstellung skizzieren

**Aufgabe 1** (S. 189)
Der Dialog könnte so ablaufen:

TADZIO: Wie können Sie im Ernst erwarten, dass wir jetzt, da Sie uns auf die Todesgefahr, in der wir schweben, hingewiesen haben, noch eine Minute länger in Venedig bleiben?
ASCHENBACH: Spürst du denn nicht das Einzigartige, Berauschende dieses Augenblicks: Zeuge zu sein, wenn diese Stadt in Chaos versinkt? Wir beide, der gefeierte Künstler und der schöne Jüngling, sind vom Schicksal auserwählt, dies gemeinsam zu erleben.
TADZIO: Vielen Dank! Aber ich teile Ihre Todessehnsucht nicht. Ich bin jung und will leben!

**Aufgabe 2** (S. 189)
Die Nachricht von der Choleraepidemie verursacht Aschenbach zwar »einen Geschmack von Ekel«, aber ruft bei ihm zugleich ein Triumphgefühl hervor. Diese ambivalente Reaktion bringt das Oxymeron »fantastisches Grauen« prägnant zum Ausdruck. Nicht einen Gedanken verschwendet Aschenbach an eine sofortige Abreise. Wohl ist er sich seiner moralischen Pflicht bewusst, die polnische Familie zu informieren. Doch sein Verlangen nach einem ekstatischen Erlebnis ist stärker. Er entscheidet sich gegen die Rückkehr ins Gewohnte und Gewöhnliche und für Erwartungen und »Hoffnungen, unfassbar, die Vernunft überschreitend und von ungeheurer Süßigkeit«, entscheidet sich gegen »Kunst und Tugend« und für das »Chaos«. »Das Bewusstsein ... seiner Mitschuld« versetzt ihn, anstatt sein Gewissen zu belasten, in einen Rauschzustand.

**Aufgabe 3** (S. 189)
Aschenbach ist ein erfolgreicher und gefeierter Schriftsteller von ausgeprägter Sensibilität. Er ist an einen Punkt gelangt, wo er seines Erfolges und seines gleichförmigen und reglementierten Lebens überdrüssig geworden ist. Die homoerotische Neigung zu Tadzio ist ein erster Fluchtversuch daraus. Die Choleraepidemie nun bietet die ultimative Gelegenheit zu einem ekstatisch-chaotischen Untergang. – Thienwiebel hält sich für ein verkanntes Schauspielergenie und flüchtet in eine fiktive Welt.

**Aufgabe 4** (S. 189)
Der Text stellt einen Bezug zwischen der Novelle und ihrem Autor her. Das Schicksal der Figur Aschenbach spiegelt die Angst ihres Schöpfers wider, vor dem »dekadenten Versagen ... dieser schöpferischen Energien«. Aschenbachs Entscheidung für den ekstatisch-chaotischen Untergang wäre dann als eine »grundsätzliche Infragestellung der künstlerischen Existenz« zu begreifen.

**Aufgabe 5** (S. 189)
Der Ausdruck dekadent lässt sich auf den Irren und auf Thienwiebel insofern anwenden, als bei dem ersten ein geistiger Verfall eingetreten ist und bei dem zweiten im Begriffe steht einzutreten. Demgegenüber ist die Dekadenz Aschenbachs nicht Ausdruck eines mentalen Defizits, sondern eine bewusste intellektuelle Haltung. Das Morbide könnte man als Endpunkt der Dekadenz bezeichnen und trifft auf die drei Figuren insofern zu, als alle drei Novellen mit dem Tod ihres Protagonisten enden. Bemerkenswert ist das auffällig häufige Interesse vieler Autoren der Jahrhundertwende am Morbiden.

[s. dazu die Zusatztexte **M 5** und **M 6**]

## Was Sie an Wissen und Kompetenzen erlangen müssen (S. 190–191)

### Epochenwissen anwenden

**Aufgabe 1** (S. 191)

Fontane: *Effi Briest:* z. B. gesellschaftskritische Haltung (sich gegen die eigene Überzeugung überholten gesellschaftlichen Ritualen unterwerfen) in einer distanziert-humorvollen bis ironischen Erzählweise

Hauptmann: *Die Weber:* z. B. Darstellung der sozialen Verhältnisse (Bühnenbild, Requisiten), Annäherung an das natürliche Sprechen (Dialekt), Empathie mit sozialen Außenseitern (Sympathie des Autors mit den Webern)

Holz: *Ein Bild/Ein Andres:* z. B. empathische bzw. ironische, d. h. distanzierte Darstellung unterschiedlicher sozialer Milieus (soziales Elend der Unterschicht bzw. hypersensibles Verhalten der Oberschicht)

Holz/Schlaf: *Papa Hamlet:* z. B. weitgehende Zurücknahme der Erzählerrolle, eher Empathie für Außenseiter

Rilke: *Städtische Sommernacht:* z. B. autonome Welt des schönen Scheins, Ästhetisierung des Hässlichen

Hofmannsthal: Der Spaziergang: z. B. imaginierte Sinneseindrücke (Flucht ins Ästhetische)

Th. Mann: *Der Tod in Venedig:* z. B. überfeinerte Kultur, Verfall (Décadence)

Toller: *Die Maschinenstürmer:* z. B. visionäre Sicht einer besseren Welt (Jimmys Botschaft), innerlich geschaute Wahrheit (»Schaut in euch hinein, Brüder!«) pathetischer Sprachstil (Jimmys Rede)

Heym: *Der Gott der Stadt:* z. B. ambivalente Großstadterfahrung, Montage kühner Metaphern (»der Glutqualm braust«)

# 3 Ergänzungen und Vertiefungen

**M 1**

**Zusatztext:** Theodor Schieder: *Perspektiven der europäischen Kultur im Übergang vom 19. zum 20. Jahrhundert*

Der Text ergänzt den Blick auf die wirtschafts- und gesellschaftspolitischen Wandlungen, die die beiden Materialien im Schülerband S. 169 darstellen, indem er v. a. Psychoanalyse, Philosophie und Physik in den Blick nimmt. So entsteht das Bild von einer Zeit der Umwandlungen und Umwertungen, die weit über die Literatur hinausgehen.

**M 2**

**Zusatztexte:** Aufführung der Weber 1894 in Berlin und 2004 in Dresden

**M 3**

**Zusatztext:** Georg Kaiser: *Gas II*

In seinen drei Dramen »Koralle«, »Gas I« und »Gas II« stellt Kaiser das Schicksal einer Industriellendynastie über mehrere Generationen hinweg dar. Aus dem letzten Nachkommen des Werkgründers und Milliardärs ist der »Milliardärarbeiter« geworden, das Werk enteignet und in staatliche Zwangsverwaltung überführt worden. Unter der Leitung der »Blaufiguren« produziert es Gas nur noch für Rüstungszwecke.

**M 4**

**Zusatztext:** Oskar Loerke: *Blauer Abend in Berlin*

Die Schüler können Argumente für die Zuordnung zum Symbolismus (euphemistische Metaphorik, positive Farbgebung) oder Expressionismus (einerseits Verklärung der Stadt, andererseits negative Sicht der Rolle der Menschen in ihr) anführen.

**M 5**

**Zusatztext:** Alfred Döblin: *Die Ermordung einer Butterblume*

Der Text beschreibt das langsame Abgleiten eines vielleicht etwas sonderbaren, aber zunächst völlig normalen und gut situierten Geschäftsmanns in Wahnvorstellungen. An dem Text können die Schüler Übereinstimmungen und Unterschiede zu den Texten *Der Irre* und zu *Papa Hamlet* herausarbeiten.

**M 6**

**Zusatztext:** Thomas Mann: *Tristan*

Spinells Brief erzählt »die Geschichte Gabriele Eckhofs«, in deren »letzten Äußerungen ... der Kunst« er die »Todesschönheit«, die »Verklärung des Verfalls, der Auflösung und des Verlöschens« manifestiert sieht. Das »triumphierende Leben« bezeichnet er als »Todfeind der Schönheit« und der Kunst. *Tristan* zählt wie *Der Tod in Venedig* zu Thomas Manns Künstlernovellen.

**M1**

**Aufgaben:** 1. Beschreiben Sie die Rolle, die Friedrich Nietzsche in diesem Text zugeschrieben wird.
2. Stellen Sie eine Tabelle zusammen, in der Sie aufführen, in welchen Bereichen sich um 1900 Wandlungen vollzogen haben und wie diese Wandlungen ausgesehen haben.
3. Ergänzen Sie die Tabelle mithilfe der beiden Texte im Buch S. 169.

# Perspektiven der europäischen Kultur im Übergang vom 19. zum 20. Jahrhundert

Theodor Schieder

Nietzsche zeichnete zuerst ... im »Zarathustra« die Umrisse einer großen Philosophie, die eine »Umwertung aller Werte« anstrebte, wie er sie zuletzt noch im »Willen zur Macht« versuchte. Aber ihre positiven Elemente wie die Lehre vom Übermenschen oder von der ewigen Wiederkehr treten historisch gesehen zurück hinter einem bis ins Ungeheuerliche gesteigerten Krisenbewusstsein, das für den Philosophen in dem Wort gipfelt, »der erste vollkommene Nihilist Europas« zu sein. »Was ich erzähle, ist die Geschichte der nächsten zwei Jahrhunderte. Ich beschreibe, was kommt, was nicht mehr anders kommen kann: die Heraufkunft des Nihilismus. Diese Geschichte kann jetzt schon erzählt werden: Denn die Notwendigkeit selbst ist hier am Werke. Diese Zukunft redet schon in hundert Zeichen, dieses Schicksal kündigt überall sich an; für diese Musik der Zukunft sind alle Ohren bereits gespitzt. Unsere ganze europäische Kultur bewegt sich seit Langem schon mit einer Tortur der Spannung, die von Jahrzehnt zu Jahrzehnt wächst, wie auf eine Katastrophe los: unruhig, gewaltsam, überstürzt: wie ein Strom, der ans Ende will, der sich nicht mehr besinnt, der Furcht davor hat, sich zu besinnen.«

Solche Sätze sind im Hinblick auf die folgenden Ereignisse in der europäischen Geschichte meist auf die politischen Umbrüche und revolutionären Erschütterungen in Europa bezogen worden, was durch den Gang der geschichtlichen Entwicklung nahegelegt wurde, aber man muss sich bei ihnen auch an die am Ausgang der Lebensbahn des Philosophen Nietzsche unmittelbar bevorstehenden Revolutionen im Denken, in der Wissenschaft und Kunst erinnern, in denen sich die proklamierte Umwertung aller Werte zuerst durchgesetzt hat. Diese unklare Ahnung, die Nietzsche von der Zukunft besaß und die er mehr im Negativen seiner Vorstellung des Nihilismus als in neuen Werten umreißen konnte, macht klareren Bildern Platz, sobald man sich den fundamentalen Veränderungen zuwendet, die sich in der europäischen Kultur seit der Jahrhundertwende, die genau mit dem Tode Nietzsches zusammenfällt, vollzogen haben, in der gleichen Zeit, in der die großen geistigen und künstlerischen Bewegungen des zu Ende gehenden Jahrhunderts noch einmal eine Spätblüte erlebten. [...]

Die mit dem neuen Jahrhundert einsetzende Kunstrevolution, die in ihrer Weise eine Form der von Nietzsche geforderten Umwertung aller Werte gewesen ist, ist nun undenkbar ohne die großen Umwälzungen in den Naturwissenschaften, die in die gleichen Jahre fallen. Ganz unmittelbar ist dieser Zusammenhang bei der Psychoanalyse Sigmund Freuds (1856–1939) und deren Rückgriff auf das Unbewusste, die Libido als die eigentliche über die menschliche Seele herrschende Macht. Freud hat die Psychoanalyse seit 1900 entwickelt und in ihr die wissenschaftliche Ratio auf den Irrationalismus angewandt, der in der Zeit als die große Gegenkraft gegen alle rationalistisch verfahrenden und dem Rationalismus eine dominierende Rolle zuweisenden Strömungen erschien. Die rationale Diagnose des Nichtrationalen war es, die bei allen ihren Einseitigkeiten ihre Faszination auf Schriftsteller und Dichter wie Th. Mann, Kafka, James Joyce oder Marcel Proust ausübte, die alle das Rätsel der menschlichen Psyche neu zu deuten suchten.

Aber das Ringen um eine Bestimmung der Wirklichkeit, wie es in der neuen Kunst erschien, wurde auch durch die Veränderungen beeinflusst, die in den exakten Naturwissenschaften, voran der Physik, im gleichen Zeitpunkt eingetreten waren. Die Wirkung der neuen physikalischen Erkenntnisse namentlich auf die Malergeneration nach 1900 ist direkt bezeugt. Es kann nicht die Aufgabe dieses Abrisses sein und ginge über das Vermögen des Verfassers hinaus, zu entwickeln, worin diese Erkenntnisse im Einzelnen bestanden, es soll nur gefragt werden, wie sie sich in Zusammenhang mit der allgemeinen geistigen Entwicklung an der Schwelle des neuen Jahrhunderts bringen lassen. Seit der Formulierung der sogenannten Quantentheorie durch Max Planck im Jahre 1900, des »Grundsteins für die neuartige physikalische Denkweise« (W. Gerlach), löste sich die Vorstellung von der Einheit der Materie auf und bildete sich die physikalische Atomistik mit ihren Anschauungen von den Atomen und ihrem Aufbau heraus. Weitere Marksteine auf diesem Wege werden durch Ernest Rutherford (1871–1937) und Niels Bohr (1885–1962) gesetzt; Rutherford bestimmte im Jahre 1911 das Atommodell in der Zusammensetzung aus einem Kern und Elektronen. Niels Bohr kombinierte damit 1913 die Planck'sche These des Wirkungsquantums und schuf die Basis der Atomtheorie im modernen Sinne. Nimmt man zu diesen Entscheidungen noch das Erscheinen von Albert Einsteins (1879–1955) spezieller Relativitätstheorie im Jahre 1905, in der zum ersten Mal die Begriffe von Raum und Zeit der klassischen Mechanik infrage gestellt und die Lehre vom »vierdimensionalen raumzeitlichen Kontinuum« aufgestellt wurde, so vervollständigt sich das Bild von der modernen Physik, deren Grundlagen vor dem I. Weltkrieg ebenso gelegt waren wie in der gleichen Zeit die Grundlagen der modernen Kunst. Sie ist wie diese ein Werk des europäischen Geistes in seiner Gesamtheit ohne nationale Präferenzen oder Prioritäten irgendwelcher Art, vielleicht sein für die Zukunft der Menschheit bedeutsamstes und folgenreichstes Werk. Was Kunst und Wissenschaft verbindet, ist ein verändertes, differenzierteres Verhältnis zu dem, was als Wirklichkeit noch im 19. Jh. in viel unproblematischerem Sinne bezeichnet wurde und sich jetzt in ein Geflecht höchst dynamischer Kräfte verwandelte. Nicht mehr mit absoluter Sicherheit konnten auch die exakten Wissenschaften von Gesetz und Gesetzmäßigkeit sprechen, höchstens noch von einer statistisch zu erfassenden Wahrscheinlichkeit. Auf einem anderen Blatte steht es, dass »die Wissenschaft, vorsätzlich von Metaphysik und Philosophie geschieden«, »den Menschen nicht länger mit Grundlagen« versorgte, »auf denen er bauen konnte, oder mit Wegweisern, die seine Schritte lenkten«. Der europäische Geist ging in die Ära der großen Prüfungen und Erschütterungen nicht mehr im Vollgefühl einer unerschütterlichen Sicherheit, die ihm sein Wissen und seine Wissenschaften verliehen, sondern angeregt von dem Zweifel, ob dieses Wissen ausreichen würde, ihm einen festen Grund für seine politischen, seine ethischen Entscheidungen zu bieten. Wohl waren sich Natur- und Geisteswissenschaften nähergekommen in einer größeren Bescheidenheit und Skepsis gegenüber allen Hoffnungen auf ein »absolutes Wissen«, und auch ihre Methoden begannen stärker zu konvergieren, ohne dass dies schon überall bewusst geworden war, aber gemeinsam war ihnen auch die enttäuschte Hoffnung, »ihre richtungweisende Stellung in menschlichen Dingen wiederherzustellen«. [...]

*(Aus: Theodor Schieder: Handbuch der europäischen Geschichte. Bd. 6: Europa im Zeitalter der Nationalstaaten und europäische Weltpolitik bis zum Ersten Weltkrieg. Hrsg. v. Theodor Schieder, Klett-Cotta, Stuttgart 1968, S. 143ff.)*

**M2**

**Aufgaben:** 1. Vergleichen Sie die verschiedenen Theaterkritiken der Aufführung von G. Hauptmanns *Die Weber* 1894.
2. Informieren Sie sich über die als skandalös empfundene Dresdner Inszenierung zu G. Hauptmanns *Die Weber* aus dem Jahr 2004.

## Aufführung von G. Hauptmanns »Die Weber« 1894 und 2004

**Kritik im »Berliner Börsen-Courier« 1894**

»Hauptmann!« »Hauptmann!«, ruft ein hundertstimmiger Chor, indes Hunderte von Händen kräftig aufeinanderklatschen. Wieder und wieder wird der Dichter der »Weber« vor den Vorhang gerufen, während wir schnell das »Deutsche Theater« verlassen, um über die erste öffentliche Aufführung der merkwürdigsten modernen Bühnendichtung zu berichten. [...]

Obwohl das literarische Publikum wie das politische das Stück längst kennt, war das Haus lange vor Beginn der Vorstellung ausverkauft. Eine glänzende, interessante Zuhörerschaft füllte das Haus. Unsere Schriftstellerwelt hatte ihre vornehmsten Vertreter entsandt. Theodor Fontane, ein seltener Gast im Theater, war erschienen, Spielhagen begegnet uns neben Sudermann, Rechtsanwalt und Schriftsteller Grelling, der siegreiche Held in dem dramatischen Konflikt, welchen die Dichtung mit der Zensur durchzukämpfen hatte, folgt mit begreiflicher Genugtuung dem Stücke, dem er den Weg in die Öffentlichkeit gebahnt. [...]

Eine stattliche Anzahl von Reichstagsabgeordneten hat sich im Parkett zusammengefunden, darunter auch sozialdemokratische Volksvertreter. [...] Wir sahen Liebknecht, Singer, auch Bebel soll im Hause gewesen sein. Warum auch nicht? So könnte man und so wird man einwerfen, ist doch Hauptmanns Drama des Arbeiterlebens mehr eine sozialpolitische als eine literarische Arbeit. Gemach! [...] Wie Hauptmann uns hier die tiefe, bittere Not der Weber, die Verzweiflung des höchsten Elends und die Ausbrüche dieser Verzweiflung darstellt, ist er nicht agitierender Politiker, sondern nur tief empfindender Dichter. Das Mitleid, schönes verklärendes Mitleid ist seine Muse.

*(Aus: Berliner Börsen-Courier, 26.09.1894.)*

**Kritik in der Berliner Zeitung »Die Post«**

[...] Nicht die Not unserer wie seiner Landsleute ging dem Autor ans Herz, nicht um das Elend war es ihm zu tun, in welchem die arbeitenden Menschen schmachten mussten, das alles ist ihm nur Zweck, denn das Stück verfolgt vom ersten Worte bis zum letzten eine sozialistische Tendenz der verwerflichsten Art. Mit kalter, rücksichtsloser Berechnung reiht der Autor aneinander, was gegen Gottesfurcht, Ordnung im Staate, Autorität der Behörden gerichtet sein kann. Seine Figuren sind nur darum so in Lumpen gekleidet, hohläugig und verhungert, um den Kontrast gegen die besitzende Klasse greller hervortreten zu lassen, er riss aus dieser nur darum schlechte, hartherzige Elemente heraus, um der großen Masse das Trugbild von Verknechtung und Unterdrückung der Arbeiter vorhalten zu können. Nicht der Dramatiker wollte Herr Hauptmann sein, der ein Stück Geschichte zu Nutz und Segen und Heil der Menschen verwendet, sondern der Sozialistenführer, welcher, mit Empörung eifrig zur Widersetzlichkeit aufgestachelten Elementen, gewisse Direktiven geben will. Wohlweislich verschweigt der in der Geschichte Schlesiens so sehr bewanderte Autor, dass die damalige Regierung nach der Erkennung der Sachlage sofort umfangreiche Maßregeln zur Linderung der Not treffen ließ, denn Gutes und Edles kann man nicht gebrauchen, wenn Zwecke der Umsturzpartei verfolgt werden sollen. [So konnte sich auch bei der Stimmungsmache im Deutschen Theater eine] kleine, sehr aufgeregte, um das Durchbringen ihrer politischen Meinung wie wütend kämpfende Schar [durchsetzen]. [...]

*(Aus: Die Post, 27.09.1894.)*

**Besprechung der »Weber« von Theodor Fontane**

[...] Gerhart Hauptmann sah sich, und zwar durch sich selbst, in die Notwendigkeit versetzt, das, was ursprünglich ein Revolutionsstück sein solle, schließlich als Anti-Revolutionsstück ausklingen zu lassen. [...] Dass dadurch etwas entstand, was revolutionär und antirevolutionär zugleich ist, müssen wir hinnehmen und trotz des Gefühls einer darin liegenden Abschwächung doch schließlich auch gutheißen. Es ist am besten so, denn das Stück erhält durch dieses Doppelgesicht auch eine doppelte Mahnung, eine, die sich nach oben, und eine andere, die sich nach unten wendet und beiden Parteien ins Gewissen spricht.

*(Der ursprünglich für die »Vossische Zeitung« bestimmte Artikel erschien im »Literarisches Echo«, 15.10.1898.)*

**Die Weber 2004 –**
**Dresdner »Weber« bleiben verboten**

*Die umstrittene Dresdner Inszenierung der »Weber« darf bis auf Weiteres nicht aufgeführt werden. Das Berliner Landgericht hat die einstweilige Verfügung, die der lizenzhabende Verlag im November erwirkt hatte, bestätigt. Der Deutsche Bühnenverein fürchtet um die Künstlerfreiheit.*

Dresden/Berlin – Mit dem Einfügen von Passagen eines »Chors der Arbeitslosen« verstoße das Dresdner Staatsschauspiel gegen das Urheberrechtsgesetz, entschied das Berliner Landgericht und verbot dem Theater eine weitere Aufführung der Inszenierung des Gerhart-Hauptmann-Stückes »Die Weber« von Regisseur Volker Lösch. Mit dem Urteil bestätigte das Gericht die einstweilige Verfügung vom 23. November 2004.
Der Aufführungsvertrag zwischen dem Theater und dem lizenzhabenden Bühnenverlag Felix Bloch Erben sehe vor, dass sämtliche Änderungen des Originalwerkes schriftlich zu dokumentieren und mit dem Verlag abzustimmen seien. Dieses sei jedoch nicht geschehen, sagte eine Gerichtssprecherin am Dienstag in Berlin.
In der Dresdner Inszenierung ist fast die Hälfte des Hauptmann-Dramas durch neue Textpassagen ersetzt worden. Die Änderungen enthalten Kommentare von Dresdner Bürgern zum Thema Arbeitslosigkeit, die das Theater per Fragebögen zusammentrug. Darin enthalten sind auch Gewaltfantasien und neonazistische Gedanken. Bekannt wurde die Passage: »Wen ich sehr schnell erschießen würde, das wäre Frau Christiansen.« Die Fernsehmoderatorin war im Dezember ebenfalls gegen die Inszenierung vorgegangen, allerdings ohne Erfolg.

Strittig war vor Gericht nun, ob der Verlag vorab eine generelle Genehmigung der Änderungen erteilt hatte. Der Dramaturg des Theaters hatte eidesstattlich versichert, dass die Umgestaltung telefonisch abgesprochen gewesen sei. Der Verlag bestritt das. »Aus dem Stück ist ein Nazistück geworden«, erklärte die Verlagsprokuristin Bettina Migge, »das kann man im Namen von Hauptmann nicht machen.«
Auch nach dem Urteil des Landgerichts können sich Theater und Verlag möglicherweise noch einigen. Der Verlag forderte im Anschluss an die Verhandlung aber eine weitgehende Anpassung des Stücks an den Originaltext. »Der Text kränkelt an allen Stellen, so wie er jetzt ist«, sagte Migge.
Falls es nicht noch zu einer Einigung kommt, muss das Staatsschauspiel Dresden eine für den 19. Januar geplante Aufführung aus dem Programm nehmen. »Es wird jetzt sehr schwierig, das Stück überhaupt noch im Programm zu behalten«, erklärte der geschäftsführende Direktor des Dresdner Theaters, Hergen Gräper. Wegen der langen Fristen bei höheren Gerichten rentiere es sich nicht, das Stück weiterhin zu proben.
Während der Verhandlung hatte die Vorsitzende Richterin Christel Hengst ein Literaturlexikon zitiert. »Das Stück hat schon bei der Uraufführung für Furore gesorgt«, erklärte sie. Damals habe Kaiser Wilhelm II. versucht, es zu untersagen.
Der Deutsche Bühnenverein hält die Entscheidung des Landgerichts Berlin zum Verbot der Dresdner »Weber« für »äußerst fragwürdig«. »Wir sind der Auffassung, dass man nicht nur einseitig in Richtung Autor entscheiden kann«, sagte der geschäftsführende Direktor Rolf Bolwin der dpa.

Nach Auffassung des Bühnenvereins seien erkennbare Textergänzungen am Theater zulässig, um einen aktuellen Bezug zu schaffen. »Das ist eine Entscheidung gegen die Freiheit der Kunst«, sagte Bolwin. Hier stünden Urheberrecht des Autors und Recht auf künstlerische Freiheit in Konkurrenz miteinander. »Von dieser Konfrontation des Textes mit Regisseur und Schauspielern lebt das Interesse an der Aufführung, sonst können Sie den Text nur lesen.« Daher müssten beide Seiten bewertet und nicht zugunsten einer Seite geurteilt werden. »Beide Rechte müssen gegeneinander abgewogen werden.«
Bolwin riet dem Verlag erneut, dringend auf das Theater zuzugehen und Möglichkeiten zu finden, damit das Stück so aufgeführt werden könne, wie es inszeniert worden sei. »Man könnte etwa im Programm oder durch andere Mittel dem Publikum kundtun, welche Texte von Hauptmann und welche ergänzt sind.« Allerdings, so Bolwin, sei das absurd, weil es bereits durch den Inhalt und die im ergänzten Teil genannten Personen auch so klar werde.

*(Aus: Andreas Borcholte, Spiegel Online, 11. 01. 2005; URL http://www.spiegel.de/kultur/gesellschaft/0,1518, 336365,00.html)*

**M3**

**Aufgabe:** Vergleichen Sie den Auszug aus *Gas II* mit dem aus dem zweiten Akt von Hauptmann *Die Weber* (Schülerband, S. 170 f.) unter dem Aspekt der sozialen Thematik.

## Gas II (1918) Georg Kaiser

ERSTER AKT

*Betonhalle. Stäubendes Bogenlampenlicht. Von dunsthoher Kuppel Drähte dicht senkrecht nach der Tribüne und weiter schräg verteilt an kleine eiserne Tische – drei rechts, drei links. Rot farbig nach links grün farbig nach rechts die Drähte. An jedem Tisch eine Blaufigur – in Uniform steif sitzend – starrend auf Glasscheibe im Tisch, die – rot links, grün rechts – aufleuchtend das Gesicht mitfärbt. Quer vorn längerer eiserner Tisch mit schachbrettteiliger Platte, darin grüne und rote Stöpsel – von der ersten Blaufigur bedient. Stille.*

ZWEITE BLAUFIGUR *vor rotheller Scheibe.* Meldung von drittem Kampfabschnitt: Ballung von Feind im Werden. Scheibe verlöscht.

ERSTE BLAUFIGUR *umsteckt roten Stöpsel.*

FÜNFTE BLAUFIGUR *vor grünheller Scheibe.* Meldung von drittem Werk: Leistung ein Strich unter Auftrag. Scheibe verlöscht.

ERSTE BLAUFIGUR *umsteckt grünen Stöpsel.*

DRITTE BLAUFIGUR *vor rotheller Scheibe.* Meldung von zweitem Kampfabschnitt: Ballung von Feind im Werden. Scheibe verlöscht.

ERSTE BLAUFIGUR *umsteckt roten Stöpsel.*

SECHSTE BLAUFIGUR *vor grünheller Scheibe.* Meldung von zweitem Werk: Leistung ein Strich unter Auftrag. Scheibe verlöscht.

ERSTE BLAUFIGUR *umsteckt grünen Stöpsel.*

VIERTE BLAUFIGUR *vor rotheller Scheibe.* Meldung von erstem Kampfabschnitt: Ballung von Feind im Werden. Scheibe verlöscht.

ERSTE BLAUFIGUR *umsteckt roten Stöpsel.*

SIEBENTE BLAUFIGUR *vor grünheller Scheibe.* Meldung von erstem Werk: Leistung zwei Strich unter Auftrag. Scheibe verlöscht.

ERSTE BLAUFIGUR *umsteckt grünen Stöpsel.*

*Stille.*

*(Aus: Georg Kaiser: Gas II, Erster Akt. Werke, hrsg. von Walter Huder, Band 2, © 1971 Ullstein Buchverlage GmbH, Berlin, S. 60–62.)*

**M4**

**Aufgabe:** Interpretieren Sie das Gedicht und versuchen Sie anschließend, es epochal einzuordnen.

## Blauer Abend in Berlin (1911)
Oskar Loerke

Der Himmel fließt in steinernen Kanälen;
Denn zu Kanälen steilrecht ausgehauen
Sind alle Straßen, voll von Himmelblauen;
Und Kuppeln gleichen Bojen, Schlote Pfählen

Im Wasser. Schwarze Essendämpfe schwelen
Und sind wie Wasserpflanzen anzuschauen.
Die Leben, die sich ganz am Grunde stauen,
Beginnen sacht vom Himmel zu erzählen,

Gemengt, entwirrt nach blauen Melodien.
Wie eines Wassers Bodensatz und Tand
Regt die des Wassers Wille und Verstand.

Im Dünen, Kommen, Gehen, Gleiten, Ziehen.
Die Menschen sind wie grober bunter Sand
Im linden Spiel der großen Wellenhand.

*(Aus: Oskar Loerke: Die Gedichte.*

**M5**

**Aufgabe:** Vergleichen Sie diesen Erzählbeginn mit dem Erzählbeginn *Der Irre* von Georg Heym (Schülerband, S. 184 f.) und der Erzählung *Papa Hamlet* von Holz/Schlaf (Schülerband, S. 186 f.).

## Die Ermordung einer Butterblume (1913) Alfred Döblin

Der schwarz gekleidete Herr hatte erst seine Schritte gezählt, eins, zwei, drei, bis hundert und rückwärts, als er den breiten Fichtenweg nach St. Ottilien hinanstieg, und sich bei jeder Bewegung mit den Hüften stark nach rechts und links gewiegt, sodass er manchmal taumelte; dann vergaß er es.

Die hellbraunen Augen, die freundlich hervorquollen, starrten auf den Erdboden, der unter den Füßen fortzog, und die Arme schlenkerten an den Schultern, dass die weißen Manschetten halb über die Hände fielen. Wenn ein gelbrotes Abendlicht zwischen den Stämmen die Augen zum Zwinkern brachte, zuckte der Kopf, machten die Hände entrüstete hastige Abwehrbewegungen. Das dünne Spazierstöckchen wippte in der Rechten über Gräser und Blumen am Wegrand und vergnügte sich mit den Blüten.

Es blieb, als der Herr immer ruhig und achtlos seines Weges zog, an dem spärlichen Unkraut hängen. Da hielt der ernste Herr nicht inne, sondern ruckte, weiter schlendernd, nur leicht am Griff, schaute sich dann, am Arm festgehalten, verletzt um, riss erst vergebens, dann erfolgreich mit beiden Fäusten das Stöckchen los und trat atemlos mit zwei raschen Blicken auf den Stock und den Rasen zurück, sodass die Goldkette auf der schwarzen Weste hochsprang.

Außer sich stand der Dicke einen Augenblick da. Der steife Hut saß ihm im Nacken. Er fixierte die verwachsenen Blumen, um dann mit erhobenem Stock auf sie zu stürzen und blutroten Gesichts auf das stumme Gewächs loszuschlagen. Die Hiebe sausten rechts und links. Über den Weg flogen Stiele und Blätter.

Die Luft laut von sich blasend, mit blitzenden Augen ging der Herr weiter. Die Bäume schritten rasch an ihm vorbei; der Herr achtete auf nichts. Er hatte eine aufgestellte Nase und ein plattes bartloses Gesicht, ein ältliches Kindergesicht mit süßem Mündchen.

Bei einer scharfen Biegung des Weges nach oben galt es aufzuachten. Als er ruhiger marschierte und sich mit der Hand gereizt den Schweiß von der Nase wischte, tastete er, dass sein Gesicht sich ganz verzerrt hatte, dass seine Brust heftig keuchte. Er erschrak bei dem Gedanken, dass ihn jemand sehen könnte, etwa von seinen Geschäftsfreunden oder eine Dame. Er strich sein Gesicht und überzeugte sich mit einer verstohlenen Handbewegung, dass es glatt war.

Er ging ruhig. Warum keuchte er? Er lächelte verschämt. Vor die Blumen war er gesprungen und hatte mit dem Spazierstöckchen gemetzelt, ja, mit jenen heftigen, aber wohlgezielten Handbewegungen geschlagen, mit denen er seine Lehrlinge zu ohrfeigen gewohnt war, wenn sie nicht gewandt genug die Fliegen im Kontor fingen und nach der Größe sortiert vorzeigten.

Häufig schüttelte der ernste Mann den Kopf über das sonderbare Vorkommnis. »Man wird nervös in der Stadt. Die Stadt macht mich nervös«, wiegte sich nachdenklich in den Hüften, nahm den steifen englischen Hut und fächelte die Tannenluft auf seinen Schopf.

Nach kurzer Zeit war er wieder dabei, seine Schritte zu zählen, eins, zwei, drei. Fuß trat vor Fuß, die Arme schlenkerten an den Schultern. Plötzlich sah Herr Michael Fischer, während sein Blick leer über den Wegrand strich, wie eine untersetzte Gestalt, er selbst, von dem Rasen zurücktrat, auf die Blumen stürzte und einer Butterblume den Kopf glatt abschlug. Greifbar geschah vor ihm, was sich vorhin begeben hatte an dem dunklen Weg. Diese Blume dort glich den andern auf ein Haar. Diese eine lockte seinen Blick, seine Hand, seinen Stock. Sein Arm hob sich, das Stöckchen sauste, wupp, flog der Kopf ab. Der Kopf überstürzte sich in der Luft, verschwand im Gras. Wild schlug das Herz des Kaufmanns. Plump sank jetzt der gelöste Pflanzenkopf und wühlte sich in das Gras. Tiefer, immer tiefer, durch die Grasdecke hindurch, in den Boden hinein. Jetzt fing er an zu sausen, in das Erdinnere, dass keine Hände ihn mehr halten konnten. Und von oben, aus dem Körperstumpf, tropfte es, quoll aus dem Halse weißes Blut, nach in das Loch, erst wenig, wie einem Gelähmten, dem der Speichel aus dem Mundwinkel läuft, dann in dickem Strom, rann schleimig, mit gelbem Schaum auf Herrn Michael zu, der vergeblich zu entfliehen suchte, nach rechts hüpfte, nach links hüpfte, der drüber wegspringen wollte, gegen dessen Füße es schon anbrandete.

*(Aus: Alfred Döblin: Die Ermordung einer Butterblume. © S. Fischer Verlag GmbH, Frankfurt am Main 2008.)*

**M6**

**Aufgaben:** 1. In welcher Rolle sieht sich der Briefschreiber Spinell?
2. Vergleichen Sie die Figur Spinells mit der Figur Aschenbachs aus Thomas Manns Künstlernovelle *Der Tod in Venedig*.

## Tristan (1903) Thomas Mann

*In dem Sanatorium »Einfried« treffen die an Tuberkulose erkrankte Gabriele Klöterjahn, geb. Eckhof, Ehefrau eines erfolgreichen und vitalen Großkaufmanns »vom Strand der Ostsee«, und Herr Spinell, ein Schöngeist, der nur »des Stils wegen« in dem Sanatorium weilt, aufeinander. Herr Spinell erweckt die musikalische Begabung Frau Klöterjahns, die sie nach ihrer Hochzeit und der Geburt ihres Sohnes hat verkümmern lassen, zu neuem Leben. Während die anderen Gäste des Sanatoriums eine Schlittenpartie unternehmen, überredet Herr Spinell sie dazu, die Partitur zu Richard Wagners Oper »Tristan und Isolde« auf dem Klavier zu spielen. Dies letzte künstlerische Erblühen bezahlt Frau Klöterjahn mit einer rapiden Verschlechterung ihres Gesundheitszustands. Ihrem herbeigerufenen Gatten schreibt Herr Spinell einen Brief.*

Herr Spinell saß in seinem Zimmer und ›arbeitete‹.
Es war ein Zimmer wie alle in ›Einfried‹: altmodisch, einfach und distinguiert. Die massige Kommode war mit metallenen Löwenköpfen beschlagen, der hohe Wandspiegel war keine glatte Fläche, sondern aus vielen kleinen quadratischen, in Blei gefassten Scherben zusammengesetzt, kein Teppich bedeckte den bläulich lackierten Estrich, in dem die steifen Beine der Meubles als klare Schatten sich fortsetzten. Ein geräumiger Schreibtisch stand in der Nähe des Fensters, vor welches der Romancier einen gelben Vorhang gezogen hatte, wahrscheinlich, um sich innerlicher zu machen.
In gelblicher Dämmerung saß er über die Platte des Sekretärs gebeugt und schrieb, – schrieb an einem jener zahlreichen Briefe, die er allwöchentlich zur Post befördern ließ und auf die er belustigenderweise meistens gar keine Antwort erhielt. Ein großer, starker Bogen lag vor ihm, in dessen linkem oberen Winkel unter einer verzwickt gezeichneten Landschaft der Name Detlev Spinell in völlig neuartigen Lettern zu lesen war, und den er mit einer kleinen, sorgfältig gemalten und überaus reinlichen Handschrift bedeckte.

»Mein Herr!«, stand dort. »Ich richte die folgenden Zeilen an Sie, weil ich nicht anders kann, weil das, was ich Ihnen zu sagen habe, mich erfüllt, mich quält und zittern macht, weil mir die Worte mit einer solchen Heftigkeit zuströmen, dass ich an ihnen ersticken würde, dürfte ich mich ihrer nicht in diesem Briefe entlasten ...«
Der Wahrheit die Ehre zu geben, so war dies mit dem ›Zuströmen‹ ganz einfach nicht der Fall, und Gott wusste, aus was für eitlen Gründen Herr Spinell es behauptete. Die Worte schienen ihm durchaus nicht zuzuströmen; für einen, dessen bürgerlicher Beruf das Schreiben ist, kam er jämmerlich langsam von der Stelle, und wer ihn sah, musste zu der Anschauung gelangen, dass ein Schriftsteller ein Mann ist, dem das Schreiben schwerer fällt als allen anderen Leuten.
Mit zwei Fingerspitzen hielt er eins der sonderbaren Flaumhärchen an seiner Wange erfasst und drehte viertelstundenlang daran, indem er ins Leere starrte und nicht um eine Zeile vorwärtsrückte, schrieb dann ein paar zierliche Wörter und stockte aufs Neue. Andererseits muss man zugeben, dass das, was schließlich zustande kam, den Eindruck der Glätte und Lebhaftigkeit erweckte, wenn es auch inhaltlich einen wunderlichen, fragwürdigen und oft sogar unverständlichen Charakter trug.

»Es ist «, so setzte der Brief sich fort, »das unabweisliche Bedürfnis, das, was ich sehe, was seit Wochen als eine unauslöschliche Vision vor meinen Augen steht, auch Sie sehen zu machen, es Sie mit meinen Augen, in derjenigen sprachlichen Beleuchtung schauen zu lassen, in der es vor meinem inneren Blicke steht. Ich bin gewöhnt, diesem Drange zu weichen, der mich zwingt, in unvergesslich und flammend richtig an ihrem Platze stehenden Worten meine Erlebnisse zu denen der Welt zu machen. Und darum hören Sie mich an.
Ich will nichts als sagen, was war und ist, ich erzähle lediglich eine Geschichte, eine ganz kurze, unsäglich empörende Geschichte, erzähle sie ohne Kommentar, ohne Anklage und Urteil, nur mit meinen Worten. Es ist die Geschichte Gabriele Eckhofs, mein Herr, der Frau, die Sie die Ihrige nennen ... und merken Sie wohl! Sie waren es, der sie erlebte; und dennoch bin ich es, dessen Wort sie Ihnen erst in Wahrheit zur Bedeutung eines Erlebnisses erheben wird.
ErinnernSie sich des Gartens, mein Herr, des alten, verwucherten Gartens hinter dem grauen Patrizierhause? Das grüne Moos spross in den Fugen der verwitterten

Mauern, die seine verträumte Wildnis umschlossen. Erinnern Sie sich auch des Springbrunnens in seiner Mitte? Lilafarbene Lilien neigten sich über sein morsches Rund, und sein weißer Strahl plauderte geheimnisvoll auf das zerklüftete Gestein hinab. Der Sommertag neigte sich.

Sieben Jungfrauen saßen im Kreis um den Brunnen; in das Haar der Siebenten aber, der Ersten, der einen, schien die sinkende Sonne heimlich ein schimmerndes Abzeichen der Oberhoheit zu weben. Ihre Augen waren wie ängstliche Träume, und dennoch lächelten ihre klaren Lippen ...

Sie sangen. Sie hielten ihre schmalen Gesichter zur Höhe des Springstrahles emporgewandt, dorthin, wo er in müder und edler Rundung sich zum Falle neigte, und ihre leisen, hellen Stimmen umschwebten seinen schlanken Tanz. Vielleicht hielten sie ihre zarten Hände um ihre Knie gefaltet, indes sie sangen ...

Entsinnen Sie sich des Bildes, mein Herr? Sahen Sie es? Sie sahen es nicht. Ihre Augen waren nicht geschaffen dafür, und Ihre Ohren nicht, die keusche Süßigkeit seiner Melodie zu vernehmen. Sahen Sie es – Sie durften nicht wagen, zu atmen, Sie mussten Ihrem Herzen zu schlagen verwehren. Sie mussten gehen, zurück ins Leben, in Ihr Leben, und für den Rest Ihres Erdendaseins das Geschaute als ein unantastbares und unverletzliches Heiligtum in Ihrer Seele bewahren. Was aber taten Sie? Dies Bild war ein Ende, mein Herr; mussten Sie kommen und es zerstören, um ihm eine Fortsetzung der Gemeinheit und des hässlichen Leidens zu geben? Es war eine rührende und friedevolle Apotheose, getaucht in die abendliche Verklärung des Verfalles, der Auflösung und des Verlöschens. Ein altes Geschlecht, zu müde bereits und zu edel zur Tat und zum Leben, steht am Ende seiner Tage, und seine letzten Äußerungen sind Laute der Kunst, ein paar Geigentöne, voll von der wissenden Wehmut der Sterbensreife ... Sahen Sie die Augen, denen diese Töne Tränen entlockten? Vielleicht, dass die Seelen der sechs Gespielinnen dem Leben gehörten; diejenige aber ihrer schwesterlichen Herrin gehörte der Schönheit und dem Tode.

Sie sahen sie, diese Todesschönheit: sahen sie an, um ihrer zu begehren. Nichts von Ehrfurcht, nichts von Scheu berührte Ihr Herz gegenüber ihrer rührenden Heiligkeit. Es genügte Ihnen nicht, zu schauen; Sie mussten besitzen, ausnützen, entweihen ... Wie fein Sie Ihre Wahl trafen! Sie sind ein Gourmand, mein Herr, ein plebejischer Gourmand, ein Bauer mit Geschmack.

Ich bitte Sie, zu bemerken, dass ich keineswegs den Wunsch hege, Sie zu kränken. Was ich sage, ist kein Schimpf, sondern die Formel, die einfache psychologische Formel für Ihre einfache, literarisch gänzlich uninteressante Persönlichkeit, und ich spreche sie aus, nur weil es mich treibt, Ihnen Ihr eigenes Tun und Wesen ein wenig zu erhellen, weil es auf Erden mein unausweichlicher Beruf ist, die Dinge beim Namen zu nennen, sie reden zu machen und das Unbewusste zu durchleuchten. Die Welt ist voll von dem, was ich den ›unbewussten Typus‹ nenne: Und ich ertrage sie nicht, alle diese unbewussten Typen! Ich ertrage es nicht, all dies dumpfe, unwissende und erkenntnislose Leben und Handeln, diese Welt von aufreizender Naivität um mich her! Es treibt mich mit qualvoller Unwiderstehlichkeit, alles Sein in der Runde – so weit meine Kräfte reichen – zu erläutern, auszusprechen und zum Bewusstsein zu bringen, – unbekümmert darum, ob dies eine fördernde oder hemmende Wirkung nach sich zieht, ob es Trost und Linderung bringt oder Schmerz zufügt.

Sie sind, mein Herr, wie ich sagte, ein plebejischer Gourmand, ein Bauer mit Geschmack. Eigentlich von plumper Konstitution und auf einer äußerst niedrigen Entwicklungsstufe befindlich, sind Sie durch Reichtum und sitzende Lebensweise zu einer plötzlichen, unhistorischen und barbarischen Korruption des Nervensystems gelangt, die eine gewisse lüsterne Verfeinerung des Genussbedürfnisses nach sich zieht. Wohl möglich, dass die Muskeln Ihres Schlundes in eine schmatzende Bewegung gerieten, wie angesichts einer köstlichen Suppe oder seltenen Platte, als Sie beschlossen, Gabriele Eckhof zu eigen zu nehmen ...

In der Tat, Sie lenken ihren verträumten Willen in die Irre, Sie führen sie aus dem verwucherten Garten in das Leben und in die Hässlichkeit, Sie geben ihr Ihren ordinären Namen und machen sie zum Eheweibe, zur Hausfrau, machen sie zur Mutter. Sie erniedrigen die müde, scheue und in erhabener Unbrauchbarkeit blühende Schönheit des Todes in den Dienst des gemeinen Alltags und jenes blöden, ungefügen und verächtlichen Götzen, den man die Natur nennt, und nicht eine Ahnung von der tiefen Niedertracht dieses Beginnens regt sich in Ihrem bäuerischen Gewissen.

Nochmals: Was geschieht? Sie, mit den Augen, die wie ängstliche Träume sind, schenkt Ihnen ein Kind; sie gibt diesem Wesen, das eine Fortsetzung der niedrigen Existenz seines Erzeugers ist, alles mit, was sie an Blut und Lebensmöglichkeit besitzt, und stirbt. Sie stirbt, mein Herr! Und wenn sie nicht in Gemeinheit dahinfährt, wenn sie dennoch zuletzt sich aus den Tiefen ihrer Erniedrigung erhob und stolz und selig unter dem tödlichen Kusse der Schönheit vergeht, so ist das *meine* Sorge gewesen. Die Ihrige war es wohl unterdessen, sich auf verschwiegenen Korridoren mit Stubenmädchen die Zeit zu verkürzen.

Ihr Kind aber, Gabriele Eckhofs Sohn, gedeiht, lebt und triumphiert. Vielleicht wird er das Leben seines Vaters fortführen, ein Handel treibender, Steuern zahlender und gut speisender Bürger werden; vielleicht ein Soldat oder Beamter, eine unwissende und tüchtige Stütze des Staates; in jedem Falle ein amusisches, normal funktionierendes Geschöpf, skrupellos und zuversichtlich, stark und dumm.

Nehmen Sie das Geständnis, mein Herr, dass ich Sie hasse, Sie und Ihr Kind, wie ich das Leben selbst hasse, das gemeine, das lächerliche und dennoch triumphierende Leben, das Sie darstellen, den ewigen Gegensatz und Todfeind der Schönheit. Ich darf nicht sagen, dass ich Sie verachte. Ich kann es nicht. Ich bin ehrlich. Sie sind der Stärkere. Ich habe Ihnen im Kampfe nur eines entgegenzustellen, das erhabene Gewaffen und Rachewerkzeug der Schwachen: Geist und Wort. Heute habe ich mich seiner bedient. Denn dieser Brief – auch darin bin ich ehrlich, mein Herr – ist nichts als ein Racheakt, und ist nur ein einziges Wort darin scharf, glänzend und schön genug, Sie betroffen zu machen, Sie eine fremde Macht spüren zu lassen, ihren robusten Gleichmut einen Augenblick ins Wanken zu bringen, so will ich frohlocken.

Detlev Spinell«

*(Aus: Thomas Mann: Tristan. In: ders.: Gesammelte Werke in dreizehn Bänden. Band VIII. Erzählungen.* *© S. Fischer Verlag GmbH, Frankfurt am Main, 1960, 1974.)*

# Epochen im 18./19. Jahrhundert (S. 192–221)

Horst Spittler

## 1 Zielsetzung und Aufbau des Kapitels

Anders als beim Kapitel *Epochen im 19./20. Jahrhundert* orientiert sich bereits die Gliederung dieses Kapitels erkennbar an den Epochen des 18. und frühen 19. Jahrhunderts, auch wenn in den Überschriften die Epochenbezeichnungen Aufklärung/Sturm und Drang, (Früh-) Romantik und Klassik nicht verwendet werden. Selbstverständlich werden diese auch hier nicht für sich betrachtet, sondern es geht wieder wesentlich darum, Beziehungen erfahrbar zu machen, die zwischen den genannten literarischen Strömungen bestehen. Diese werden stärker anthropologisch betrachtet, d. h. an literarische Charaktere angebunden, weniger als Literatur- oder Ideengeschichte aufbereitet.

Der erste Abschnitt des Kapitels *Aufbruchsversuche in die Autonomie* will deutlich machen, dass die Aufbruchsversuche im Rahmen des Aufklärungszeitalters durchaus unterschiedliche Richtungen einschlagen. Neben dem allen beteiligten Strömungen gemeinsamen Freiheitsstreben steht bei der Aufklärung im engeren Sinn die Forderung nach geistiger Selbstständigkeit und religiöser Toleranz im Vordergrund (wie etwa im *Nathan*), während für die Vertreter des zeitgleichen Sturm und Drang die Individualität, Urwüchsigkeit und Originalität (»Originalgenie«) von zentraler Bedeutung sind. Zudem weisen bereits sie auf die Gefahr einer Pervertierung aufklärerischen Gedankenguts hin (s. die Gestalt Franz Moors in Schillers *Räuber*). Eine andere Form der Selbstverwirklichung, nämlich eine mit dem Schwerpunkt auf der Gefühlsebene, steht im Zentrum der Empfindsamkeit; in *Die Leiden des jungen Werther* wird sie vorgestellt und zugleich problematisiert.
Der Präsentation verschiedener, in dem angedeuteten Sinn gegenläufiger Aspekte der Aufklärung folgt im zweiten Abschnitt des Kapitels die der Frühromantik, die wesentlich von ihrer Auseinandersetzung mit der Aufklärung her zu begreifen ist. Dem tragen die thematische Klammer *Mit Vernunft wider die Vernunft* und die Textauswahl Rechnung. Auch wenn die Romantik in mancher Hinsicht die im Sturm und Drang ausgeprägte emotionale Komponente aufgreift und mit diesem etwa die Rückbesinnung auf die alte Volksdichtung und das Mittelalter teilt, erscheint es wichtig, dem verbreiteten Vorurteil entgegenzuwirken, bei der Romantik handle es sich um eine ausschließlich gefühlsselige Epoche. Heute sieht man zumindest die Frühromantik weniger als Gegenbewegung zur Aufklärung, sondern eher »als zweite Aufklärung, welche die Beschränkungen der ersten reflektiert und ihre verborgenen Fundamente, Quellen und Antriebe freilegt«.[1]

Auch die Klassik steht nicht in einem grundsätzlichen Gegensatz zur Aufklärung. Gegen eine Entgegensetzung beider Epochen spricht allein schon, dass die beiden Vertreter der Weimarer Klassik, Goethe und Schiller, aus dem Sturm und Drang, d. h. der komplementären Bewegung der Aufklärung, hervorgegangen sind. Die sittliche Vervollkommnung des Individuums ist auch für die Klassiker ein zentrales Ziel ihrer literarischen Bemühungen. Entsprechend ist der dritte Kapitelabschnitt organisiert: Unter der thematischen Klammer *Zwischen Selbstbewahrung und Identitätsverlust* werden die Rede- und Verhaltensweisen der Hauptfiguren aus Goethes und Schillers gleichnamigen Dramen, *Iphigenie* und *Wallenstein*, genauer beleuchtet.

1 Olaf Hansen/Jörg Villwock, Einleitung zu: Romantik. Literatur und Philosophie, hrsg. von Volker Bohn, (edition suhrkamp 1395, Neue Folge Bd. 395), Frankfurt/M: Suhrkamp 1987, S. 9

# 2 Aufgaben – Lösungen – Kommentare

## Aufbruchsversuche in die Autonomie (S. 193–205)

### Aspekte der Aufklärung kennenlernen

**Aufgabe 1** (S. 193)
Wieland charakterisiert die Aufklärung anhand des Gegensatzes von »Licht und Finsternis«. Das Licht war die Leitmetapher der Aufklärung, nach der in Frankreich und England diese Epochen ihren Namen erhalten hat: *le siècle des lumières* bzw. *Age of Enlightenment.* Die Voraussetzung dafür, dass das Licht tatsächlich zur Erkenntnis führt, sind neben dessen hinreichender Stärke die Ermöglichung und die Bereitschaft zur Erkenntnis. – Für Diderot ist die Humanität die Voraussetzung für die Verbesserung der Welt und der Lage der Menschen in ihr. – Das Wörterbuch hebt als weiteren zentralen Gedanken der Aufklärung die Forderung nach Toleranz hervor, die zuerst für den Bereich der Religion erhoben wurde.

### Kants Definition von Aufklärung verstehen

**Aufgaben 1 und 2** (S. 195)
Mögliche Fortführung des Interviews:

KANT Also: Selbstverschuldet ist diese Unmündigkeit insofern, als die Mehrzahl der Menschen, ohne von der Natur dazu genötigt zu sein, aus reiner Bequemlichkeit freiwillig in ihr verharrt.

NICOLAI Wie erklären Sie sich, dass bei so vielen Menschen die Bequemlichkeit über die Vorteile siegt, die eine selbstständige Benutzung des Verstandes mit sich brächte?

KANT Natürlich haben die geistlichen und weltlichen Herrscher ein Interesse daran, ihre Untertanen unmündig zu halten. Denn so sind sie viel leichter zu führen. Deshalb stellen sie ihnen das selbstständige Denken als äußerst gefährlich dar.

NICOLAI Und wie ließen sich Ihrer Meinung nach diese Einschüchterungsversuche überwinden?

KANT Der Einzelne kann da nur wenig ausrichten, aber die Gesellschaft als Ganze ist dazu sehr wohl in der Lage und wird sich auf Dauer davon auch nicht abhalten lassen.

NICOLAI Und wie weit ist die Gesellschaft auf diesem Weg schon vorangeschritten?

KANT Wir leben noch nicht in einem aufgeklärten Zeitalter, wohl aber in einem der Aufklärung.

NICOLAI Das ist eine recht kryptische Antwort.

KANT Das aufgeklärte Zeitalter ist das Ziel, das es zu erreichen gilt. Unser gegenwärtiges Zeitalter bereitet dafür den Boden und hat erste Schritte in Richtung dieses Ziels unternommen.

**Aufgabe 3** (S. 195)
Die Sonne als Lichtspender der Erde symbolisiert die Aufklärung. Sie ist gerade erst über den Horizont getreten, was Kants Aussage entspricht, dass sein Zeitalter nicht mehr als den Anfang der Aufklärung markiert. Aber so unaufhaltsam die Sonne höher steigt, so unaufhaltsam wird auch die Aufklärung voranschreiten. Dass die Sonne über einer Kirche aufgeht, deutet an, dass diese als Erste die Auswirkungen der Aufklärung zu spüren bekommt. Und natürlich bewegen sich die Menschen auf dem Weg der Sonne entgegen.

[s. als ergänzende Information **M 1**]

### Den Gehalt der Ringparabel erfassen

**Aufgabe 2** (S. 200)
Die drei Ringe stehen parabolisch bzw. allegorisch für die drei Weltreligionen Judentum, Christentum und Islam.

**Aufgabe 3** (S. 200)

- In I/2 versucht Nathan, Recha zu einer vernunftgemäßen Erklärung ihrer Rettung zu bringen; zugleich betont er die soziale Komponente und die Eigenverantwortlichkeit. In dem in der Aufgabenstellung zitierten Satz bezieht Nathan sich darauf, dass seine Tochter Recha sich lieber einbildet, von einem Engel aus den Flammen gerettet worden zu sein als von einem Menschen, einem Tempelherrn. Während man seinen pflichtschuldigen Dank einem Engel gegenüber durch »andächtiges Schwärmen« abstatten kann, bedarf es dafür einem Menschen gegenüber der »guten Handlung«. Sie entscheidet auch über die innere Wahrheit einer Religion, die sie allein aus ihren schriftlichen Überlieferungen nicht gewinnen kann. Deshalb gibt der Richter in der Ringparabel den drei Söhnen den Rat, einer »von Vorurteilen freien Liebe« nachzueifern, und deshalb heißt es im Matthäus-Evangelium: »An ihren Früchten sollt ihr sie [die wahren Propheten] erkennen.« (Mt 7, 16)
- Die Ausgangssituation hat Lessing aus seiner Vorlage übernommen: den Anlass für die verfängliche Frage nach der wahren Religion. Während die Antwort jedoch bei Boccaccio am Ende in der Schwebe bleibt, fügt Lessing der Geschichte die gerichtliche Auseinandersetzung der drei Brüder und den abschließenden Richterspruch an. Dieser beruht auf der zusätzlichen Bedeutung, die dem Erbring verliehen wird. Er ist nicht nur wie bei Boccaccio besonders wertvoll, sondern hat zudem die Eigenschaft, seinen Träger »beliebt zu machen;/Vor Gott und Menschen angenehm«.

Im Umkehrschluss folgert der Richter, dass niemand, der nur sich selbst liebt, im Besitz des Ringes sein kann. Damit wird die Beweislast von den Ringen (der Religion) auf seine Träger (die Gläubigen) verlagert. D. h.: Die Anhänger einer Religion haben selbst mit ihrem Verhalten für den Wahrheitsanspruch ihrer Religion einzustehen.

[Der Text von Boccaccio findet sich unter **M 2**.]

**Aufgabe 4** (S. 200)
Die Ringparabel ist ein Plädoyer für die gegenseitige Toleranz der Religionen. Ohne den Wahrheitsanspruch der eigenen Religion aufzugeben, müssen ihre Anhänger den anderer Religionen gelten lassen, auch wenn sie ihn für ihre eigene Person ablehnen. – In dem Dialog I/2 streiten Nathan und Recha über das Verständnis von Wundern. Nathan will seine Tochter davon überzeugen, dass man ein Geschehen wie das ihrer Rettung aus den Flammen auch dann als Wunder begreifen kann, wenn es eine natürliche Erklärung findet. Er wirft ihr vor, an einer Engelsgestalt als Retter festzuhalten, um unbewusst ihrer eigenen Verpflichtung zum guten Handeln zu entgehen.

Bezüge zu Kant:
Nathan als »Erzieher«, der

- Saladin und Recha aus der Welt von Vorurteilen herausführen will;
- Saladin zu einem aufgeklärten Herrscher, der sich seiner sozialen Verantwortung bewusst ist, erziehen will;
- Recha vor Augen führen will, dass sie, wenn sie auf dem Wunderglauben beharrt, im Zustand einer »selbst verschuldeten Unmündigkeit« stecken bleibt.

## Sich mit Franz Moors Rechtfertigung auseinandersetzen

**Aufgabe 1** (S. 202)
Natur als die Schuldige für Franz' Gefühl des Zu-kurz-gekommen-Seins.
Konsequenz daraus für ihn: »Recht des Überwältigers« als konsequente und rücksichtlose Durchsetzung des eigenen Vorteils. Daraus resultiert in seinen Augen das Recht, den Vater zu töten, indem er ihm psychisch so zusetzt, dass der das physisch nicht übersteht. Auf diese Weise würde auch kein Verdacht auf ihn – Franz – fallen.
Das »Originalwerk« als Ausweis der persönlichen »Qualifikation«: eine rein ergebnisorientierte Betrachtungsweise, ohne ethischen Hintergrund. D. h.: Franz plant nicht traditionsverhaftet, sondern schöpft aus sich heraus; die »richtigen«, also todbringenden Emotionen beim Vater auszulösen – darin besteht die »Qualität« seines Plans.

Der letzte Punkt kann Anlass zur Auseinandersetzung sein

- im persönlichen Kontext,
- in Bezug auf die Frage nach Zusammenhängen zwischen Aufklärung und Moralität; die Begriffe Ambivalenz oder Pervertierung könnten hier Verwendung finden.

**Aufgabe 2** (S. 202)
Ein »Recht des Stärkeren« reklamiert Franz im Sinne einer intellektuellen Überlegenheit und einer moralischen Skrupellosigkeit, basierend auf einer individualistischen Anthropologie, die sich aus Sturm-und-Drang-Vorstellungen speist.
Sozialdarwinistisches Gedankengut geht ebenfalls von Auffassungen aus, die mit Hierarchisierung operieren, allerdings basierend auf dem Rassebegriff, der die Individuen völlig unter biologischen Prädispositionen sieht und sie entsprechend in Form von Rassenzugehörigkeit einordnet. Die moralische Skrupellosigkeit eignet beiden Vorstellungen.

## Den Zusammenhang von Körper und Geist begreifen

**Aufgabe 1** (S. 203)
**Ausgangspunkt:**
die Unterscheidung von »tierischer Natur« = Selbst- und Arterhaltung sowie »geistiger Natur« = Vernunft- und Gefühlspotenzial des Menschen

**Zentrale These Schillers:**
Beide Naturen sind nicht als Gegensätze, sondern im Zusammenspiel zu sehen; dabei fungiert die tierische Natur als Voraussetzung für die geistige.

**Folgerungen:**

- Das Körperliche ist primär der tierischen, das Seelische der geistigen Natur zugeordnet;
- gegenseitige Beeinflussung beider; unter medizinischen Aspekten heißt das:
  a. seelisches Leiden kann zu körperlichem Leiden führen,
  b. umgekehrt ist es möglich, körperliche Leiden durch positive Stimmungslage des seelischen Bereichs zu lindern oder zu kurieren.

**Aufgabe 2** (S. 203)
Franz verwendet die Metapher vom »gescheite(n) Arzt«, den er für sein Handeln zum Vorbild nehmen möchte, »nur umgekehrt« (S. 202, Z. 10/11). D. h.: Nicht Heilung intendiert er, sondern Vernichtung von Leben. Auch Bezüge zur Aufklärung formuliert er ausdrücklich: Die Natur müsse »in ihrem eigenen Gange befördert« werden (Z. 12).
Die sich anschließende Frage nach der Möglichkeit, Leben nicht zu verlängern, sondern zu vernichten, bringt ethisch fundierte Aufklärung und ihre Pervertierung auf eine kurze Formel.

*Hinweis:* Auch in einem Teil des Kapitels *Autorenportrait: Georg Büchner* geht es um medizinische Vorstellungen, diesmal aus dem beginnenden 19. Jahrhundert (S. 318 ff.).

## Den Widerspruch in Werthers Persönlichkeit erkennen

**Aufgabe 1** (S. 204)
*Natur*: Sie wird einerseits in eine enge Beziehung zur Kunst, andererseits in einen Gegensatz zu Regeln und in einem erweiterten Sinne zur bürgerlichen Gesellschaft gebracht.
*Philister*: Spießbürger
*Genie*: Das Genie wird im Sturm und Drang zum künstlerischen Ideal erhoben und bezeichnet sowohl die schöpferische Begabung als auch deren Träger. Die geniale Kunst zeichnet sich durch Intuition, Originalität, Wertschätzung der Natürlichkeit (sowohl der Landschaft als auch des Menschen) und die Abneigung gegen Regeln und Gesetze aus. Der Ausdruck *Strom des Genies* erfährt im Schlussteil des Briefs eine allegorische Ausweitung. Mit den »gelassenen Herrn« dürften die Vertreter einer bürgerlichen Gesellschaft gemeint sein, die auf den Prinzipien der Aufklärung beruht.
In der Kunst kann allein die Natur als Maßstab gelten, Regeln, wie die bürgerliche Gesellschaft sie kennt und befolgt, darf sie nicht unterworfen werden. Das künstlerische Genie folgt seinen eigen Regeln und Gesetzen. Werther vergleicht die Kunst mit der Liebe. Den gleichen Absolutheitsanspruch wie für die Kunst erhebt er auch für die Liebe, auch sie erlaubt keine Kompromisse und Einschränkungen. Solche Bedingungslosigkeit des Gefühls und der Kunst wird von der bürgerlich-rationalen Gesellschaft der Aufklärungszeit abgelehnt.

**Aufgabe 2** (S. 205)
Ein Brief könnte so beginnen:

> Lieber Freund!
>
> Dein Brief vom 13. Juli hat mich zutiefst berührt und ich empfinde es als einen großen Vertrauensbeweis, dass du so offen über deine Gefühle zu mir sprichst. Aber Vertrauen gegen Vertrauen! Auch ich möchte dir ohne Verstellung sagen, welchen Eindruck dein Brief auf mich gemacht hat.
> Bist du ganz sicher, dass du dich wirklich nicht betrügst? Dass du nicht Zuneigung und Wertschätzung mit Liebe auf Seiten Lottes verwechselst? Du sprichst ja selbst davon, dass sie mit Liebe von ihrem Bräutigam rede.
> Du schließt deinen Brief damit, dass du sagst, du seiest in dieser Dreieckssituation den Entscheidungen Lottes hilflos ausgeliefert – gibt dir das nicht zu denken? Wäre es nicht besser, deine Gefühle zumindest so weit im Griff zu haben, dass du Herr deiner Entscheidungen bleibst? …

**Aufgabe 3** (S. 205)
Der Brief vom 26. Mai stellt die Unabhängigkeit des Individuums von Regeln als Freiheit dar, der zweite Brief zeigt, wie in einer solchen Situation innere Zwänge greifen können.

**Aufgabe 4** (S. 205)
Ausgehend von dem oben skizzierten Widerspruch könnten folgende Aspekte thematisiert werden:
- mögliche positive Auswirkungen von Grenzen und Regeln;
- Gefahr, dass in völliger Regellosigkeit auch eine Haltlosigkeit des Individuums liegen kann;
- die Wendung in den Narzissmus (2. Brief, Z. 4–6) als problematischer Ausweg aus dieser Haltlosigkeit;
- als mögliche Folge die Angewiesenheit des Individuums auf Halt durch andere (s. Werthers Hilflosigkeit am Ende des 2. Briefs und sein Selbstmord);
- Lessings Plädoyer für eine »moralische« Bewertung Werthers als Fingerzeig in diese Richtung: Vernunft als Ergänzung zum Gefühl, nicht als Widerspruch (ein ausgewogener Charakter als Gegensatz zu einem einseitigen = »abenteuerlichen«).

**Aufgabe 5** (S. 205)

a. **Nathan:** ein gelingender Versuch, sowohl auf ihn selbst als auch auf seine Rolle als »Erzieher« bezogen; Nathan als Person mit ausgewogenem Persönlichkeitsprofil: eine produktive Mischung von Vernunft und Gefühl (liebt Recha, belehrt sie in 1/2 rücksichtsvoll, aber konsequent)

b. **Franz Moor:** gescheiterter Versuch, der – aus dem Gefühl heraus, zu kurz gekommen zu sein – glaubt, sich kompensatorisch amoralisch verhalten zu dürfen; Verstand ohne Moralität führt zu einer Scheinautonomie, die letztendlich die Persönlichkeit zerstört (V. Akt)

c. **Werther:** auch bei ihm das Problem der zerstörerischen Scheinautonomie, das aus einer verabsolutierten – und damit auch amoralisch werdenden – Emotionalität resultiert

**Vergleich:** Werther und Franz Moor als einseitige Charaktere, die von sich glauben, aufgeklärt zu handeln, die in Wirklichkeit aber von ihren inneren Zwängen beherrscht werden; Selbstverwirklichung ist ihr Ziel. Nathan als souverän Handelnder, der aus einem sozialen Grundgestus heraus nicht in der reinen Selbstverwirklichung sein Ziel findet, sondern in der Rolle des moralischen Erziehers.

## Mit Vernunft wider die Vernunft
(S. 206–212)

### Was an der Aufklärung kritisiert wird

**Aufgabe 1** (S. 206)

Als »Gemütserregungskunst«, wie Novalis die Poesie in einem seiner Fragmente bezeichnet, wird man dies Gedicht nicht verstehen können, das sich unter den von Tieck herausgegebenen Bruchstücken und Entwürfen zum zweiten Teil des Romans *Heinrich von Ofterdingen* findet. Die extrem gedehnte syntaktische Konstruktion weist darauf hin, dass das Gedicht einen diskursiven Gedankengang verfolgt. Die durch die fünfgliedrige »wenn«-Periode über zehn Verse angestaute Spannung wird erst in den beiden mit »dann« eingeleiteten Schlussversen aufgelöst. Das erste Glied der »wenn«-Periode deutet an, worum es in dem Gedicht geht: um die Ablösung der gegenwärtig herrschenden Methode der Welterschließung durch eine neue, bessere. »Zahlen und Figuren« stehen metonymisch für Mathematik und Geometrie und beide zusammen für das Rationale. Nimmt man die Antithese des zweiten Glieds der »wenn«-Periode hinzu, in der den Poeten und Liebenden der Vorrang gegenüber den Gelehrten eingeräumt wird, so darf man die zukünftige Methode der Welterschließung mit der romantischen und die zurzeit noch gültige mit der aufklärerischen identifizieren. Dies Verständnis wird durch die wenig später verwendeten Begriffe »Licht und Schatten« (V. 7) bestätigt, die eindeutig beiden Epochen zugeordnet werden können. Sie werden jedoch nicht antithetisch gegeneinander gestellt, sondern als notwendige Einheit begriffen.

**Aufgabe 2** (S. 210)

Das Geschehen beider Texte stimmt darin überein, dass ein der Poesie, dem Wunderbaren und Märchenhaften zugeneigtes Regime, das unschwer als romantisches auszumachen ist, von einem auf Vernunft, Nutzanwendung und Profit ausgerichteten abgelöst wird, das sich ausdrücklich auf die Aufklärung beruft. Die mit diesem Wechsel verbundenen Umstellungen und Änderungen sind Thema sowohl des Gesprächs zwischen Fürst Paphnutius und seinem Minister Andres als auch des dramatischen Dialogs. Dessen Besonderheit besteht darin, dass es sich – etwa mit dem Hinweis auf den Souffleur (Z. 3 f.) – als Spiel im Spiel zu erkennen gibt. Dies wird in dem abschließenden Dialog zwischen den Zuschauern noch potenziert und obendrein in einer Weise reflektiert, die die Bühnenexistenz der Figuren auf eine Wirklichkeit jenseits der Bühne transzendiert und damit eine weitere Potenzierung erreicht.

**Aufgabe 3** (S. 210)

Die Komik beider Texte beruht auf dem gleichen Prinzip: der Unangemessenheit, mit der Dinge und Gestalten aus der Welt der Märchen und Mythen (Parnass, Pegasus, Feen) in eine vorgeblich aufgeklärte Welt zu integrieren versucht werden. Das ist vom Ansatz her so schief, dass es lächerlich wirkt. Die mit der Komik transportierte Kritik besteht darin, dass alles und jedes dem utilitaristischen Prinzip unterworfen wird. Was keinen Nutzen hat, hat keinen Wert. – Die Kritik in dem Gedicht von Novalis richtet sich gegen eine ausschließlich rationale Welterschließung. An ihre Stelle muss eine ganzheitliche treten; »Licht und Schatten« gehören untrennbar zusammen und können nur gemeinsam »zu echter Klarheit« führen.

### Die Kunstauffassung der Frühromantik erfassen und anwenden

**Aufgabe 1** (S. 212)

»Universal« ist die Poesie nach romantischem Verständnis insofern, als sie nicht nur alle Gattungen und Formen der Literatur zu vereinigen und sich auch auf alle anderen Bereiche geistiger Betätigung zu erstrecken sucht, sondern noch weit darüber hinaus greift. Letztlich will sie das gesamte Leben poetisieren. »Progressiv« ist sie insofern, als sie nie »fertig«, nie abgeschlossen, sondern stets »im Werden«, in der Weiterentwicklung, begriffen ist.

Das romantische Ironieverständnis geht über das übliche und gewöhnliche hinaus und ergibt sich aus dem Verständnis romantischer Poesie. Zum einen überschreitet diese aufgrund ihres progressiven Charakters alle Grenzen, zum anderen versteht sie sich als endloses Spiel, das sich stets selbst reflektiert und infrage stellt. In der Verbindung von Scherz und Ernst, Setzung und deren Relativierung offenbart die romantische Ironie ihren paradoxen Charakter.

**Aufgabe 2** (S. 212)
Das Gedicht von Novalis zeigt das Bestreben, alles gegenwärtig noch Separierte wieder zu vereinigen, in erster Linie Verstand und Gefühl als zwei zusammengehörige Fähigkeiten des Menschen. Die Texte von Hoffmann und Tieck lassen sich als literarische Umsetzung romantischer Ironie begreifen. Die dreifache Potenzierung des Spiels im Spiel mit ihrer das Spiel transzendierenden Reflexion entspricht Schlegels der Poesie zuerkannten Fähigkeit, dass sie »diese Reflektion immer wieder potenzieren und wie in einer endlosen Reihe von Spiegeln vervielfachen« kann.

**Aufgabe 3** (S. 212)
Die hier vorgestellten Texte der Frühromantik zeigen deren Vertreter als hochintellektuelle und keineswegs gefühlsselige Kritiker der Aufklärung. Sie bekämpfen, so könnte man sagen, die Aufklärung mit deren eigenen Waffen und weisen ironisch (Hoffmann, Tieck) oder ernst (Novalis) auf deren Defizite und blinde Flecken hin, ohne ihre Errungenschaften bestreiten oder infrage stellen zu wollen. Sie erkennen die Aufklärung als notwendigen und irreversiblen Schritt »in der Bildungsgeschichte« an (August Wilhelm Schlegel) und versuchen, sie statt durch Negation durch Vollendung zu überwinden.

[s. als ergänzende Information Zusatztext **M 3**]

## Zwischen Selbstbewahrung und Identitätsverlust (S. 213–219)

### Iphigenies Redestrategie untersuchen

**Aufgabe 1** (S. 215)
Orest könnte seine Schwester etwa mit folgenden Worten von ihrem Vorhaben abzubringen versuchen:
»Glaubst du wirklich, Thoas mit Worten dazu bewegen zu können, uns ungehindert ziehen zu lassen, selbst wenn wir auf das Bild der Diana verzichten? Er ist ein Barbar und kennt nur eine Sprache: die der Gewalt. Wir müssen ihm mit List begegnen, nicht mit der unbegründeten Hoffnung auf seine Gnade. Ihm unseren Plan zu verraten und uns damit schutzlos in seine Hände zu geben ist geradezu selbstmörderisch. Er wird der alten barbarischen Sitte folgen und uns der Göttin opfern. Dies Schicksal ist uns gewiss, wenn du dein Vorhaben nicht aufgibst.«

**Aufgabe 2** (S. 215)
Die Tabelle kann in folgender Weise weitergeführt werden:

| Zentrale Textstellen | Äußerungen/Absichten (Sprechakte) |
|---|---|
| **Fünfter Aufzug/Dritter Auftritt** | |
| Beschönige nicht die Gewalt, die sich der Schwachheit eines Weibes freut (Z. 2 f.) | Appell an die männliche Ritterlichkeit |
| List gegen Gewalt (Z. 14 ff.) | Drohung |
| Die schöne Bitte ... (Z. 26 f.) | Bitte |
| Was bleibt mir nun ... | Mitleid wecken |
| Dann fühlt er erst ... (Z. 41) | Schmeicheln |
| Gewähre, wie du fühlst ... (Z. 56) | Appell an das Gefühl |
| **Fünfter Aufzug/Sechster Auftritt** | |
| Du hast nicht oft ... (Z. 12 f.) | Schmeicheln |

[s. als ergänzende Interpretationshilfe **M 4**]

**Aufgabe 3** (S. 215)
In Shakespeares *Hamlet* heißt es an einer Stelle: »Schwachheit, dein Nam' ist Weib!« Diese vermeintliche Schwäche verwandelt Iphigenie rhetorisch in Stärke, indem sie an die Beschützerrolle des Königs und die Ritterlichkeit des Mannes appelliert.

**Aufgabe 4** (S. 215)
Der entscheidende Unterschied zwischen dem Mythos und Goethes Drama besteht darin, dass Iphigenie, Orest und Pylades nicht heimlich fliehen, sondern Thoas sie ziehen lässt. Durch ihre Offenheit Thoas gegenüber und ihr rhetorisches Geschick schafft Iphigenie es, Thoas zu der Humanität zu bewegen, zu der sie sich selbst durchgerungen hat. Ein weiterer Kunstgriff Goethes macht es möglich, das Bild der Göttin Diana auf Tauris zu belassen. Die Voraussetzung für Orests Entsühnung gilt als erfüllt, wenn er die »Schwester« nach Griechenland zurückbringt. Im Mythos ist damit Diana, die Zwillingsschwester Apollons, gemeint; Goethe bezieht Schwester auf Iphigenie, die leibliche Schwester Orests.

## Die unterschiedlichen Positionen der Figuren herausarbeiten

**Aufgabe 1** (S. 218)
Mögliche Notizen des Adjutanten: »Mein Gott, ich bin entsetzt; wie kann er nur Verrat betreiben; das hätte ich niemals von ihm erwartet; Max Piccolomini hat ja so recht.«

**Aufgabe 2** (S. 218)

WALLENSTEIN: Ich habe mir die Entscheidung nicht leicht gemacht, doch ich habe keine andere Wahl, als entweder Gewalt auszuüben oder zu erleiden. Deine idealistische Träumerei, lieber Max, ignoriert die raue Wirklichkeit. Komm runter von deinem hohen moralischen Ross und stell dich den Zwängen der Realität. Auch mein Gewissen belastet dieser Schritt, aber ich hänge nun einmal an der Macht, und niemand kann und sollte gegen seine Natur handeln.

MAX PICCOLOMINI: Du sollst auch gar nicht gegen deine Natur handeln, im Gegenteil. Aufrichtiges und tugendhaftes Handeln, das entspricht deiner Natur, nicht Verrat und Verbrechen. Doch wenn du es nicht vermagst, zu deiner Pflicht zurückzukehren, so falle mit Würde. Tritt lieber ab, als dich eines solch scheußlichen Verbrechens schuldig zu machen.

**Aufgabe 3** (S. 219)
Folgende Parallelen könnten sich zu Schillers philosophischen Schriften ergeben:

*Die Schaubühne* (z. B. »Laster«, »das geheime Räderwerk«: Nähe zu Wallenstein)

*Über das Erhabene* (z. B. »den schönen Charakter«, »Pflichten«: Nähe zu Max Piccolomini)

*Anmut und Würde* (z. B. »schöne Seele«, »Pflicht und Neigung harmonieren«: davon ist Wallenstein weit entfernt, Max kommt dem nahe)

**Aufgabe 4** (S. 219)
Wallenstein unterliegt dem Irrtum zu meinen, er könne seine Identität nur durch Verrat an seinem Kaiser bewahren. In Wirklichkeit erleidet er – aus moralischer Perspektive – einen Identitätsverlust. Iphigenie befürchtet zunächst, ihre Identität zu verlieren, wenn sie sich den Fluchtplänen ihres Bruders widersetzt. In Wahrheit jedoch bewahrt sie sie gerade durch ihre Aufrichtigkeit Thoas gegenüber, wodurch auch dieser zur Humanität bekehrt wird. Nicht mit dem Verrat der Fluchtpläne, sondern mit dem an Thoas hätte sie ihre Identität aufs Spiel gesetzt. Allerdings gründet sich ihre neue Identität nicht mehr auf ihr Griechentum, das sich den vermeintlichen Barbaren überlegen fühlt, sondern auf die neu gewonnene Humanität. So bringt nicht eine dea ex machina wie bei Euripides das Drama durch göttliches Eingreifen von außen zu einem guten Ende, sondern die neue, humane Identität seiner zwei Protagonisten.

## Was Sie an Wissen und Kompetenzen erlangen müssen (S. 220–221)

### Epochenwissen anwenden

**Aufgabe 1** (S. 221)

Lessing: *Nathan der Weise*: Rationalität (nicht ein überirdisches Wesen hat Recha gerettet, sondern ein Mensch) und Emotionalität in einem ausgewogenen Verhältnis, moralische Erziehung des Menschen (religiöse Toleranz), Forderung ethisch-sozialer Verantwortung (Rechas Verpflichtung zum guten Handeln)

Schiller: *Die Räuber*: Franz Moor als Figur des Sturm und Drang (Verabsolutierung des Ich, Selbstverwirklichung als Handlungsziel, Ablehnung von Grenzen und Regeln, Betonung der Originalität sowie der Schöpfungs- und Durchsetzungskraft des Einzelnen, pathetisch-expressive und emotionalisierte Sprache), die zugleich Maximen der Aufklärung folgt (vernunftgesteuertes und zielgerichtetes Handeln, Orientierung an neueren naturwissenschaftlichen Erkenntnissen, Ablehnung tradierter Vorstellungen). Es fehlt ihm die soziale Ausrichtung von Aufklärung/Sturm und Drang, sodass er eher deren Perversion verkörpert; in seiner Einseitigkeit zum Scheitern verurteilt.

Goethe: *Die Leiden des jungen Werther*: Vertreter der Empfindsamkeit (Verabsolutierung der Gefühlsebene; Selbstverwirklichung anstrebend, Regeln und Grenzen der Ichentfaltung ablehnend). In seiner Ichbezogenheit wie Franz Moor zum Scheitern verurteilt.

Goethe: *Iphigenie auf Tauris*: Vervollkommnung des Menschen (Iphigenies und Thoas' Humanität), Reinheit des Gewissens (Iphigenies Aufrichtigkeit gegenüber Thoas), geschlossene Form (Blankvers)

Schiller: *Wallensteins Tod:* Reinheit des Gewissens (Max Piccolomini), Bändigung der natur- und instinkthaften Kräfte, Versöhnung der Gegensätze zwischen Pflicht und Neigung (hier ex negativo, da beides Wallenstein nicht gelingt)

Novalis: *Wenn nicht mehr Zahlen und Figuren:* Verbindung von Rationalem und Unbewusstem, Zusammengehörigkeit von Tag und Nacht (erst »Licht und Schatten« gemeinsam führen »zu echter Klarheit«)

Hoffmann: *Klein Zaches genannt Zinnober:* Neigung zum Märchenhaften und Fantastischen, Verspottung der Aufklärung

Tieck: *Die verkehrte Welt:* Freude am ästhetischen Spiel (Spiel im Spiel), desillusionierende Zwischenbemerkungen (Hinweis auf den Souffleur, die Zuschauer), Verspottung der Aufklärung, Ironie (Reflexion der Zuschauer über ihre Bühnenexistenz hinaus)

# 3 Ergänzungen und Vertiefungen

**M 1**
**Zusatztext:** Karl Jaspers: *Wahre und falsche Aufklärung*
Jaspers bestätigt in seinem Text zum einen Kants Auffassung, zum anderen führt er sie aber auch weiter.

**M 2**
**Zusatztext:** Giovanni di Boccaccio: *Das Dekameron*
Die Veränderungen Lessings gegenüber der Vorlage Boccaccios werfen ein bezeichnendes Licht auf die Figuration Nathans.

**M 3**
**Zusatztext:** August Wilhelm Schlegel: *Vorlesungen über schöne Literatur und Kunst*
Schlegel bezeichnet die Aufklärung als notwendigen Schritt »in der Bildungsgeschichte«. Die Philosophie der Romantik zeichnet sich durch »ein gesteigertes Bewusstsein« aus. Dem romantischen Dichter wird einerseits »Universalität« abverlangt, andererseits wird von ihm gefordert: »Eine höhere Reflexion muss sich in seinen Werken wieder in Unbewusstsein untertauchen.«

**M 4**
**Zusatztext:** Peter-André Alt: *Eine Bühne für die schöne Seele*
Der Text geht auf die Sprache ein, mit deren Hilfe Iphigenie ihr Ziel verwirklicht, und insofern bestätigt er Ergebnisse, zu denen die Schüler bei der Lösung der Aufgaben 2–4 auf S. 215 im Schülerband wohl auch gekommen sind. Darüber hinaus setzt er diese Ergebnisse in einen zeitgenössischen Zusammenhang, indem er Iphigenies Sprache als Sprache des höfischen Taktes bezeichnet.

**M1**

**Aufgabe:** Vergleichen Sie Kants Begriff der Aufklärung mit Jaspers Darstellung.

## Wahre und falsche Aufklärung (1950) Karl Jaspers

Die Forderungen der Aufklärung richten sich gegen Blindheit des fraglosen Fürwahrhaltens; gegen Handlungen, die nicht bewirken können, was sie meinen – wie magische Handlungen –, da sie auf nachweislich falschen Voraussetzungen beruhen; gegen das Verbot des einschränkungslosen Fragens und Forschens; gegen überkommene Vorurteile. Aufklärung fordert unbegrenztes Bemühen um Einsicht und ein kritisches Bewusstsein von der Art und Grenze jeder Einsicht. Es ist der Anspruch des Menschen, es solle ihm einleuchtend werden, was er meint, will und tut. Er will selbst denken. Er will mit dem Verstande fassen und möglichst bewiesen haben, was wahr ist. Er verlangt Anknüpfung an grundsätzlich jedermann zugängliche Erfahrungen. Er sucht Wege zum Ursprung der Einsicht, statt sie als fertiges Ergebnis zur Annahme vorgelegt zu erhalten. Er will einsehen, in welchem Sinne ein Beweis gilt und an welchen Grenzen der Verstand scheitert. Begründung möchte er auch noch für das, was er am Ende als unbegründbare Voraussetzungen zum Grunde seines Lebens machen muss: für die Autorität, der er folgt, für die Ehrfurcht, die er fühlt, für den Respekt, den er dem Gedanken und Tun großer Menschen erweist, für das Vertrauen, das er einem, sei es zurzeit und dieser Situation, sei es überhaupt Unbegriffenen und Unbegreifbaren schenkt. Noch im Gehorsam will er wissen, warum er gehorcht. Alles, was er für wahr hält und als recht tut, stellt er ohne Ausnahme unter die Bedingung, selbst innerlich dabei sein zu können. Er ist nur dabei, wenn seine Zustimmung in seiner Selbstüberzeugung die Bestätigung findet. Kurz: Aufklärung ist – mit Kants Worten – der »Ausgang des Menschen aus seiner selbst verschuldeten Unmündigkeit«. Sie ist zu ergreifen als der Weg, auf dem der Mensch zu sich selbst kommt. Aber die Ansprüche der Aufklärung werden so leicht missverstanden, dass der Sinn der Aufklärung zweideutig ist. Sie kann wahre und sie kann falsche Aufklärung sein. Und daher ist der Kampf gegen die Aufklärung seinerseits zweideutig. Er kann – mit Recht – gegen die falsche oder – mit Unrecht – gegen die wahre Aufklärung sich richten. Oft vermengen sich beide in eins. Im Kampf gegen die Aufklärung sagt man: sie zerstöre die Überlieferung, auf der alles Leben ruhe; sie löse den Glauben auf und führe zum Nihilismus; sie gebe jedem Menschen die Freiheit seiner Willkür, werde daher Ausgang der Unordnung und Anarchie; sie mache den Menschen unselig, weil bodenlos. Diese Vorwürfe treffen eine falsche Aufklärung, die selber den Sinn der echten Aufklärung nicht mehr versteht. Falsche Aufklärung meint, alles Wissen und Wollen und Tun auf den bloßen Verstand gründen zu können (statt den Verstand nur als den nie zu umgehenden Weg der Erhellung dessen, was ihm gegeben werden muss, zu nutzen); sie verabsolutiert die immer partikularen Verstandeserkenntnisse (statt sie nur in dem ihnen zukommenden Bereich sinngemäß anzuwenden); sie verführt den Einzelnen zum Anspruch, für sich allein wissen und aufgrund seines Wissens allein handeln zu können, als ob der Einzelne alles wäre (statt sich auf den lebendigen Zusammenhang des in Gemeinschaft infrage stellenden und fördernden Wissen zu gründen), ihr mangelt der Sinn für Ausnahme und Autorität, an denen beiden alles menschliche Leben sich orientieren muss. Kurz, sie will den Menschen auf sich selbst stellen, derart, dass er alles Wahre und ihm Wesentliche durch Verstandeseinsicht erreichen kann. Sie will nur wissen und nicht glauben.

Wahre Aufklärung dagegen zeigt zwar dem Denken und dem Fragenkönnen nicht absichtlich, von außen und durch Zwang, eine Grenze, wird sich aber der faktischen Grenze bewusst. Denn sie klärt nicht nur das bis dahin Unbefragte, die Vorurteile und vermeintlichen Selbstverständlichkeiten, sondern auch sich selber auf. Sie verwechselt nicht die Wege des Verstandes mit den Gehalten des Menschseins. Diese zeigen sich der Aufklärung zwar erhellbar durch einen vernünftig geführten Verstand, sind aber nicht auf den Verstand zu gründen.

*(Aus: Karl Jaspers: Wahre und falsche Aufklärung. In: ders.: Einführung in die Philosophie.* 

**M2**

**Aufgabe:** Vergleichen Sie Lessings Ringparabel mit der Vorlage in Boccaccios *Dekameron*.

## Das Dekameron (1348–1353) Giovanni di Boccaccio

### Dritte Geschichte

*Der Jude Melchisedech entgeht durch eine Geschichte von drei Ringen einer großen Gefahr, die ihm Saladin bereitet hat.*

Als Neifile, deren Geschichte den Beifall aller fand, schwieg, begann auf den Wunsch der Königin Filomena und sprach also: Neifiles Geschichte bringt mir eine verfängliche Begebenheit ins Gedächtnis, die einmal einem Juden zugestoßen ist: weil es nun bei dem Umstande, das von Gott und von der Wahrheit unsers Glaubens schon viel Gutes gesagt worden ist, nicht unschicklich sein wird, zu den Erlebnissen und Handlungen der Menschen hinabzusteigen, will ich euch diese Geschichte erzählen, die euch vielleicht, wann ihr sie gehört haben werdet, in den Antworten auf die Fragen, die euch gestellt werden, vorsichtiger machen wird. Ihr müsst, meine liebenswürdigen Gesellinnen, wissen, dass so, wie einen die Torheit zu often Malen aus dem Glücke reißt und in das größte Elend stürzt, die Klugheit den Weisen aus den größten Gefahren reißt und ihn in völlige, geruhige Sicherheit bringt. Und dass es wahr ist, dass einen die Torheit aus dem Glücke ins Elend führt, das ersieht man aus vielen Beispielen, die wir nicht erst zu erzählen brauchen, weil uns ja alltäglich ihrer tausend sichtbarlich vorkommen; dass aber die Klugheit ein Ungemach zu stillen vermag, das werde ich euch, meinem Versprechen gemäß, in einem Geschichtchen kurz darlegen.

Saladin, dessen Trefflichkeit so groß war, dass sie ihn nicht nur aus einem geringen Manne zum Sultan von Babylon gemacht hat, sondern ihn auch viele Siege über sarazenische und christliche Könige hat erringen lassen, hatte in verschiedenen Kriegen und durch seine außerordentliche Prachtliebe seinen ganzen Schatz erschöpft, sodass er, als er aus irgendeinem Anlasse eine hübsche Summe Geldes nötig hatte, nicht so schnell, wie es nötig gewesen wäre, wusste, woher sie nehmen, bis er sich eines reichen Juden, Melchisedech mit Namen, erinnerte, der in Alexandrien auf Zinsen borgte und, seiner Meinung nach, wenn er gewollt hätte, wohl imstande gewesen wäre, ihm zu dienen. Der Jude war aber so geizig, dass er es freiwillig nimmer getan hätte, und Gewalt wollte er nicht brauchen; da nun die Not drängte, richtete er seinen ganzen Sinn darauf, ein Mittel zu finden, wie ihm der Jude dienen müsste, und entschloss sich endlich, ihm unter einigem Scheine von Recht Gewalt anzutun. Und er ließ sich ihn rufen, empfing ihn freundlich und hieß ihn an seiner Seite niedersitzen und sagte dann zu ihm: »Ich habe, wackerer Mann, von mehreren Leuten vernommen, dass du gar weise bist und trefflich Bescheid weißt in göttlichen Dingen; und darum möcht ich gern von dir wissen, welches von den drei Gesetzen du für das wahre hältst, das jüdische oder das sarazenische oder das christliche.« Der Jude, der wirklich weise war, erriet sofort, dass ihn Saladin in seinen Worten fangen wollte, um ihn in einen schlimmen Handel zu verwickeln, und besann sich, dass er keines von den dreien würde vor den andern loben können, ohne dass Saladin seinen Zweck erreicht hätte. Weil er also einsah, dass er eine unverfängliche Antwort brauchte, nahm er seinen ganzen Scharfsinn zusammen, und schon fiel ihm auch ein, was er zu sagen hatte, und er sagte: »Herr, die Frage, die Ihr mir gestellt habt, ist schön, und um Euch zu sagen, was ich darüber denke, muss ich Euch eine Geschichte erzählen, die Ihr anhören möget. Wenn ich nicht irre, so erinnere ich mich, zu often Malen gehört zu haben, dass einmal ein gar reicher Mann gelebt hat, der in seinem Schatze neben andern Kleinodien auch einen herrlichen, kostbaren Ring hatte; weil es nun wegen des Wertes und der Schönheit dieses Ringes sein Wunsch war, dass er in Ehren gehalten werde und immer bei seinen Nachkommen verbleibe, ordnete er an, dass der Sohn von ihm, bei dem sich der Ring als sein Vermächtnis finden werde, als sein Erbe gelten und von allen andern als ihr Oberhaupt Ehre und Ehrfurcht genießen solle. Der, dem er ihn hinterließ, hielt es ebenso mit seinen Kindern und tat so wie sein Vorgänger: Kurz, der Ring ging mit der Zeit an viele aus seinem Geschlechte über, bis er schließlich in die Hände eines Mannes kam, der drei schöne, tapfere Söhne hatte, die ihm aufs Wort gehorchten, weshalb er sie denn alle drei gleichmäßig liebte. Die Jünglinge wussten, was es für eine Bewandtnis mit dem Ringe hatte, und darum bat jeder, begierig nach Ehre vor den andern, einzeln den Vater, der schon alt war, dass er den Ring, wann es mit ihm ans Sterben gehe, ihm hinterlasse. Der wackere Mann, der sie alle gleichmäßig liebte und sich selber nicht klar werden konnte, wem er ihn lieber hinterlassen wollte, versprach ihn allen dreien und gedachte alle drei zufriedenzustellen: Darum ließ er heimlich von einem tüchtigen Meister zwei andere machen, die dem ersten so ähnlich waren, dass selbst der, der sie verfertigt hatte, kaum erkannte, welcher der richtige war. Und als es mit ihm ans Sterben ging, gab er jedem Sohne den seinigen; da daher nach dem Tode des Vaters alle drei die Erbschaft und die Ehre beanspruchten und es einer dem andern verweigerte, zeigte endlich jeder zum Beweise, dass er im Rechte sei, seinen Ring vor. Und weil sich nun ergab, dass die Ringe einander so ähnlich waren, dass man den richtigen nicht erkennen konnte, blieb die Frage, wer der wahre Erbe des Vaters sei, in Schwebe und schwebt noch heute. Und so sage ich Euch, Herr, auch von den drei Gesetzen, die Gott, der Vater, den drei Völkern gegeben hat und derentwegen Ihr die Frage aufgeworfen habt: Jedes Volk glaubt seine Erbschaft, nämlich sein wahres Gesetz zu haben und seine Gebote befolgen zu müssen; wer sie aber hat, diese Frage ist so wie bei den Ringen noch immer in Schwebe.« Saladin erkannte, dass es der Jude gar trefflich verstanden hatte, den Schlingen auszuweichen, die er ihm vor die Füße gespannt hatte; darum entschloss er sich, ihm seine Not kundzutun und zu sehn, ob er ihm dienen wolle: Und so tat er, indem er ihm auch eröffnete, was er im Sinne gehabt hätte, wenn er ihm nicht so verständig geantwortet hätte, wie er getan hatte. Nun diente ihm der Jude bereitwillig mit jeder Summe, die er verlangte; und Saladin erstattete ihm alles treulich wieder und begabte ihn überdies mit ansehnlichen Geschenken und behielt ihn für alle Zeit mit großer Auszeichnung als Freund in seiner Nähe.

*(Aus: Giovanni di Boccaccio: Das Dekameron. © Insel Verlag Frankfurt am Main und Leipzig 1999.)*

**M3**

**Aufgabe:** Legen Sie dar, was A. W. Schlegel an der Aufklärung kritisiert und worin sich die »neue Zeit«, d. h. die Romantik, von ihr unterscheidet.

## Vorlesungen über schöne Literatur und Kunst (1801–1804) August Wilhelm Schlegel

Auch unser Gemüt teilt sich wie die äußere Welt zwischen Licht und Dunkel und der Wechsel von Tag und Nacht ist ein sehr treffendes Bild unseres geistigen Daseins. [...]
Der Sonnenschein ist die Vernunft als Sittlichkeit auf das tätige Leben angewandt, wo wir an die Bedingungen der Wirklichkeit gebunden sind. Die Nacht aber umhüllt diese mit einem wohltätigen Schleier und eröffnet uns dagegen durch die Gestirne die Aussicht in die Räume der Möglichkeit; sie ist die Zeit der Träume. Einige Dichter haben den gestirnten Himmel so vorgestellt, als ob die Sonne nach Endigung ihrer Laufbahn in alle jene unzähligen leuchtenden Funken zerstöbe: Dies ist ein vortreffliches Bild für das Verhältnis der Vernunft und Fantasie: In den verlorensten Ahnungen dieser ist noch Vernunft; beide sind gleich schaffend und allmächtig und ob sie sich wohl unendlich entgegengesetzt scheinen, indem die Vernunft unbedingt auf Einheit dringt, die Fantasie in grenzenloser Mannigfaltigkeit ihr Spiel treibt, sind sie doch die gemeinschaftliche Grundkraft unseres Wesens. Was schon in den alten Kosmogonien gelehrt ward, dass die Nacht die Mutter aller Dinge sei, dies erneuert sich in dem Leben eines jeden Menschen: Aus dem ursprünglichen Chaos gestaltet sich ihm durch Liebe und Hass, durch Sympathie und Antipathie die Welt. Eben auf dem Dunkel, worin sich die Wurzel unseres Daseins verliert, auf dem unauslöslichen Geheimnis beruht der Zauber des Lebens, dies ist die Seele aller Poesie. Die Aufklärung nun, welche gar keine Ehrerbietung vor dem Dunkel hat, ist folglich die entschiedenste Gegnerin jener und tut ihr allen möglichen Abbruch. [...]
Ich sehe dem Einwurf entgegen, die von mir dargelegte Ansicht sei ein empörtes und undankbares Kind des Zeitalters, dessen Bildung meine Gedanken in Farbe und Gestalt doch an sich tragen; und ich bestreite daher das Zeitalter mit seinen eigenen Waffen. Allein das wird gar nicht von mir behauptet, dass man gar nichts von ihm annehmen solle, ebenso wenig als es mir einfällt, das Streben, welches seinen Geist ausmacht, für eine bloß zufällige Abirrung auszugeben und nicht einzusehen, dass notwendigerweise in der Bildungsgeschichte auch diese Richtung vorkommen und so weit als möglich verfolgt werden musste. Was wahrhaft reell darin ist, kann und wird nicht untergehen; und wer sich dessen nicht Meister gemacht hat, wer nicht mit dem Zeitalter auf seinem eigenen Gebiet in allem gleichen Schritt halten kann, der soll von der neuen Zeit noch gar nicht mitsprechen. [...]
So viel ist gewiss, dass in der Form der neuesten Philosophie ein gesteigertes Bewusstsein, ein Grad des Selbstverständnisses ausgedrückt ist, wie es sich zuvor noch nie in philosophischen Unternehmungen offenbart hat. So muss auch der heutige Dichter über das Wesen seiner Kunst mehr im Klaren sein, als es ehemalige große Dichter konnten, die wir daher besser begreifen müssen als sie sich selbst; eine höhere Reflexion muss sich in seinen Werken wieder in Unbewusstsein untertauchen. Deswegen ist jetzt Universalität das einzige Mittel, wieder etwas Großes zu erschwingen. Ein Dichter muss nicht nur die umfassendsten Studien antiker und moderner Poesie gemacht haben, er muss in gewissem Grade auch Philosoph, Physiker und Historiker sein.

*(Aus: August Wilhelm Schlegel: Kritische Schriften und Briefe, Band 3. Hrsg. von E. Lohner. Stuttgart: Kohlhammer 1964, S. 62–85, Auszüge.)*

# M4

**Aufgaben:** 1. Versuchen Sie, die zentralen Aussagen des Textes in Thesenform wiederzugeben.

2. Diskutieren Sie in Kleingruppen darüber, inwieweit dieser Text Ihre Ergebnisse zu den Aufgaben 2–4 (Schülerband, S. 215) bestätigt und erweitert. Beziehen Sie in Ihre Überlegungen u.a. die Rolle des *höfischen Taktes* mit ein.

## Eine Bühne für die schöne Seele (2008) Peter-André Alt

Die Entsühnung des Atridenhauses ist hier weder die Sache männlicher [...] List noch das Produkt göttlicher Hilfe, sondern ein Resultat des naturrechtlich legitimierten Willens zur moralischen Eigenverantwortung. Der Raum, in dem sich dieser Wille auf durchaus spannungsreiche Weise entfaltet, ist die Sprache der Bitten, Aufforderungen, Ansinnen und Ermahnungen, die Iphigenie an König Thoas richtet (»Versagen kannst du's nicht; gewähr es bald«, v. 2150). Im Reden sucht die Protagonistin Räsonnement und Tat, moralische Reflexion und Entschlusskraft, sittliches Urteil und praktisches Ziel zu verbinden. [...] Iphigenie figuriert hier als Medium eines unbedingten Wahrheitsanspruchs, dessen innere Ambivalenz allerdings darin liegt, dass er nicht zweckfrei bleibt, sondern sich als das bessere Mittel auf dem Weg zur Ablösung von der Schuld ausweisen möchte. Die Exkulpation, welche die Götter in Aussicht stellen, muss mit dem Postulat innerer Aufrichtigkeit verknüpft werden: »Lass mich mit reinem Herzen, reiner Hand,/Hinübergehn und unser Haus entsühnen.« (v. 1968 f.) Dieses Motiv [...] wird bei Goethe von der Rhetorik der Überredung unterstützt. [...] Wo Euripides' Iphigenie noch das Stummsein als Mittel zum Erfolg gepriesen hatte (»Ein edel Ding ist ein verschwieg'ner Mund«), praktiziert Goethes Heldin eine rhetorische Überzeugungsarbeit, die sämtliche Register der Beredsamkeit zieht. Das Schweigegebot, das in der euripideischen Iphigenie die List befördert, wird bei Goethe durch die Gewalt der Argumentationskunst ersetzt, vor der Thoas am Ende in einer zunehmend asymmetrischen Situation kapitulieren muss. Iphigenie gewinnt ihre neue Rolle im Geltungsbereich des Logos, der die Lösung des Konflikts auf der Basis der Sprache regelt »Ich habe nichts als Worte«, v. 1863). Mit dieser Funktion verinnerlicht sie aber auch die ambivalente Tendenz der Gewissensethik, gleichzeitig Freiheit zu stiften und moralischen Druck aufzubauen. Die schöne Seele, deren Signum gerade die Zwanglosigkeit des Handelns war, wird ihrerseits von den Zwängen der Überredungskunst eingeholt.

Goethes Drama sucht nun dieser inneren Pression eine äußere Form der Balance entgegenzusetzen, in der die Anspannung der Zwecke aufgelöst werden soll. In der geschmeidig-gelenkigen Rede, die Goethes Heidin führt, tritt zutage, was Wielands Musarion (1768) ein »Kolorit von Wohlanständigkeit« nennt. Der Wille zur Überwindung der mythischen Konflikte auf neuem Weg hat hier eine Schauseite, in der sein Ethos als schöne Form zutage tritt. [...] Diese Konstellation macht erklärlich, aus welchem Grund Iphigenie als ›schöne Seele‹ [...] primär eine Figur der Vermittlung ist, die ihre Identität in der Aufgabe aufgehen lässt, die vom Mythos gewährte Entschuldung mit den Instrumenten naturrechtlich begründeter Moralität als Gewissensakt formell nachzuvollziehen.

Zwar zeigt Goethes Drama den prägnanten Moment der Überführung des Götterglaubens in den Bereich der sittlichen Individualität »Rettet mich,/Und rettet euer Bild in meiner Seele!«, v. 1716 f.), doch bindet es den gesamten Vorgang an eine formalisierte Subjektivität, die Selbstbestimmung als Vermittlungs- und Transferleistung fasst. In diesem formalisierten Charakter, den das Schauspiel zur Bedingung seines Autonomieexperiments erhebt, hat Adorno zu Recht die Nähe zum aristokratischen »Takt« erkannt; der Versuch der rhetorischen Überzeugung, der vom Vertrauen in die Suprematie des zivilisierten gegenüber dem barbarischen Leben getragen wird, erfolgt mit den Mitteln der aristokratischen Höflichkeit, die die individuelle Motivation einzig durch den Anstand zum Ausdruck bringt. Die Freiheit des Gewissens [...] verbindet sich hier mit einer Form, die im Reden Gegensätze balanciert und die »Ungebärdigkeit« des rohen Stoffs – des barbarischen Ritus wie der unbedingten Liebe – derart abschleift, dass sie eine glänzende Oberfläche gewinnt. Der skythische Kultus, demzufolge Fremde geopfert werden durften, lässt sich auf diese Weise ebenso abmildern wie das drängende erotische Begehren des einsamen Thoas, der sich in die Geste des Verzichts schicken muss. Die Sprache der Versöhnung, die Iphigenie anstimmt, tilgt die Gewalt des Mythos in einer Ordnung der Contenance, die auf das traditionelle höfische Verhaltensmuster der Selbstbeherrschung verweist. [...]

*(Aus: Peter-André Alt: Klassische Endspiele. Das Theater Goethes und Schillers. München: Beck 2008, S. 95–97, Auszüge.)*

# Sprache und Kommunikation (S. 222–261)

Thorsten Zimmer / Johannes Georg Sanders

## 1 Zielsetzung und Aufbau des Kapitels

Ein zentraler Gegenstand des Deutschunterrichts ist immer auch – neben der Literatur – die deutsche Sprache: und zwar in ihrer geschichtlichen Entwicklung sowie ihren unterschiedlichen Funktionen. Entsprechend werden in dem Kapitel *Sprache und Kommunikation* drei Aspekte aufgegriffen und didaktisch aufgearbeitet: Sprachwandel, Spracherwerb und Kommunikationsanalyse.

### Sprachwandel des Deutschen

Mit dem Abschnitt *Sprachwandel des Deutschen* soll den Schülerinnen und Schülern sowohl ein Eindruck von der Historizität und der Entwicklung des Deutschen wie auch von der grundsätzlichen Veränderbarkeit lebendiger Sprachen vermittelt werden. Anhand exemplarisch ausgewählter Sprachzeugnisse wird ihnen ein Einblick in die Erscheinungsformen des Deutschen seit der althochdeutschen Zeit ermöglicht. Schon die Briefauszüge aus fünf Jahrhunderten, die am Anfang des Kapitels präsentiert werden, belegen die generelle Veränderbarkeit der Sprache und ermöglichen eine Hypothesenbildung angesichts der Art und der Intensität der Unterschiede. Der intendierte Blick auf die verschiedenen Beschreibungsebenen – vom Stil über den Satzbau und die Lexik bis zur Schreibung – kann dabei als fachmethodische Vorbereitung für die exakte Untersuchung der folgenden Textbeispiele genutzt werden.
Dem Kurs durch die deutsche Sprachgeschichte vorgeschaltet sind die notwendigen Informationen über die Anfänge einer als »deutsch« zu bezeichnenden Sprache und die Herkunft des Sprachennamens. Die ausgewählten »frühen Texte des Deutschen« zeigen knapp und exemplarisch frühe Verwendungskontexte des Deutschen und typische Erscheinungsformen der geschriebenen deutschen Sprache. Die Aufgabenstellungen verfolgen dabei das Ziel, die Schülerinnen und Schüler auf der Grundlage der eigenen Übersetzungsversuche zu einer intensiven Auseinandersetzung mit den Wortbedeutungen und den sprachlichen Veränderungen anzuregen. Eine Möglichkeit, den spätmittelalterlichen Schwank-Text als Beginn einer intensiveren Beschäftigung mit dem Mittelalter und dem Mittelhochdeutschen zu nutzen, bietet der Vergleich mit dem Parzival-Auszug, der als Zusatzmaterial beigefügt ist. Sowohl die althochdeutschen als auch die mittelhochdeutschen Textzeugnisse erlauben in einem über die Sprachbetrachtung hinausgehenden literaturgeschichtlichen Exkurs den Blick auf die Lebensbedingungen, Wertvorstellungen und Weltbilder ihrer Entstehungszeit.
Die beiden Quellen, anhand derer die Entstehung des Neuhochdeutschen nachvollzogen werden soll, beschäftigen sich auch inhaltlich mit der Entwicklung des Deutschen. Luthers Bemühungen um die deutsche Sprache im Kontext seiner Bibelübersetzungen hatten – aufgrund ihrer damaligen Modernität sowie Pragmatik und der weiten Verbreitung seiner Bibelübersetzungen – einen enormen Einfluss. Die sprachpuristischen Bemühungen der Sprachgesellschaften werden bis heute diskutiert. Der letzte Text des Kapitels rundet den Kurs in zweifacher Hinsicht ab. Einerseits bildet er aufgrund der Verwendung der heutigen Zeitungssprache einen Bezugspunkt für die dem Kapitel impliziten Sprachvergleiche, andererseits thematisiert er durch die Darstellung der verschiedenen Positionen zum Sprachwandel die unterschiedliche Bewertbarkeit der festgestellten Sprachveränderungen. Auch die Schüler sollten nach der Bearbeitung der Arbeitsaufträge eine fundierte Meinung zu den geäußerten Positionen haben und sich differenziert an der Diskussion beteiligen können.
Folgende Kompetenzen können bei der Behandlung dieses Abschnittes besonders gefördert werden:

- sprachliche Erscheinungen präzise beschreiben können;
- Linguistische Fachterminologie kennen und anwenden können;
- Entwicklungsstufen des Deutschen kennen;
- Beispiele deutscher Texte aus verschiedenen Sprachepochen kennen;
- sich der Geschichtlichkeit und Entwicklung des Deutschen bewusst sein;
- Positionen und Bewertungen zur Sprachveränderung kennen und nachvollziehen können;
- Informationen zur Bildung und Verteidigung der eigenen Position nutzen können.

### Der Spracherwerb des Menschen

Der Blick auf den Spracherwerb des Menschen und die verschiedenen Vorstellungen und Theorien zu dessen Beschreibung ergänzen die Sprachbetrachtungen dieses Kapitels um einige wichtige und anschauliche Aspekte. Es kann davon ausgegangen werden, dass sich die Schülerinnen und Schüler in ihrem Alltag kaum mit der Frage

nach dem Verlauf des Spracherwerbs beschäftigen. Allenfalls wird ihnen aufgrund ihrer eigenen Erfahrung bewusst sein, dass sich der Erwerb der Erstsprache mit geringerem Aufwand vollzieht als das Erlernen einer weiteren (Fremd-)Sprache. Nach ihren Vorstellungen zu den Methoden und Mechanismen des kleinkindlichen Spracherwerbs befragt, werden sie in der Regel Hypothesen formulieren, die der behavioristischen Vorstellung nahe- kommen. Für eine weitergehende Auseinandersetzung mit den entsprechenden Fragen sind Schülerinnen und Schüler meist sehr offen, lassen sich doch hier Reflexionen über Sprache anstellen, deren praktisch-empirische Relevanz und Überprüfbarkeit sehr einsichtig sind.
Ausgehend von dem transkribierten Mutter-Kind-Gespräch können Fragen zu den Besonderheiten der frühen Sprachphase und dem Sprachenlernen formuliert werden, die sich als schülernahe Grundlage zur Bearbeitung der theoretischen Texte dieses Abschnitts verwenden lassen. Der Kapitelabschnitt bietet schließlich Informationen zur Relevanz des Sprechenlernens, zu den einzelnen Sprachlernphasen und zum Ablauf menschlicher Sprachlernprozesse. Ohne zu sehr auf Details einzugehen, werden auch die gängigen Theorien zum Erstspracherwerb vorgestellt und miteinander verglichen, sodass es insgesamt möglich wird, die eingangs formulierten Fragen und Untersuchungsaspekte von verschiedenen Seiten zu beleuchten und wichtige Antworten zu finden.

Über den Spracherwerb hinaus werden sich die Schülerinnen und Schüler in diesem Abschnitt auch mit wichtigen grundsätzlichen Fragen zum Funktionieren und zum Wesen der Sprache und des Sprechens auseinandersetzen können. Außerdem können interessante Informationen über das Lernen und die kognitive Entwicklung des Menschen vermittelt werden.
Folgende Kompetenzen werden bei der Bearbeitung dieses Abschnitts gefördert:

- ein Textkorpus auswerten und zur Hypothesenbildung nutzen können;
- Sachtexte verstehen und zur Präzisierung von Hypothesen nutzen können;
- Erklärungsmodelle als solche verstehen und ihre Plausibilität bewerten können;
- linguistische Fachterminologie kennen.

## Kommunikationsanalyse

Eine wesentliche Erkenntnis der modernen Sprachwissenschaft ist die Einsicht, dass die menschliche Kommunikation über die Grundfunktion – nämlich die inhaltliche Verständigung der Kommunikationspartner über Dinge und Sachverhalte dieser Welt – weit hinausgeht. Das Miteinander-Reden hat z. B. eine psychologische Komponente mit diffizilen Spielregeln; die Chance ist demzufolge groß, dass Gespräche misslingen und verunglücken.
Die kommunikationsanalytischen Schritte dieses Abschnitts machen die Mechanismen bewusst, die zur Voraussetzung einer gelingenden Kommunikation gehören. Darüber hinaus kann die Untersuchung derivierender Kommunikationsformen Aufschlüsse über verdeckte Sprechintentionen liefern. Die Kommunikationsanalyse stellt damit auch Werkzeuge für die literarische Analyse von Texten zur Verfügung, in denen Dialoge im Vordergrund stehen.
Mithilfe von kreativen Aufgaben sollen die Schülerinnen und Schüler zunächst die Vielschichtigkeit und Offenheit der menschlichen Kommunikation erschließen, die es anders als die instinktiv determinierten Kommunikationsformen im Tierreich (vgl. den Bienentanz oder die Signalsprache der Primaten) gestatten, immer neue Spielarten des Miteinander-Redens zu entwickeln.
Mit dem Kommunikationsquadrat Schulz von Thuns lernen die Schülerinnen und Schüler ein einprägsames und praxiserprobtes Modell der Kommunikationsanalyse kennen, das zur Unterscheidung von expliziten Ausdrucksformen und den verdeckten Funktionen der Sprechakte verhilft. Diese Unterscheidung des eigentlichen und implizierenden Sprechverhaltens schafft Klarheit bei der Analyse literarischer Szenengestaltung in epischen Dialogtexten, Filmdrehbüchern oder Dramentexten. Der praktischen Anwendung des Kommunikationsquadrates gilt die nächste Sequenz, die sich auf kurze Schlüsselszenen des Films *Die Truman Show* bezieht.
Im Zusammenhang mit der Untersuchung der Filmszenen lässt sich das Nachrichtenmodell auch als Interpretationshilfe zur Erschließung literarischer Texte nutzen. Hierzu dient die szenische Auslegung zweier kurzer Szenen aus Lessings *Emilia Galotti*.
Abschließend werden Veränderungen unseres Kommunikationsverhaltens in Alltagssituationen verglichen und kritisch untersucht.

# 2 Aufgaben – Lösungen – Kommentare

## Sprachwandel des Deutschen (S. 224–235)

### Verschiedene Sprachstufen kennenlernen

**Aufgabe 1** (S. 225)
Die kurzen Briefauszüge sollen lediglich einen Einblick in die verschiedenen historischen Erscheinungsformen des Deutschen geben. Der Inhalt der Briefe hat dabei allenfalls marginale Bedeutung.
Gegebenenfalls wird man die Tabelle (**M 1**), die in Aufgabe 2 zur systematischen Untersuchung der Texte genutzt werden soll, aus den Schülerantworten der Aufgabe 1 ableiten und die Untersuchungskriterien für die erste Tabellenspalte von den Schülern selbst formulieren lassen.

**Aufgabe 2** (S. 225)
Beschreibungsebenen, auf denen sich die Textauszüge unterscheiden, sind:

- der Sprachstil
- der Satzbau (»Syntax«)
- die Wortwahl (»Lexik«)
- die Schreibung (»Orthografie«)

Es ist durchaus sinnvoll, den Schülern die Beschreibungsebenen bewusst zu machen, da diese für weitere Sprachbeschreibungen genutzt werden können. Auch die Fachbegriffe sollten in diesem Zusammenhang eingeführt werden.

Insgesamt zeigt der Vergleich die Veränderung und Entwicklung der deutschen Schreibsprache. Schon die Luther-Texte bedienen sich einer Schriftsprache, die der heutige Leser gut verstehen kann. Spätestens in der Klassik scheinen wesentliche Regeln zur Schreibung fundiert, die bis heute Geltung haben.

### Was das Wort »deutsch« bedeutet

**Aufgabe 1** (S. 226)
Das Wort *deutsch* kommt hier in verschiedenen Zusammenhängen vor:

- Deutsch als Schulfach
- Deutsch als Sprache aus Wortschatz und Grammatik
- deutsche Sprache als Identifikationsgrundlage
- Deutsch als Kultur- und Nationalbegriff

Weitere Konnotationen des Begriffs sind:

- *deutsch* als Bezeichnung bestimmter Eigenschaften oder Vorurteile
- im 3. Reich: völkisch verstandener Begriff *deutsch*

**Aufgabe 2** (S. 226)
Die Zeitleiste könnte z. B. folgendermaßen aussehen:

| | | |
|---|---|---|
| **786** | *»theodisce«* | Synodalbericht an Papst Hadrian I. |
| **um 1000** | *»diutisc«* | Notker der Deutsche;<br>bis hierher: Bezeichnung der Volkssprache/ später Benennung der germanischen Stämme im romanischen Grenzgebiet |
| **um 1090** | *»diutischin«* | Annolied |
| **Mitte 12. Jahrhundert** | *»dütisc«* | Kaiserchronik; Beginn eines deutschen Sprach- und Kulturbewusstseins, »deutsch« als Volksbegriff und geografische Bezeichnung |
| **Spätmittelalter** | *»Teutschland«* | nationale Bedeutung |

## Sich mit frühen Texten des Deutschen befassen

**Aufgabe 1** (S. 227)
Es handelt sich bei dem zweiten Merseburger Zauberspruch um einen sogenannten »Pferdesegen«. Die sprachlich dicht komponierte Formel (zweiteiliger Gesamtaufbau, Aufgreifen der magischen Dreizahl in den dreifachen Wiederholungen, Parallelitäten und Stabreime) blickt auf eine Vorbildhandlung in der Welt der germanischen Götter (*Phol, Wodan, Baldur, Sindgund, Sunna, Frija und Volla* werden als germanische Götter bzw. Göttinnen gedeutet) und gründet darauf ihr Wirkungspotenzial. Die Vorstellung, ein konkretes Alltagsproblem – den verrenkten Fuß eines Pferdes – durch die beschwörende Einbeziehung der germanischen Götterwesen zu beheben, spiegelt ein unmittelbares und pragmatisches Götterbild. Die Götter tragen menschliche Züge und sind mit weltlichen Problemen – wie der Krankheit der Haustiere – konfrontiert, die sie allerdings mithilfe göttlich-magischer Fähigkeiten lösen können. In direkter Übertragung der Probleme können sie in der Funktion als Schutz- und Hilfsgötter angerufen werden.

**Aufgabe 2** (S. 227)
Die Tabelle **M 2** bringt einen Vergleich von etymologisch verwandten Wörtern sowie eine Zusammenstellung der Veränderungen vom Althochdeutschen zum Neuhochdeutschen.
Die Groß- und Kleinschreibung ist dabei nicht berücksichtigt. Auch die in der Regel relevanten Positionen und Quantitäten der Laute bleiben unberücksichtigt. Diese Faktoren können aus didaktischen Gründen vernachlässigt oder, wenn es das Niveau der Lerngruppe zulässt, ergänzt werden.

**Aufgabe 3** (S. 227)
Eine originalnahe Übertragung könnte lauten:
*Vater unser, du da bist im Himmel, sei geheiliget dein Name, komme dein Reich, sei dein Wille, so du Herr im Himmel bist, so sei Herr auf der Erde, unser tägliches Brot gib uns heute, und erlasse uns unsere Schuld, so (wie) wir erlassen sie unseren Schuldigern, und geleite uns nicht in Versuchung, sondern erlöse uns vom Übel.*

**Aufgabe 4** (S. 227)
Mehrfach vorkommende Veränderungen sind:
*th > d*
*î > ei*
*hh > ch*
*f > v*
*uu > w*
*Endungen fallen weg*
*Vokallängen werden schriftlich gekennzeichnet*

Darüber hinaus finden sich auch die folgenden Veränderungen:
*qu > k*
*iu > eu*
*sc > sch*
*(zahlreiche weitere, hier nicht systematisierbare Vokalveränderungen)*

**Aufgabe 5** (S. 230)
Die mittelhochdeutsche Formulierung *daz maere* bedeutet zunächst »Kunde«, »Bericht« und »Erzählung« und wird zu einer recht weit gefassten Gattungsbezeichnung für die erzählende Dichtung des Mittelalters. Die Märentexte, die sowohl in Bezug auf ihr literarisches Niveau als auch auf ihren Umfang sehr unterschiedlich ausfallen, entstammen stadtbürgerlichen Schreibsituationen. Schwankhaft und ironisch schildern sie Handlungsverläufe, hinter denen wiederkehrende und typische moralische Fragestellungen deutlich werden.

(Originalnahe) Übertragung der Verse 11–18:
*Er hob sich auf des Meeres Flut*
*Als es ein Kaufmann tut.*
*So kam er in ein fremdes Land.*
*Da er guten Kauf fand. (d. h.: wo er viel verkaufen konnte)*
*Er blieb wegen der Gewinne*
*Drei Jahre dort,*
*Dass er nicht wieder heimkam,*
*Bis das vierte Jahr ein Ende nahm.*

(Originalnahe) Übertragung der Verse 43–50:
*Nun hieß er die Knechte (d. h.: nun trug er den Knechten auf)*
*Die Schiffe recht zu bereiten (d. h.: die Schiffe zurechtzumachen)*
*Mit Speisen nach der alten Sitte.*
*Des Schnees Sohn führte er mit. (d. h.: das Schneekind nahm er mit)*
*Er hob sich auf das wilde Meer,*
*Die Winde schlugen ihn hin und her*
*Und verschlugen ihn in ein Land,*
*wo er reichen Kauf fand. (d. h.: wo er viel verkaufen konnte)*

**Stichpunkte zum Inhalt**
- Ein Kaufmann liebt seine Frau und vertraut ihr, was von dieser nicht erwidert wird.
- Nach einer vierjährigen Handelsreise des Mannes hat die Frau ein kleines Kind an der Hand.
- Nach den Angaben der Frau geschah die Zeugung des Kindes derart, dass sie das Verlangen nach ihrem Mann dadurch stillte, dass sie Schnee aus dem Garten in den Mund steckte und dabei das Kind empfing.
- Der Mann lässt sich auf den Betrug ein und erzieht den Knaben.

- Auf eine seiner nächsten Reisen nimmt er das Kind mit und verkauft es für 300 Mark.
- Er kehrt nach Hause zurück und belügt nun seine Frau: Das Schneekind sei nass geworden und geschmolzen.
- Der Schluss der Märe feiert den Mann, dem es gelungen ist, sich an seiner betrügerischen Frau derart zu rächen.

**Aufgabe 6** (S. 230)
Es ist sinnvoll, eine bestimmte Anzahl an Beispielen zu verlangen oder nur einen bestimmten Abschnitt untersuchen zu lassen. Die Tabelle (**M 3**) blickt auf die ersten zehn Zeilen, in denen die wesentlichen systematischen Veränderungen zwischen dem spätmittelalterlichen und dem heutigen Deutsch bereits deutlich werden.

**Aufgabe 7** (S. 231)
Der Text enthält die folgenden Informationen:

- die Textsorte wird als »Ehestandsgeschichte« konkretisiert;
- der »betrogene Ehemann« ist eine – wiederkehrende – zentrale Figur der Texte;
- der Typus des betrogenen Ehemanns offenbart ein Selbstbewusstseinsproblem des bürgerlichen Mannes;
- männliche Identität gründet – auch für den Bürger – noch auf den Wertvorstellungen des ritterlichen Adels, die sich im bürgerlichen Leben nicht verwirklichen lassen;
- bürgerlicher (z. B. kaufmännischer) Erfolg hat sich noch nicht als identitätsstiftender Wert der männlichen Bevölkerung etabliert;
- der Ehebruch als literarisches Thema konkretisiert stellvertretend die fehlende Achtung vor den unritterlichen, bürgerlichen Männern;
- dieser Konflikt kann noch nicht positiv aufgelöst werden, die Autoren verarbeiten dies schwankhaft und komisch.

Die Informationen lassen sich zur Deutung des Märe vom Schneekind nutzen, da es sich hier ebenfalls um eine Ehestandsgeschichte handelt. Tatsächlich wird der Bürger – ein Kaufmann – mehrfach als sehr erfolgreich in seinem Beruf beschrieben, was offensichtlich nicht dazu geführt hat, dass seine Frau ihn entsprechend achtet. Der betrogene Ehemann des Schneekind-Märe ist – und das ist eine Besonderheit – nicht nur ein tüchtiger Kaufmann, sondern auch ein guter und cleverer Stratege. Ohne seine Frau zu verlieren, rächt er den Betrug und wird am Schluss der Geschichte dafür gelobt.

[Als Kontrasttext und Vertiefung eignet sich der Auszug aus dem Parzival, **M 4**.]

## Die Entstehung des Neuhochdeutschen kennenlernen

**Aufgabe 1** (S. 232)
Martin Luthers außergewöhnliche Sprachbegabung veränderte den Sprachgebrauch des Deutschen wesentlich, zumal seine Veröffentlichungen weite Verbreitung fanden und großen Einfluss auf die Leser hatten.
Sprachliche Ansprüche, die Martin Luther an seine Bibelübersetzung stellt:

- er möchte »reines und klares« Deutsch verwenden;
- er beschreibt, wie langwierig und aufwendig sich die Suche nach einer verständlichen und angemessenen Übersetzung oft gestaltet hat;
- er bemüht sich, die Sprache der Menschen auf der Straße zu benutzen, weil eben diese die Zielgruppe der Übersetzung darstellen;
- die Verdeutschung muss nicht zu wörtlich an der lateinischen Vorlage orientiert sein; dies führt oft zu unverständlichen Formulierungen;
- er will Wörter finden, die ins Herz und in alle Sinne dringen.

Insgesamt geht es Luther darum, eine authentische Sprachform zu verwenden, die dem natürlichen, in der Alltagsrealität gesprochenen Deutsch nahekommt.

**Aufgabe 2 (S. 233)**
Unterschiede zum Neuhochdeutschen sind zum Beispiel:
ge**v**lissen > ge**f**lissen<br>
dr**ey** > dr**ei**<br>
**e**rbeiten > **a**rbeiten<br>
**v**nd > **u**nd<br>
w**o**l > w**o**hl<br>
o**ff**t > o**f**t<br>
habe**ns** > habe**n es**<br>
funden > **ge**funden<br>
i**nn** > i**n**<br>
k**undt**en > k**onnt**en<br>
verdeu**d**scht > verdeu**t**scht<br>
l**euff**t > l**äu**ft<br>
**i**tzt > **je**tzt<br>
o**dd**er > o**d**er<br>
**b**l**e**tter > **B**l**ä**tter

**Aufgabe 3** (S. 233)
Der Dichter und Sprachgelehrte Justus Georg Schottel (1612–1676) ist eines der populärsten Mitglieder der »Fruchtbringenden Gesellschaft«, er arbeitete unter anderem als Hauslehrer am Wolfenbüttler Hof. Sein linguistisches Hauptwerk ist die 1663 erschienene *Ausführliche Arbeit Von der Teutschen HaubtSprache.*

Zum Textauszug aus dem Werk *Teutsche Sprach Kunst*: Schottel sieht einen engen Zusammenhang zwischen dem Umgang mit der deutschen Sprache und dem Befinden der gesamten Nation. Er unterstellt polemisch, dass Gott aufgrund der eingetretenen »Verfremdung und Verkehrung« der Sprache und der Sitten auch das Wohlergehen Deutschlands »verfremdet und verkehrt« habe, womit er natürlich auf die grausamen und weitreichenden Konsequenzen des 30-jährigen Kriegs anspielt.

Insgesamt beklagt Schottel einen Sprachverfall der deutschen Sprache, der sich vor allem im Vergessen und Missachten des eigenen Vokabulars und der Übernahme von Wörtern aus fremden Sprachen konkretisiert.

Der Blick auf das Emblem der »Fruchtbringenden Gesellschaft« (Abb. im Schülerband S. 233) kann die Beschäftigung mit den Sprachpflegebemühungen im 17. Jahrhundert ergänzen. Die Schüler können das Emblem beschreiben und versuchen, seinen Symbolgehalt zu erklären.

**Aufgabe 4** (S. 233)
Ein Portal mit brauchbaren und qualitätsgeprüften Internetadressen bietet zum Beispiel der Bildungsserver der Stadt Hamburg:

*http://lbs.hh.schule.de/welcome.phtml?unten=/faecher/deutsch/sprachwandel/index.htm*

Die Bewertung der Sprachpflege kann in einer Tabelle an der Tafel gesammelt werden.

**Tafelbild**

| Für die Sprachpflege spricht | Gegen die Sprachpflege spricht |
|---|---|
| ▸ Sprachen verlieren ihren eigenen Charakter und passen sich immer weiter aneinander an.<br>▸ Mit den Wörtern verschwinden und verblassen auch national-kulturelle Wahrnehmungen, Denkweisen, Erfahrungen und Positionen. Die nationale Identität wird reduziert.<br>▸ Tradierte Texte einer Sprache werden aufgrund zu großer Veränderungen unverständlich.<br>▸ Sprachtraditionen werden vergessen. Mit den Begriffen verlieren sich auch Erinnerungen. | ▸ Eine lebendige Sprache existiert durch ihren Gebrauch und ihre Sprecher. Wenn Sprecher die Sprache verändern, ist das ein Zeichen ihrer Lebendigkeit.<br>▸ Veränderungen gehören zu einer Sprache, sie können nicht aufgehalten werden.<br>▸ Die Welt – also das, was durch Sprache beschrieben wird – verändert sich. Zwangsläufig muss sich auch die Sprache ändern. |

### Heutige Sprachveränderungen bewerten

**Aufgabe 1** (S. 235)
Der Text beschäftigt sich mit der Frage nach der Bewertung des gegenwärtig feststellbaren Sprachwandels in der deutschen Sprache und beleuchtet verschiedene Positionen zu diesem Thema.
Als implizite und explizite Argumente zum Sprachwandel werden deutlich:

**Sprachwandel ist negativ, weil ...**
- die Sprache an Niveau verliert;
- die Verständlichkeit eingeschränkt wird;
- tradierte Texte irgendwann unverständlich werden.

**Sprachwandel ist nicht negativ, weil ...**
- er ein Zeichen der Lebendigkeit der Sprache ist;
- es ihn schon immer gab;
- er in allen Sprachen vorkommt;
- er eine natürliche Konsequenz aus der Nutzung der Sprache durch ihre Sprecher ist.

**Aufgaben 2 und 3** (S. 235)
Vielleicht ist es reizvoll und ergiebig, den Schülern bestimmte Rollen und Positionen vorzugeben, aus deren Perspektive sie das Thema vorbereiten und diskutieren sollen. Die Gruppen könnten sich entsprechend vorbereiten, sodass jeweils ein Vertreter jeder Gruppe an einer simulierten Podiumsdiskussion teilnimmt.

## Der Spracherwerb des Menschen
(S. 236–247)

### Die Phasen des Spracherwerbs erkennen

**Aufgabe 1** (S. 236)
Es geht um verschiedene konkrete Gegenstände, die das Kind wahrscheinlich sieht oder greift. Angesprochen sind: eine Kette mit einem Schlüssel, ein Armreif, die Hose des Kindes.

**Aufgabe 2** (S. 236)

*Merkmale der Sprache der Mutter:*

- reagiert vor allem auf das Kind
- Sprechakte: Fragen und Erklärungen
- Umgangssprache, kurze einfache Sätze
- inhaltlich v. a. Aufzählen und Benennen von Konkreta

*Merkmale der Sprache des Kindes:*

- kaum Kohärenz, ständige Themenwechsel
- Die Sprache benennt offenbar unmittelbar Wahrgenommenes (außer bei der Erwartung, dass die Hose gewaschen wird).
- Deixis
- kurze Sätze (oft aus einem oder zwei Wörtern bestehend)
- Imperative werden benutzt
- falsche Flexion (z. B. *sollt* statt *sollst*)
- Wortvermischungen (z. B. *mapi* statt Mami/Papi)
- falsche Laute (z. B. *dis* statt *das*; *süssel* statt *Schlüssel*)
- Wortwiederholungen (z. B. *Mami waffel Mami*)

**Aufgabe 3** (S. 237)

| | |
|---|---|
| **12 Monate** | erste Wörter (Übergeneralisierungen, Überspezifizierungen, Untergeneralisierungen) |
| **18 Monate** | starkes Anwachsen des Wortschatzes, Beginn der Wortverknüpfung |
| **2 Jahre** | produktiver Wortschatz zwischen 50 und 500 Wörtern, täglich werden etwa 10 Wörter hinzugelernt |
| **bis 10/12 Jahre** | vollständiges Erlernen der Sprachstruktur |
| **Schulantritt** | verfügen über rund 14 000 Wörter |
| **Erwachsenenalter** | verfügen über rund 50 000 Wörter |
| **bis ins hohe Alter** | Erweiterung des Sprachschatzes möglich |

**Aufgabe 4** (S. 237)

Laut Text und Vorverständnis gibt es angeborene Fähigkeiten des Menschen, eine Sprache zu erlernen, die durch das Ableiten weiterer Strukturen und den erlernten Wortschatz ausdifferenziert und ergänzt werden.

[Eine Möglichkeit zur Vertiefung des Kapitels bietet der Zusatztext **M 5**.]

## Wie der Mensch zur Sprache kommt

**Aufgabe 1** (S. 239)

Folgende Hypothesen zum Spracherwerb werden angesprochen:

- Lenneberg/Piaget: Kinder sind nur während einer bestimmten Phase fähig, die für Sprache erforderlichen Gehirnstrukturen aufzubauen. Die Phase endet etwa mit Beginn der Pubertät.
- Der Fall Genie bestätigt zunächst allerdings, dass auch später noch Sprache gelernt werden kann.
- Noam Chomsky: In einer bestimmten Entwicklungsphase wächst die Sprache wie ein Organ heran. Die Entwicklung des »Sprachorgans« muss durch einen äußeren Reiz ausgelöst werden.
- Die Entwicklung der Sprache vollzieht sich relativ unabhängig von der Entwicklung anderer geistiger Fähigkeiten.
- Die Sprachlern- und die Sprechfähigkeit beanspruchen die linke Gehirnhälfte.

**Aufgabe 2** (S. 239)

**Sprache hilft dem Menschen ...**

- bei der Sozialisation und Eingliederung in menschliche Gemeinschaften,
- bei der differenzierten Wahrnehmung der Welt,
- beim Ausdruck und der Verarbeitung von Gefühlen,
- ...

## Was man lernen muss, um sprechen zu können

**Aufgabe 1** (S. 241)

Der Computer als »Rechenmaschine« kann sich zwar unendlich viele Wörter merken, deren exakte Bedeutung und deren Weltbezug bleiben ihm aber verborgen.

- Menschen lernen Wörter, die zu konkreten Gegenständen gehören, sodass die Bedeutung immer eng mit dem Ausdruck verbunden ist und entsprechend gespeichert wird.

Die Grammatik einer natürlichen Sprache ist derart komplex, dass ein Computer sie nur teilweise erfassen kann.

- Menschen sind in der Lage, aus den komplexen Grammatikstrukturen die für eine Situation angemessenen auszuwählen und anzuwenden.

Statistisch erhobene Auswahlkriterien können die Spracharbeit des Computers verständlicher machen. Er benötigt hierzu aber die Vorarbeit des Menschen.

- Der Mensch erlernt schrittweise – in einer Kombination aus angeborener Strukturierungsfähigkeit und wahrgenommenen Sprachäußerungen –, selbstständig korrekte Sätze zu formulieren.

[Mit **M 6** kann eine weitere Spracherwerbssituation als kontrastive Auseinandersetzung mit dem menschlichen Sprachlernen eingesetzt werden.]

**Aufgabe 2 (S. 241)**
Dem Computer fehlt bei beiden Übersetzungsschritten das Verständnis sowohl für die außergewöhnliche Satzstruktur des Distichons als auch für die exakte Bedeutung einzelner Begriffe im Kontext. Er übersetzt Wort für Wort, sodass bereits die Rückübersetzung kaum mehr verständlich ist.

## Verschiedene Theorien des Spracherwerbs kennenlernen

**Aufgabe 1** (S. 243)
Zentrale Thesen des Textes sind:
- Der frühkindliche Spracherwerb vollzieht sich nicht allein aufgrund der Nachahmung der Erwachsenensprache (Spracherwerbstheorie des Behaviorismus).
- Beobachtungen belegen: Sprachlernen ist derart komplex, dass es mit dieser Theorie nicht vollständig erklärt werden kann.
- Menschen (schon Kleinkinder) sprechen auch Dinge, die sie nie vorher gehört haben.
- Offensichtlich entnimmt das Kind dem Gehörten schon sehr früh Sprachbildungsregeln, die es selbst kreativ anwenden kann, um neue Äußerungen zu generieren.
- Auch diese These genügt nicht: So würde der Spracherwerb länger dauern und erkennbare Irrwege enthalten.

**Aufgabe 2** (S. 245)
- Die nativistische Position geht davon aus, dass grundsätzliche Faktoren, die das Erlernen von Sprache ermöglichen, angeboren sind.
- Auch die Wirkung von Assoziation und Induktion genügt nicht, um ein komplexes Sprachsystem in kurzer Zeit zu lernen.
- Der Wissenschaftler Chomsky geht daher davon aus, dass bestimmte Strukturen zum Spracherwerb angeboren sein müssen. Er nennt diese Strukturen den »angeborenen Spracherwerbsmechanismus« bzw. den »Language Acquisition Device«. Diese angeborenen Fähigkeiten bieten die Voraussetzung, die Grammatik einer Sprache – aufgrund relativ weniger gehörter Sprachbeispiele – kreativ auszudifferenzieren.

**Aufgabe 3** (S. 247)
Zentrale Aussagen des Textes sind:
- Menschliches Verhalten entsteht aus dem Zusammenspiel von angeborenen Gegebenheiten und Umwelteinflüssen. (Z. 1–2)
- Das Reifen des Organismus (aus neurobiologischer Sicht) wird dabei einerseits von den Genen vorbestimmt, andererseits von äußeren Faktoren beeinflusst. (Z. 10–13)
- Das Zusammenspiel der Gene und der äußeren Faktoren schafft neue Strukturen. (Z. 20–24)
- Sprache entsteht im Kontext anderer kognitiver und sozialer Lernprozesse. (Z. 33–34)
- Der Sprachlernprozess ist ein Zusammenwirken zahlreicher anderer Lernprozesse und Fähigkeiten. (Z. 65–69)

**Aufgabe 4** (S. 247)
Die verschiedenen Spracherwerbstheorien und ihre Vertreter können im Tafelbild übersichtlich gegenübergestellt werden:

**Tafelbild: Unterschiedliche Spracherwerbstheorien**

| Der Erstspracherwerb | | |
|---|---|---|
| **Behaviorismus**<br>(Skinner/Lenneberg)<br><br>Das Kind lernt Sprache, indem es die Sprache der Erwachsenen imitiert. | **Nativistischer Ansatz**<br>(Noam Chomsky)<br><br>Allgemeine Prinzipien und Fähigkeiten zur sprachlichen Strukturbildung sind angeboren und werden mit Gehörtem kombiniert.<br>Das Kind imitiert nicht das unmittelbar Gehörte, sondern leitet Regeln ab, um selbstständig richtige Äußerungen generieren zu können. | **Epigenetischer Ansatz/ Konstruktivismus**<br>(Piaget/Waddington/Szagun)<br><br>Genetische Voraussetzungen und äußere Einflüsse wirken auf den Organismus ein und verändern bestehende Strukturen zu neuen Strukturen. Das Sprachlernen ist ein Ergebnis vieler solcher Veränderungen in unterschiedlichen Bereichen. |

[Interessante ergänzende Informationen liefert der Zusatztext **M 7** von Horst M. Müller zum Fremdspracherwerb.]

## **Kommunikationsanalyse** (S. 248–259)

### Was unter sprachlicher Kommunikation verstanden werden kann

**Aufgabe 1** (S. 248)
Bei der Auslegung der Bezeichnung »Sprachspiele« sollten die Schüler berücksichtigen, dass Spiele häufig menschliche Tätigkeiten konstituieren, die ohne die Akzeptanz eines Regelkanons gar nicht existieren würden. Das Schachspiel z. B. ist keine natürliche Tätigkeit, sondern wird erst durch das Befolgen formulierter Regeln sinnvoll. Bezeichnend ist auch, dass ein Spiel durch den kreativen Umgang mit den Regeln in neue Spielvarianten überführt werden kann. Übertragen auf die Sprache heißt das, dass dieses Phänomen nicht unabhängig von den konstituierenden Regeln der Sprachbenutzer besteht. Erst die Kreation von bestimmten Regeln, die von einer Sprachgemeinschaft akzeptiert werden, ergibt den Sinn eines bestimmten Sprachspiels.

**Aufgabe 2** (S. 248)
Um die Sprachspiele des Alltags, die Wittgenstein im Text nennt (vgl. die Zeilen 10–17), und ihr Regelwerk zu erfassen, sollten die Schüler besonders auf mögliche Regelverstöße und das Misslingen von Spielversuchen achten. Kann man z. B. eine Person mit einem Ausdruck beschimpfen, der mit einer heiteren Konnotation verbunden ist? Unter welchen Umständen wird eine Person beleidigt reagieren, wenn man sie als »Du Düffeldöffel!« tituliert?

**Aufgabe 3** (S. 249)
Aus der Verunzierung eines Kulturdenkmals durch Tausende bunter Notizzettel ist ein farbenfrohes Gesamtkunstwerk in der Einheit mit den historischen Mauern entstanden, das zwischen dem literarischen Vorbild und der Gefühlswelt Jungverliebter aus aller Welt vermittelt. Das Kommunikationsspiel in der Via Arche Scaliger 4 dient nicht nur der öffentlichen Verewigung einer Gefühlslage, denn das Anbringen der Zettelbotschaften ist genauer besehen eine sehr flüchtige Mitteilungsform. Vor allem erhält das eigene Liebesbekenntnis den Status einer außergewöhnlichen Prominenz und Idealisierung, wenn es im Hause der berühmten literarischen Vorbilder geschieht.

**Aufgabe 4** (S. 249)
Ein weiteres Sprachspiel – dem Veroneser Beispiel ähnlich – findet sich unter Alpinisten, die ihren Gipfelgang durch einen Eintrag in das Gipfelbuch dokumentieren und sogar dichterisch ausschmücken. Weitere Sprach- und Kommunikationsspiele sind denkbar, die an das soziokulturelle Selbstverständnis von Sprechergemeinschaften gebunden sind.

### Psychologische Aspekte der Kommunikation erfassen

**Aufgabe 1** (S. 251)
Von besonderer Bedeutung sind in diesem Zusammenhang vor allem die Kategorien »Selbstoffenbarung« und »Beziehung«. Die Schüler könnten selbst Botschaften formulieren wie z. B. »Fährst du oder fahre ich« und über ihre Bedeutung diskutieren.
Vgl. auch den Bezug zu dem Kommunikationsansatz von Paul Watzlawick (**M 8** und **M 9**) im Abschnitt *Ergänzungen und Vertiefungen*.

### Das Nachrichtenmodell anwenden

**Aufgabe 1** (S. 253)
*2. und 17. Szene*
*Sachinhalt:* abgelöst vom tatsächlichen Referenzobjekt »Morgen als früher Tagesabschnitt«
*Selbstoffenbarung:* Lebensfreude; Selbstverständnis als Übermittler von Glück und guter Laune
*Beziehung:* Transfamilialistisches Gemeinschaftsgefühl; Truman denkt allzeit fürsorglich an seine Nachbarn.
*Appell:* Diktatur der Sympathie; in der 17. Szene zeigt der komplementäre Gruß der Nachbarn an, dass Trumans Appell an das Gemeinschaftsgefühl Erfolg hat.

*22. und 23. Szene*
*Sachinhalt:* Der fürsorgliche Ton der Grußformel »Und falls wir uns nicht mehr sehen sollten – guten Tag, guten Abend und gute Nacht!« wendet sich dadurch ins Gegenteil, dass Truman ihn nun auf den endgültigen Abschied vom Produzenten der »Truman Show« bezieht.
*Selbstoffenbarung:* Überlegenheit Trumans, der sich durch die jetzt ironisch gemeinte Grußformel und durch ein Lachen aus dem medialen Bannkreis des Produzenten Christof befreit.
*Beziehung:* Opposition zu Christof
*Appell:* Truman fordert Christof auf, ihn in Zukunft nicht mehr als Darsteller der Truman-Dokusoap zu behelligen.

### Fassadentechnik und Fassadenhaftigkeit reflektieren

**Aufgabe 1** (S. 255)
Der Text ist von den Schülern als eine Spezifizierung des Nachrichtenmodells (vgl. S. 250 f.) zu verstehen, wobei ein besonders empfindlicher Aspekt der Selbstwahrnehmung getroffen wird. Die Fassadentechniken stehen in Opposition zum Gebot des ehrlichen, authentischen Kommunizierens. Die Kenntnis der sprachlichen Techniken zur Errichtung einer persönlichen Schutzfassade kann zur Entlarvung verborgener Persönlichkeitsmerkmale dienen (z. B. bei der Charakterisierung einer literarischen Figur), sie kann aber auch verhaltenstherapeu-

tische Ansätze auf dem Weg zur gelingenden Kommunikation liefern.

**Aufgabe 2** (S. 255)
In der künstlichen Welt, in der Truman Burbank der medialen Öffentlichkeit präsentiert wird, darf es nach den Vorstellungen des Produzenten Christof keine tiefer gehenden Konflikte geben, alle Einwohner und Nachbarn präsentieren die Sonnenseite ihrer Existenz. Wenn in Truman Burbank aufgrund der Inszenierungspannen der Dokusoap, in der er unwissend die Hauptrolle spielt, Zweifel an den alltäglichen Abläufen entstehen und wenn er Ausbruchsversuche wagt, werden die Fassadentechniken seiner Mitmenschen besonders deutlich.

**Aufgabe 3** (S. 255)
Hier wären viele Äußerungen denkbar: etwa auch indirekte Sprechakte in Aufforderungen, z. B. in dem geläufigen »Es zieht!« (Warum sagt der Sprecher nicht: »Schließe doch bitte das Fenster«?)

## Wie die Figuren sich selbst offenbaren

**Aufgaben 1–3** (S. 257)
Im Einzelnen lassen sich die von Schulz von Thun angeführten »sprachlichen Hilfsmittel zur Selbstverbergung« genau nachweisen (PRINZ = entpersönlichender Man-Satz; Ich-Vermeidung durch Wir-Aussagen; Frage- und Ausruftechnik zur Distanzgewinnung gegenüber den eigenen Meinungsäußerungen. CLAUDIA = Fragetechnik und Du-Botschaft »Ah! Mein Bester!« dienen der Selbstverbergung). Auf der inhaltlichen Ebene »offenbart« der Prinz kein besonders ausgeprägtes Verantwortungsbewusstsein als Staatsoberhaupt; und Claudia »offenbart« ein gestörtes Verhältnis zu ihrem Gemahl.

## Kommunikationsformen vergleichen und beurteilen

**Aufgabe 1** (S. 258)
»Hi Lisa, (Herz, Emoticon für Zuneigung) bist Du noch wach? Keine Ahnung, wann ich zurück bin, vielleicht morgen Nacht (Emoticon für Ablehnung). Sorry!! Am Wochenende Kino? By the way: thanks für die Langspielplatte! See you (Smiley mit Kussmund)«

**Aufgabe 2** (S. 258)
Folgende Vor- und Nachteile der SMS-Kommunikation könnten z. B. genannt werden:
*Vorteile:* ideal für kurze Mitteilungen, jederzeit einsetzbar, ständige Erreichbarkeit, geringer Aufwand, niedrige Hemmschwelle, Kommunikation wird schneller
*Nachteile:* Verlust der Gesprächskultur, Kommunikation wird oberflächlicher, Themenwahl oft oberflächlich und belanglos, fördert schlechtes Deutsch, zu wenig Platz (nur 160 Zeichen)

**Aufgabe 3** (S. 259)
Die Schüler sollten aus dem Text herausarbeiten, dass sich Gadamers Kritik am Telefonieren als Kommunikationsform besonders auf den Beziehungsaspekt und den Selbstoffenbarungsaspekt des Sprechens bezieht. Die Übermittlung ausschließlich akustischer Botschaften verhindert oder kappt die Wahrnehmung mimischer und gestischer Signale der gegenseitigen Wertschätzung während des Gesprächs, sodass die Gesprächspartner immer »auf Distanz« bleiben. Alle nuancierteren Botschaften des Miteinander-Kommunizierens werden auf den akustischen Kanal reduziert.

**Aufgabe 4** (S. 259)
Hier bietet es sich an, weitergehende Informationen aus dem Erfahrungsbereich der Schülerinnen und Schüler zu modernen Kommunikationsformen zu diskutieren.

## 3 Ergänzungen und Vertiefungen

**M 1**
**Tabelle:** Beschreibungsebenen

**M 2**
**Tabelle:** Etymologisch verwandte Wörter
Die Tabelle **M 2** bringt einen Vergleich von etymologisch verwandten Wörtern sowie eine Zusammenstellung der Veränderungen vom Althochdeutschen zum Neuhochdeutschen.

**M 3**
**Tabelle:** Veränderungen zwischen dem spätmittelalterlichen und dem heutigen Deutsch

**M 4**
**Vergleichstext:** Wolfram von Eschenbach: *Parzival*
Eine weitere Vertiefung der Wertediskussion und einen Blick in die Sprache und Kultur des hohen Mittelalters ermöglicht der Einsatz des Materials **M 4**. Es handelt sich um einen Auszug aus dem *Parzival*. Wertvorstellungen und Tugenden, die hier angesprochen werden, sind z. B.: Scham, Bescheidenheit, Demut, Maßhalten, Notleidenden helfen.

**M 5**
**Zusatztext:** Gisela Szagun: *Die Alleskönner*
Das Material gibt einen differenzierten Einblick in die Sprachentwicklung und die Lernfähigkeit von Kleinkindern im 1. Lebensjahr. Vor allem die Informationen zu den empirisch erhobenen sprachlichen Universalien sind eine interessante Ergänzung zum Kapitel über den Spracherwerb.

**M 6**
**Zusatztext:** Uta Henschel: *Gespräche unter Verwandten*
Der Text beschreibt ein viel beachtetes Forschungsprojekt an Menschenaffen, bei denen es offensichtlich gelang, den Tieren eine einfache Sprache beizubringen. Die Affen, die als Jungtiere in amerikanische Familien gegeben wurden und dort wie Kleinkinder aufwuchsen, lernten dort auch eine Gebärdensprache, die über das unmittelbare Zeigen auf Gegenstände, die gerade relevant waren, hinausging und insofern tatsächlich das symbolisch-zeichenhafte Potenzial der Sprache nutzte.

**M 7**
**Zusatztext:** Horst M. Müller: *Der Fremdsprachenerwerb*
Müller stellt verschiedene Theorien zum Erwerb der Zweit- oder Fremdsprache vor, die sich zum Beispiel hinsichtlich der Frage unterscheiden, welche Rolle die vorhandene Erstsprache beim Erwerb der Fremdsprache spielt.

**M 8**
**Zusatztext:** Paul Watzlawick: *Die Geschichte mit dem Hammer*
Der Text Watzlawicks ist deshalb für die Explikation von »Sprachspielen« geeignet, weil er die Verletzung von Regeln demonstriert (so wird der Mann keinen Erfolg haben: d. h. einen Hammer vom Nachbarn bekommen).

**M 9**
**Zusatztext:** Interview mit Paul Watzlawick
In diesem Interview geht Watzlawick auf die fünf »pragmatischen Axiome« der Kommunikation ein, die die Grundlagen seiner Kommunikationstheorie bilden. Der Text zeigt u. a., wie wichtig neben dem Inhaltsaspekt von Botschaften oder Äußerungen immer auch der Beziehungsaspekt ist (s. Das Gespräch »Claudia – Odoardo« in Lessings *Emilia Galotti*: II/1 und II/4).

**M1**

## Tabelle: Beschreibungsebenen

| | 1529 | 1730 | 1798 | 1896 | 2006 |
|---|---|---|---|---|---|
| **SPRACHSTIL** | | | | | |
| **Stilistisches** | vorsichtige, untertänige Formulierung | sehr höfliche Anrede des Adressaten | wissenschaftlicher Stil, Metaphorik | persönlicher Stil, Gefühle werden genannt, leichter Nominalstil | Persönliches wird mit Politischem verbunden |
| **Satzbau** | Hypotaxe | Hypotaxe, teils verschachtelte, umständliche Sätze | Parataxe, einfache Hypotaxe | einfache Hypotaxe | Hypotaxe |
| **WORTWAHL** | | | | | |
| **Einzelwörter** | heute kaum mehr bekannt:<br>*Durchleuchtiger*<br>eines Drucks *halben*<br>*Lolbruder*<br>*hochlich* | Romanismen:<br>*excusieren*<br>Latinismen:<br>*incommodieren, Fatalitäten, Fata* | Latinismen:<br>*Reflexion, Production, alterniren* | heute kaum mehr bekannt:<br>*vorgängig*<br>*unrenommistisch*<br>*Decadence* | viele Begriffe aus dem Wortfeld »Demokratie« |
| **SCHREIBUNG** | | | | | |
| **Fremdwörter** | Keine! Luther bemüht sich, deutsch zu schreiben. | Romanismen u. Latinismen | Latinismen | Romanismen | kaum |
| **Vokalschreibung/ Diphthongschreibung** | *fride > Friede*<br>*furst > Fürst*<br>*gnediger > gnädiger*<br>*unterthenig > untertänig*<br>*ynn > in*<br>*bey > bei*<br>... | *treüen > treuen*<br>*Freyheit > Freiheit*<br>*seyn > sein* | keine Auffälligkeiten | keine Auffälligkeiten | keine Auffälligkeiten |
| **Konsonantenschreibung** | *ynn > in*<br>*unterthenig > untertänig*<br>*kurtzlich > kürzlich*<br>*merglicher > merklicher*<br>*umb > um*<br>... | *verfloßen > verflossen*<br>*Music > Musik* | *Production > Produktion*<br>*reflectiren > reflektieren*<br>*werth > wert*<br>*Vortheil > Vorteil* | keine Auffälligkeiten | Günter Grass schreibt nach alter Rechtschreibung *daß* statt *dass*. |
| **Groß-/Kleinschreibung** | *fride >Friede*<br>*furst > Fürst*<br>*bitte > Bitte*<br>... | *mutation > Mutation*<br>ansonsten keine Auffälligkeiten | keine Auffälligkeiten | keine Auffälligkeiten | keine Auffälligkeiten |

M2

## Tabelle: Etymologisch verwandte Wörter und ihre Veränderung vom Althochdeutschen zum Neuhochdeutschen

| Althochdeutsch | Neuhochdeutsch | Veränderungen |
|---|---|---|
| Ende | Und | e > u<br>Endungs-e fällt weg<br>Keine semantische Veränderung! |
| uuorun | fuhren | uu > f |
| zi | zu (übersetzt als *in den*) | u > i<br>semantische Veränderung im Kontext, wobei *zu* auch heute noch als Präposition zur Richtungsangabe verwendet wird |
| holza | Holz (übersetzt als *Wald*) | Endungs-a fällt weg<br>Bedeutungsverengung |
| uuart | ward (nicht übersetzt) | uu > w<br>Auslautverhärtung nicht mehr verschriftlicht<br>Keine semantische Veränderung! |
| birenkit | verrenkt | b > v<br>i > e<br>Endung verkürzt<br>Keine semantische Veränderung! |
| thu | da | th > d<br>u > a<br>Keine semantische Veränderung! |
| en | ihn | e > i<br>kein Dehnungs-h<br>Keine semantische Veränderung! |
| era | ihre | e > i<br>a > e<br>Keine semantische Veränderung! |
| suister | Schwester | sui > schw<br>Keine semantische Veränderung! |
| conda | konnte | c > k<br>a > e<br>Keine semantische Veränderung! |
| ben | Bein<br>(übersetzt als Knochen) | e > ei<br>Formulierung inzwischen veraltet |
| bluot/bluoda | Blut | uo > u<br>Endungs-a fällt weg<br>Keine semantische Veränderung! |
| Lid | Glied | Anfangslaut verändert<br>i > ie |
| gelimida | geleimt | imi > eim<br>Endungs-a fällt weg<br>Keine semantische Veränderung! |
| sin | seien (übersetzt als *wären*) | i > ei<br>Keine semantische Veränderung! |

**M3**

## Tabelle: Veränderungen zwischen dem spätmittelalterlichen und dem heutigen Deutsch

| spätmittelalterliche Schreibung | heutige Schreibung | Unterschiede |
|---|---|---|
| ez | es | z (am Wortende) > s |
| het | hat | e > a |
| kaufman | Kaufmann | Großschreibung am Wortanfang<br>N (am Wortende) > nn |
| wip | Weib | Großschreibung am Wortanfang<br>i > ei<br>p (am Wortende) > b |
| daz | das | z (am Wortende) > s |
| was | war | s (am Wortende) > r |
| im | ihm | i > ih |
| liep | lieb | p (am Wortende) > b |
| gewan | gewann | n (am Wortende) > nn |
| ir | ihr | i > ih |
| herze | Herz | Großschreibung am Wortanfang<br>Wegfall des Endungs-e |
| warheit | Wahrheit | Großschreibung am Wortanfang<br>a > ah |
| dor inne | darin | Zusammenschreibung<br>o > a |
| daz | das | z (am Wortende) > s |
| valsche | falsche | v > f |
| geschach | geschah | ch (am Wortende) > h |
| ziten | Zeiten | Großschreibung am Wortanfang<br>i > ei |
| niht | nicht | h > ch |
| lenger | länger | e > ä |
| sinem | seinem | i > ei |
| huse | Hause | Großschreibung am Wortanfang<br>u > au |
| fuor | fuhr | uo > uh |
| kauf | Kauf | Großschreibung am Wortanfang |
| gewinnes | Gewinnes | Großschreibung am Wortanfang |

*Diphthongierung:*
Aus den mittelhochdeutschen Langvokalen *i, iu, u* werden die neuhochdeutschen Laute *ei, eu, au.*

*Monophthongierung:*
Aus den mittelhochdeutschen Diphthongen *ie, uo, üe* werden die neuhochdeutschen Langvokale *ie, u, ü.*

**M4**

**Aufgabe:** Tragen Sie die Wertvorstellungen und Erziehungsziele des Gurnemanz zusammen und vergleichen Sie diese mit den bürgerlichen Moral- und Erziehungsvorstellungen, wie sie in der Märe vom »Schneekind« persifliert werden.

## Parzival (13. Jhd.) Wolfram von Eschenbach

*Der Parzival des Wolfram von Eschenbach entstand etwa um 1200–1210 und gilt als eines der Hauptwerke der höfischen Dichtung des Mittelalters. Das Epos beschreibt den Lebens- und Entwicklungsweg des jungen Parzival und gibt damit einen Einblick in die damaligen ritterlich-höfischen Wert- und Tugendvorstellungen. Um Parzival vor dem Schicksal zu bewahren, welches ihrem im Krieg gefallenen Mann widerfahren ist, erzieht die Königin Herzeloyde ihren Sohn in der weltabgewandten Waldeinsamkeit. Parzival zieht dennoch in die Welt hinaus, um Ritter zu werden. Seine körperlichen Kräfte verhelfen ihm zwar an den Hof des Königs Artus, ein wirklicher Ritter kann er aufgrund seiner fehlenden Erziehung aber nicht werden. Hilfe findet er bei Gurnemanz, der ihn in den wichtigsten ritterlichen Tugenden unterweist. Der folgende Text zeigt einen Auszug aus den Lehren des Gurnemanz.*

[...] Dô man den tisch hin dan genam,
der nâch wart wilder muot vil zam.
der wirt sprach zem gaste sîn
‹ir redet als ein kindelîn.
wan geswîgt ir iwerr muoter gar?
und nemet anderr mære war.
habt iuch an mînen rât:
der scheidet iuch von missetât.
sus heb ich an: lâts iuch gezemn.
ir sult niemer iuch verschemn.
verschamter lîp, waz touc der mêr?
der wont in der mûze rêr,
dâ im werdekeit entrîset
unde in gein der helle wîset.
ir tragt geschickede unde schîn,
ir mugt wol volkes hêrre sîn.
ist hôch und hœht sich iwer art,
lât iweren willen des bewart,
iuch sol erbarmen nôtec her:
gein des kumber sît ze wer
mit milte und mit güete:
vlîzet iuch diemüete.
der kumberhafte werde man
wol mit schame ringen kan
(daz ist ein unsüez arbeit):
dem sult ir helfe sîn bereit.
swenne ir dem tuot kumbers buoz,
sô nâhet iu der gotes gruoz.
im ist noch wirs dan den die gênt
nâch porte aldâ diu venster stênt.
Ir sult bescheidenlîche
sîn arm unde rîche.
wan swâ der hêrre gar vertuot,

[...] Die Tafel wurde aufgehoben –
Wildwuchs wurde nun gestutzt!
Der Burgherr sagte seinem Gast:
»Ihr redet wie ein kleines Kind,
Wann schweigt Ihr endlich von der Mutter
Und geht auf andre Themen ein?
Haltet Euch an meine Lehre,
denn so macht Ihr keine Fehler.
Ich fange an, erlaubt es mir:
Verliert nur nie den Sinn für Scham,
wer sich nicht schämt, was taugt der noch?
Das ist wie Mauser, Federfall:
Wert und Würde sinken nieder,
zeigen ihm den Weg zur Hölle.
Mit Eurem Aussehn, Eurer Schönheit
könntet Ihr ein Herrscher werden,
Seid Ihr edel, strebt nach oben,
so bleibt Euch in dem Punkte treu:
helft den vielen in der Not,
kämpft gegen ihre Armut an
mit Güte, Generosität
gebt niemals Eure Demut auf.
Gerät ein edler Mann in Not,
so hat er mit der Scham zu kämpfen
(und das ist ein bittrer Kampf!)
Seid bereit, auch ihm zu helfen.
Er ist noch übler dran als jene,
die vor Fenstern Brot erbetteln,
Rettet Ihr ihn aus der Not,
kommt Gottes Gnade auf Euch zu.
Doch ob Ihr arm seid oder reich –
zeigt stets das rechte Augenmaß.
Ein Herr, der den Besitz verschleudert,

daz ist niht hêrlîcher muot:
sament er ab schaz ze sêre,
daz sint och unêre.
gebt rehter mâze ir orden.
ich pin wol innen worden
daz ir râtes dürftic sît:
nu lât der unfuoge ir strît.
irn sult niht vil gevrâgen:
ouch sol iuch niht betrâgen
bedâhter gegenrede, diu gê
reht als jenes vrâgen stê,
der iuch wil mit worten spehen.
ir kunnet hœren unde sehen,
entseben unde dræhen:
daz solt iuch witzen næhen.
lât derbärme bî der vrävel sîn.
sus tuot mir râtes volge schîn.
an swem ir strîtes sicherheit
bezalt, ern hab iu sölhiu leit
getân diu herzen kumber wesn,
die nemt, und lâzet in genesn.
ir müezet dicke wâpen tragn:
so'z von iu kom, daz ir getwagen
undr ougen unde an handen sît,
des ist nâch îsers râme zît.
sô wert ir minneclîch gevar:
des nement wîbes ougen war.
Sît manlîch und wol gemuot:
daz ist ze werdem prîse guot.
und lât iu liep sîn diu wîp:
daz tiwert junges mannes lîp.
gewenket nimmer tag an in:
daz ist reht manlîcher sin. [...]

benimmt sich gar nicht wie ein Herr;
doch wenn er dauernd Schätze häuft,
so ist dies auch nicht ehrenvoll.
Haltet immer Maß und Ziel.
Ich habe Anlass festzustellen,
dass Ihr Unterweisung braucht,
Seid nicht mehr so ungehobelt!
Ihr sollt nicht viele Fragen stellen!
Gewöhnt Euch an zu überlegen,
was Ihr zur Antwort geben wollt;
sie geh auf dessen Frage ein,
der etwas von Euch hören will.
Ihr könnt doch hören, sehen,
schmecken, riechen – all dies bringe
Euch so langsam zu Verstand!
Verbindet mit Mut das Mitleid –
so befolgt Ihr meine Lehre.
Wenn einer sich Euch unterwirft,
per Ehrenwort, so nehmt es an
und lasst ihn leben – falls er Euch
nichts antat, was das Herz zerbricht.
Ihr werdet oft die Rüstung tragen;
sobald die von Euch abgelegt ist,
wascht Euch Hände und Gesicht –
sobald sich Rost zeigt, wird es Zeit!
Ihr wirkt dann wieder angenehm –
und das bemerken Frauen gleich!
Seid mutig und seid hochgestimmt,
das fördert Euren schönen Ruhm.
Und haltet stets die Frauen hoch –
so steigt ein junger Mann im Rang.
Bleibt hier fest, an jedem Tag –
hier zeigt sich männliche Gesinnung.

*(Übersetzung: Dieter Kühn)*

*(Aus: Wolfram von Eschenbach: Parzival. Übertragen von Dieter Kühn. © Deutscher Klassiker Verlag 1994.)*

**M5**

**Aufgabe:** Beschreiben Sie die Forschungssituation, die der Text vorstellt.
(Berücksichtigen Sie das Ziel, die Methode und das Ergebnis der Forschung.)

## Die Alleskönner (2005) Gisela Szagun

Welche sprachlichen Merkmale können Babys wahrnehmen? Eine ganze Menge. Von Geburt an bevorzugen Babys menschliche Stimmen und sprachliche Laute. Sie hören ihnen länger zu als anderen Geräuschen. Sie orientieren sich also schon sehr früh auf Sprache und die Menschen in ihrer Umwelt hin. Sie können auch schon eine große Anzahl von sprachlichen Lauten unterscheiden. Das gilt für viele Konsonanten. Wie wir schon gehört haben, unterscheiden sie *b* und *p*, was über die Silben *ba* und *pa* getestet wird, in denen sich nur der Konsonant unterscheidet. Babys hören den Unterschied zwischen *b* und *p* bereits mit einem Monat. In der ersten Hälfte des ersten Lebensjahres können Babys auch noch eine Reihe weiterer Konsonanten unterscheiden. So hören sie einen Unterschied zwischen den Silben *ba* und *ga*, *ba* und *wa*, *ba* und *ma*, *ja* und *wa*, *ma* und *na* sowie *la* und *ra*. Sie können also die Konsonanten *b, p, g, b, w, m, n, j, l* und *r* gut hören.

Auch Vokale können kleine Babys in der ersten Hälfte des ersten Lebensjahres bereits voneinander unterscheiden. So hören sie einen Unterschied zwischen *a* und *i*, *i* und *u*, *a* und *o* sowie *u* und *ü*. Babys können auch lange von kurzen Vokalen unterscheiden, so ein langes *i* von einem kurzen *i*. Ein langes *i* findet sich im Deutschen im Wort *Igel*, ein kurzes im Wort *isst*. Die interessante Frage ist, ob Babys nur die Laute unterscheiden können, die in der Sprache vorkommen, die sie um sich herum hören – also in ihrer zukünftigen Muttersprache – oder auch Laute anderer Sprachen, die in der Muttersprache nicht vorkommen. So gibt es im Deutschen den Vokal *ü*, im Englischen nicht. Die Untersuchungen, in denen getestet wurde, ob Babys *u* und *ü* unterscheiden können, wurden bei amerikanischen Babys durchgeführt, die um sich herum Englisch hören. Diese Babys konnten *u* von *ü* unterscheiden. Offensichtlich können kleine Babys auch Sprachlaute unterscheiden, die sie nicht in ihrer Muttersprache hören. Ihr feines Unterscheidungsvermögen basiert also nicht auf Erfahrung mit der Sprache, die sie um sich herum hören.

Worauf basiert es dann? Und was hat es zu bedeuten, dass bis sechs Monate alte Babys feine Unterschiede in sprachlichen Lauten hören können, ohne dass sie diese Laute vorher in ihrer Umwelt gehört haben? Werden sie mit universellen sprachlichen Fähigkeiten geboren?

Um diese Fragen zu beantworten, hat man zunächst viele Experimente in unterschiedlichen Kulturen und Sprachen durchgeführt, um herauszufinden, ob Babys wirklich Universalisten sind. Die Sprachen dieser Welt benutzen teilweise gleiche und teilweise unterschiedliche Laute. Um über den Kreis miteinander verwandter Sprachen hinauszukommen, hat man die Sprachwahrnehmung von Babys in sehr unterschiedlichen Sprachen untersucht. Bei Babys, die in englischsprachiger Umwelt aufwachsen, hat man untersucht, ob sie Lautkontraste hören können, die in Englisch und anderen europäischen Sprachen nicht vorkommen. Bei Babys, die mit einer afrikanischen Sprache oder mit Japanisch aufwachsen, hat man untersucht, ob sie Lautkontraste hören, die in diesen Sprachen nicht vorkommen. So gibt es in Kikuyu, einer afrikanischen Sprache, keinen Unterschied zwischen *b* und *p*. Aber vier Monate alte Kikuyu-Babys hören den Unterschied zwischen *ba* und *pa* genauso wie amerikanische oder deutsche. Babys aus englischsprachigen Umgebungen können Unterschiede in Klicklauten hören, die auf Zulu, einer anderen afrikanischen Sprache, vorkommen. Sie können auch hören, ob der Konsonant *n* so gesprochen wird wie im Englischen oder als ein Nasal, wie er im Französischen und Polnischen vorkommt. Schließlich wurde bei japanischen Babys getestet, ob sie *l* und *r* unterscheiden können. Das ist eine Unterscheidung, die erwachsene japanische Sprecher nicht machen und die ihnen auch schwerfällt, wenn sie eine Fremdsprache lernen, die diese Unterscheidung macht. Es zeigt sich, dass sechs Monate alte japanische Babys die Silben *la* und *ra* unterscheiden können. Sie hören also einen Unterschied zwischen *l* und *r*.

Es ist also tatsächlich so, dass Babys in der ersten Hälfte des ersten Lebensjahres eine Vielzahl von sprachlichen Lauten unterscheiden können. Ihre Fähigkeit, Lautkontraste zu unterscheiden, basiert nicht darauf, dass sie diese Kontraste aus der Sprache, die um sie herum gesprochen wird, gelernt haben. Denn kleine Babys können auch Lautkontraste hören, die in ihrer Muttersprache gar nicht vorkommen. Babys sind Universalisten. Sie haben die Fähigkeit, potenziell in einer Sprache vorkommende Laute wahrzunehmen.

Nun könnte das bedeuten, dass Babys mit einer Fähigkeit zur Wahrnehmung von Sprache geboren werden, die nur den Menschen eigen ist. Das ist aber nicht der Fall. Es stellte sich bald heraus, dass nicht nur Babys derartige Lautkontraste unterscheiden, sondern auch Makkaken-Affen und Chinchillas. Und auch manche Vogelarten können trainiert werden, sprachliche Lautkontraste zu unterscheiden. Das kann nur bedeuten, dass die Fähigkeit, zwischen sprachlichen Lauten zu unterscheiden, nicht auf einer speziell menschlichen Fähigkeit zur Wahrnehmung von Sprache beruht. Es ist eher so, dass manche Spezies – und die Menschen gehören dazu – über ein Wahrnehmungssystem verfügen, das ihnen erlaubt, akustische Reize fein zu unterscheiden. Und dazu gehören die Laute der menschlichen Sprache. Babys sind zwar Universalisten, aber das hat mit einem sprachlichen System weniger zu tun als mit einem akustischen. Es bedeutet nicht, dass sie mit sprachlichen Lauten geboren werden und damit schon über einen Teil der menschlichen Sprache verfügen. Es bedeutet, dass sie akustische Reize sehr fein unterscheiden können. Sie können auch nichtsprachliche akustische Reize sehr fein unterscheiden. Ihre Fähigkeit, Sprachlaute fein unterscheiden zu können, ist Teil einer allgemeinen Fähigkeit zu feinen akustischen Unterscheidungen.

*(Gisela Szagun: Das Wunder des Spracherwerbs. So lernt Ihr Kind sprechen. Mit Illustrationen von Eva Wagendristel. © Beltz Taschenbuch in der Verlagsgruppe Beltz, Weinheim & Basel 2007, S. 31–34.)*

**M6**

**Aufgabe:** Vergleichen Sie die beschriebene Tiersprache mit der menschlichen Sprache.

## Gespräche unter Verwandten (2007) Uta Henschel

*Es ist wie im Märchen: Menschen sprechen mit Tieren. Mithilfe von Gebärden und Lexigrammen haben einige Schimpansen es geschafft, die Sprachbarriere zu uns Menschen zu überbrücken. [...]*

Wer sich am Wochenende gegen eine Gebühr von zehn Dollar zum etwa einstündigen »Chimposium« hier einfindet, muss bereit sein, ein paar Gewohnheiten vorübergehend abzulegen. Eine Dozentin mit dem Namensschild Lisa an der Bluse demonstriert den Teilnehmern, wie Schimpansen gehen. Und wie sie lächeln: mit heruntergezogener Oberlippe und vorgeschobenem Unterkiefer. Die Schnelldressur bringt den Besuchern ein Minimum an Benehmen bei, bevor sie vorgelassen werden. Immerhin handelt es sich nicht um irgendwelche Schimpansen in irgendeinem Gehege irgendeiner Stadt. Sondern um prominente Primaten, um Pioniere ihrer Art. Sie haben als Erste die Grenze zum Territorium der menschlichen Sprache überschritten und Homo sapiens sapiens sein kostbarstes Monopol streitig gemacht. Respekt ist geboten.

Washoe, Tatu, Dar und Loulis beherrschen mit ihren Händen bis zu 240 Zeichen der Amerikanischen Gebärdensprache (American Sign Language, ASL). Und sie setzen diese originell ein, etwa um neue Wörter zu erfinden wie »Trinkfrucht« für Melone oder »Wasservogel« für Schwan; auch zum Fluchen: »dreckiger Loulis«. Inhaltlich und syntaktisch durchschauen sie den Unterschied zwischen »Du kitzelst mich« und »Ich kitzele dich«.

Washoe hat ihre ASL-Kenntnisse an die nächste Generation weitergegeben, an ihren Adoptivsohn Loulis. Und Tatu führt für alle Clanmitglieder den Kalender. Beim ersten Schnee erinnert sie die Betreuer daran, dass bald wieder »Vogelfleisch« fällig ist: Putenbraten zum traditionellen Thanksgiving-Fest. Ebenso kündigt Tatu jedes Jahr Geburtstage an, etwa »Ice Cream Washoe«, und Weihnachten: »Zuckerbaum«.

Beim Verteilen der Schlafdecken, beim Spiel, bei Mahlzeiten und mitten im handgreiflichen Familienstreit ist ASL die Umgangssprache der Schimpansen. Theoretisch könnten Gastgeber und Gäste des Chimposiums also während der Besuchszeiten ins Gespräch kommen – würden den Menschen dazu nicht die richtigen Worte fehlen.

Damit sie wenigstens artig »Hi« sagen, die Primaten beim Namen nennen und einige von deren Lieblingswörtern wie »fangen«, »umarmen«, »kitzeln«, »komm« und »schnell« verstehen, büffelt Lisa mit der Gruppe ein paar Vokabeln.

Kurz bevor die Besucher zu den Gehegen geführt werden, lernen sie die Geste für »Demut«: Das nach unten geknickte Handgelenk am emporgereckten Arm signalisiert Unterwürfigkeit. Bei uns, erklärt Lisa, stehen die Menschen in der Hierarchie unten, die Schimpansen oben.

Die Menschenaffen wissen das offenbar und kosten ihre Poleposition gegenüber den Besuchern aus. Kein gekrümmter Rücken, kein Schimpansenlächeln, kein geknicktes Handgelenk lockt die Bewohner der Gehege an die raumhohen Scheiben. So leicht sind die Stars nicht zu haben.

Inmitten verstreuter Kleidung, Puppen, Schuhe, Traktorreifen ruht eine der dunklen Gestalten auf dem Rücken und blättert mit den Füßen in einem Magazin, während die Hände gestikulieren. Dar kommentiert die Abbildungen, er führt ein Selbstgespräch. Als typischer Kerl »mag er Motorräder«, übersetzt Lisa seine Zeichen. Im Freigehege schwingt sich Loulis an einem Feuerwehrschlauch zu einer Plattform empor und wippt dort erregt auf und ab.

Fremde sind dem Jüngsten der Familie nicht geheuer. Die Dozentin schlägt vor, ihm etwas Nettes zu sagen. Sie kreuzt die Arme über der Brust, ihre Hände ruhen auf den Schultern. Die Gruppe macht es nach. Zwanzigfach fliegen die lautlosen Worte »Umarmung« und »Liebe« hinaus zu dem Verängstigten und besänftigen ihn so wirksam, als hätten sämtliche Besucher ihn an ihr Herz gedrückt.

Eine Unterhaltung ist in Gang gekommen. Die Schimpansin Tatu nutzt die entspannte Stimmung, um einen Lieblingswunsch loszuwerden: »Du Person Füße«, gibt sie einer Zuschauerin durch die Scheibe zu verstehen. Und während die Frau einen Turnschuh auszieht und Tatu ihren nackten Fuß hinstreckt, vergessen alle Teilnehmer des Chimposiums, was sie kurz zuvor gelernt haben, und lächeln typisch menschlich.

In diesem Augenblick ist für die Anwesenden wahr geworden, was nur in Fabeln und Märchen möglich scheint: dass Menschen mit den Tieren sprechen können. [...]

*(Aus: Das Geheimnis der Sprache. GEO Wissen Nr. 40 – Oktober 2007.)*

**M7**

**Aufgabe:** Fassen Sie die Theorien zum Zweitspracherweb thesenartig zusammen.

## Der Fremdspracherwerb (2002) Horst M. Müller

Von Fremdspracherwerb spricht man dann, wenn eine Sprache erlernt wird, nachdem der Erstspracherwerb im Wesentlichen abgeschlossen ist. Die Abgrenzung zum Erwerb von zwei Erstsprachen, dem bilingualen bzw. doppelten Erstspracherwerb, ist dabei fließend, je nachdem, wieweit die Erstsprache bereits erworben ist. Im Vergleich zu den Bedingungen des Erstspracherwerbs muss man von bedeutenden Unterschieden ausgehen: Das Input-Angebot ist beim Fremdspracherwerb in den meisten Fällen wesentlich geringer, die kognitive Entwicklung ist weit fortgeschritten oder abgeschlossen und es ist schon ein sprachliches System vorhanden: die Erstsprache, die in Hinblick auf den Fremdspracherwerb auch als Grundsprache bezeichnet wird.

### 1. Hypothesen

#### 1.1. Die Kontrastiv-Hypothese

Zur Erklärung, wie Fremdspracherwerb abläuft und durch welche Faktoren er beeinflusst wird, wurden verschiedene Hypothesen aufgestellt. Eine dieser Hypothesen, die Kontrastiv-Hypothese, räumt der Grundsprache für den Erwerbsprozess eine große Bedeutung ein. Ihre Vertreter orientieren sich an behavioristischen Vorstellungen, nach denen das menschliche, auch das sprachliche Verhalten durch Gewohnheiten bzw. Habits bestimmt wird. Ein Sprachlerner hat bestimmte Gewohnheiten in seiner Erstsprache ausgebildet, die er in den Fremdspracherwerb transferiert. Die Hypothese sagt voraus, dass Elemente und Regeln, die sich in der Grundsprache und der Fremdsprache bzw. Zielsprache entsprechen und identisch sind oder sich sehr ähneln, leicht zu erwerben sind und zu keinen Fehlern führen, da sie positiven Transfer erlauben: Z. B. kann die syntaktische Struktur des deutschen Satzes *Sie wohnt in Bielefeld* von einem Englischlerner in die englische Sprache übertragen werden: *She lives in Bielefeld.* Dagegen verursachen Unterschiede zwischen den Sprachen Lernschwierigkeiten [...]

#### 1.2 Die Identitäts-Hypothese

[...] Daher gehen sie [die Vertreter einer anderen Hypothese] davon aus, dass der (ungesteuerte) Erwerb einer Fremdsprache gleichartig zum Erwerb dieser Sprache als Muttersprache verläuft. Die Erstsprache der Sprachlerner spielt dabei keine wesentliche Rolle. Empirische Untersuchungen, die die Identitäts-Hypothese in ihrer starken Version zu bestätigen versuchten, sind aufgrund methodischer Mängel kritisiert worden. Vertreter einer schwächeren Version der Identitäts-Hypothese sprechen von Parallelen zwischen dem Erstsprach- und dem Fremdspracherwerb, da dieselben Prinzipien angewendet werden. Diese können jedoch zu unterschiedlichen Ergebnissen führen, denn der Lerner einer Fremdsprache verfügt aufgrund seiner Erstsprache über andere Voraussetzungen als ein seine Muttersprache erwerbendes Kind.

#### 1.3 Die Interlanguage-Hypothese

Die Interlanguage-Hypothese basiert auf der Analyse lernersprachlicher Daten [...] und besagt, dass Lernende im Laufe ihres Fremdspracherwerbs eine individuelle Lerner- oder Interimsprache entwickeln, die sowohl von der Erst- als auch von der Fremdsprache beeinflusst ist, darüber hinaus aber auch Merkmale aufweist, die auf keine der beiden Sprachen zurückzuführen sind.
Diese spezifischen Charakteristika wurden von Selinker (1972) mittels einer Reihe von psycholinguistischen Prozessen erklärt. Dazu zählt neben dem Transfer aus der Erstsprache – oder anderen zuvor oder gleichzeitig erworbenen Sprachen – auch der Transfer aus der Lernumgebung, z. B. aus Unterrichtsmaterialien, Aufgabentypen oder Übungsformen. Außerdem relevant sind vom Lernenden eingesetzte Lern- und Kommunikationsstrategien und die weiter oben bereits angesprochenen intralingualen Übergeneralisierungen. Interlanguages sind dynamische Systeme, die durch die Merkmale Systematizität, Variabilität und Instabilität gekennzeichnet sind. [...]

#### 1.4 Die Input-Hypothese

Ein weiterer recht einflussreicher – und gleichzeitig massiv kritisierter – Ansatz zur Erklärung des Fremdspracherwerbs ist die von Stephen Krashen (1985) aufgestellte Input-Hypothese. Mit Input wird die Gesamtheit des sprachlichen Materials bezeichnet, zu dem ein Lerner potenziell Zugang hat, das jedoch nicht speziell an ihn gerichtet zu sein braucht. Krashens Annahmen zufolge ist für den erfolgreichen Spracherwerb einzig und allein verständlicher Input erforderlich. Dieser Input – der in erfolgreicher Kommunikation automatisch verfügbar ist – muss Strukturen enthalten, die minimal über dem aktuellen Sprachstand des Lernenden liegen, was Krashen mit der Formel »i+1« bezeichnet. Das Verstehen dieses Inputs erfolgt unter Zuhilfenahme des Weltwissens und des sprachlichen und außersprachlichen Kontexts. Die Fähigkeit zur Sprachproduktion kann laut Krashen nicht gelehrt werden, sie entwickelt sich von selbst, sobald verständlicher Input in ausreichender Menge zur Verfügung gestellt wird. [...]

### 1.5 Die Interaktions-Hypothese

Ähnlich wie in der erstspracherwerbsspezifischen Kommunikation lassen sich auch in fremdsprachlichen Interaktionen sprachliche Anpassungen von Seiten des kompetenteren Sprechers an den Sprachstand des weniger kompetenten Sprechers feststellen. Man spricht hier – je nach Erwerbssituation – von Foreigner talk (bzw. Ausländerregister) und Teacher talk. In der Interaktions-Hypothese wird der Aushandlung von Bedeutungen mit dem Ziel der gegenseitigen Verständigung eine zentrale Rolle für den Erwerb zugeschrieben. Wie Krashen so sieht auch Long (1983) den verständlichen Input als Hauptursache für den Spracherwerb. Um diese Verständlichkeit zu erreichen, kann der Input simplifiziert werden, z. B. durch ein verlangsamtes Sprechtempo, eine deutlichere Artikulation oder eine vereinfachte Syntax. Zentrales Merkmal der Interaktions-Hypothese ist die interaktive Aushandlung von Input, z. B. mittels klärender Rückfragen, Bitten um Wiederholungen, Bestätigungen, Verständnisüberprüfungen, Ergänzungen, Korrekturen, Paraphrasen oder Wiederholungen. [...]

### 1.6 Die Output-Hypothese

Der Output-Hypothese zufolge stellt verständlicher Input ebenfalls eine wichtige Komponente des Erwerbs dar, wird jedoch für das Erreichen muttersprachenähnlicher Kompetenz als nicht ausreichend betrachtet. Im Unterschied zu Krashen, für den der aktive Gebrauch von Sprache praktisch keine Rolle für ihren Erwerb spielt, schreibt Swain (1985) dem lernersprachlichen Output eine wesentliche Funktion zu. Sie geht davon aus, dass Lernende, die nicht gezwungen sind, ihre Intentionen sprachlich verständlich und korrekt zu formulieren und so den Schritt von der rein semantischen auf die syntaktische Ebene der Sprachverarbeitung zu machen, produktive Fähigkeiten nur in einem sehr begrenzten Umfang erwerben. Dass die von ihr im Rahmen eines kanadischen Immersions-Programms untersuchten Lerner (mit Englisch als Erst- und Französisch als Fremdsprache) auch nach jahrelangem – also ausreichendem und verständlichem – zielsprachlichen Input hinsichtlich ihrer produktiven Fähigkeiten insbesondere im Bereich der Grammatik gravierende Defizite zeigten, erklärte Swain mit dem Mangel an Möglichkeiten, die Fremdsprache im Unterricht aktiv zu verwenden und dabei verständlichen Output zu produzieren.

*(Horst M. Müller: Arbeitsbuch Linguistik. Paderborn, München, Wien, Zürich: Ferdinand Schöningh 2002.)*

**M8**

**Aufgaben:** 1. Warum wird die Kommunikation des Mannes mit seinem Nachbarn nicht gelingen?
2. Entwerfen Sie, vor dem Hintergrund der Situation (ein Mann braucht, um ein Bild aufzuhängen, vom Nachbarn einen Hammer), ein Gespräch, das gelingt. – Beachten Sie, dass Sprachspiele Regeln brauchen (so z. B. »Bitten«: Wittgenstein, Schülerband, S. 248).

## Die Geschichte mit dem Hammer (1983) Paul Watzlawick

Ein Mann will ein Bild aufhängen. Den Nagel hat er, nicht aber den Hammer. Der Nachbar hat einen. Also beschließt unser Mann, hinüberzugehen und ihn auszuborgen. Doch da kommt ihm ein Zweifel: Was, wenn der Nachbar mir den Hammer nicht leihen will? Gestern schon grüßte er mich nur so flüchtig. Vielleicht war er in Eile. Vielleicht hat er die Eile nur vorgeschützt, und er hat was gegen mich. Und was? Ich habe ihm nichts getan; der bildet sich da etwas ein. Wenn jemand von mir ein Werkzeug borgen wollte, ich gäbe es ihm sofort. Und warum er nicht? Wie kann man einem Mitmenschen einen so einfachen Gefallen abschlagen? Leute wie dieser Kerl vergiften einem das Leben. Und dann bildet er sich noch ein, ich sei auf ihn angewiesen. Bloß weil er einen Hammer hat. Jetzt reicht's mir wirklich. – Und so stürmt er hinüber, läutet, der Nachbar öffnet, doch bevor er »Guten Tag« sagen kann, schreit ihn unser Mann an: »Behalten Sie Ihren Hammer, Sie Rüpel!«

*(Aus: Paul Watzlawick: Anleitung zum Unglücklichsein. – © 1983 Piper Verlag GmbH, München, S. 37f.)*

**M9**

**Aufgaben:** 1. Arbeiten Sie zunächst die fünf »pragmatischen Axiome« heraus.
2. Prüfen Sie, inwiefern in der Kommunikation »Claudia – Odoardo« aus Lessings Drama *Emilia Galotti* (in II/1 und II/4) der Beziehungsaspekt in den Äußerungen der Figuren bedeutsam ist (s. auch Schülerband, S. 58 f.).

## Jeder Mensch kommuniziert – auch wenn er gar nichts sagt Paul Watzlawick

P. M.: Können Sie mir erklären, was Kommunikation ist?
WATZLAWICK: Lange Zeit wurde angenommen, Kommunikation sei einfach die Vermittlung von Informationen. Aber dann haben wir gemerkt, dass in jeder Kommunikation auch ein zweiter Aspekt enthalten ist. Das heißt: Unweigerlich kommt in jede Kommunikation eine Definition der Beziehung hinein, wie sie der Sender der betreffenden Mitteilung sieht. [...]
P. M.: Es gibt aber doch so etwas wie ein Grundgesetz der Kommunikation, das für alle gilt?
WATZLAWICK: Ja, das stimmt. Wir haben fünf sogenannte »pragmatische Axiome« postuliert, ...
P. M.: ... also nützliche Grundregeln ...
WATZLAWICK: ... welche die Grundzüge der Kommunikation verdeutlichen. Das erste klingt ganz banal. Es lautet: Man kann nicht *nicht* kommunizieren. In der Gegenwart eines anderen Menschen hat jedes Verhalten Kommunikations-Bedeutung. Ich sitze zum Beispiel im Wartezimmer und schaue auf den Boden, damit mich niemand anspricht. Durch diese Haltung teile ich den anderen ganz klar mit: Ich will nicht kommunizieren. Das ist natürlich nichts anderes als Kommunikation.
Das zweite Axiom ist die Erfahrungstatsache, dass jede Kommunikation einen Inhalts- und einen Beziehungsaspekt hat. Ein schönes Beispiel dafür ist der Graf-Bobby-Witz, in welchem das Dienstmädchen hereinstürzt und sagt: »Herr Graf, ich glaube, wir bekommen Regen.« Graf Bobby richtet sich steil in seinem Stuhl auf und belehrt das Dienstmädchen: »Ich bekomme vielleicht Regen, und Sie bekommen vielleicht Regen.« Damit weist er die seiner Meinung nach unerlaubte Intimität zurück, die in dem Wörtchen »wir« steckt. Das ist das typische Beispiel einer Korrektur der Beziehungsdefinition, die in diesem Fall vom Dienstmädchen vorgenommen wurde.
Das dritte Axiom nennen wir Interpunktion. Damit ist gemeint, dass jeder der Beteiligten die Kommunikationsabläufe individuell gewichtet. Ein Beispiel dafür ist die weit verbreitete Annahme, dass man nur reagiert auf den anderen und alles, was geschieht, die Schuld des anderen ist. Der andere denkt dasselbe.
P. M.: Das ist vermutlich einer der häufigsten Gründe, warum Gespräche oft völlig sinnlos erscheinen?
WATZLAWICK: Zweifelsohne. Viertens gibt es für uns zwei unterschiedliche Kommunikationsweisen, die stets gleichzeitig ablaufen: analoge und digitale Kommunikation. Analog ist hauptsächlich meine averbale Kommunikation: meine Stimmlage, die Pausen, die Schnelligkeit meines Sprechens, mein Herumfuchteln. Die digitale Kommunikation besteht im Gegensatz dazu nur aus der Bedeutung der Worte, die in grammatikalischer Folge übermittelt werden. Und auch hier gilt wieder: Im zwischenmenschlichen Verkehr ist es unmöglich, die analoge Kommunikation zu vermeiden.
Fünftens: Zwischenmenschliche Kommunikationsabläufe sind entweder symmetrisch oder komplementär, je nachdem, ob die Beziehung zwischen den Partnern auf Gleichheit oder Unterschiedlichkeit beruht. In einer symmetrischen Beziehung tauschen die Beteiligten gleichartiges Verhalten aus. Wenn zum Beispiel ein Partner eine Position der Stärke einnimmt, dann tut dies der andere auch. Wenn einer Hilfe verlangt, verlangt auch der andere Hilfe. In der komplementären Struktur sind die Verhaltensformen und damit auch die Kommunikation unterschiedlich. Der eine Partner ist in der sogenannten Primärposition, der andere in der Sekundärposition. Musterbeispiele wären Mutter und Kind, Arzt und Patient.
P. M.: Die Geheimnisse der Kommunikation sind ja, nicht zuletzt durch Sie, ganz gut erforscht. Dennoch machen wir ständig schlimme Kommunikationsfehler.
WATZLAWICK: Das stimmt leider. Der häufigste Fehler in der Kommunikation ist die – meist falsche – Annahme: »Ich weiß genau, was der andere denkt.« Der andere nimmt natürlich dasselbe an. Und auf diese Weise haben wir Situationen, wie sie nicht nur in zerrütteten Ehen oder zwischen Eltern und Kind bestehen, sondern auch zwischen den Supermächten. Keiner geht auf den anderen wirklich ein. Kaum einer erkennt, dass es verschiedene Wirklichkeiten gibt. Das sind selbst gebaute Fallen, aus denen wir uns nur mühsam oder gar nicht befreien können. [...]

*(Aus: Interview mit Paul Watzlawick. Jeder Mensch kommuniziert – auch wenn er gar nichts sagt. In: P. M. – Perspektive 2, »Kommunikation«, Heft 89/012, S. 53 ff.)*

## Notizen

# Sprache der Medien (S. 263–277)

Günter Graf

## 1 Zielsetzung und Aufbau des Kapitels

Neben der Vermittlung von Aspekten wie etwa der historischen und kommunikativen Dimension der Sprache gilt es aber auch – und dies vor allem auf der Oberstufe –, die Schüler mit dem Phänomen der Sprachkritik vertraut zu machen. Man kann unterstellen, dass ein feinsinniger didaktischer Umgang mit diesem Gegenstand in besonderer Weise Sprachbewusstsein und Sprachkompetenz fördert. Denn eine distanzierte Haltung gegenüber fremdem und auch eigenem Sprachverhalten bedeutet Zuwachs an Sprachwissen – etwa im Bereich des Stils –, aber zugleich an Möglichkeiten der Sprachverwendung. So sollte sich z. B. aus der Behandlung des Abschnitts *Jargon und Unverständlichkeit* die Forderung ergeben, sich klar, eindeutig und verständlich auszudrücken.

Im Zentrum des Erkenntnisinteresses steht die Sprache der Medien, da anzunehmen ist, dass von ihr – aufgrund ihres Öffentlichkeitscharakters und ihrer Verbreitung – ein besonderer Einfluss und besondere Wirkungen ausgehen können. Ihre mögliche Wirkungsabsicht und die sie transportierenden sprachlichen Mittel zu durchschauen ist ein zentrales Ziel dieses Kapitels. Entsprechend stehen im Fokus der didaktischen Erarbeitung sprachliche Phänomene wie Erzählsprache, Metapher, Jargon. Die Grundlagen dafür bieten Äußerungen bzw. Texte in Zeitung, Fernsehen und wissenschaftlichen Abhandlungen.

Entsprechend gliedert sich das Kapitel in folgende Abschnitte:

- **Erzählsprache und Bericht**
- **Metapher und ihre Häufung**
- **Jargon und Unverständlichkeit**

Im Zusammenhang mit Zeitungsberichten kann nachgewiesen werden, dass sie sich bewusst erzählerischer Sprachmittel bedienen, um auf diese Weise eindringlicher zu wirken. Dahinter verbirgt sich die Absicht des Infotainments. Gleiches gilt für die Verwendung von Metaphern in Zeitungstexten, aber auch in der Anmoderation von Fernsehsendungen und im Wissenschaftsjournalismus. Aufschlussreich ist in diesen Zusammenhängen, zu erfahren, welche Bedeutung Metaphern in poetischen Texten haben: Sie sind gleichsam ein ästhetisches Mittel der Textaussage und somit mehr als lediglich äußeres Dekor.

Am Beispiel einer Zeitungsrezension und pseudowissenschaftlicher bzw. wissenschaftlicher Äußerungen (Alfred Rosenbergs *Mythos des 20. Jahrhunderts* und Martin Heideggers *Sein und Zeit*) soll aufgezeigt werden – vor dem Hintergrund von Theodor W. Adornos erkenntnisleitender Studie *Jargon der Eigentlichkeit* –, wie es aufgrund sprachlicher Eigenwilligkeiten (sprich des Jargons) zu Unverständlichkeiten kommen kann.

# 2 Aufgaben – Lösungen – Kommentare

## Erzählsprache und Bericht (S. 263–265)

### Die Wirkungsabsicht eines Zeitungstextes erkennen

**Aufgabe 1** (S. 265)
*Erster Spiegelstrich:* Auffällig ist, vor allem im ersten Abschnitt, die Häufung anschaulicher und wirkungsvoller Adjektive (»düster«, »nachtblau«, »dunkle«, »bleich«, »starr«). Was den Satzbau betrifft, so dominieren zunächst kurze Parataxen (»Schemenhaft ... Himmel«, »Im Dämmerlicht ... bedrohlich«).

*Zweiter Spiegelstrich:* Insgesamt ähnelt dieser Berichtanfang dem Erzählgestus literarischer Texte, genauer noch trivialliterarischer Erzählmuster, etwa die Kumulation der Adjektive (»weiss«, »gelb«, »schwül«, »hohe«, »wilde«) und des parataktischen Satzbaus betreffend (»Noch ... gesehen«, »Obstbäume ... Alphof«). Der Berichttext soll auf diese Weise eindringlich wirken, den Leser unmittelbar ins Geschehen hineinziehen und ihn damit zum Weiterlesen veranlassen. Der Unterhaltungswert ist – neben dem informativen Anteil – zentrale Autorabsicht.

**Aufgabe 2** (S. 265)
Vor diesem Hintergrund kann man die Wirkungsabsicht des Zeitungstextes als Infotainment bezeichnen. [s. einen weiteren Zeitungsbericht, **M 1**]

## Metapher und ihre Häufung (S. 266–271)

### Die Funktion der Metapher in poetischen Texten erfassen

**Aufgabe 1** (S. 266)
Der Interpretationsvorschlag der Schüler könnte folgende Deutungsaspekte enthalten: Die besondere Verwendung der Metapher (»Die Himmelsblüte hatte weiße Dolden, die Wolken blätterten das Blau herab«) bezeugt die kurzfristige positive Stimmung eines schon den Herbst ankündigenden Sommertags, trotz aller Bedrängnisse des lyrischen Ich (»den immer graute«). – Es ist hier keine dezidierte Gedichtinterpretation angezeigt. Denn Benns Gedicht dient lediglich als Kontrast zur Metaphernverwendung in medialen Texten (s. S. 267).

**Aufgabe 2** (S. 266)
Im poetischen Text sendet die Metapher ein Interpretations- und Verstehens-Signal aus und gibt dem Text somit eine »zusätzliche Tiefendimension« und erweitert seinen »Bedeutungsraum« (s. Marginalspalte).

### Die Funktion der Metapher in medialen Texten erfassen

**Aufgabe 1** (S. 269)
*Zum Text »Anmoderation«* (S. 267)
*Erster Spiegelstrich*: Der erste Textteil bedient sich der Boxersprache (»k.o. geschlagen«, »Schwinger«, »Gewichtsklasse«), der zweite Textteil des Sprachrepertoires der Musikwelt (»Vorsänger«, »Chöre«, »Libretto«). Hinsichtlich des Satzbaus dominieren Satzreihen.

*Zweiter Spiegelstrich:* Die effektvolle Metaphernhäufung aus der Box- und Musikwelt dient zum einen der Veranschaulichung des Gesagten, d.h. des Informationsgehalts (innergewerkschaftlicher Streit); zum anderen soll der Zuhörer dadurch gefesselt werden und dem der Anmoderation folgenden Beitrag mit Interesse verfolgen. Zur Klärung oder auch Präzisierung des Sachverhaltes trägt die Metaphernhäufung nicht bei: Dies zeigt die Übertragung in eine metaphernfreie Darstellung.

*Zum Text »Nur noch Diener ...«* (S. 268)
*Erster Spiegelstrich:* Es ist erstaunlich, wie einfallsreich die Autorin die Metaphernverwendung »Dame – Hure« für den Bereich der Meinungsumfrage durchhält. Dabei helfen ihr vor allem plastisches Wortmaterial wie Adjektive, Verben und Substantive (»verlockend«, »betört«, »Liebesskala«), aber auch kurze, prägnante Parataxen (»Sie ist verlockend«, »Madame hat ein hurenhaftes Wesen«).

*Zweiter Spiegelstrich:* Ob die Metaphernhäufung den Gegenstand »Meinungsumfrage« erhellt und präzisiert, könnte von den Schülern kontrovers diskutiert werden, weil die Autorin originell und gekonnt die Metaphern verwendet. Eine Übertragung z. B. des ersten Textabschnittes in eine metaphernfreie und bildlose Darstellung hilft eventuell: ›Meinungsfragen sind sehr begehrt, weil nicht nur die Lenker der Wirtschaft Käufer brauchen, sondern auch die Strategen der Politik auf den Markt müssen‹. Die Metaphern des Zeitungstextes sind somit eher Sprachdekor, ohne dezidierte erhellende oder präzisierende Aussage.

**Aufgabe 2** (S. 269)
Der Zeitungstext geht sprachlich versiert mit der Metaphernebene um: Er hat allerdings auch mehr Raum für seine Darstellung zur Verfügung. Die Anmoderation ist dagegen knapper bemessen. Außerdem ist der Anmoderationstext für Zuschauer gedacht, der Zeitungstext für Leser.

**Aufgabe 3** (S. 269)
Trotz der genannten Unterschiede haben beide Verfasser eine gemeinsame Absicht – im Sinne ihres medialen Interesses –, nämlich Zuschauer und Leser auf originelle Weise zu informieren und gleichzeitig zu unterhalten (Infotainment).
[s. einen weiteren Zeitungstext mit Metaphernverwendung, **M2**]

**Aufgabe 4** (S. 269)
Im poetischen Text fungiert die Metapher als unmittelbarer Aussageträger und erweitert sowie vertieft auf ästhetische Weise die Bedeutungsdimension des Textes. So gesehen gehört die Metapher zum inneren poetischen Zeichensystem. Dagegen fungiert die Metaphorik im medialen Text lediglich als äußeres Dekor, ohne direkte funktionale Stringenz hinsichtlich der Informationserhellung. Sie hat vielmehr einen starken Adressatenbezug im Sinne von Wirkungseffekten, die auf unterhaltsame Information abzielen.

### Welche Rolle die Metapher in naturwissenschaftlichen Texten spielt

**Aufgabe 1** (S. 271)
Wichtig ist, dass die Schüler, vor dem Hintergrund der zentralen Textaussage, die ambivalente Rolle der Metapher erfassen: Einerseits kann sie wissenschaftliche Erkenntnisse verdunkeln, andererseits dient sie dem Laien als Verständnisbrücke im Zusammenhang mit der Darstellung komplexer naturwissenschaftlicher Vorgänge.

## **Jargon und Unverständlichkeit** (S. 272–276)

### Rezensionen sprachkritisch untersuchen

**Aufgabe 1** (S. 272)
Folgende Textstellen könnten notiert werden (z. B.: »... obwohl sie an der Oberfläche ganz leicht und frei daherfließt« / »Selten las man etwas so Keusches, etwas so Erotisches« / »Die *Schweigeminute*, eine zeitlose Kostbarkeit, passt in diese Zeit«). Und folgende Fragen könnten formuliert werden: Was heißt »leicht« und »frei daherfließt«? / Wie passt »keusch« und »erotisch« zusammen? / Wieso ist die Geschichte eine »zeitlose Kostbarkeit« und »passt in die Zeit«? – Die Art der Liebesgeschichte könnte auch als völlig unzeitgemäß empfunden werden.

**Aufgabe 2** (S. 273)
Worauf der Autor etwa in Wendungen wie »lakonisch« ›referiert‹, bleibt unklar; zumindest hätte hier eine Textstelle zitiert werden müssen. So gesehen ist die These »lakonisch« ›polysem‹. Das Wertungsfazit »selten las man etwas so Keusches, so Erotisches« wird nicht ›kohärent‹ entwickelt, ebenso wenig das ›Lexem‹ »Kostbarkeit«; als Hochwertwort oder ›Edelsubstantiv‹ bleibt es letztlich unverständlich.

### Kritische Aspekte des Jargons erarbeiten

**Aufgabe 1** (S. 274)
Folgende Notizen Adornos könnten auf den Kritiker-Jargon zutreffen:
*Auszug 2* (»... eine bescheidene Anzahl signalhaft einschnappender Wörter«),
*Auszug 3* (»Edelsubstantive«),
*Auszug 4* (»Zerfall der Sprache in Worte an sich«),
*Auszug 5* (»... ohne Rücksicht auf den Inhalt der Worte«),
*Auszug 6* (»der Jargon entwertet den Gedanken«),
*Auszug 7* (»die Jargonworte klingen, wie wenn sie ein Höheres sagten«).
Die Aussagen Adornos beschreiben präzise das semantische Dilemma des Kritikerjargons: Aus Gründen des Wirkungseffekts bleiben die Inhalte wenig aussagekräftig.

**Aufgabe 2** (S. 275)
Begriffe und Wendungen beider Texte sind, im Vergleich zum obigen Kritikerjargon, der lediglich wenig aussagekräftig ist, für Nicht-Eingeweihte völlig unverständlich (z. B. »All-Kirche«, »polaritätslose Naturvergewaltigung« / »ontisch-ontologischer Vorrang«, »Vorgegebenheit seiner Seinsart«).

**Aufgabe 3** (S. 275)
a) Alles, was dem Gedanken des Völkischen entgegensteht, gilt als entartet. Aus dem daraus entstehenden Rassismus geht letztlich das »Unheil« des Nationalsozialismus hervor. – Hier bietet es sich an, auf historische Informationen zurückzugreifen.

b) Die philosophischen Allgemeinbegriffe (s z. B. »vorontologische Seinsauslegung«, »einer thematisch ontologischen Besinnung auf die eigenste Seinsverfassung«) verfehlen ihre Funktion, dem Nichteingeweihten Einsichten in existenzphilosophische Fragen zu vermitteln.

**Aufgabe 5** (S. 276)
Vor allem der Legitimationsdruck, d. h. der Ausweis von Wissenschaftlichkeit, verführt zu der besonderen sprachlichen Anstrengung, sich möglichst unverständlich auszudrücken, um sich dadurch von der Normalität abzuheben. Mittelstraß spricht von den Eingeweihten: »Nur sie verstehen die Sprache des absoluten Geistes«. Die kritische Notiz ähnelt Adornos Entlarvung des Jargons der »Eigentlichen«.
[s. weiteres Textbeispiel **M 3**]

## 3 Ergänzungen und Vertiefungen

### M 1

**Zusatztext:** Thomas Roser: *Ganz entspannt in Kecskemét*
Der Text bietet passendes Ergänzungsmaterial: Der Einstieg in den Bericht erfolgt ähnlich wie in *Stoiber gibt alles ...*. Auch hier dominiert zunächst ein erzählerischer Stil.

### M 2

**Zusatztext:** Ruprecht Skasa-Weiß: *Fünf Minuten Deutsch – Wenn von Können nichts mehr kommt*
Ähnlich originell wie in dem Zeitungstext *Nur noch Diener...* wird auch hier die Metaphorik verwendet (»Krätze«). Schwer zu entscheiden ist evtl. die Frage, ob die Metapher nur Dekor ist oder ob sie nicht doch auch als präziser Aussageträger fungiert.

### M 3

**Zusatztext:** Georg Friedrich Wilhelm Hegel: *Selbständigkeit und Unselbständigkeit des Selbstbewusstseins...*
Auch die Sprache Hegels kann – trotz aller philosophischen Verdienste – als Jargon bezeichnet werden, da er den Nichteingeweihten schwer verständlich bleibt.

**M1**

**Aufgabe:** 1. Inwiefern ähnelt dieser Auszug dem Bericht *Stoiber gibt alles …?* (s. Schülerband, S. 263 f.)

## Ganz entspannt in Kecskemét (2008) Thomas Roser

*Im Rathaus von Kecskemét reibt man sich die Hände, weil man mit Daimler still und erfolgreich verhandelt hat. 2012 soll hier eine Automobilfabrik eröffnen. Das Leben in der ungarischen Provinzstadt ist so verträumt, dass die Nachricht sich noch nicht überall herumgesprochen hat.*

Hell ertönt vom Rathausturm das Glockenspiel über den von Bäumen umstandenen Szabacsag-Platz von Kecskemét. 37 Grad zeigt das Thermometer, drückend lastet die Mittagshitze auf der Innenstadt. Gemächlich und schweigsam schieben einige betagte Schachspieler ihre Figuren über die Spielbretter. Getrocknete Paprika baumeln von den Markisen der Buden eines Weindorfes. Im Buchladen Könyvesbolt prangt im Schaufenster nur ein Fotoband mit Modellen von Volkswagen. Auch die wenigen Gäste, die sich auf den Holzbänken des Weindorfs verlieren, zeigen sich vom Mercedes-Fieber noch nicht angesteckt. Die Aussicht auf neue Arbeitsplätze scheint nicht alle Bewohner der beschaulichen Provinzstadt 80 Kilometer südöstlich von Budapest zu elektrisieren.

»Mercedes? Vielen Dank. Ich fahre kein Auto und will nichts investieren«, wimmelt ein schwitzender Aktenkofferträger den lästigen Frager ab. Mercedes sei ein bekanntes Auto, doch von einem Werk habe sie nichts gehört, gesteht achselzuckend eine etwas füllige Blondine. Selbst ein Student mit Laptoptasche muss sich für seine Unkenntnis entschuldigen: Er wohne in Budapest und komme nur selten in seine Heimatstadt. Und ein langhaariger Hardrockfan im AC/DC-Shirt meint, er sei im Urlaub gewesen und sein Name sei Hase. Der Kellner im Café Liberté lobt immerhin die Marke, aber weder er noch seine Eltern könnten sich so etwas leisten: »Wir haben kein Auto.«

In den hohen Sälen des Rathauses von Kecskemét ist die Begeisterung schon spürbarer. Einträchtig prangen die deutsche, ungarische und europäische Flagge auf dem Kaminsims in der Amtsstube von Gábor Zombor. »Wir sind so hart arbeitende Menschen wie die Schwaben«, versichert der Bürgermeister. Sympathien verspürt der Mann mit dem grau melierten Haar nicht nur für den deutschen Fußball: »Wir mögen Deutschland, seine Menschen und seine Kultur.« Für sein Loblied hat der Bürgermeister gute Gründe. Mehrere deutsche Firmen und Automobilzulieferer seien seit Jahren in Kecskemét aktiv, berichtet Zombor. Deren »gute Erfahrungen« hätten auch bei der prestigeträchtigen Anwerbung des künftig größten Arbeitgebers der 110 000 Einwohner zählenden Stadt geholfen. Die Entscheidung von Daimler beweise, dass Ungarn als Standort nicht nur für Billigwaren, sondern auch für »hochwertige Produkte« geeignet sei, meint das 44-jährige Stadtoberhaupt: »Die Weltfirma Daimler wird uns auf ein höheres Niveau führen.« […]

*(Aus: Stuttgarter Zeitung, 27. 06. 2008, S. 3)*

**M2**

**Aufgabe:** Wie bewerten Sie die Metaphernverwendung in diesem Zeitungstext?

## Fünf Minuten Deutsch – Wenn von Können nichts mehr kommt (2004)

Ruprecht Skasa-Weiß

Von Zeit zu Zeit, möchte man meinen, bekommt die Sprache die Krätze. Fast über Nacht ist sie verfleckt von Wörterpusteln. Wo sie zuvor doch gesund und glatthäutig war. Besorgt sehen wir derzeit mit an, wie die Pustel »zu können« grassiert. Das heißt, sie fängt mit dem Grassieren eben erst an; aber schon lässt sich prophezeien, dass hier die nächste verbale Volkskrankheit auf uns zukommt. Was ist gemeint?

Gewisse Maßnahmen, stellt da ein Wirtschaftskommentator fest, »scheinen vorerst nicht geeignet zu sein, um ein Wiederaufleben der starken Kauflaune der letzten Wochen herbeiführen zu können«. Ein anderer konstatiert, es müssten »weitere Unternehmen sich zusammenschließen, um im Wettbewerb bestehen zu können«. In der Ausstellung des Skandal-Leichenbeschaffers von Hagens meint ein Besucher, den Plastinierten »bis ins Gedärm sehen zu können«. Und während der Aussteller hofft, »genug Geld einnehmen zu können«, meldet das Radio zu unser aller Enttäuschung: »Die Krankenkassen halten es nicht für möglich. die Beiträge wesentlich senken zu können.« Dabei hatte so mancher gehofft, die Kassen kämen »nun nicht mehr umhin, sie senken zu müssen«.

Leider ist unsereiner nicht in der Lage, die Sprecher und Schreiber von diesem Modalverb-Missbrauch abzuhalten. Oder heißt's abhalten zu können? Oder wäre da eine Nuance, eine winzigste wenigstens in der Bedeutung? Denkt man länger darüber nach, wird's einem im Kopf ganz sirmelig – der Anfang des Fiebers, der Ausbruch der Krankheit. Und die ist ansteckend wie wenige. Bald traut sich niemand mehr zu sagen, er hoffe, genug Geld einzunehmen, oder er halte es nicht für möglich, die Beiträge zu senken, gar, er vermeine, den ausgestellten Toten bis ins Gedärm zu sehen. Und wo unsereiner rafft: aha, gewisse Maßnahmen scheinen vorerst nicht geeignet, ein Wiederaufleben herbeizuführen, macht es der Kommentator mit reichlicher Zubutterung weiterer Wörter: »... nicht geeignet zu sein, um ein Wiederaufleben herbeiführen zu können.« [...]

*(Aus: Stuttgarter Zeitung, 31. 01. 2004, S. 36)*

**M3**

**Aufgabe:** Versuchen Sie doch einmal, Ihrem Nachbarn zu erklären, was in dem Textauszug steht.
– Beschreiben Sie mögliche Schwierigkeiten.

## Selbstständigkeit und Unselbstständigkeit des Selbstbewusstseins … (1807)

Georg Friedrich Wilhelm Hegel

Das Selbstbewusstsein ist *an* und *für sich*, indem, und dadurch, dass es für ein Anderes an und für sich ist; d. h. es ist nur als ein Anerkanntes. Der Begriff dieser seiner Einheit in seiner Verdopplung, der sich im Selbstbewusstsein realisierenden Unendlichkeit, ist eine vielseitige und vieldeutige Verschränkung, sodass die Momente derselben teils genau auseinandergehalten, teils in dieser Unterscheidung zugleich auch als nicht unterschieden, oder immer in ihrer entgegengesetzten Bedeutung genommen und erkannt werden müssen. Die Doppelsinnigkeit des Unterschiedenen liegt in dem Wesen des Selbstbewusstseins, unendlich, oder unmittelbar das Gegenteil der Bestimmtheit, in der es gesetzt ist, zu sein. Die Auseinanderlegung des Begriffs dieser geistigen Einheit in ihrer Verdopplung stellt uns die Bewegung des *Anerkennens* dar.

Es ist für das Selbstbewusstsein ein anderes Selbstbewusstsein; es ist *außer sich* gekommen. Dies hat die gedoppelte Bedeutung, *erstlich*, es hat sich selbst verloren, denn es findet sich als ein *anderes* Wesen; *zweitens*, es hat damit das Andere aufgehoben, denn es sieht auch nicht das Andere als Wesen, sondern *sich selbst* im Andern.

Es muss dies *sein Anderssein* aufheben; dies ist das Aufheben des ersten Doppelsinnes, und darum selbst ein zweiter Doppelsinn; *erstlich*, es muss darauf gehen, das *andere* selbstständige Wesen aufzuheben, um dadurch *seiner* als des Wesens gewiss zu werden; *zweitens* geht es hiemit darauf, *sich selbst* aufzuheben, denn dies Andere ist es selbst.

Dies doppelsinnige Aufheben seines doppelsinnigen Andersseins ist ebenso eine doppelsinnige Rückkehr *in sich selbst*; denn *erstlich* erhält es durch das Aufheben sich selbst zurück; denn es wird sich wieder gleich durch das Aufheben *seines* Andersseins; *zweitens* aber gibt es das andere Selbstbewusstsein ihm wieder ebenso zurück, denn es war sich im Andern, es hebt dies *sein* Sein im Andern auf, entlässt also das andere wieder frei.

Diese Bewegung des Selbstbewusstseins in der Beziehung auf ein anderes Selbstbewusstsein ist aber auf diese Weise vorgestellt worden, als *das Tun des Einen*; aber dieses Tun des Einen hat selbst die gedoppelte Bedeutung, ebensowohl *sein Tun* als *das Tun des Andern* zu sein; denn das Andere ist ebenso selbstständig, in sich beschlossen, und es ist nichts in ihm, was nicht durch es selbst ist. Das erste hat den Gegenstand nicht vor sich, wie er nur für die Begierde zunächst ist, sondern einen für sich seienden selbstständigen, über welchen es darum nichts für sich vermag, wenn er nicht an sich selbst dies tut, was es an ihm tut. Die Bewegung ist also schlechthin die gedoppelte beider Selbstbewusstsein. Jedes sieht *das Andre* dasselbe tun, was *es* tut; jedes tut Selbst, was es an das Andre fordert; und tut darum, was es tut, auch *nur* insofern, als das Andre dasselbe tut; das einseitige Tun wäre unnütz; weil, was geschehen soll, nur durch beide zustande kommen kann.

*(Aus: Georg Friedrich Wilhelm Hegel: Phänomenologie des Geistes. Hrsg. v. D. Johann Schulze. Berlin: Duncker und Humblot 1841. S. 135ff.)*

## Notizen

# Filmanalyse (S. 278–295)

Thomas Rudel

## 1 Zielsetzung und Aufbau des Kapitels

Der Begriff der Medienkompetenz ist aus den Lehr- und Bildungsplänen der Oberstufe nicht mehr wegzudenken. Der Umgang mit den sogenannten »Neuen Medien« ist für die Schülerinnen und Schüler inzwischen eine Selbstverständlichkeit geworden und sollte auch im modernen Deutschunterricht angemessen gewürdigt werden. Schon in der Sekundarstufe I sind die Grundbegriffe der Filmanalyse und der Vergleich der Gestaltungsmittel mit denen von literarischen Texten Gegenstand des Deutschunterrichts.
Das vorliegende Kapitel soll zu einer vertiefenden analytischen und kreativen Auseinandersetzung mit dem Medium Film beitragen und dazu führen, dass die Schülerinnen und Schüler den Film differenziert als Ergebnis eines Gestaltungsprozesses wahrnehmen, dessen Wirkung und Einfluss erkannt und hinterfragt werden muss.
Das Kapitel ist in zwei Abschnitte gegliedert:

- **Videoclips**
- **Spielfilm: Das Leben der Anderen**

Im ersten Abschnitt werden – nach einer einführenden Reflexion über ihre Bedeutung – Videoclips als filmische Kleinformen herangezogen, um an ihnen das Zusammenspiel von Bild und Text sowie die Leistung der Montage zu untersuchen und die filmische Analyse einzuüben.
Der zweite Abschnitt des Kapitels verdeutlicht am Spielfilm *Das Leben der Anderen* die Funktion der Exposition und behandelt einige Szenen des Films, bei denen die auditive oder visuelle Gestaltung eine besondere Rolle spielen. Abschließend besteht die Möglichkeit, sich mit einer differenzierten Bewertung des filmischen Kunstwerks auseinanderzusetzen.

Im Vorwort seines Filmbuches verweist Florian Henckel von Donnersmarck auf die Hoffnung des Filmemachers, »dass sich der Zuschauer länger als einen Abend mit dem Film beschäftigen möchte«. Das dürfte bei der Qualität des Spielfilms nicht schwerfallen: Fächerverbindender Unterricht mit der Bildenden Kunst (Bildgestaltung, Farbgebung; auch Kunst und Zensur), den Fächern Musik (Wirkung von Musik, Musiker/-innen in der DDR), Geschichte (Gesellschafts- und Machtsystem der SED, politischer Widerstand, wirtschaftliche und soziale Situation der DDR vor dem Mauerfall, deutsche Einheit) und Sozialwissenschaften (Kunst und Politik, Arbeitsweise des MfS, Aufarbeitung des DDR-Unrechts etc.) bieten sich an. Im Fach Deutsch kann der Film Anlass sein, sich mit der Literatur- und Theaterszene der DDR, der Literaturkritik (vgl. im Schülerband S. 130 ff.) oder Formen der Vergangenheitsbewältigung (vgl. Schülerband S. 138 ff.) auseinanderzusetzen. Die Materialien **M 4** und **M 5** bieten dazu zwei Texte, die in der DDR entstanden sind und sich mit der Arbeitsweise der Staatssicherheit beschäftigen: Biermanns *Stasi-Ballade* und Kunzes *Besuch*.

Die konkrete Unterrichtsplanung hängt davon ab, ob die filmischen Gestaltungsmittel oder der Film als Gesamtkunstwerk im Mittelpunkt des Unterrichts stehen sollen – abhängig davon lassen sich Schwerpunkte im ersten oder zweiten Kapitelteil setzen. Mit wenig Aufwand lässt sich auch die praktische Medienarbeit in dieses Kapitel integrieren: Die Produktion eines eigenen Videoclips (ausgehend von einem Musikstück), eines Werbespots (auch die Musikclips sind ja seit Anbeginn zur besseren Vermarktung der Musikproduktion gedacht gewesen) oder eines Trailers für einen (fiktiven) Spielfilm lässt sich mittlerweile ohne großen technischen Aufwand realisieren: Die benötigte Hardware ist in vielen Schulen verfügbar oder kann über regionale Medienzentren entliehen werden; die Software ist in modernen Betriebssystemen bereits integriert; ggf. lassen sich geeignete Freeware-Programme samt Anleitungen kostenlos übers Internet beziehen.

**Literaturhinweise:**

James Monaco: *Filme verstehen. Kunst, Technik, Sprache, Geschichte und Theorie des Films und der Medien.* Hrsg. v. Hans-Michael Bock. Überarbeitete und aktualisierte Auflage. Reinbek bei Hamburg: Rowohlt TB 2009.
Michael Klant und Raphael Spielmann (Hrsg.): *Grundkurs Film 1. Kino, Fernsehen, Videokunst.* Braunschweig: Schroedel 2008.
Bundeszentrale für politische Aufklärung (Hrsg.): *Filmheft: Das Leben der Anderen. Florian Henckel von Donnersmarck. Deutschland 2005.* Bonn 2006.

# 2 Aufgaben – Lösungen – Kommentare

## Videoclips (S. 279–283)

### Die Bedeutung von Musikvideos diskutieren

**Aufgabe 1** (S. 279)
Die Überschrift *Video killed the radio star* ist ein Titel der britischen Musikgruppe »The Buggles«, mit deren Video MTV 1981 auf Sendung ging.
Um eine Diskussion anzustoßen, können die Nutzungsmotive und Rezeptionsformen der Schülerinnen und Schüler erhoben und analysiert werden. Nutzungszeit, Häufigkeit und Konsumdauer sowie Präferenzen für einzelne Sender und Programmformate (differenziert nach Geschlecht, auch im Vergleich zu anderen Medien wie Radio und Internet) werden die Bedeutung der Musikvideos für die Jugendlichen transparent machen.

### Text und Bild vergleichen

**Aufgabe 1** (S. 281)
Der Konzept-Performance-Videoclip zeigt die männlichen Interpreten und verschiedene Frauengestalten im Wechsel. Es fällt auf, dass die Männer vor allem in der Öffentlichkeit (Caféhaus, Straße, Wohnviertel) und unter freiem Himmel gezeigt werden; die Frauen v. a. in geschlossenen, eher »privaten« Räumen verkehren: Sie sind in »typisch« weiblichen/traditionellen Rollen und bei eher unpolitischen Tätigkeiten zu sehen: in der Schule (als Lehrerinnen), beim Einkaufen, im Kinderzimmer, vor dem Spiegel, beim Musikhören und beim Spiel (Seifenblasen) – entweder allein oder mit anderen Frauen oder Kindern kommunizierend.

Im Text, in dem die umworbene Aicha aus Sicht der männlichen Interpreten dargestellt wird, verhält sich die Umworbene eher passiv: »sweet«, »beautiful«, »like a queen«, »moves like a breeze«, »shinin' like a star« etc. Bemerkenswert ist, dass niemand (außer Gott) weiß, wie sie fühlt, was sie denkt – ein expliziter Wunsch, dies herauszufinden, wird seitens der Interpreten nicht geäußert.

Dem männlichen Partner kommt im Text eine aktive Rolle zu: »to take her hand«, »to take her world / And show her the time of her life«. Auch die Videosequenzen zeigen die Interpreten eher aktiv (singend und gehend), die Frauen bevorzugt statisch verharrend oder in langsamen Bewegungen.

Männer- und Frauenwelt scheinen sich kaum zu berühren – im Videoclip lediglich auf der Straße, als die Interpreten der entgegenkommenden Frau die Einkaufstaschen aufheben, sowie im Waschsalon, wo sich Mann und Frau begegnen.

**Aufgabe 2** (S. 281)
Sowohl das Männer- als auch das Frauenbild sind (in Text und Bild) eher traditionell geprägt. Kinder(-erziehung), Einkaufen und Religion (Kopftuch, Kreuz) gehören zur Frauenwelt, der öffentliche Auftritt (als Sänger, im Café, auf der Straße) ist vor allem Männersache. Damit passt das traditionelle Rollenbild nur wenig zur modernen Bildsprache des Videos. Eine deutliche Stellungnahme wird jedoch sowohl in Text als auch im Bild vermieden – im Gegensatz zum französisch-arabischen Original.

[Das Material **M 1** enthält den französisch-arabischen Originaltext zum Vergleich.]

**Internetquellen:**
Outlandish: Video *Aicha*
*http://www.laut.de/wortlaut/artists/o/outlandish/videos/index.htm*

Informationen zur Band:
*http://www.outlandish.de/*

Cheb Khaled: Video *Aicha*
*http://www.myvideo.de/watch/185858/Khaled_Aicha*
*http://video.aol.de/video-detail/khaled-khaled-aicha-1996-france/4078647931*
*http://www.youtube.com/watch?v=iIyyPsqRweE*

Material zur französischsprachigen Version (für den Französischunterricht):
*http://www.lehrer-online.de/aicha.php*

### Die Leistung der Montage erkennen

**Aufgabe 1** (S. 283)
Da der Videoclip die Textaussage bebildert und damit unterstreicht, dürfte ein Zusammenhang zwischen Text und Bildern leicht herzustellen sein. Die ersten Assoziationen (bei fehlender Textkenntnis) dürften zunächst allerdings unterschiedlich ausfallen, bleiben doch viele Leerstellen, die die Betrachter zunächst individuell für sich ausfüllen müssen.
Vergleicht man Songtext und Bilder, fällt auf, dass die Künstler keine detailgetreue visuelle Umsetzung des Textes angestrebt haben: Die Rosen (Z. 17) werden beispielsweise im Video nicht bebildert, die »Schnecke« des Videos taucht im Text nicht wörtlich auf.

Anstelle der einzelnen Bilder lässt sich auch das gesamte Video stumm betrachten, um im Anschluss Mutmaßungen über den Inhalt des Liedtextes anzustellen: Um was geht es in diesem Video? Freundschaft, Liebe, Familie, Konflikte, Alltägliches? (An welchen Einstellungen lassen sich die Deutungshypothesen belegen?) Welche Bilder sind mehrdeutig? Warum?

[Das Arbeitsblatt **M 2** kann zur Analyse von Musikvideos eingesetzt werden.]

Bei einer umfassenderen Analyse des Videoclips könnten noch folgende Aspekte interessant sein:
*Personenkonstellation:* In welchem Verhältnis stehen die Kinder (und der Sänger) zueinander?
*Erzählebenen:* Welche Rolle spielt der Sänger in dem Videoclip? (Wird er lediglich singend zwischengeschnitten oder identifiziert er sich mit einem jungen Alter Ego? – Die »betrachtende« Rolle des Jungen gleicht der des Sängers im Saal; Letzterer wird wiederholt auch allein mit dem Schneckenkostüm gezeigt.
*Kameraposition und -fokussierung:* Spiel mit Nähe und Distanz, direktes und indirektes Zuschauen, Veranschaulichung der (Lebens-)Zeit.

Bei einem Vergleich von Text- und Bildaussage lässt sich feststellen, dass der Videoclip die Aussage des Liedtextes durch eine ästhetisch ansprechende Visualisierung unterstreichen will, im Detail aber über die reine Bebilderung hinausgeht – die Bilder bieten Interpretationsmöglichkeiten, die so im Text nicht angelegt sind bzw. deutlich werden.

**Internetquellen:**
Heinz Rudolf Kunze: Video *Längere Tage*
http://www.hrk-protest.de/index.html
Informationen zum Künstler:
http://www.heinzrudolfkunze.de/start.html

## **Spielfilm: Das Leben der Anderen** (S. 284–295)

### Die Funktion der Exposition erkennen

**Aufgabe 1** (S. 285)
Durch die eingestreuten Inserts werden die Betrachter schnell und unzweideutig in Zeit und Ort eingeführt. Die Bilder selbst geben weitere Hinweise: Das Porträt des Staatsratsvorsitzenden (S. 285 oben) und die Uniform Wieslers, auch Technik im Verhör- (Telefon) und Vorlesungsraum (Tonband) lassen auf die frühen 80er-Jahre des 20. Jahrhunderts schließen.
Die Atmosphäre, die den Zuschauer in seinen Bann ziehen soll, rührt von der Art der Darstellung her: Die Weitwinkelaufnahmen (man beachte die Verzeichnungen am Rand der Fotos im Arbeitsbuch) vermitteln in den geschlossenen Räumen den Eindruck von unangenehmer Enge. Die Bedrohlichkeit wird durch das in den Szenen vorherrschende kalte, grünliche Licht und das Sounddesign gesteigert. Das »Eintippen« der Inserts nimmt bereits das Tippen der Überwachungsprotokolle vorweg und baut die Drohkulisse weiter aus. Der schrille Alarmton wirkt erschreckend, doch auch die anderen Geräusche – Hundegebell, immer wieder Schritte, Schraub- und Schließgeräusche, Bleistiftstriche, die Bedienung des Tonbandgeräts – sind darauf angelegt, unangenehme Assoziationen hervorzurufen.

**Aufgabe 2** (S. 285)
Die Hauptperson Gerhard Wiesler tritt – abgesehen von Szene 1 – immer auf. Der Zuschauer wird – wie der Gefangene – mit dem Beginn des Films zu Wiesler gebracht. Er hat die meisten Redeanteile, der Ortswechsel wird mit ihm vollzogen: der Erzähler folgt ihm vom Gefängnis in die Hochschule, wodurch seine Bedeutung herausgehoben wird. Für den Zuschauer ist Wiesler das verbindende Element in den einzelnen Szenen. Auch die Einstellungsgrößen der Kamera – der Hauptmann wird oft in Großaufnahme gezeigt – stellt seine Bedeutung für den weiteren Verlauf der Handlung heraus.

**Aufgabe 3** (S. 287)
Wiesler ist penibel und genau; er bereitet sich auf das Verhör vor und folgt offenbar einem festgelegten Schema (Szene 2). Er zeigt keine menschlichen Regungen (redet den Gefangenen als Nummer an, spult ohne Gefühlsregung das Tonband vor, notiert sich den zweifelnden Studenten, erinnert an die Bedeutung der Geruchskonserve) und agiert sehr kontrolliert, hebt kaum die Stimme, spricht (im Film) deutlich und ruhig. Er ist beharrlich (wiederholt Fragen und Aufforderungen) und auf seine Weise korrekt – er leidet mit seinen »Opfern« nicht mit, macht sich über sie aber auch nicht lustig – im Gegensatz zu seinem Vorgesetzten Oberstleutnant Grubitz, der direkt nach den hier abgedruckten Szenen eingeführt wird

und vom Verhalten her einen deutlichen Gegensatz zu Wiesler darstellt.

Wiesler identifiziert sich augenscheinlich völlig mit dem System, welches er vertritt. Sowohl durch den Gefangenen als auch durch den Studenten Lehmann wird dieses jedoch bereits in der Exposition infrage gestellt. Da ihm dies selbst völlig abwegig erscheint, ist er gerade hier angreifbar. Den weiteren Verlauf der (DDR-)Geschichte als bekannt vorausgesetzt, lässt sich bereits erahnen, dass eine systematische Demontage des linientreuen Hauptmanns folgen wird.

## Die Bedeutung des Tons untersuchen

**Aufgabe 1** (S. 289)
Die Bedeutung des Tons, den der Zuschauer oft nur unbewusst wahrnimmt, wird häufig unterschätzt, obwohl das Sounddesign maßgeblich zum Zusammenhalt der Szenen beiträgt, indem es mit Musik und/oder Geräuschen von der einen in die andere überleitet. An dem hier gewählten Beispiel lässt sich studieren, wie exakt der Einsatz von Sprache, Musik und Geräuschen geplant sein muss, damit ein harmonisches Ganzes dabei entsteht.
Die Szene beginnt mit einem Dialog, der im Falle Christa-Marias synchron (sie ist im Bild), bei Dreyman asynchron (weil er sich in einem Nebenraum aufhält) wiedergegeben ist. Mit dem Wechsel in die Abhörzentrale – das Gespräch wird nun über den Kopfhörer fortgesetzt – ist der Ton komplett asynchron.
Es folgt ein visueller Schnitt, der durch die Stimme Dreymans überbrückt wird: Er hat das letzte Wort in der Wohnung/im Kopfhörer, er spricht das Brecht-Gedicht, welches Wiesler zur gleichen Zeit liest. Die fast ins Gemütliche wechselnde Atmosphäre ist hier (neben dem Text des Liebesgedichtes und der für die Wiesler-Szenen ungewöhnlich warmen Farbtöne) vor allem der einsetzenden Filmmusik zu verdanken.
Der folgende Stimmungswechsel findet auf allen Ebenen statt: narrativ (Zeitsprung), visuell (Wechsel von Wieslers in Dreymans Wohnung) und auditiv (Telefonklingel). Als Bindeglied verbleibt die Filmmusik, die erst nach dem Schnitt ausklingt.
Den Tod des Freundes Jerska bekommt der Zuschauer asynchron (über den Telefonhörer und gleichzeitig über den Kopfhörer Wieslers, also sehr distanziert) mitgeteilt. Erst danach wechselt die Kamera in Dreymans Wohnung.
In der nachfolgenden Sequenz setzt erneut Filmmusik ein, und zwar zunächst asynchron: Dreyman sitzt am Klavier, spielt jedoch nicht selbst. Dadurch, dass Dreymans Spiel und die Filmmusik ineinander übergehen, wird diese vom Zuschauer bewusst aufgenommen – die Distanz der vorhergehenden Szene ist vollständig aufgehoben, der Zuschauer wird – durch die Musik – in das Geschehen hineingezogen. Die Filmmusik kommentiert jetzt nicht mehr – wie beim ersten Einsatz – die Handlung, sondern wird selbst zum Teil der Geschehens. Nicht nur Wiesler, auch der Zuschauer wird zum aufmerksamen Zuhörer, so dass der nachfolgende Satz Dreymans – sicher einer der Kernsätze des Filmes – noch mehr Gewicht erhält. Durch die vielschichtigen auditiven Ebenen bleibt der Adressat der (rhetorischen) Frage unklar: Vordergründig an Christa bzw. an sich selbst gerichtet, ist für den Zuschauer Wiesler der eigentliche Adressat, wobei auch das Publikum die Frage Dreymans letztlich erst einmal für sich selbst beantworten muss.

## Ein Bild entschlüsseln

**Aufgabe 1** (S. 290)
*Bild 1*
Einstellungsgröße: Nah (Medium close up) – der umgebende Raum spielt keine Rolle mehr, die dargestellten Personen rücken in den Mittelpunkt, die Intensität des kurzen Dialogs wird durch die Mimik der Darsteller visuell unterstrichen. Die innige Umarmung, Christa-Marias geschlossene Augen, aber auch Kissen, Bett und Wand, welche das Künstlerpaar »umrahmen«, vermitteln dem Betrachter Geborgenheit, Wärme und Schutz. Die Arme des Paares sind ineinander verschränkt, die Köpfe Dreymans und Christa-Marias sind mittig im Bild positioniert, die Bildkomposition wirkt harmonisch und ausgeglichen. Bei der Farbgestaltung überwiegen helle, warme braun- und beigefarbene Töne, das Bild ist fast schattenfrei ausgeleuchtet, harte Kontraste fehlen. Das Künstlerpaar trägt Weiß, was in unserem westlichen Kulturkreis u.a. mit Licht, Unschuld, Reinheit, Frieden und dem Guten schlechthin assoziiert wird.

*Bild 2*
Einstellungsgröße: Halbnah (Medium shot) – auch hier ist die Körpersprache bildwichtig, die Umgebung tritt in den Hintergrund, ist aber dennoch präsent. Die Kamera gewinnt gegenüber dem vorhergehenden Bild an Distanz.
Wiesler, durch Kopfhörer und Kabel mit dem Künstlerpaar auditiv verbunden, hat eine ähnliche Körperhaltung eingenommen wie Christa Maria, auch er hat die Augen geschlossen, sein Gesicht ist entspannt, allerdings bietet ihm kein Partner Schutz, auch kein Bett, kein Kissen, keine Wand. Er kann sich allein an die »Nabelschnur« klammern, die ihn mit dem *Leben der Anderen* verbindet. Der Raum vermittelt Leere, in die Wiesler – nicht mittig positioniert und zur Seite gelehnt – zu fallen droht. Die Bildaufteilung ist unausgeglichen, unharmonisch. Wiesler dominiert die linke, hellere Bildhälfte, auf der rechten

Seite befindet sich der leere Raum, in dessen Hintergrund technisches Gerät zu erkennen ist, von dem sich Wiesler in diesem kurzen Moment wohl nicht nur räumlich entfernt hat.
Wieslers »Uniform« wirkt unangemessen, steht sie doch für das System, für die (dienstliche) Distanz. Die Farbsymbolik für Grün ist nicht eindeutig, doch wird ein bläulichgrüner Farbton oft mit dem Dämonischen und Negativen in Verbindung gebracht.
Die Kontraste in diesem Bild sind härter als im vorangegangenen; Wiesler befindet sich im helleren Bildteil, der Raum ist ansonsten eher dunkel. Der Stasihauptmann selbst wird von einer Lichtquelle außerhalb des linken Bildrands angestrahlt, sodass eine seiner Körperhälften gut ausgeleuchtet ist, während die andere im Schatten versinkt. So wird die Grenzsituation, in der sich Wiesler in diesem Moment befindet, auch visuell abgebildet.
Die Farbgebung ist nicht so freundlich wie im Bild darüber, doch deutlich wärmer als in den vorangegangenen Wiesler-Szenen (vgl. Schülerband S. 278, 284–289; siehe auch Aufgabe 3).

**Aufgabe 2** (S. 290)
Durch die bloße Aneinanderreihung beider Bilder wird der Betrachter versuchen, einen Zusammenhang zwischen den dargestellten Szenen herzustellen (vgl. Schülerband S. 283, Die Montage). Durch den ähnlichen Bildaufbau wird er bei den vorliegenden Fotos dabei noch bestärkt.
Obwohl Wiesler die Szene zwischen Dreyman und Christa-Maria nur hört, sieht der Zuschauer, dass Wiesler kein aufmerksamer, nüchterner Zuhörer (vgl. Bild Schülerband S. 278) mehr ist, dass sein Mitwissen ins Mitfühlen umgeschlagen ist. Der Betrachter ahnt, dass Wiesler hier nicht nur das *Leben der Anderen* observiert, sondern auch selbst eine Veränderung durchlebt, zunächst nur für einen Augenblick, denn die Szene endet abrupt mit dem Eintritt Udos und dem Rückfall Wieslers in die alte Rolle.

Sofern der Film vorliegt, bietet sich auch eine genaue Analyse der vorhergehenden und nachfolgenden Sequenz an:
Dreyman reagiert auf das »Klingeln« Wieslers und geht hinunter zum Hauseingang, erkennt Christa-Maria und versteckt sich im Hausflur (die Szene erfährt eine Wiederholung in Kapitel 13 [1:45:22], als Dreyman ahnungslos an Wiesler vorbeigeht).
Nachdem Christa-Maria aus dem Bad kommt, ist zu erkennen, wie sie sich in schützender Embryonalhaltung auf dem Bett zusammenkauert und auf Dreyman wartet, der im Wohnzimmer seiner Gefühle Herr zu werden versucht.
Wiesler hat sich die Wohnung des Künstlerpaares mit Kreide auf den Boden gemalt und befindet sich bei der »Überwachung« ebenfalls im »Schlafzimmer« seiner Kreidewohnung – genau auf der Position, auf der sich auch Dreyman und Christa-Maria treffen. Verbunden sind die vorausgehenden Szenen auch durch die langsame, getragene Filmmusik, die erst mit dem Eintritt des Genossen Udo unvermittelt endet.

Es schließt sich eine Sequenz an, in der die (körperliche und intellektuelle) Einsamkeit Wieslers noch deutlicher herausgearbeitet wird.

Es folgt zunächst eine Totale mit den spärlich beleuchteten Hauptstadtstraßen (erst nur mit Umgebungs-/bzw. Fahrgeräuschen, dann mit einsetzender Filmmusik), Wieslers Fahrt im Aufzug und der Besuch der Prostituierten, der mit dem gleichen Klingelton wie in der vorangegangenen Sequenz eingeleitet wird (Wiesler ist ebenfalls im Bad), parallel aufgebaut ist und doch einen deutlichen Kontrapunkt zum Vorhergehenden setzt: Die Dialoge transportieren keine innere Zerrissenheit, sind bemüht und unverbindlich, die körperliche Zuneigung der Prostituierten ist nur erkauft. Sie verlässt Wiesler nach unsentimentaler Vertragserfüllung, obwohl Wiesler sie zum Bleiben überreden will. Er bleibt am Ende selbst einsam auf dem Sofa zurück, in entspannter Körperhaltung, aber innerlich leer.

In der nächsten Szene betritt Wiesler am Tag – und offenbar ohne dienstlichen Auftrag – wieder Dreymans Wohnung, verharrt, schaut sich um und legt im Schlafzimmer schließlich seine Hand auf die Matratze, auf der Dreyman und Christa-Maria in der Nacht zuvor lagen. Nach dem nächsten Schnitt ist Wiesler wieder kurz allein im Wohnungsflur seiner eigenen Wohnung zu sehen – einer Wohnung, in der er sich inzwischen offenbar weniger zu Hause fühlt als bei Dreyman und Christa-Maria.

**Aufgabe 3** (S. 290)
Die Szenen des Künstlerpaars sind meist in warmen, hellen Tönen gehalten, rötlichbraune und häufig tendenziell gesättigte Farbtöne überwiegen, während die Kontraste im Bild eher gering sind.
Wieslers Szenen wirken dagegen oft nüchtern; vorherrschende Farbtöne sind blau und grün, die Bilder wirken oft grau und ein wenig farblos. Die Hell-Dunkel-Kontraste sind hingengen oft hoch (vgl. Schülerband, S. 286, Wiesler vor dem Fenster, u. a.).
In den Szenen, in denen sich Wiesler mit den beiden verbunden fühlt, werden die kühlen Farbtöne durch wärmere ersetzt: deutlich z. B. in der Szene, in der Wiesler Brecht liest (vgl. Schülerband, S. 288).
Dort, wo die Verbundenheit brüchig wird, dominieren auch später wieder kältere Farbtöne (vgl. Schülerband, S. 291).

**Aufgabe 4** (S. 291)
Das Foto zeigt die Szene, in der Christa-Maria Wiesler das Versteck der Schreibmaschine Dreymans gesteht (1:43:29, Kap. 12). Auf Aufforderung Wieslers zeichnet sie dieses in einen von Wiesler ad hoc skizzierten Grundriss der Wohnung. Beide werden dabei von Wieslers Chef, Oberstleutnant Grubitz, beobachtet.

Es bietet sich an, auch hier nicht nur das Foto, sondern die gesamte Filmsequenz (Kapitel 12, 1:39:58) zu betrachten. In der Mimik der Protagonisten lässt sich sehr gut der Versuch herausarbeiten, neben der »öffentlichen« Kommunikation noch eine weitere, vertraulichere Kommunikationsebene zu finden, aus der Oberstleutnant Grubitz ausgeschlossen ist. Diese nonverbale Kommunikation verläuft ausschließlich über den intensiven Blickkontakt und das kaum merkliche Nicken der beiden Protagonisten (ab 1:42:43).
Auch das Schlüsselwort »Publikum«, welches Wiesler bei ihrem ersten Aufeinandertreffen in der Bar gebraucht hat, fällt bei diesem »Verhör« mehrmals. Christa-Maria reagiert darauf unbestimmt (am deutlichsten bei 1:42:32); ebenso Grubitz, der allerdings erkennen lässt, dass ihm die konnotative Bedeutung verborgen bleibt: »Denken Sie an Ihr Publikum ... haha ... dem fällt wirklich immer etwas ein (ab 1:41:35).«
Der aufmerksame Zuschauer wird schon durch die Gesprächseröffnung auf die Vielschichtigkeit des kommenden Gesprächs eingestimmt, wenn Christa-Maria spielerisch sagt: »Sie sind also mein ›Führungsoffizier‹. – Dann führen Sie mich.« Wiesler, zunächst von Christa-Maria abgewandt, dreht sich daraufhin langsam zu ihr um, zeigt ihr sein Gesicht und übernimmt dann tatsächlich die komplizierte Gesprächsführung.
Erst noch misstrauisch und distanziert, vertraut und gehorcht sie Wiesler schließlich und beschreibt (ab 1:42:53) das genaue Versteck von Dreymans Schreibmaschine. Zeitgleich setzt die schwermütige Filmmusik ein und sorgt für einen deutlichen Stimmungsumschwung. Wiesler reagiert mit einem Kopfnicken, um Christa anzudeuten, dass sie das Richtige getan hat. Dass Christa Wiesler in diesem Moment zwar vertraut, ihn letztendlich aber nicht versteht (und dieses Vertrauen schnell wieder verliert), wird durch Christas Freitod deutlich. Als Wiesler erstmals klare Worte findet (»Ich habe die Ma-«), kann er Christa nicht mehr retten und führt bezeichnenderweise selbst diesen Satz nicht zu Ende.

## Den Film bewerten

**Aufgabe 1** (S. 295)
Wolf Biermann äußert in dieser Rezension sein Erstaunen darüber, dass ein junger Autor, der das DDR-Regime nicht selbst erlebt hat, dieses so differenziert darstellen kann und dass er, Biermann, selbst von dieser fiktionalen Geschichte emotional betroffen ist – mehr als von mancher nichtfiktionalen Stasiakte, in die er Einsicht nehmen konnte.
Er betont die Bedeutung der Aufarbeitung der DDR-Diktatur, obwohl viele – er selbst eingeschlossen – diese bereits satt haben, und äußert die Hoffnung, dass Menschen wie Henckel von Donnersmarck, die die Diktatur nicht selbst erlebt haben, damit besser zurande kommen.

[Zusatztexte unter **M 3** und **M 4**]

**Aufgabe 2** (S. 295)
Eine Fokussierung auf den letzten Satz scheint interessant und einer Erörterung wert: »Womöglich machen es jetzt besser die, die all das Elend nicht selbst erlitten haben.«
Auch die Gefahr, dass sich die »Nachgeborenen« (zu denen die heutige Schülergeneration ja bereits gehört) nicht mehr für die Vergangenheit ihrer Eltern interessieren, könnte hier thematisiert werden (vgl. auch Schülerband, S. 138: den Abschnitt *Vergangenheitsbewältigung*).

## 3 Ergänzungen und Vertiefungen

**M 1**

**Zusatztext:** Französischer Originaltext von Aicha

Falls die Möglichkeit besteht, sollte auf den Vergleich der englischsprachigen Version in Text und Bild mit der französischen nicht verzichtet werden. Im französisch-arabischen Original von Cheb Khaled ist die Verzweifelung des Mannes, der nicht von der umworbenen Frau wahrgenommen wird, auf der Textebene deutlicher herausgearbeitet. Auch erfährt der Zuhörer hier die Reaktion der umworbenen Frau – sie lehnt die Geschenke ihres Verehrers ab, weil diese ihr wertlos erscheinen – wertlos im Vergleich zu den Rechten, die ihr als Frau in einer patriarchalisch dominierten Welt verwehrt bleiben.

**M 2**

**Arbeitsblatt:** Analyse von Videoclips

Mit **M 2** wird ein Raster vorgestellt, mit dem die Grundstruktur von Videoclips recht genau erfasst und beschrieben werden kann, was für eine überzeugende Interpretation unerlässlich ist.

Das gängige Raster kann bei Bedarf noch angepasst werden, sodass es sich auch für die Analyse für Werbespots eignet.

**M 3**

**Zusatztext:** Wolf Biermann: *Stasi-Ballade*

In der Stasi-Ballade von 1966 verarbeitet Biermann seine Erfahrungen mit dem MfS, kurz nachdem er mit einem Auftrittsverbot belegt worden war. (Biermann, Wolf: *Die Ballade vom preußischen Ikarus.* Doppel-CD. Bmg Int., Sony Music 1999).

**M 4**

**Zusatztext:** Reiner Kunze: *Besuch*

Während Biermanns Text vom beißenden Spott des lyrischen Ichs auf die Stasimitarbeiter lebt, wirkt der Text von Reiner Kunze durch die bloße lakonische Schilderung einer Begegnung mit einer Stasi-Mitarbeiterin. Die dargestellten Methoden des MfS ähneln den Ausführungen Biermanns; der Kunze-Text zeigt, dass auch (und gerade) Jugendliche und junge Erwachsene im Visier der Stasi standen und keinesfalls schonender behandelt wurden als ihre Eltern.

Der Titel der Prosasammlung *Die wunderbaren Jahre* ist ein Zitat aus der *Grasharfe* von Truman Capote und kann nur als bittere Ironie gedeutet werden; ist doch die beschriebene Begegnung (ebenso wie weitere Schilderungen der Sammlung) alles andere als »wunderbar«.

Die Erstausgabe des Textes erschien 1976 in der Bundesrepublik. Kurz darauf wurde der Autor aus dem Schriftstellerverband der DDR ausgeschlossen. 1977 siedelte er nach einem bewilligten Ausreiseantrag in die BRD über. Reiner Kunze (*1933) lebt heute in Erlau bei Passau.

**M1**

**Aufgaben:** 1. Vergleichen Sie die hier vorliegende französische Version des Liedes *Aïcha* von Cheb Khaled mit der englischsprachigen Coverversion der Gruppe Outlandish und arbeiten Sie Gemeinsamkeiten und Unterschiede heraus.
2. Beachten Sie auch die gesellschaftskritischen Äußerungen und die Darstellung der Männer- und Frauenrollen.
3. Welche Interpretation des Liedes/welches Video gefällt Ihnen besser?

## Aïcha (1996) Cheb Khaled

Comme si je n'existais pas
Elle est passée à côté de moi,
Sans un regard, reine de Saba
J'ai dit: Aïcha, prends tout est pour toi

Voici, les perles, les bijoux
Aussi l'or autour de ton cou
Les fruits bien mûrs au goût de miel
Ma vie, Aïcha, si tu m'aimes

J'irai où ton souffle nous mène,
Dans les pays d'ivoire et d'ébène
J'effacerai tes larmes, tes peines,
Rien n'est trop beau pour une si belle

Aïcha, Aïcha, écoute moi
Aïcha, Aïcha, t'en vas pas
Aïcha, Aïcha, regarde moi
Aïcha, Aïcha, réponds moi

Je dirai les mots, les poèmes
Je jouerai les musiques du ciel
Je prendrai les rayons du soleil
Pour éclairer tes yeux de rêve

Aïcha, Aïcha, ecouté moi
Aïcha, Aïcha, t'en vas pas

Elle a dit garde tous tes trésors
Moi, je vaus mieux que tout ça
Des barreaux sont des barreaux mêmes en or
Je veux les mêmes droits que toi
Du respect pour chaque jour
Moi, je ne veux que de l'amour

Comme si je n'existais pas
Elle est passée à côté de moi,
Sans un regard, reine de Saba
J'ai dit: Aïcha, prends tout est pour toi

Aïcha, Aïcha, écoute moi
Aïcha, Aïcha, écoute moi
Aïcha, Aïcha, t'en vas pas
Aïcha, Aïcha, regarde moi
Aïcha, Aïcha, réponds moi

La la la la la ...

*(Aus: http://www.matthias-kaldenbach.de/aicha.htm)*

## **Aïcha** – Deutsche Übersetzung

Als ob es mich nicht gäbe,
Ist sie an mir vorbeigegangen,
Ohne einen Blick, die Königin von Saba!
Ich sagte: Aïcha, nimm, es ist alles für dich!

Hier sind sie, die Perlen, die Juwelen,
Auch das Gold für deinen Hals,
Die schön reifen Früchte, die nach Honig schmecken,
Mein Leben, Aïcha, wenn du mich liebst!

Ich werde gehen, wohin immer dein Atem uns führt.
In die Länder des Elfenbeins und des Ebenholzes.
Ich werde Deine Tränen, Deinen Kummer wegwischen.
Nichts ist zu gut für eine so schöne Frau.

Aïcha, Aïcha, hör mich an!
Aïcha, Aïcha, geh nicht weg!
Aïcha, Aïcha, schau mich an!
Aïcha, Aïcha, antworte mir!

Ich werde dir Sinnsprüche und Gedichte aufsagen.
Ich werde dir Musikstücke des Himmels vorspielen.
Ich werde die Sonnenstrahlen einfangen,
Um deine traumhaften Augen zu erleuchten.

Aïcha, Aïcha, hör mich an!
Aïcha, Aïcha, geh nicht weg!

Sie sagte: »Behalte alle deine Schätze!
Ich bin mehr wert, als das alles.
Es sind Gitter, dieselben Gitter aus Gold.
Ich will die gleichen Rechte, wie du,
Will respektiert werden, an jedem Tag!
Ich, ich will nichts, außer Liebe.«

Als ob es mich nicht gäbe,
Ist sie an mir vorbeigegangen,
Ohne einen Blick, die Königin von Saba!
Ich sagte: Aïcha, nimm, es ist alles für dich!

Aïcha, Aïcha, hör mich an!
Aïcha, Aïcha, hör mich an!
Aïcha, Aïcha, geh nicht weg!
Aïcha, Aïcha, schau mich an!
Aïcha, Aïcha, antworte mir!

La la la la la …

*(Übersetzung von Matthias Kaldenbach.*
*Aus: http://www.matthias-kaldenbach.de/aicha.htm)*

M2

**Aufgaben:** 1. Verständigen Sie sich im Kurs über die Kriterien, denen Sie bei der Analyse der Musikclips besondere Beachtung schenken wollen.
2. Analysieren und interpretieren Sie in Kleingruppen einen Videoclip.

## Arbeitsblatt: Analyse von Videoclips

Videoclips sind Kurzfilme, die alle ästhetischen Formen von Film und Video nutzen. Sie dauern meist so lange wie das Musikstück, welches sie filmisch umsetzen. Dieses ist in der Regel auch die einzige Tonquelle. Die Inszenierung des Künstlers sowie die Darbietung seines Musikstücks sind wichtige Bestandteile der meisten Musikvideos. Betrachtet man den Aufbau von Musikclips, lassen sich drei Grundformen unterscheiden:

1) das »Performance«-Video, in dessen Mittelpunkt die Darstellung der Interpreten in einer Aufführungssituation steht;
2) die Konzept-Performance, bei der die Aufführung der Künstler in eine Kulisse eingebettet oder mit realen Bezügen, wie z. B. Straßenszenen oder einer Spielhandlung, verknüpft ist;
3) der Konzeptclip, der einem einheitlichen Muster folgt und visuelle Szenarien zur, manchmal auch gegen die Musik entwirft (illustrative Clips) , kleinere Erzählzusammenhänge konstruiert (situative Clips) oder eine mehr oder weniger zusammenhängende Geschichte darbietet (narrative Clips).

Die Grenzen zwischen diesen Typen sind fließend, Mischformen häufig.

Für die Analyse von Videoclips bietet es sich an, zunächst ein Analyseraster zu erstellen, anhand dessen Videos untersucht und miteinander verglichen werden können. Dieses kann enthalten:

- die »Eckdaten« des Clips: Künstler, Titel, Erscheinungsjahr, Länge, Musikrichtung, Text, eventuell auch vorherrschende Stimmung und Filmmuster (Krimi, Horror, Science-Fiction etc.);
- Angaben zur äußeren Form: Art des Videos, Grundstruktur (steigernd, reihend, wiederkehrende Muster ... );
- vorherrschende Gestaltungselemente: Art der Darstellung (Sänger, Real-, Zeichentrickaufnahmen, Computeranimationen), Kameratechnik (Einstellungen, Schnittfolge, Kameraperspektiven, Raumgestaltung, Orte, Farbgestaltung, Verfremdungstechniken), Figuren, Requisiten, Handlungen;
- Verhältnis von Bild und Ton: inhaltliche und/oder rhythmische Parallelen; auch Widersprüche, Sprünge, Leerstellen ...;
- inhaltliche Elemente (Geschlechterrollen, typische und untypische Verhaltensweisen, wiederkehrende Motive, Symbole, Anspielungen, Filmzitate);
- Wirkung auf den Betrachter, eventuell auch eine persönliche Wertung.

**M3**

**Aufgaben:** 1. Arbeiten Sie heraus, mit welchen sprachlichen Mitteln Biermann seine Kritik am MfS übt.
2. Der Ballade folgten für Biermann (weitere) zehn Jahre Auftrittsverbot und 1976 schließlich, während einer Tournee, die ungewollte Ausbürgerung. Bewerten Sie vor diesem Hintergrund die Veröffentlichung dieses Textes.

## Die Stasi-Ballade (1966) Wolf Biermann

1
Menschlich fühl ich mich verbunden
mit den armen Stasi-Hunden
die bei Schnee und Regengüssen
mühsam auf mich achten müssen
die ein Mikrofon einbauten

um zu hören all die lauten
Lieder, Witze, leisen Flüche
auf dem Klo und in der Küche –
Brüder von der Sicherheit
ihr allein kennt all mein Leid

Ihr allein könnt Zeugnis geben wie mein
ganzes Menschenstreben
leidenschaftlich zart und wild
unsrer großen Sache gilt
Worte, die sonst wärn verscholln
bannt ihr fest auf Tonbandrolln
und ich weiß ja! Hin und wieder
singt im Bett ihr meine Lieder –
dankbar rechne ich euchs an:
die Stasi ist mein Ecker
die Stasi ist mein Ecker
die Stasi ist mein Eckermann [1]

2
Komm ich nachts allein mal
müd aus meinem Bierlokal
und es würden mir auflauern
irgendwelche groben Bauern
die mich aus was weiß ich für
Gründen schnappten vor der Tür –
so was wäre ausgeschlossen
denn die grauen Kampfgenossen
von der Stasi würden – wetten?! –
mich vor Mord und Diebstahl retten

Denn die westlichen Gazetten
würden solch Verbrechen – wetten?! –
Ulbricht in die Schuhe schieben
(was sie ja besonders lieben!)
dabei sind wir Kommunisten
wirklich keine Anarchisten
Terror (individueller)
ist nach Marx ein grober Fehler

die Stasi ist, was will ich mehr
mein getreuer Leibwäch
mein getreuer Leibwäch
mein getreuer Leibwächter

3
Oder nehmen wir zum Beispiel
meinen sexuellen Freistil
meine Art, die so fatal war
und für meine Frau ne Qual war
nämlich diese ungeheuer
dumme Lust auf Abenteuer –
seit ich weiß, dass die Genossen
wachsam sind, ist ausgeschlossen
dass ich schamlos meine Pfläumen
pflücke von diversen Bäumen

Denn ich müsste ja riskiern
dass sie alles registriern
und dann meiner Frau serviern
so was würde mich geniern
also spring ich nie zur Seit
spare Nervenkraft und Zeit
die so aufgesparte Glut
kommt dann meinem Werk zugut –
kurzgesagt: die Sicherheit
sichert mir die Ewig
sichert mir die Ewig
sichert mir die Unsterblichkeit

---

1 Johann Peter Eckermann (1792–1854): enger Vertrauter und Biograf Goethes

**4**

Ach, mein Herz wird doch beklommen
solltet ihr mal plötzlich kommen
kämet ihr in eurer raschen
Art, Genossen, um zu kaschen
seis zu Haus bei meinem Weib
meinen armen nackten Leib
ohne menschliches Erbarmen
grade, wenn wir uns umarmen

oder irgendwo und wann
mit dem Teufel Havemann [2]

Wenn wir singen oder grad
Konjak kippen, das wär schad
ach, bedenkt: ich sitz hier fest
darf nach Ost nicht, nicht nach West
darf nicht singen, darf nicht schrein
darf nicht, was ich bin, auch sein –
holtet ihr mich also doch
eines schwarzen Tags ins Loch
ach, für mich wär das doch fast
nichts als ein verschärfter
nichts als ein verschärfter
nichts als ein verschärfter Knast

Nachbemerkung und Zurücknahme

Doch ich will nicht auf die Spitze
treiben meine Galgenwitze
Gott weiß: es gibt Schöneres
als grad eure Schnauzen

Schönre Löcher gibt es auch
als das Loch von Bautzen

*(Copyright © 1967 by Wolf Biermann)*

---

2 Robert Havemann (1910–1982): Naturwissenschaftler und Philosoph, wichtiger Kritiker des SED-Regimes

**M4**

**Aufgaben:** 1. Arbeiten Sie die Vorgehensweise der Stasi heraus, wie sie Reiner Kunze in seinem Prosatext schildert.
2. Vergleichen Sie den Text mit Biermanns Stasi-Ballade **(M3)** und arbeiten Sie die Position des lyrischen Ichs bei Biermann und die Haltung des Erzählers in Kunzes Prosatext heraus.
3. Die Prosasammlung, der der Text entnommen ist, heißt *Die wunderbaren Jahre* – sehen Sie einen Zusammenhang zum vorliegenden Text? Begründen Sie.

## **Besuch*** (1976) Reiner Kunze

»Jürgen und der aufdringliche Typ, der bei Biermann aufgetaucht war«, sagte sie, »gehen also zusammen zum Bahnhof Friedrichstraße, wo sich der Typ verabschiedet, weil er plötzlich telefonieren muß, und Jürgen fährt nach Lichtenberg zu dem Zug sechzehnachtundfünfzig, was der Typ mitgekriegt haben muß oder was ihm Jürgen wohl sogar gesagt hat. Aber vielleicht sage ich erst noch, daß Jürgen bei Havemanns übernachtet hatte, bevor er zu Biermann gegangen war. Jedenfalls: Jürgen sitzt in Lichtenberg im Zug, da setzt sich auf die andere Seite vom Längsgang, aber mit dem Gesicht zu ihm, ein Mädchen, geht noch mal kurz raus – wahrscheinlich um sich von dem, der sie hergebracht hat, bestätigen zu lassen, daß es Jürgen ist, der davon natürlich nichts ahnt (Jürgen sagt, das ist ihm erst an dem Morgen aufgegangen, wo er die Biermann-Platte aufgelegt hat, aber das kommt noch) –, und als sie ihm wieder genau in der Optik sitzt, fragt sie ihn, ob sie sich nicht irgendwoher kennen. Jürgen kann sich natürlich nicht erinnern, und darauf sie: Das wäre doch ein Grund, zusammen zu fahren. Sie schnappt sich ihren Kram, setzt sich ihm gegenüber und fängt an zu erzählen. (Jürgen sagt: Rede-Euphorie – irgendwie zwanghaft, also nicht nur Show; Jürgen kennt sich da ja ein bißchen aus.) Sie erzählt, daß sie Deutsch und Kunstgeschichte studiert, auch selber malt und Gedichte schreibt. Wenn Jürgen einen Dichter oder Maler erwähnt, registriert er bei ihr allerdings meist Fehlzündung. Dann: Auf seine Frage, was sie von Biermann kennt, sagt sie: nichts, aber im selben Atemzug fragt sie Jürgen, ob er Orwells ›Neunzehnhundertvierundachtzig‹ kennt, und ob man seiner Meinung nach so etwas überhaupt schreiben darf, ihrer Meinung nach nicht. Als Jürgen die Rede auf einen jungen Maler bringt, mit dem er befreundet ist, fragt sie, ob sie Jürgen nicht mal besuchen darf, und ob sie dann zu dem Maler gehen könnten. Klar, daß Jürgen ihr seine Adresse gibt. Aber als er aussteigt, hat er genug von ihr: In den drei Stunden hat die nur von sich erzählt. (Jürgen sagt, im Prinzip hat sie sich natürlich richtig verhalten: Wenn du von dir erzählst, ist der andere eher bereit, von sich zu erzählen. Und das hatte doch erst der Anfang sein sollen.) Zwei Tage später kriegt er ein Telegramm, daß sie Sonnabend kommt, und als Jürgen mit ein paar Kumpel Sonnabendnachmittag die Straße hochgeht, steht sie schon vor der Haustür. (Muß klasse Robe angehabt haben, das Weib, alles in Schwarz und so...) Er fragt sie, woher sie um diese Zeit kommt, und sie sagt, aus Berlin. Jürgen wundert sich, denn laut Fahrplan ist das kaum möglich. Naja, sagt sie, sie sei schon früher angekommen, und vom Bahnhof hätte sie jemand im Auto mitgenommen. (Jürgen vermutet, daß ihre Leute sie irgendwo abgesetzt hatten und sie nicht wußte, ob sie beobachtet worden war.) Aber sie stört dann eigentlich nicht – höchstens, daß am Anfang die Situation ein bißchen betreten ist, weil die Kumpel, die mit Jürgen gekommen sind, nicht so richtig wissen, was die von Jürgen oder was er von ihr will. Jürgen registriert bloß, daß sie auch jetzt keinerlei Fragen stellt und sich für nichts zu interessieren scheint, zum Beispiel überhaupt nicht für seine Gedichte, die er doch immer ans Regal zweckt. Sie sagt auch kein Wort zu den Bildern, die er an der Wand hat – dabei Bilder von dem Maler, den sie unbedingt kennenlernen wollte. Erst nach ein paar Stunden fragt sie plötzlich, was sie denn immer so machten hier, worüber sie sich unterhielten und ob sie ein fester Kreis wären – also Fragen, bei denen Jürgen zum erstenmal Verdacht schöpft, sie könnte nicht aus freien Stücken gekommen sein, und eine Rede abzieht, die allerdings mehr für die anderen bestimmt ist als für sie (nur hatten die früher geschaltet als Jürgen, wie er hinterher erfuhr). Und Jürgen verdrängt den Verdacht auch gleich wieder. Als die anderen gehen, geht sie nicht, und weil Jürgen bloß die eine Schlafgelegenheit hat, rückt er für sich zwei Sessel zusammen und bietet ihr sein Bett an. Auf einmal steht sie nackt im Zimmer. Sie hätte keine Hemmungen, sich zu zeigen, weil sie in der Kunsthochschule Modell steht – die Stunde dreißig Mark, sagt sie. Und sie knallt sich auch nackt aufs Bett. Jürgen hat aber keine Lust, mit ihr zu schlafen, und sagt ihr's auch, weil er sie überhaupt nicht kennt – ist doch ein Grund. (Jürgen sagt, irgendwie hätte er ein blödes Gefühl gehabt, aber richtig durchgeblickt hätte er zu diesem Zeitpunkt noch immer nicht.) Am nächsten Morgen ist die Sache klar für ihn – ganz plötzlich, und sie scheint zu bemerken, was los ist, mustert ihn nur immerzu und sagt kaum was. Er macht Kaffee und legt dann von Biermann die Stasi-Ballade auf. Sie erschrickt, daß er ihre Halsschlagader schlagen sieht, aber sie hat sich schnell unter Kontrolle und sagt, na, über dieses Thema gäb's ja viele Lieder, das sei wohl eins von Wolf Biermann? Jürgen spielt alle Strophen ab und stellt ihr dann eine Frage nach der anderen. Und sie redet auch: Sie hat nicht studieren dürfen, hat in der Max-Hütte gearbeitet und war dann in Dresden in einen Fall von Medikamentenmißbrauch mit tödlichem Ausgang verwickelt, und als Jürgen sie fragt, wie lange sie schon bei der Firma arbeitet, die ihr unter solchen Umständen einen Studienplatz und eine Wohnung in Berlin besorgt hat (von der hatte sie ihm erzählt), sagt sie: Warum? Wieso? und: Du mußt mir helfen! Da müßte er ihre Firma umstrukturieren, sagt Jürgen, und das könnte er nicht. Außerdem wäre das undankbar von ihm, wenn man ihm solche Komplimente macht... Plötzlich weiß sie auch, wer Huchel ist, wer Bobrowski ist, und als Jürgen auf die Lücken hinweist, die sie in dieser Beziehung im Zug gehabt hat, sagt sie, ehe sie jetzt zu ihm gefahren sei, hätte sich einer mit ihr zwei Tage lang nur über Lyrik unterhalten. Jürgen fordert sie auf zu packen. Da fragt sie ihn, ob er für sie ein Buch weitersenden würde: Über absurdes Theater, Rowohlt, Stempel der Deutschen Staatsbibliothek, letzte Ausleiheintragung von vor zwei Jahren ... Jürgen fragt natürlich, woher sie das hat. Darauf sie wörtlich: Das haben wir hochgezogen. (Also glatte Falle: Beteiligung am Ringtausch gestohlener Bücher, dazu Westliteratur.) Jürgen begleitet sie zum Bus, und sie sagt fast drohend, er müsse ihr helfen, sie sei in einer schlimmen Situation. Jürgen bittet sie, ihn nie wieder zu besuchen, und noch in der Bustür sagt sie, offenbar könne er anderen Menschen überhaupt nichts geben, nicht einmal helfen könne er ... (Sie hätte unheimlich zupackende Augen gehabt, richtig nagend, sagt Jürgen.)«

* Text in originärer Rechtschreibung

*(Aus: Reiner Kunze: Die wunderbaren Jahre. © S. Fischer Verlag GmbH, Frankfurt am Main 1976, S. 69ff.)*

# Einen Essay schreiben (S. 296–305)

Winfried Harst

## 1 Zielsetzung und Aufbau des Kapitels

Mit dem Essay lernen die Schülerinnen und Schüler der Kursstufe eine Text- und Schreibform kennen, die dem Bedürfnis nachkommt, originell, kreativ und gedanklich innovativ zu schreiben. Im »herkömmlichen« Aufsatzunterricht geht es in der Regel um normgerechtes Textverfassen in Form kanonisierter Schreibaufgaben. Was den Schülerinnen und Schülern häufig versagt bleibt – das stilistische Experiment, die Subjektivität ihrer Überlegungen –, ist ihnen im Essay, der auf Systematik verzichtet und von poetischen und rhetorischen Mitteln ausgiebig Gebrauch macht, ausdrücklich erlaubt. Im Einzelnen werden durch essayistisches Schreiben nachfolgende, in den Curricula mehr oder weniger ähnlich formulierte Kompetenzen gefördert. Die Schülerinnen und Schüler können

- die rhetorisch-stilistischen Möglichkeiten der Satzgliedstellung nutzen;
- mit Zitiertechniken sicher umgehen;
- komplexe Fragestellungen erfassen und Problemfelder selbstständig erschließen;
- Norm- und Wertvorstellungen reflektieren und sich ein begründetes Urteil bilden;
- ein Repertoire semantischer, syntaktischer und stilistischer Möglichkeiten situationsgerecht und funktional anwenden;
- Formen uneigentlichen Sprechens verwenden;
- Ein- und Mehrdeutigkeit, Denotation und Konnotation bei der eigenen Sprachproduktion verwenden.

Freilich bringt diese Text- und Schreibform, die zwischen Bericht, Abhandlung, Traktat und Feuilleton changiert (vgl. *Meyers großes Taschenlexikon*, zit. nach Schülerband, S. 297) eine konzeptionelle Schwierigkeit für die Didaktik des Essays mit sich. Es wäre nämlich irrig, anzunehmen, diese unterschiedlichen Textsorten (Bericht etc.) könnten getrennt voneinander eingeübt und zu einem Essay zusammengeführt werden, denn auch hier gilt das holistische Prinzip, dass das Ganze mehr ist als die Summe seiner Teile. Dieser Umstand stellt die Lehrkraft vor das nicht unerhebliche Problem, eine Schreibform einzuführen, die es in »Reinform« gar nicht gibt, die gleichwohl zur hohen Schule des Journalismus gehört.

Ziel dieses Kapitels ist es daher nicht so sehr, die Schülerinnen und Schüler zu befähigen, Merkmale eines Essays zu benennen und in einem Referenztext aufzuspüren, sondern selbst essayistisch zu schreiben und Freude daran zu entwickeln. Um ihnen den Einstieg in diese neue Schreibform zu erleichtern, lernen sie zunächst den Essay am Beispiel eines Enzensberger-Textes kennen, dessen Stillage sie später mithilfe von zusätzlichem Material nachahmen sollen. Die Imitatio ist zwar aus didaktischen und lernpsychologischen Gründen sicherlich nicht die Methode erster Wahl, da sie kreatives Schreiben und induktives Lernen zu einem gewissen Grad einschränkt, im Hinblick auf die Schwierigkeit des Sujets jedoch allemal gerechtfertigt. Nachdem die Schülerinnen und Schüler diese neue Schreibform erstmals erprobt und eine gewisse Stilsicherheit gewonnen haben, können sie mithilfe eines umfangreichen Dossiers, das sich im Abschnitt »Ergänzungen und Vertiefungen« findet, einen weiteren Essay, diesmal nicht auf der Folie eines Referenztextes, schreiben.

# 2 Aufgaben – Lösungen – Kommentare

## Merkmale eines Essays bestimmen

**Aufgabe 1** (S. 297)
Die Tabelle kann wie folgt ausgefüllt werden:

| Thema/Form | Aufbau | Sprache/Stil |
|---|---|---|
| vertraute Sujets und Meinungen, bislang Unbeobachtetes | Verzicht auf Systematik, Digressionen | ausgiebiger Gebrauch von poetischen und rhetorischen Mitteln, Anschaulichkeit |
| beliebiges Thema, mit Prosaformen wie Bericht, Abhandlung, Traktat, Feuilleton verwandt | unsystematisch, aspekthaft, Prozess, Experiment, unabgeschlossen | stilistisch anspruchsvoll, stilistische Eleganz, Geschliffenheit |
| zwischen wissenschaftlicher und persönlicher Beobachtung | | geistreich, oft subjektiv gefärbte Auseinandersetzung |

## Merkmale eines Essays überprüfen

**Aufgabe 1** (S. 300)
Die Tabelle könnte mit folgenden Textbeispielen erweitert werden:

| | | |
|---|---|---|
| *vertrautes Sujet:*<br>Lärmbelästigung (»Tonbrei«, Z. 2; »Musikterror«, Z. 94 u.a.)<br>*bislang Unbeobachtetes:*<br>Umkehrung der Argumentation (vgl. Z. 82 ff.)<br>*wissenschaftliche Beobachtung:*<br>(»Wie aus neueren Untersuchungen hervorgeht ...«, Z. 94 ff.) | *aspekthaft* (vgl. folgende blitzlichtartige Beobachtungen: Supermarkt (Z. 1 ff.),<br>Telefonmusik bei der Lufthansa (Z. 5 ff.),<br>Hotel (Z. 11),<br>Bus und Taxi (Z. 11 ff.),<br>Fußgängerzonen (Z. 17 ff.),<br>Lifts in Hochhäusern (Z. 22),<br>Schlafzimmer (Z. 22 ff.) | Metaphern wie »Tonbrei« (Z. 2), »Potpourri« (Z. 8 ff.) erzeugen Anschaulichkeit.<br>Die subjektiv gefärbte Auseinandersetzung wird ab Z. 36 deutlich. |

## Den essayistischen Stil erkennen

**Aufgabe 1** (S. 301)
Schon nach dem ersten Durchlesen des Originals und seiner Paraphrase werden die Schülerinnen und Schüler erkennen, dass der zweite Text sich um Objektivität und Distanz bemüht, die z.B. durch den Gebrauch des Konjunktivs I sichergestellt wird. Im links stehenden Text, der viel zupackender geschrieben ist, werden sie sofort die persönliche Betroffenheit und die Verärgerung des Autors bemerken.

**Aufgabe 2** (S. 301)
*Abschweifungen/Seitenhiebe:*
»Zwar fehlt dort das Stichwort Kotzen, doch unter Emesis oder Vomitus könnten sie sich davon überzeugen, daß der Fall nicht mit Verweisen auf die Werke von Botho Strauß zu erledigen ist.« (Z. 10 ff.)
*umgangssprachliche Redewendungen:* »... könne ich mir schenken« (Z. 3 f.), »Kotzen« (Z. 11), »Dem Laien ist das selbstverständlich alles wurscht.« (Z. 18 f.), »Schluck's runter.« (Z. 25)
*Ellipsen:* »Kulturkritik!« (Z. 4), »Soviel zur medizinischen Situation« (Z. 17 f.)
*Interjektionen:*
»Kulturkritik!« (Z. 4), »Stell dich nicht so an!« (Z. 23), »Sei doch vernünftig!« (Z. 24)
*direkte Rede:* »Stell dich nicht so an! Sei doch vernünftig! Mußt du immer so empfindlich reagieren? Schluck's runter.« (Z. 23 ff.)
*Fachsprache:*
»Emesis« (Z. 11), »Vomitus (Z. 12), »[...] die rückläufige Entleerung des Magens als komplexes Reflexgeschehen [...]« (Z. 15 ff.)

## Essay und Erörterung unterscheiden

**Aufgabe 1** (S. 303)
Gewöhnt an die Schreibform Erörterung, tun sich die Schülerinnen und Schüler vermutlich schwer, von den dafür erlernten Schreibtechniken und der dazu gehörigen Sprachnorm abzulassen und einen (freien) Essay zu gestalten. Das Thema »Wann ist Mann ein Mann?« verführt allerdings dazu, den Aufsatz als lineare Erörterung anzulegen (und in einer Klausur das Thema zu verfehlen).

Die thematische Entfaltung des Essays (S. 302) sieht wie folgt aus:
*Z. 1–8:* narrativ, denn eine abendliche Episode wird geschildert, die gekennzeichnet ist durch chauvinistisches, männliches Verhalten;
*Z. 9–18:* deskriptiv, denn die Charaktereigenschaften eines (vermeintlichen) Traummanns werden beschrieben, doch ab der rhetorischen Frage (Z. 16) auch explikativ, weil eine Antwort auf die rhetorische Frage gegeben wird;
*Z. 19–30:* anfänglich argumentativ, denn es wird die These von der geschlechtsspezifischen Definition von »Männlichkeit« aufgestellt, an die sich eine Beschreibung des einen Extrems von Männlichkeit anschließt;
*Z. 31–34:* explikativ, denn eine rhetorische Frage wird beantwortet;
*Z. 36 f.:* deskriptiv, denn das andere Extrem von Männlichkeit wird beschrieben.

Die thematische Entfaltung der Erörterung (S. 303) sieht wie folgt aus:
*Z. 1–16:* Hier werden argumentative Elemente, nämlich die These vom Diskussionstabu (Z. 5), mit deskriptiven, dem unterschiedlichen Gesprächsverhalten, vermischt.
*Z. 17–29:* Hier wird argumentiert, indem der Schreiber die These aufstellt, dass Verantwortungsbewusstsein und Männlichkeit zusammenfallen; später wird diese These durch ein »Beispiel« (Z. 23) expliziert, dem weitere folgen, sodass ein kleiner narrativer Kontext entsteht;
*ab Z. 30:* Beginn einer Argumentation mit Nennung einer These (Selbstbewusstsein und Durchsetzungsvermögen als Kennzeichen von Männlichkeit).

**Aufgabe 2** (S. 303)
Sicherlich werden die Schülerergebnisse und der obige Erwartungshorizont im Detail voneinander abweichen. Aber darauf kommt es nicht an. Entscheidend ist, dass die Lerngruppe die Unterschiede zwischen »Essay« und »Erörterung« erkennt. Es sind dies:
- Der Essay enthält narrative Elemente, die Erörterung nicht.
- In der Erörterung hat innerhalb eines Argumentationsgangs (eines Abschnitts) die These in der Regel eine Spitzenstellung. An diese schließen sich Explikationen, d.h. Beispiele, an.
- Im Essay sind die argumentativen Elemente in loser und unverbindlicher Reihenfolge platziert. Sie gehorchen keinem Schematismus. An die Stelle der von der Erörterung eingeforderten Explikation treten häufig die Deskription und die Narration.

## Anregungen für einen Essay nutzen

**Aufgabe 1** (S. 305)
Wie im Abschnitt *Zielsetzung und Aufbau des Kapitels* angedeutet, erhalten die Schülerinnen und Schüler ein Dossier, bestehend aus Bild- und Textimpressionen, die es ihnen ermöglichen, einen Essay zu schreiben. Das Material könnte durch eine Internetrecherche – etwa was die Zahl adipöser Kinder angeht (s. S. 305) – erweitert werden.

**Aufgabe 2** (S. 305)
Damit die noch unerfahrenen Schreiber ein Gefühl für diese neue Schreibform erhalten, sollten sie den Enzensberger-Essay in einem gewissen Umfang nachahmen. Sie übernehmen also dessen Attitüde eines naserümpfenden Konsumkritikers, der sich zum Opfer der gegenwärtigen »Ess-Unkultur« hochstilisiert. Dieses Verfahren, das sich an einem Vorbild orientiert, mag aus didaktischen Gründen anfechtbar sein, da es weder das Prinzip des induktiven Lernens berücksichtigt noch eine uneingeschränkte Kreativität zulässt, scheint indessen im Hinblick auf die Schwierigkeit des Sujets gerechtfertigt. Die Schülerinnen und Schüler brauchen für ihre ersten Essays Anleitung und Hilfestellung, deshalb sind folgende Arbeitsschritte möglich:

1. *Lektüre des Dossiers;*
2. *Textwiedergabe der Dossier-Texte* (s. Abschnitt »Ergänzungen und Vertiefungen«) in Form kurzer Abstracts, um eine Verständnissicherung zu gewährleisten;
3. *Erarbeitung eines Profils,* d.h.: Die Schülerinnen und Schüler müssen sich überlegen, welche Schreiberrolle sie einnehmen wollen. Gerade dieser Arbeitsschritt ist unverzichtbar und wird leider in der didaktischen Literatur zum »Essay« nicht beachtet. Der Schreiber muss, nachdem er die Basistexte des Dossiers zusammengefasst hat, eine innere Haltung zum dargestellten Thema finden, mit anderen Worten, er wird sich folgende Fragen stellen müssen: Stimme ich den Aussagen zu? Machen sie mich betroffen? Finde ich mich wieder? Wo sehe ich ein Problem, zu dem ich Stellung beziehen will? Sind diese Fragen geklärt, wird er sich ein Profil oder eine Schreibmaske erfinden müssen (vielleicht auch eine fiktive Biografie), die es ihm erlaubt, von dem gefundenen

Punkt aus seine subjektive Haltung zu entwickeln[1]. Dadurch wird sein Schreiben ein epistemisch-heuristisches, eine Art Schreibdenken. Auf das vorliegende Dossier bezogen bedeutet dies, dass er sich den Essayisten, also sich selbst, als jemanden denkt, der Anstoß nimmt an der (vor allem bei Jugendlichen) beliebten modernen Ess(un?)kultur, der Wert legt auf gepflegte Tischsitten, der sich Zeit lässt fürs Essen usw.

4. *Formulierung eines Titels* für den Essay, wobei zu beachten ist, dass dieser abhängt von der Profilzuschreibung (s.o.). Es hat wenig Sinn, ihn vorzugeben, da er unter Umständen nicht zur Schreiberrolle passt. Sollte die Titelfindung jedoch Gegenstand des Unterrichts sein, muss darauf geachtet werden, dass der gefundene Titel nicht dazu verführt, eine Erörterung zu schreiben. Ein Essay über die »Merkmale einer feinen Esskultur« verwandelt sich rasch in eine lineare Erörterung, deren Themenentfaltung überwiegend argumentativ und nicht auch, wie es der Essay erfordert, narrativ, explikativ und deskriptiv ist. Die Lehrkraft muss also unbedingt darauf hinweisen, dass keine um Objektivität bemühte Argumentation geschrieben werden darf! Deshalb ist es auch durchaus vorstellbar, dass der Schreiber den Titel erst nach der Abfassung des Essays, also am Ende des »Gedankenspaziergangs«, formuliert und das Resultat seiner Überlegungen auf den Punkt bringt, denn diese Textform ist, wie bereits oben ausgeführt, als heuristischer und selbstreflexiver »Schreibdenkprozess« angelegt.

[s. weiteres Übungsmaterial: **M 1–M 5**]

1 s. Rainer Nolte: Der Essay und die Schule. Berlin 1993, S. 9): »Der eher assoziative Gedanken-Spazier-Gang, die Offenheit des Resultats und sein Widerwille gegen geschlossene Ideensysteme machen ihn unbrauchbar für die stringente Abhandlung […]«

## 3 Ergänzungen und Vertiefungen

Das folgende Dossier (**M 1 – M 5**) kann als Grundlage für einen Essay genützt werden.
Der erste, dritte und vierte Basistext liefern Zahlenmaterial, mit dessen Hilfe die Schülerinnen und Schüler den argumentativen, aber auch den explikativen Teil Ihres Essays stützen und gestalten können.
Der zweite und der fünfte Basistext bilden gegensätzliche Haltungen zur Gesprächskultur ab und sollen die späteren Essayisten dazu veranlassen, sich einer der beiden Positionen anzuschließen, also eine »Schreibmaske« zu finden, aus der heraus sie ihren Essay verfassen können.

**M 1**
**1. Basistext:** *Kommunikation für Jugendliche im Internet am wichtigsten*

**M 2**
**2. Basistext:** Moritz Lazarus: *Über Gespräche*

**M 3**
**3. Basistext:** Katja Bauer: *E-Mail für Dich*

**M 4**
**4. Basistext:** Katja Bauer: *Lieber eine SMS als ein tiefer Blick*

**M 5**
**5. Basistext:** Nikola Haaks: *Nicht mehr sprechen, nur noch mailen*

**M1**

**Aufgabe:** Markieren Sie die Kernaussagen des folgenden Textes und verfassen Sie anschließend eine Textwiedergabe.

## 1. Basistext: Kommunikation für Jugendliche im Internet am wichtigsten

Stuttgart, 28. November 2008 – Jugendliche verbringen nach eigener Schätzung fast die Hälfte ihrer Nutzungszeit im Internet mit »Kommunikation«, der Rest verteilt sich fast gleichmäßig auf die Bereiche »Information«, »Spiele« oder auf »Unterhaltungsangebote« wie Musik, Videos oder Filme. Besonders intensiv werden Online-Communities wie »schülerVZ« genutzt, dort und auch sonst im Internet hinterlassen die Jugendlichen in großem Umfang persönliche Spuren. Das sind Ergebnisse der JIM-Studie 2008, die heute in der Mannheimer Popakademie vorgestellt wurde. Fast drei Viertel der 12- bis 19-Jährigen Internetnutzer haben inzwischen Erfahrungen mit Online-Communities gemacht, 41 Prozent besuchen diese Plattformen täglich, weitere 16 Prozent mehrmals pro Woche. Von den täglichen Nutzern schaut sich die Hälfte sogar mehrmals am Tag in der Community um. 45 Prozent der Jugendlichen waren schon einmal bei »SchülerVZ«, mit Abstand folgen Angebote wie »StudiVZ« (12 %), »MySpace« (10 %) oder »ICQ« (7 %).
[...]
Fragt man, wer Zugang zu diesen persönlichen Daten hat, so bestätigen 34 Prozent, dass diese ungeschützt für alle Internetnutzer einsehbar sind. 61 Prozent geben an, dass nur »Freunde« an diese Informationen gelangen können. Allerdings stellt sich in diesem Zusammenhang die Frage nach der »Definition« von Freunden. Zwar geben fast alle Jugendlichen an, dass es sich hierbei um Freunde handelt, die sie »richtig« und nicht aus dem Internet kennen würden, allerdings ist zu vermuten, dass das »richtig kennen« von den Jugendlichen sehr weit gefasst wird. Im Rahmen einer Zusatzbefragung zur JIM-Studie 2008 hatten die Nutzer von Online-Communities im Schnitt etwas mehr als 70 »Freunde«, Mädchen sogar um die 90. Es dürfte sich also eher um Bekannte oder Freunde von Freunden handeln und weniger um engere Beziehungen, wie sie der Ausdruck »Freund« eigentlich impliziert.

*(Aus: Medienpädagogischer Forschungsverbund Südwest (mpfs), Pressemitteilung 05/08; www.mpfs.de
Ltg.: Albrecht Kutteroff (LFK), Peter Behrens (LMK) c/o Landesanstalt für Kommunikation, Rotebühlstraße 121, 70178 Stuttgart)*

**M2**

**Aufgabe:** Fassen Sie die Position des Autors in einem Basissatz zusammen und schreiben Sie anschließend eine Textwiedergabe.

## 2. Basistext: Über Gespräche   Moritz Lazarus

[...] Man hat oft unsere Lektüre, den wissenschaftlichen Unterricht und dergleichen als »geistige Nahrung« bezeichnet. Wenn dies Gleichnis richtig ist, dann vielleicht noch mehr das andere: Wenn dies geistige Nahrung ist, dann sind die Gespräche die geistige Atmosphäre, in welcher ein Mensch lebt und atmet. Wie wünschenswert ist es, dass die Luft, die wir im Gespräch atmen, rein und frei sei. Wie haben wir alle auch hier die diätetische Sorge zu tragen, dass wir in reiner Luft atmen, dass wir zuweilen auf die Höhen emporsteigen, um dort jene besonders reine Luft in erhebenden, läuternden und vertiefenden Gesprächen zu atmen. Wer je das Glück gehabt hat, solcher Gespräche teilhaft zu werden, der hat an sich empfunden und wird allen dieselbe Erfahrung wünschen, dass die Worte des Gesprächs der Schlüssel sind, der die Herzen aufschließt; das Band, welches die Seele verbindet, und das Licht, welches in die Geister gegenseitig hineinleuchtet und sie sehen macht. Welche Sehnsucht empfinden wir oft nach einem solchen Gespräch! Und wenn wir es gehabt haben, wie wird unser Gemüt weit und weich, warm und voll, lebendig und erlöst.

*(Aus: Die Kunst des Gesprächs. Texte zur Geschichte der europäischen Konversationstheorie. Herausgegeben von Claudia Schmölders. München (dtv) 2. Auflage 1986. S. 286)*

**M3**

**Aufgabe:** Fassen Sie die gesamte Aussage des folgenden Basistextes zu einem Basissatz zusammen.

## 3. Basistext: E-Mail für Dich   Katja Bauer

Emotional verarmt durch moderne Technik? Dass das Internet es erst möglich macht, sich einander ganz anders als früher zu nähern, davon erzählen inzwischen Kinofilme und Bücher. In »E-Mail für Dich« verlieben sich der fiese Großbuchhändler Sam (Tom Hanks) und die Kinderbuchhändlerin Kathleen (Meg Ryan), was in Wirklichkeit aufgrund der natürlichen Feindschaft nie geschehen wäre. In seinem Roman »Gut gegen Nordwind« erzählt Daniel Glattauer die Geschichte der verheirateten Emmy Rothner, die eigentlich nur per Mail ein Abo kündigen will, aber durch einen Buchstabendreher im E-Postfach von Leo Leike landet. Auf 224 Seiten entwickelt sich eine zauberhafte E-Mail-Liebesgeschichte. Mit einer wichtigen Frage: Werden die beiden sich jemals in die Augen schauen? Wird nicht verraten!

*(Aus: Stuttgarter Zeitung, 27. 02. 09, S. 22)*

**M4**

**Aufgabe:** Markieren Sie im Text diejenigen Aussagen, die sich auf den kursiv gedruckten Vorspann beziehen. Am besten verwenden Sie dafür unterschiedliche Farben. Schreiben Sie anschließend eine Textwiedergabe.

## 4. Basistext: Lieber eine SMS als ein tiefer Blick Katja Bauer

Junge Leute halten das persönliche Gespräch nicht mehr für die beste Form der Kommunikation

*Twittern, chatten, simsen – jüngere Menschen kommunizieren lieber mit technischer Hilfe als von Angesicht zu Angesicht. Dies ist das Ergebnis einer Umfrage zum Wandel der Gesprächskultur. Die Kommunikation wird dadurch schneller, aber auch oberflächlicher.*

Natürlich kann auch eine SMS so romantisch sein, dass man am liebsten sein Handy küssen würde. Aber schöner als eine echte Begegnung mit dem Angebeteten? Das ist in den Augen vieler Jugendlicher durchaus möglich, wie eine gestern in Berlin veröffentlichte Allensbach-Studie zeigt. Zwei Drittel der unter 20-Jährigen simsen, chatten oder telefonieren lieber, als sich von Angesicht zu Angesicht zu begegnen. Am liebsten chatten die Jugendlichen in Communitys im Internet, dies ist noch beliebter als telefonieren. Die Technik ist neu – deshalb ist eine Frage nach Angabe der Allensbach-Chefin Renate Köcher noch ungeklärt: Ist Chatten und Twittern ein Jugendphänomen oder wird es sich altersunabhängig als zentrale Kommunikationsform etablieren?
Derzeit führt die technisch gestützte Kommunikation dazu, dass zwischen den Altersgruppen und ihren Gewohnheiten Welten liegen. Bei den heute 20- bis 29-Jährigen hält immerhin die Hälfte der Befragten das persönliche Gespräch nicht für die angenehmste Form, sich auszutauschen. Dagegen sagen 70 Prozent der über 45-Jährigen, es gehe nichts über ein Gespräch.
Die Hälfte der unter 20-Jährigen und 40 Prozent der 20- bis 29-Jährigen sind Mitglied einer Internetcommunity wie Xing, SchülerVZ oder Facebook. Bei Menschen über 30 spielen diese Plattformen eine völlig untergeordnete Rolle. Die Sorge vieler Eltern übrigens, dass ihre Kinder innerhalb dieser Netzwerke in möglicherweise riskanten Kontakt mit Unbekannten träten, ist eher unbegründet. Die weitaus meisten Nutzer pflegen auf diesem Weg vor allem die Kontakte zu ihrem bereits in der wirklichen Welt bestehenden Bekannten- oder Freundeskreis.
Als Folge der schriftlichen Plapperei im Internet und auf dem Handy stellen die Forscher auch fest, dass die Kommunikationsinhalte flacher würden: Jugendliche, die jünger sind als 20 und besonders gern simsen, seien bei Gesprächen wesentlich schneller ungeduldig als Gleichaltrige, die traditionell kommunizieren. Diese dagegen halten die Themenwahl ihrer simsenden Altersgenossen für oberflächlich und belanglos.
Nicht nur die Kommunikation – auch die Erfahrungswelten und die Informationswege von Jung und Alt driften immer weiter auseinander. Laut Köcher haben Menschen unter 30 heute ein deutlich geringeres Interesse an politischen, wirtschaftlichen und kulturellen Themen als vor zehn Jahren. In Gesprächen gehe es vor allem um persönliche Befindlichkeiten, den Freundeskreis, Hobbys und Reisen. Verändert hat sich mit den Mitteln der modernen Technik auch die Art und Weise, wie sich besonders jüngere Menschen über die Weltgeschehnisse informieren. Zeitungen und Nachrichtensendungen verlieren an Attraktivität. »Jüngere Menschen informieren sich nicht mehr kontinuierlich, sondern nach Bedarf«, erläuterte Renate Köcher.
Sie sieht dies mit Sorge: Diese nur punktuelle Informiertheit mache Menschen leichter manipulierbar und sei eine Gefahr für die Urteilsfähigkeit der Gesellschaft. Für die Untersuchung wurden 1843 Menschen zwischen 14 und 64 Jahren befragt.

*(Aus: Stuttgarter Zeitung, 27. 02. 09, S. 22)*

M5

**Aufgaben:** 1. Verfassen Sie auf der Grundlage des folgenden Textes eine Textwiedergabe.
2. Vergleichen Sie anschließend die fünf Texte, die Sie geschrieben haben, und markieren Sie sich in diesen Texten diejenigen Aussagen und Informationen, die Sie für Ihren Essay verwenden wollen.
3. Überlegen Sie sich einen geeigneten Titel für Ihren Essay.
4. Verfassen Sie diesen Essay. Sie können aber auch zuerst den Essay schreiben und sich dann den Titel überlegen.

## 5. Basistext: Nicht mehr sprechen, nur noch mailen Nikola Haaks

*Es wird viel zu viel unqualifiziertes Zeug geredet, findet Nikola Haaks und begeht die Lieblingssünde: nicht mehr sprechen, nur noch mailen.*

Ich habe aufgehört zu reden. Ich rede nur noch ein paar belanglose Sachen, um die man nicht herumkommt, mit meinen Kollegen und dem Nachbarn. Ansonsten habe ich meine Kommunikation auf E-Mail und SMS verlegt. Im Job und im Privaten. Das findet meine Mutter ganz grausam. Sie sieht darin den Untergang der Gesprächskultur des Abendlandes. Zwei, drei Kommunikationsforscher bestimmt auch. Ich dagegen sehe darin die Offenbarung. Denn es wird viel zu viel unqualifiziertes und somit überflüssiges Zeug geredet. Ich habe das Gefühl, dass zwei Drittel meiner Lebensenergie durch den Akt des sinnlosen Sprechens verbraucht werden.

Nehmen wir den Job: Ich bekomme in Auftrag gegebene Texte von freien Autoren geliefert, die a) bestenfalls sofort druckbar sind oder b) noch so bearbeitet werden müssen, dass sie anschließend druckbar sind. Meistens sieht die Autorin das in Fall b) allerdings deutlich anders. Ich könnte sie jetzt anrufen, um ihr zu sagen, dass ich Teile des Textes nicht gut finde. Sie ist wahrscheinlich gerade auf dem Sprung zur Kita, oder der Mann, der die defekte Waschmaschine reparieren will, klingelt soeben. Bestenfalls klingelt niemand, aber die Autorin trifft völlig unvorbereitet auf meine Kritik und konfrontiert mich mit Gedanken, die ich schon dreimal durchdacht und verworfen habe. Schreibe ich ihr eine E-Mail, kann sie den Unmut sacken lassen und mir beim folgenden Gespräch mit nobelpreisverdächtigen Änderungsvorschlägen begegnen.

Es wird allerdings behauptet, dass es Dinge zwischen zwei sich nahestehenden Menschen gibt, die nur im persönlichen Gespräch zu klären sind. Verraten Sie mir, welche? Das Eheversprechen vielleicht. Alles andere geht auch anders. Ein handfester Meinungsaustausch mit dem Liebsten per E-Mail oder SMS erspart Frauen wie mir, dass sie sich um Kopf und Kragen reden, während der andere schweigend und »dackelblickig« dasitzt. Man ist dazu gezwungen, Gefühle und Gedanken dezidiert auf den Punkt zu bringen. Kein: »Äh nee, ich weiß auch nicht so richtig ...« Eine schriftliche Ansage, und man kann sich aus der Nummer nicht mehr rausreden. Ich habe so schon komplizierteste Liebesgeschichten in eine klare Richtung gelenkt. Manchmal auch zum Ende.

Smileys – ja oder nein?

Ein genereller Streitpunkt ist die Verwendung von Emoticons. Es gibt regelrechte Verweigerer (»Mit jemandem der :-) verschickt, will ich nichts zu tun haben«) und Heavy-User (;-#*):-o((). Ich war jahrelang Verweigerer, musste aber feststellen, dass die Zahl der Heavy-User (auch im Job) steigt und sich dadurch immer mehr Menschen auf den Schlips getreten fühlen, wenn man ironische Bemerkungen ohne Emoticon verschickt. Weil ich nicht unnötig Unmut erregen will, versehe ich jetzt die ein oder andere Nachricht mit einem Smiley.

Es gibt nur ein einziges wirkliches Problem bei konstantem Schriftverkehr: Man weiß nie, ob das Mitgeteilte auch wirklich ankommt. Neulich bekam ich eine SMS: »Liebe Nicol, es ist schon lange her, ich weiß nicht, ob die Nummer noch stimmt, aber ich würde dich gerne mal wieder richtig verwöhnen. frank.« Im ersten Schock habe ich die SMS sofort gelöscht. Dann habe ich fieberhaft überlegt, woher ich einen Frank kennen könnte, der meinen Namen nicht richtig weiß. Aber ich kenne keinen. No way. Jetzt wird »Nicol« nie erfahren, dass Frank sich nach Jahren wieder gemeldet hat, um sie zu verwöhnen. Und ich habe vielleicht eine große Liebe zerstört. Aber das haben auch schon zu viele gesprochene Worte geschafft, oder?

*(Aus: BRIGITTE BALANCE Heft 01/2007)*

# Autorenporträt: Georg Büchner (S. 222–261)

Urban Büchel

## 1 Zielsetzung und Aufbau des Kapitels

Die Bausteine dieses Autorenportraits möchten schlaglichtartig einige Themen beleuchten, die für ein Verständnis der Dichtung Georg Büchners (1813 bis 1837) von Bedeutung sein können. Ein schmales literarisches Werk, das aber verschiedene Gattungen umfasst (Drama, Komödie, Erzählung), eine politische Flugschrift und ein Korpus überlieferter Briefe, der einerseits zur Vorsicht bei der Interpretation auffordert, der aber andererseits partielle Einblicke in die Persönlichkeit des Autors, in sein politisches Denken und seine sozialen Bindungen erlaubt. Das sind die Primärtexte, auf die sich ein Autorenportrait stützen kann.

»Mit einem Wort, ich halte viel auf Goethe oder Shakespeare, aber sehr wenig auf Schiller.« – »Übrigens gehöre ich für meine Person keineswegs zu dem sogenannten Jungen Deutschland, der literarischen Partei Gutzkows und Heines. Nur ein völliges Misskennen unserer gesellschaftlichen Verhältnisse konnte die Leute glauben machen, dass durch die Tagesliteratur eine völlige Umgestaltung unserer religiösen und gesellschaftlichen Ideen möglich sei.«

Diese beiden Zitate aus Büchners Briefen zeigen die Problematik einer literaturgeschichtlichen Einordnung unseres Autors. Er schließt sich keiner der Gruppierungen an, die für Epochenströme der 1830er-Jahre namensgebend geworden sind; so muss »Vormärz« als Hilfsbegriff für eine Einordnung herhalten, die Bedeutung Büchners wird aber erst fassbar, wenn man sich seine Rolle für die literarische Moderne vor Augen hält und ihn als Teil eines Aufbruchs in die Moderne sieht.

Schreiben als Mittel der Entlarvung – das könnte als Motto über den einzelnen Modulen dieses Portraits stehen.

Der Auszug aus dem *Hessischen Landboten* führt die Armut der Landbevölkerung auf Ausbeutungsstrukturen zurück und zeigt, welche Rolle der Staat dabei spielt. Zahlreiche Briefe Büchners zeugen von seiner politischen Auffassung, die revolutionäre Elemente mit einer Erfolg versprechenden Strategie verbinden möchte – fernab von jeglichem Aktionismus.

*Dantons Tod* greift die Frage nach einer »richtigen« politischen Strategie, die im Interesse des Volkes plant, wieder auf und geht der Frage nach Gründen für das Scheitern der Französischen Revolution nach. Büchner wählt dabei einen kurzen Zeitraum (24. März bis 5. April 1794) und richtet den Fokus u. a. auf die Handlungsmotive zweier zentraler Figuren: Robespierres und Dantons. Beide erweisen sich dabei als »Revolutionäre«, die diesen Namen nicht (mehr) verdient haben, denn nicht die Interessen des Volkes stehen für sie im Mittelpunkt ihres Handelns, sondern sie selbst, ihre persönlichen Eitelkeiten. Diese ideologiekritische Betrachtungsweise führt bei Büchner aber nicht zu einem revolutionären Apostatentum, wie dies in der Literaturwissenschaft ab und zu behauptet wurde.

Mit der Erzählung *Lenz* beteiligt Büchner sich an der zeitgenössischen Diskussion um den Sturm-und-Drang-Dichter, die nicht zuletzt durch die Veröffentlichung der Aufzeichnungen Oberlins im Jahr 1831 angeregt wurde. Sosehr Büchner diese Aufzeichnungen auch seinem Text zugrunde legte, seine Interpretation des Lenz'schen Verhaltens unterscheidet sich fundamental von der des Steintaler Pfarrers: Er zeichnet ein detailreiches Bild von der Krankheit Lenzens, das heute häufig als eine der frühesten literarischen Pathografien der Schizophrenie gelesen wird – eine ganz andere Sichtweise also als Oberlins moralisierende Beschreibung.

Eine ähnliche Entlarvung von religiös geprägtem Moralismus findet sich im *Woyzeck*: Auch hier stehen Krankheit und soziale Ausbeutung gegen das offizielle Gutachten des Hofrats Clarus, der seine Aufgabe nicht zuletzt darin sieht, die Hinrichtung des Johann Christian *Woyzeck* durch sein Gutachten zu ermöglichen als moralische Warnung für die Jugend.

Büchners medizinisches Interesse an den »Fällen« Lenz und Woyzeck resultiert natürlich auch aus seinem beruflichen Werdegang: Der junge Privatdozent in Zürich machte bei den wenigen akademischen Veranstaltungen, die er vor seinem frühen Tod halten konnte, einerseits durch eine profunde naturwissenschaftliche Kenntnis, die die Anatomie in den Mittelpunkt seiner medizinischen Lehre stellte, auf sich aufmerksam, andererseits sah er sich in der Tradition seines Förderers Lorenz Oken und verstand die Natur als eine harmonische und hierarchische Ordnung, in der jedes Einzelphänomen Teil eines größeren Zusammenhangs ist. Unwissenschaftlich-spekulative Medizin, wie Büchner sie z. B. in Gießen bei J. B. Wilbrand kennengelernt hatte, wird ebenfalls im *Woyzeck* entlarvt: Jener J. B. Wilbrand ist möglicherweise Vorbild für Facetten in der Figur des Doktor.

## 2 Aufgaben – Lösungen – Kommentare

### Über die Aktualität Büchners sprechen

**Aufgabe 1** (S. 307)
Genannt werden könnten z. B. – ausgehend von dem Bild auf dieser Seite – neuere Verfilmungen / Fernsehbearbeitungen Büchner'scher Texte (Werner Herzog [1978]: *Woyzeck;* Jürgen Flimm [1977]: *Dantons Tod;* G. Moorse [1971] und A. Rockwell [1981]: *Lenz*) oder Transpositionen in andere Kunstgattungen (Alban Berg: *Wozzek*).
Ein anderer Bezug wären die vielen Gymnasien in Deutschland, die seinen Namen tragen (z. B. in Berlin, Köln, Düsseldorf, Frankfurt, Darmstadt u. v. a. m.).
Als Skandal empfunden wurde Erich Frieds Büchner-Preis-Rede 1987.
Nachfragen bei örtlichen oder regionalen Theatern führen mit ziemlicher Sicherheit zu »Woyzeck«-Aufführungen in jüngerer Vergangenheit.

## Büchner und die Politik (S. 308–311)

### Politische Positionen Büchners diskutieren

**Aufgabe 1** (S. 311)
*1. vorbereitender Arbeitsschritt:*
Wichtige politische Vorstellungen sind z. B.:
a. das Plädoyer für Gewalt als legitimes politisches Mittel;
b. die Begründungen dafür: *Fürsten* als Unterdrücker; *Volk* als Untertanen, denen diese Rolle aufgrund von Gewöhnung nicht bewusst ist; *Gesetze* als Mittel dieser Unterdrückung; *Polizei* und *Militär* als Handlanger;
c. Büchners persönliche Konsequenz: Kampf gegen die Unterdrückung »mit *Mund* und *Hand*«, aber ohne sich in Aktionismus verwickeln zu lassen, d. h. in revolutionäre Aktionen, die zum falschen Zeitpunkt kämen; ein solcher falscher Zeitpunkt wäre z. B. dann, wenn das Volk seine Lage noch nicht erkennen könnte und folglich noch kein revolutionäres Bewusstsein hätte.

*2. vorbereitender Arbeitsschritt:*
Der *Hessische Landbote* lässt sich als Konsequenz aus dem vorstehenden Brief lesen; er versucht nämlich Aufklärungsarbeit zu leisten, um dem unterdrückten Volk seine Lage bewusst zu machen und somit revolutionäres Bewusstsein zu erzeugen. Folgende Strategien lassen sich z. B. nennen:
a. Postulierung eines eigenen Wahrheitsanspruchs und dessen Unterdrückung durch die Herrschenden; als Konsequenz daraus:
b. Schaffung eines Bewusstseins für die Notwendigkeit subversiven Vorgehens (Verstecken des Flugblattes vor der Polizei, vorsichtige Weitergabe u. a. m.);
c. Schaffung eines Bewusstseins bei den Bauern für ihre Lage als Unterdrückte;
d. Beschreibung der Rolle des Adels als parasitär;
e. Charakterisierung des Staats und zentraler Wertvorstellungen wie »Ordnung« als Vehikel der Ausbeutung;
f. Diffamierung der Steuern als Instrument der Ausbeutung.

Sprachliche Mittel, die der Text verwendet, wären z. B.
- Bibelbezüge
- Bilder
- anschauliche Beschreibungen / Vielzahl konkreter Beispiele
- Verwendung von Zahlenmaterial
- Schaffung von Polaritäten
- variabler und funktional verwendeter Satzbau

Ein möglicher Anfang der gestaltenden Aufgabe:

> Sehr geehrter Herr Polizeipräsident!
>
> Wehret den Anfängen! Ein junger Mann, aus gutem Hause, Student, glaubt, in Hessen-Darmstadt die Revolution ausrufen zu müssen. Nun ist er nicht der Erste, der so etwas versucht, und man könnte sich im Vertrauen darauf, dass die Polizei mit solchen Subjekten fertig wird, beruhigt zurücklehnen.
> In diesem Fall aber ist Vorsicht geboten.

**Aufgabe 2** (S. 311)
Ausgangspunkt einer solchen Diskussion könnte folgendes Zitat aus Erich Frieds Büchner-Preis-Rede von 1987 sein: »Es ist wahrscheinlich, dass dieser Zwanzigjährige [gemeint ist Büchner] sich in unserer Zeit zur ersten Generation der Bader-Meinhof-Gruppe geschlagen hätte – wenn auch keineswegs sicher, dass er sich nicht wieder abgewendet hätte! – und dass er heute im Gefängnis säße oder vor genau zehn Jahren, am 17. Oktober 1977, an einer ähnlichen Art von Selbstmord gestorben wäre, wie dies Baader, Ensslin und Raspe an diesem Tag widerfahren ist« (E. Fried: *Von der Nachfolge dieses jungen Menschen, der nie mehr alt wird.* In: Ders.: *Anfragen und Nachreden. Politische Texte.* Berlin 1994. S. 253/54).

Für eine Positionierung Büchners links von allen im Bundestag vertretenen Parteien spricht z. B. sein offenes Eintreten für Gewalt und seine radikale Ablehnung des bestehenden Systems im damaligen Großherzogtum Hessen-Darmstadt. Die Problematik einer solchen Einordnung wird aber deutlich, wenn die Schüler die historischen Materialien S. 310/311 hinzuziehen. Klar wird in einer solchen Diskussion aber auch, dass es äußerst fragwürdig ist, das zu tun, was Erich Fried tat, nämlich ahistorische Bezüge herzustellen.
Diese Diskussion kann – jetzt unter Einbeziehung der historischen Materialien – auch genauere Begründungen liefern für Büchners radikale Positionen.

## »Dantons Tod« – ein Geschichtsdrama (S. 312–317)

### Sich mit der Figur Robespierres auseinandersetzen

**Aufgabe 1** (S. 313)
*Schrecken und Tugend* erscheinen als die beiden zentralen Begriffe, die Robespierres Bild von *Republik* charakterisieren. Aus der Kombination beider Begriffe leitet er seine Vorstellung von *Gerechtigkeit* ab, die er als eine »strenge und unbeugsame« bezeichnet; er propagiert Terror im Namen der Freiheit und rücksichtslose Unterdrückung derer, die er als Gegner der Freiheit bezeichnet. Sprachlich fallen die vielen rhetorischen Mittel auf, die er in seiner Rede verwendet (z. B. Parallelismen, Z. 1–3, 16–18; Vergleiche und Bilder, Z. 6–8; persönliche Ansprache der Zuhörer, Z. 9; Reihungen, Z. 13–15; Anspielungen »gewisse Leute« Z. 13; Ausrufe, Z. 6, 13, 22). Diese und andere Mittel zeigen Robespierre als verbalen Einpeitscher seiner Konzeption von Republik; Fragen z. B. nach der Bedeutung von *Freiheit* lässt er erst gar nicht aufkommen.
Der letzte Aspekt kann als Ausgangspunkt für eine Diskussion genommen werden, angeregt vielleicht durch Art. 1 des Grundgesetzes: »Die Würde des Menschen ist unantastbar.« Herausgearbeitet werden müsste der unbedingte Herrschaftsanspruch, der in Robespierres Konzeption liegt, und das totale Vertrauen darauf, dass der Zweck die Mittel heilige. Dass Worte wie *Freiheit* und *Gerechtigkeit* zu reinen Worthülsen verkommen sind, die *Terror* und *»Despotismus«* (Z. 11) rechtfertigen sollen, erkennen die Schüler schnell.

**Aufgabe 2** (S. 313)
In I/6 zeichnet Büchner einen ganz anderen Robespierre, nämlich einen innerlich von Zweifeln zerrissenen (Z. 6, 18–25), und zwar von Zweifeln an der moralischen Rechtfertigung seines Handelns. Zugleich entlarvt er Motive seines Handeln (hier konkret: das Vorgehen gegen Danton): die persönliche Konkurrenzsituation (Z. 1–5). Symptomatisch für die Verwendung von Sprache ist, wie Robespierre wieder in die Revolutionsrhetorik von I/3 verfällt (Z. 10–16), als es darum geht, der Selbstzweifel Herr zu werden. Der Albtraum (ab Z. 24) macht deutlich, wie fundamental diese Zweifel aber doch sind.

### Sich mit der Figur Dantons auseinandersetzen

**Aufgabe 1** (S. 315)
Der zentrale Vorwurf Hermanns liegt in dem Verdacht, Danton habe mit den Royalisten zusammengearbeitet (Ludwig XVII. war der minderjähriger Sohn des hingerichteten Ludwigs XVI., während gegenrevolutionärer Aufstände in den Provinzen wurde er zum König ausgerufen). Dantons Rhetorik tut er als Flucht nach vorn ab, die zeige, wie sehr er schuldig geworden sei.
Danton sieht sich als Vorkämpfer für die Freiheit (Z. 16); ab Z. 27 zählt er auf, was er zu seinen besonderen Leistungen rechnet. Genauer zu präzisieren ist die Rolle, die er sich selbst zuschreibt, nämlich einerseits als Arm des Schicksals fungiert zu haben, andererseits aber – und darin sieht er die Voraussetzung dafür – zu den »gewaltige(n) Naturen« (Z. 27) zu gehören. Er sieht sich also als denjenigen an, dem Frankreich die bisherigen Fortschritte im Verlauf der Revolution zu verdanken hat, für den Gewaltanwendung Mittel zu einem guten Zweck war, dem kein Kritiker das Wasser reichen kann, dessen Name unsterblich sein wird, dessen Rolle aber auch ausgespielt ist (Z. 10–12); aus Letzterem resultiert seine häufig beschriebene Melancholie. Diese Selbstdarstellung wird präsentiert mit einem Feuerwerk an Rhetorik, das alle Gegner erschlagen soll (z. B. Z. 35–37). Szenisch unterstützt Büchner den Erfolg dieser Rhetorik durch die Klimax der Beifallsbekundungen.

Erläuterungen zu einigen Anspielungen Dantons:
**Marsfeld** / Z. 27: Propagandaaktion der Girondisten mit Unterstützung Dantons zur Absetzung des Königs und zur Einführung der Republik am 17. Juli 1791 auf dem Marsfeld
**10. August** / Z. 28: Am 10. August 1792 Erstürmung des Pariser Stadtschlosses, der Tuilerien, durch das Volk; Gefangensetzung des Königs und seiner Familie; offizielle Absetzung des Königs am 11. August
**21. Januar** / Z. 29–30: Hinrichtung des Königs Ludwig XVI. am 21. 01. 1793

**Aufgabe 2** (S. 315)
Danton wird als von Gewissensbissen zermartert gezeichnet. Die Septembermorde stehen als konkretes Beispiel, die »blutigen Hände« / Z. 29) für die Frage nach der Berechtigung von Gewaltanwendung. Der Alptraum (Z. 22–27) zeigt das Zentrum dieser Selbstzermarterung:

Er sieht sich zwar als Agierenden, aber letztendlich ist er doch derjenige, der passiv erdulden muss: »so ward ich geschleift« (Z. 27). Aus dieser letzten Tatsache zieht er dann aber auch seinen einzigen Trost: Als Marionette des Schicksals trägt er nicht die Verantwortung für das Geschehene.

**Aufgabe 3** (S. 315)
Signifikant sind die Diskrepanz zwischen öffentlichem und privatem Auftreten der beiden Protagonisten und die Rolle der Rhetorik. In ihren privaten Selbstzweifeln entlarven sie ihr öffentliches Auftreten als interessengesteuert, die Rolle der Gewalt im Revolutionsprozess stellt den Katalysator dar, an dem sich die Befindlichkeiten scheiden: Im öffentlichen Auftreten ist sie als notwendiger Bestandteil des revolutionären Prozesses dargestellt, im Privaten und in den Albträumen wird dies massiv infrage gestellt.
An Büchners Arbeitsweise lässt sich ablesen, wie wichtig ihm die Darstellung dieser Persönlichkeitsspaltung war: Die Auszüge aus I/3 und III/4 sind voller – großenteils wörtlicher – Übernahmen aus historisch gehaltenen Reden, allerdings in Form eines Pastiche, d.h. zusammengesetzt aus zahlreichen Reden unterschiedlicher Akteure; die abgedruckten Passagen aus I/6 und II/5 sind dagegen fast ausnahmslos Büchners eigene Erfindung.

## Zusatzmaterialien zum Drama bearbeiten

**Aufgabe 1** (S. 317)

**Text 1**
Der Artikel des *Schülerdudens* basiert im Wesentlichen auf der Adorno'schen Definition von Ideologie, in deren Zentrum das »falsche Bewusstsein« steht. Falsch deswegen, weil die vorgegebenen Interessen in Wirklichkeit überlagert sind von solchen, die dem Eigennutz entspringen.
Die Konkretisierung (Z. 9–10) am Beispiel der totalitären Ideologie führt direkt zurück zu den Textausschnitten aus I/3 und III/4 von *Dantons Tod*. Bezieht man den letzten Abschnitt des Artikels auf Büchners Drama, so wird das Ideologische in der Figur Robespierres noch zugespitzt: Er, der sich in der Tradition Rousseaus sieht, also in der Tradition der französischen Aufklärung, macht das Gegenteil von dem, was diese sich auf die Fahnen geschrieben hat. Statt Ideologiekritik findet bei ihm eine Ideologisierung der Politik statt.

**Text 2**
Steinbach konkretisiert den Ideologievorwurf, indem er den Zeitpunkt, den Büchner für sein Drama wählt, genauer charakterisiert. Er bezeichnet ihn als »Peripetie« und erläutert dies dahingehend, dass er konstatiert, die Protagonisten und ihre Anhänger hätten sich »immer mehr vom notleidenden Volk« (Z. 6–7) entfernt und sich stattdessen in ihren Machtkämpfen zerrieben, so dass eine soziale Revolution (Z. 5–6) nicht stattgefunden habe.
Bei der Figur Robespierres wird dies deutlich z. B. an dem Faktum, dass der persönliche Konkurrenzkampf mit Danton im Zentrum seiner Motive steht und dass er in I/3 die Begründung für die Terrorherrschaft der Jakobiner liefert, in allem aber im Bereich der politischen Revolution (Z. 4–5) bleibt; von einer sozialen Not des Volkes ist bei ihm nirgendwo die Rede, wohl aber sehr intensiv in der vorausgehenden Szene I/2.
Gleiches gilt für Danton: Seine öffentliche Rechtfertigung bezieht sich auf den politischen Bereich, die Absetzung und Hinrichtung des Königs, seine private auf die prekäre außenpolitische Lage Frankreichs zur Zeit der Septembermorde – auch hier ist von einer sozialen Notlage des Volkes keine Rede. Beide – Robespierre und Danton – unterscheiden sich in der Perspektive, aus der heraus sie reden: Der Blick des einen ist in die nahe Zukunft gerichtet, er steht davor, die Terrorherrschaft des Wohlfahrtsausschusses durch die Eliminierung des letzten Gegners endgültig zu etablieren, der andere blickt in die Vergangenheit, weiß, dass seine Zeit abgelaufen ist, und will das öffentlichen Bild von seiner Rolle im bisherigen Verlauf der Revolution gestalten. Beide treffen sich in der volksfernen Egozentrik ihres Auftretens. Nimmt man aber die Szenen I/1 und IV/3 hinzu, dann sieht man, wie Danton und seine Anhänger sich der Problematik ihrer Rolle bewusst sind; für Robespierre (und St. Just) gilt das nicht.

**Text 3**
Im Zentrum des Büchner'schen Briefs steht seine Vorstellung von *Realismus*. Die Geschichte, wie sie sich begeben hat, nachzuerschaffen, das bezeichnet er als die Aufgabe des Dramatikers, nicht eine Welt zu zeigen, »wie sie sein solle« (Z. 50). In seinem Bemühen, der historischen Realität möglichst nahezukommen, bewegt er sich auf einer Ebene mit dem Historiker, unterscheidet sich von ihm v.a. dadurch, dass er lebendige Gestalten schafft und keine Beschreibungen von Personen anbietet. In Z. 21/22 gibt Büchner eine Beurteilung Dantons und allgemeiner der Protagonisten der Revolution, die verdeutlicht, dass der ideologiekritische Ansatz, der in diesem Teilkapitel gewählt wurde, sich auf Büchners eigene Formulierungen stützen kann.

*Hinweis:* Zur Vertiefung der Realismus-Thematik eignet sich der Fontane-Text im Schülerband S. 65.

## Büchner als Naturwissenschaftler (S. 318–319)

### Medizinische Diskurse der Zeit kennenlernen

**Aufgabe 1** (S. 319)
Lorenz Oken (1779–1851) bewegte sich mit seinem philosophischen Ansatz einerseits und seinen naturwissenschaftlich orientierten Arbeiten andererseits in Grenzbereichen von spekulativer Naturphilosophie und exakter Naturwissenschaft. Die Entstehung von Leben erklärte er aus einem Schöpfungsprozess: In einer ersten Stufe entsteht Licht, alle Körper der Welt sind Lichtmaterie. Organismen entwickeln sich aus einem Urschleim, zum Leben erwachen sie aus eigenen Antriebkräften. Der mit Seele und Geist begabte Mensch stellt die höchste Stufe des Organischen dar. So weit der spekulativ-philosophische Ansatz. Zum Vorläufer einer naturwissenschaftlich orientierten Medizin wurde er durch seine anatomischen, physiologischen und embryologischen Arbeiten, in denen er bahnbrechende Erkenntnisse gewann.

**Aufgabe 2** (S. 319)
Die Schüler könnten davon ausgehen, dass sich bei Büchner ähnliche Zugangsweisen zu medizinischen Problemen zeigen wie bei Lorenz Oken (der ja auch seine Berufung nach Zürich sehr befördert hat): Einerseits zeigen sich in dem Ausschnitt aus dem Eingangsteil der Probevorlesung organologische Vorstellungen in Okens Nachfolge (Z. 1–6), andererseits verweist der Bericht Lünings über die erste (und einzige) ordentliche Lehrveranstaltungsreihe Büchners an der Züricher Universität auf seinen naturwissenschaftlichen Zugriff und die Bedeutung der Anatomie. Dies wird in Carl Vogts Bericht erweitert durch den Hinweis auf Büchners Studieninteressen in diesem Bereich.
Hier wäre dann auch ein geeigneter Ansatz, um die Aufgabe, die zu einer Beurteilung auffordert, anzugehen: Sicherlich wären die anatomisch-physiologischen Kenntnisse Büchners eine geeignetere Basis für eine Diagnose als der Wilbrand'sche Ansatz, der im Bereich des Spekulativen stecken bleibt und dazu noch Elemente eines zeittypischen kulturellen Überlegenheitsgefühls hat, das diagnostisch unfruchtbar wäre.
*Hinweis:* Medizinische Vorstellungen aus dem ausgehenden 18. Jahrhundert stellt der Text im Schülerband S. 203, hier bezogen auf Schiller, dar.

## Lenz und Woyzeck – zwei Krankengeschichten (S. 320–325)

### Die Figur des Lenz mit dem historischen Vorbild vergleichen

**Aufgabe 1** (S. 321)
Z. 1–12 besteht Lenz' Reaktion auf die Natur v. a. aus Gleichgültigkeit (Z. 6), die Natur wird überwiegend als grau, schwer, bedrückend beschrieben. Erste Personifizierungen finden aber schon statt (Z. 3, 9, 10–11); und auch erste Reaktionen, die ohne sein Zutun sich in ihm regen, werden beschrieben (Z. 11–12).

Ab Z. 13 häufen sich die Bilder einer personifizierten Natur mit grellen und abrupt wechselnden Effekten, und auch Lenz' Reaktionen wandeln sich:

- Er wird in seinem Empfinden eins mit der Natur, was bei ihm einen Gefühlszwiespalt auslöst (Z. 27), die Macht der Naturerscheinungen führen bei ihm zu extremen körperlichen Reaktionen (Z. 24–26), er fühlt sich einerseits integriert in die Natur, andererseits aufs Höchste angespannt, da die Natur als machtvollüberlegen empfunden wird.
- Daneben führt das Einbezogensein in die Natur aber auch zu gefühlsmäßiger Distanz (Z. 27–30).
- Signifikant ist der plötzliche Stimmungswechsel, der in Z. 30–32 beschrieben wird, das plötzliche Wiederauftauchen aus der stimmungsmäßigen Parallelwelt und das unverbundene Nebeneinander der beiden Welten (»er wusste von nichts mehr« / Z. 32).
- Ab Z. 35 dominiert dann das Gefühl von Einsamkeit und Angst als Reaktion auf die Größe und Weite der Natur sowie die Dunkelheit.

In allen Reaktionsformen findet sich nichts von dem Wohlbefinden, das aus dem Eichendorff-Text spricht; hier sorgen Natur und Kultur im Einklang für die romantische Aufbruchsstimmung, aus der v. a. Vorfreude spricht.

**Aufgabe 2** (S. 321)
Während Büchner Lenzens psychisch-physische Reaktionen in den Vordergrund stellt und schon zu Beginn der Erzählung Krankheitssymptome gestaltet, legt Oberlin – trotz aller Empathie, die er für Lenz empfindet – das Schwergewicht seiner Beurteilung auf moralische Fragen: Lenz' Krankheit also als Strafe für moralische Verfehlungen (Modebücher, Ungehorsam gegen den Vater, Müßiggang, Frauen, Ruhelosigkeit).

[Zur Vertiefung eignen sich **M 1** und **M 2**.]

### Die Figur des Woyzeck mit dem historischen Vorbild vergleichen

**Aufgabe 1** (S. 323)
Dominierend für Woyzecks Stimmungslage sind Angst (Natur und Freimaurer als die auslösenden Faktoren) und das Eintauchen in Parallelwelten (»doppelte Natur« Z. 30–31), gekoppelt mit Geräuschen und Stimmen, die er meint zu hören.

**Aufgabe 2** (S. 323)
Clarus: Hinrichtung des historischen Woyzeck als Akt »der strafenden Gerechtigkeit« (Z. 1) und als Warnung für die Jugend. Ursachen für Woyzecks Mordtat: »moralische Verwilderung« (Z. 11), ausgelöst durch ein »unstetes, wüstes, gedankenloses und untätiges« Leben (Z. 10–11) – Formulierungen, die bis in Details der Analyse Oberlins hinsichtlich Lenzenz Verhalten gleichen. Aufklärerisches Gedankengut in Kant'scher Tradition klingt in so manchen Formulierungen an (Z. 7–8), umso stärker betont der Autor das Schuldhafte und ethisch Verwerfliche an Woyzecks Tat.

[Auszüge aus der zeitgenössischen Diskussion um das Clarus-Gutachten enthalten **M 3** und **M 4**.]

So wenig Clarus und Oberlin – der Mediziner und der sozial sehr engagierte Landpfarrer – miteinander zu tun haben, so sehr gleichen sich doch ihre religiös-moralisierenden Betrachtungen von normabweichenden Verhaltensweisen; Büchner dagegen diagnostiziert in beiden Fällen Krankheitssymptome, die eine Schuldfrage in ganz anderem Licht erscheinen lassen.

Wichtig ist eine Differenzierung, die der Autor vornimmt: Lenzenz Krankheit wird v. a. individualpsychologisch gesehen, bei Woyzeck kommt das Faktum der sozialen Ausbeutung hinzu.

[Will man die Komponente der sozialen Ausbeutung bei der Figur des Woyzeck stärker betonen, eignet sich dazu **M 5** sowie die Textauszüge und Materialien S. 52–56 im Schülerband.]

### Schizophrenie-Darstellungen auswerten

**Aufgabe 1** (S. 325)

*Definition*
Kontrollwahn – Freimaurer (W)
Wahnwahrnehmungen – Feuer / Getös (W) / Biegen des Fußes (L) / Schwämme (W) / Es war, als ginge ihm was nach (L)
kommentierende oder dialogische Stimmen – »fürchterliche Stimme« (W)
bizarrer Wahn – Eingehen in die Natur (L)
Mutismus, Stupor – wollte mit sich sprechen, aber er konnte es nicht (L)
Apathie – gleichgültig (L)
Negativismus – Ängste, Einsamkeit (L/W)

*Green*
Angstzustände, Ursachen für Ängste bei anderen, Auflösung einer Logik (bei Lenz), zwanghafte und masochistische Komponente, Versinken in Parallelwelt

# 3 Ergänzungen und Vertiefungen

**M 1**

**Zusatztext:** Burghard Dedner: *Lenz in der Sicht der zeitgenössischen Psychiatrie (1998/Auszüge)*
Der Text bettet die im Buch dargestellte unterschiedliche Beurteilung des historischen Lenz durch Büchner und Oberlin in eine grundsätzliche Kontroverse der damaligen Zeit ein, nämlich in die Diskussion um eine angemessene Einstellung gegenüber Personen, die unter »religiöser Melancholie« leiden: Sind sie als *Sünder* oder als *Kranke* zu behandeln?

**M 2**

**Zusatztext:** J. W. von Goethe: *Dichtung und Wahrheit. Dritter Teil. Vierzehntes Buch. (1814/Auszüge)*
Goethe zeigt in »Dichtung und Wahrheit« eine Einstellung gegenüber dem Jugendfreund Lenz, die sich von der Position Oberlins, aber auch der von Büchner unterscheidet; der Text eignet sich also, um ihn mit Büchners Position zu konfrontieren.

**M 3**

**Zusatztext:** J. B. Friedreich: *Systematisches Handbuch der gerichtlichen Physiologie (1833/Auszüge)*
Der Autor – ein scharfer Kritiker des Clarus-Gutachtens – sieht in dem historischen Woyzeck den psychisch Kranken, der einem Justizmord zum Opfer fiel.

**M 4**

**Zusatztext:** J. Chr. A. Heinroth: *System der psychisch-gerichtlichen Medizin (1824)*
In diesem Text wird das Clarus-Gutachten verteidigt und der historische Woyzeck als moralisch verwahrloste Person beschrieben, die zu Recht zum Tode verurteilt worden sei.
**M 3** und **M 4** zusammen führen in die zeitgenössische Diskussion um Woyzeck ein und können so Büchners Position präzisieren.

**M 5**

**Zusatztext:** Burghard Dedner: *Psychiatrie und Wissenschaft um 1830 (2000/Auszüge)*
Dieser Text macht deutlich, dass die soziale Ausbeutung, die Büchners Woyzeck durch die Figur des Doktors widerfährt, in einer Reihe von Details auf historische Hintergründe zurückgeführt werden kann, und so positioniert er den Autor und angehenden Mediziner Büchner genauer in seiner Zeit. Zugleich wird ein Beitrag zur Frage der Ambivalenz der Aufklärung geleistet (s. den Abschnitt *Aufbruchsversuche in die Autonomie* im Kapitel *Epochen im 18./19. Jahrhundert*, S. 193–205 im Schülerband).

**M1**

**Aufgaben:** 1. Arbeiten Sie heraus, was Büchners Zeitgenossen unter *religiöser Melancholie* verstehen.
2. Diskutieren Sie darüber, inwieweit es Zusammenhänge zwischen der hier beschriebenen Kontroverse und Büchners Lenz-Figur gibt.

## Lenz in der Sicht der zeitgenössischen Psychiatrie (1998/Auszüge) Burghard Dedner

Als Büchner ab Mai 1835 an der Lenz-Erzählung zu arbeiten begann, verfügte er über Oberlins Bericht und kannte Goethes Werther und seine Lenz-Darstellung in Dichtung und Wahrheit, die Mehrzahl von Lenz' Werken in der Ausgabe des Dichters Ludwig Tieck von 1828. [...] Vor allem aber verfügte er über gründliche psychiatrische Kenntnisse und war deshalb in der Lage, die verfügbaren Daten über Lenz nicht nur genauer zu deuten als seine Vorgänger, sondern vor allem auch einen grundsätzlichen Fehler zu bemerken, der ihren Interpretationen zugrunde lag.

Zu den wiederkehrenden Ereignissen in der europäischen Kulturgeschichte seit dem 16. Jahrhundert gehören Streitigkeiten zwischen Theologen und Juristen einerseits sowie Medizinern andererseits über die angemessene Beurteilung zweifelhafter psychischer Zustände. [...]

In der ersten Hälfte des 19. Jahrhunderts war vor allem die juristische Behandlung von Straftätern strittig. [...]

Eine andere Debatte galt schon im späten 18. Jahrhundert, dann verstärkt seit den 1820er-Jahren, der Frage, wie sogenannte religiöse Melancholiker zu behandeln seien. Melancholiker dieses Typs litten unter starker Sündenangst und erzählten von unverzeihlichen Vergehen, deren sie sich schuldig gemacht hätten. Seelsorger pflegten deren Geschichten ernst zu nehmen und die Kranken zwar mit christlicher Liebe, aber eben doch als Sünder zu behandeln, andere moralistisch orientierte Psychiater suchten darin nach Verstößen gegen eine verantwortliche Lebensführung, die zur Erkrankung geführt hätten. Die Vertreter der Gegenpartei deuteten dagegen die Erzählungen der Kranken kategorial anders, nämlich nicht als Hinweise auf tatsächliche Sünden, sondern als quälende Fantasievorstellungen. Sie nahmen an, dass die Kranken aus somatischen, also körperlichen Gründen unter Angstvorstellungen litten und dass sie zu diesen Angstvorstellungen Ursachen hinzuerfänden, um sich die ihnen selbst unerklärliche Angst verstehbar zu machen.

Die christlich geprägte Bevölkerung Europas verdankte den größten Teil ihrer Fantasievorstellungen, und darunter auch die angstbesetzten, der biblischen Tradition; deshalb – so argumentierten die skeptischen Psychiater – orientierten die Kranken sich auch in ihren Ängsten an der Bibel und stellten sich vor, schwere Sünden, darunter vor allem die nicht vergebbare Sünde wider den Heiligen Geist, begangen zu haben, von Gott verlassen und verdammt oder zu ewiger Einsamkeit verurteilt zu sein. Religiöse Melancholie war demnach eine von Pfarrern und jedenfalls durch Bibellektüre verursachte Krankheit. Die Kranken, so folgte daraus, sollten die Nähe der Pfarrer meiden und vor Bibellektüre gewarnt werden. So schrieb der liberale Psychiater Friedrich Bird in seiner Pathologie von 1836: »Ein Mensch ist melancholisch, hat die fürchterlichste Angst, nichts als den Catechismus studirt und daraus am besten die Lehre vom Satan behalten; ist es ein Wunder, wenn er seine Angst auf den Satan schiebt?« (S. 128). Und weiter: »Man muss, um Wahnsinn und Melancholie von Verbrechen und Sünde richtig trennen zu können, das Gewissen in ein gesundes und ein krankes eintheilen oder vielmehr Gewissen von Angst zu trennen wissen. [...] Der Melancholiker [...] klagt, weint, jammert und die Zahl der Sünden ist groß, die er oft lügt und mindestens vergrößert, [...] das macht die Bauchangst, die er fühlt [...], die er für Sündenangst ausgibt und die doch nichts mit dem Gewissen gemein hat, es ist bloße Krankheit, die der Arzt heilen soll, und indem eine frühere Zeit eine solche Angst mit Gewissen verwechselte, war die Behandlung der Geisteskranken grausam [...]: es wird stets zu bedauern bleiben, dass man körperliche Angstgefühle je mit Reue verwechseln konnte!« (S. 175)

Derartige Sätze lösten in der ersten Hälfte des 19. Jahrhunderts heftige, auch politisch folgenreiche Debatten aus; denn so wie bei der Annahme zwangspsychotischer Zustände die Psychiater die Kompetenz der Juristen infrage stellten, so war die Annahme einer »religiösen Melancholie« ein Angriff auf religiöse Vorstellungen im Allgemeinen und auf die seelsorgerischen Kompetenzen der Geistlichen im Besonderen.

Georg Büchner war Enkel des administrativen Leiters einer psychiatrischen Anstalt, Sohn eines Arztes und psychiatrischen Gutachters sowie Medizinstudent, der auch psychiatrische Vorlesungen hörte.

*(Aus: Georg Büchner: Lenz. © Suhrkamp Verlag Frankfurt am Main 1998. S. 48–50, Auszüge).*

**M2**

**Aufgaben:** 1. Stellen Sie dar, wie Goethe seinen Jugendfreund Lenz in der Rückschau beurteilt. Worin sieht der dessen Krankheit begründet?
2. Vergleichen Sie Büchners Position mit denen in **M1** und **M2**: Worin würden Sie den spezifischen Ansatz bei Büchner sehen?

## Dichtung und Wahrheit * (1829/dritter Teil/Vierzehntes Buch/Auszüge) J. W. von Goethe

*Zu Beginn dieses Abschnittes beschreibt Goethe, wie die Literatur, die 1770/71 in Straßburg in den Zirkeln um ihn und Herder entstand, Schule machte und eine Modeerscheinung wurde, an der Lenz intensiv teilhatte. Er fährt dann fort:*

(N)un will ich von seinem (Lenzens) Charakter mehr in Resultaten als schildernd sprechen, weil es unmöglich wäre, ihn durch die Umschweife seines Lebensganges zu begleiten, und seine Eigenheiten darstellend zu überliefern.

Man kennt jene Selbstquälerey, welche, da man von außen und von andern keine Noth hatte, an der Tagesordnung war, und gerade die vorzüglichsten Geister beunruhigte. Was gewöhnliche Menschen, die sich nicht selbst beobachten, nur vorübergehend quält, was sie sich aus dem Sinne zu schlagen suchen, das ward von den besseren scharf bemerkt, beachtet, in Schriften, Briefen und Tagebüchern aufbewahrt. Nun aber gesellten sich die strengsten sittlichen Forderungen an sich und andere zu der größten Fahrlässigkeit im Thun, und ein aus dieser halben Selbstkenntnis entspringender Dünkel verführte zu den seltsamsten Angewohnheiten und Unarten. Zu einem solchen Abarbeiten in der Selbstbeobachtung berechtigte jedoch die aufwachende empirische Psychologie, die nicht gerade alles was uns innerlich beunruhigt für bös und verwerflich erklären wollte, aber doch auch nicht alles billigen konnte; und so war ein ewiger nie beizulegender Streit erregt. Diesen zu führen und zu unterhalten übertraf nun Lenz alle übrigen Un- oder Halbbeschäftigten, welche ihr Inneres untergruben, und so litt er im allgemeinen von der Zeitgesinnung, welche durch die Schilderung Werthers abgeschlossen seyn sollte; aber ein individueller Zuschnitt unterschied ihn von allen Uebrigen, die man durchaus für offene redliche Seelen anerkennen musste. Er hatte nämlich einen entschiedenen Hang zur Intrigue, und zwar zur Intrigue an sich, ohne dass er eigentliche Zwecke, verständige, selbstische, erreichbare Zwecke dabei gehabt hätte; vielmehr pflegte er sich immer etwas Fratzenhaftes vorzusetzen, und eben deswegen diente es ihm zur beständigen Unterhaltung.

Auf diese Weise war er zeitlebens ein Schelm in der Einbildung, seine Liebe wie sein Hass waren imaginär, mit seinen Vorstellungen und Gefühlen verfuhr er willkürlich, damit er immerfort etwas zu thun haben möchte. Durch die verkehrtesten Mittel suchte er seinen Neigungen und Abneigungen Realität zu geben, und vernichtete sein Werk immer wieder selbst; und so hat er niemanden, den er liebte, jemals genützt, niemanden den er hasste, jemals geschadet, und im Ganzen schien er nur zu sündigen, um sich strafen, nur zu intriguiren, um eine neue Fabel auf eine alte pfropfen zu können. [...]

Seine Tage waren aus lauter Nichts zusammengesetzt, dem er durch seine Rührigkeit eine Bedeutung zu geben wusste, und er konnte um so mehr viele Stunden verschlendern, als die Zeit, die er zum Lesen anwendete, ihm bei einem glücklichen Gedächtniß immer viel Frucht brachte, und seine originelle Denkweise mit mannichfaltigem Stoff bereicherte.

Man hatte ihn mit liefländischen Cavalieren nach Straßburg gesendet, und einen Mentor nicht leicht unglücklicher wählen können. Der ältere Baron ging für einige Zeit in's Vaterland zurück, und hinterließ eine Geliebte an die er fest geknüpft war. Lenz, um den zweyten Bruder, der auch um dieses Frauenzimmer warb, und andere Liebhaber zurückzudrängen, und das kostbare Herz seinem abwesenden Freunde zu erhalten, beschloss nun selbst sich in die Schöne verliebt zu stellen, oder, wenn man will, zu verlieben. Er setzte diese seine These mit der hartnäckigsten Anhänglichkeit an das Ideal, das er sich von ihr gemacht hatte, durch, ohne gewahr werden zu wollen, dass er so gut als die Uebrigen ihr nur zum Scherz und zur Unterhaltung diene. Desto besser für ihn! Denn bei ihm war es auch nur Spiel, welches desto länger dauern konnte als sie es ihm gleichfalls spielend erwiderte, ihn bald anzog, bald abstieß, bald hervorrief, bald hinansetzte. [...]

* Text in originärer Rechtschreibung

*(Aus: Goethe's Werke. Vollständige Ausgabe letzter Hand. Bd. XXVI. Stuttgart und Tübingen 1829. S. 247ff. Entnommen aus: Büchner, Georg: Lenz. Neu hergestellt, kommentiert und mit zahlreichen Materialien versehen von Burghard Dedner. Frankfurt 1998, S. 81–83, Auszüge.)*

**M3**

**Aufgaben:** 1. Vergleichen Sie, wie die Autoren von **M 3** und **M 4** die Tat des historischen Woyzeck beurteilen.
2. Diskutieren Sie mit den Woyzeck-Experten Ihres Kurses, wer von beiden Büchner nähersteht.

## Systematisches Handbuch der gerichtlichen Physiologie* (1833 / Auszüge)

J. B. Friedreich

Eine in diagnostischer Hinsicht sehr wichtige Erscheinung sind die verschiedenartigen Sinnestäuschungen und Hallucinationen, denen solche Scheinverbrecher gewöhnlich vor ihrer That unterworfen sind, oder, passender gesagt, durch welche sie zu ihrer That angetrieben werden. Sinnestäuschungen und Hallucinationen gehören fast zu den constanten Erscheinungen, die den Wahnsinn begleiten oder seinen einzelnen Paroxysmen vorhergehen ... ; eben so finden wir auch solche Erscheinungen in jenen Zuständen, in denen Verbrechen begangen werden, bei denen von keiner Willensfreiheit, von keiner Zurechnung die Rede seyn kann... Solche Menschen werden von Sinnestäuschungen oft längere Zeit vorher gequält, sie hören innere Stimmen, die ihnen zurufen, diesen oder jenen zu morden, es ist eine innere Unruhe, eine innere Angst, die sie zur Handlung antreibt, u.s.w.... W o y z e c k, der seine Geliebte ermordete, und über dessen Zurechnungsfähigkeit man sich noch stritt, als er schon zu Leipzig enthauptet war, hörte innere Stimmen, die ihn zum Morde antrieben, und hatte auch außerdem an Visionen und Hallucinationen aller Art gelitten... Wer die über diesen Unglücklichen gepflogenen Verhandlungen genau prüft, wird keine Zurechnungsfähigkeit, leider aber wieder einen schauderhaften Justizmord finden. [...]

*Text in originärer Rechtschreibung

*(Aus: Georg Büchner: Woyzeck. Hrsg. v. Burghard Dedner. Darmstadt 2005. S. 432 [= Marburger Ausgabe. Bd. 7.2]. Auszüge.)*

M4

## System der psychisch-gerichtlichen Medizin * (1824 / Auszüge) J. Chr. A. Heinroth

Mit Recht erklärt Clarus … den Mörder Woyzeck für zurechnungsfähig, gerade aus dem Grunde weil das Uebergewicht der Leidenschaft über die Vernunft die einzige Triebfeder seiner That war … Wird der Mensch zur Bestie, so ist es seine Schuld: denn das heilige Gesetz Gottes ist Jedem ursprünglich als Gewissen beigegeben. Auch der Niedrigste im Volk misst und richtet sich und Andere nach dem Maßstabe und der Richterwaage des Gewissens. Dieses ist seine Vernunft. Auf die Vernunft ist die Idee der Gerechtigkeit basirt; und wenn die Gerechtigkeit nicht mehr über die Menschen herrschen und über ihnen walten soll, so ist es mit dem Reiche der Menschheit aus … Alle physischen und moralischen Verkrüppelungen einzelner Individuen sind weder das Werk des Schöpfers noch der Natur, sondern des vernunftwidrigen menschlichen Handelns. Vernunftwidriges Leben erzeugt Krankheit; kranke Eltern erzeugen kranke Kinder: Mißgeburten, Krüpel, Blödsinnige. Unfreiheit ist die Frucht der Schuld; und die Folge der Schuld ist Strafe. Ein Mensch, der sich außer Stand setzt, verständig zu handeln, begeht einen moralischen Selbstmord. Aus demselben Grunde, aus welchem die Trunkenheit mit ihren Folgen dem Individuum in der Regel imputirt wird, sind auch alle Verbrechen, welche in einem momentanen oder vorübergehenden unfreien Zustande, z. B. im Zorn, begangen werden, den Thätern zu imputiren: denn diese Individuen leiden an keiner wirklichen Krankheit der Person; sie sind vor und nach ihrer That frei, und der unfreie Zustand, in welchen sie auf kurze Zeit versetzt sind, ist als eine unmittelbare Folge ihres freien Thuns anzusehen. Ein solcher Zustand ist in der Regel die Folge langer moralischer Verwöhnung und Verwahrlosung, einer Passivität, in welche das Individuum durch Nichtgebrauch der moralischen Kraft versunken ist. Diese Passivität äußert sich auf die verschiedenartigste Weise, bald im Gemüth als Leidenschaftlichkeit, bald in der Vorstellkraft als Verworrenheit, bald in der Thatkraft als blinder, der Ueberlegung spottender Trieb.

* Text in originärer Rechtschreibung

*(Aus: Georg Büchner: Woyzeck. Hrsg. v. Burghard Dedner. Darmstadt 2005. S. 382–384 [= Marburger Ausgabe. Bd. 7.2]. Auszüge.)*

**M5**

**Aufgaben:** 1. Diskutieren Sie mit den *Woyzeck*-Experten Ihres Kurses die Beziehung zwischen dem Protagonisten und dem Doktor.
2. Arbeiten Sie heraus, inwieweit **M5** bei der Frage nach historischen Verhältnissen, die Büchner bei der Gestaltung der Figur des Doktors angeregt haben könnten, hilfreich sein kann.

## Psychiatrie und Wissenschaft um 1830 (Auszüge) Burghard Dedner

*Die »Erbsendiät«, die der Doktor in Büchners Drama Woyzeck verordnet, hat historische Vorbilder.*

Zu denken ist [...] an eine zeitgenössische Diskussion über den Nährwert von Gelatine, die in Frankreich ab 1812 zur regulären Nahrung von Hospitalinsassen und Armenhausbewohnern diente.

Neben Versuchen an Tieren [...] wurde der Nährwert von Gelatine auch an Menschen getestet. Jean Nicolas Gannal hatte 1833 solche Experimente durchgeführt. In seinem Bericht an die Pariser »Academie des sciences« beschreibt er einen siebzigtägigen Versuch an sich selbst und Experimente an Mitgliedern seiner Familie und Bekannten mit Gelatinenahrung. Er kommt darin allerdings zu dem Schluss, dass Gelatinenahrung als Substitut kostenintensiverer Nahrung ungeeignet sei. Zu einem anderen Resultat kam Henri Milne Edwards, der 1833/34 zunächst an einer Person Ernährungsexperimente durchführte, ebenfalls mit dem Ziel, den Nährwert von Gelatine zu ermitteln. Daran schlossen sich zwei breiter angelegte Versuchsreihen an einunddreißig Soldaten einer Füsilier- sowie an sechsundzwanzig Soldaten einer Grenadierkompanie an, in denen Edwards zu dem Schluss kam, dass Gelatine ein geeignetes Substitut für teurere Nahrungsmittel sei. [...]

Wie Büchners Doktor experimentierte auch Edwards zunächst an nur einer Person, erst später folgte eine breiter angelegte Versuchsreihe. Zu einem ähnlichen Resultat wie Edwards kam auch Jean Sebastien Eugene Julia de Fontenelle in einem Bericht über eine achtzehnmonatige Versuchsreihe vom September 1831 bis Juni 1833, während der er zweiundsiebzig Personen in jeweils dreimonatigen Versuchsabschnitten mit einer Mischung aus Gelatine und Hülsenfrüchten ernährt und positive Ergebnisse erzielt hatte. [...]

Fontenelle experimentierte mit verschiedenen Beigaben zu Gelatine und wies nach, dass besonders Erbsen und andere Hülsenfrüchte den Nährwert des Knochenextrakts steigerten. Seine Versuchsreihen erstreckten sich jeweils über einen Zeitraum von drei Monaten, während derer die Probanden nur Gelatine und Hülsenfrüchte zu sich nehmen durften und ihre Ausscheidungen analysiert wurden.

Die Ähnlichkeiten dieser von Fontenelle und Edwards durchgeführten Experimente mit dem Ernährungsversuch in Büchners »Woyzeck« erlauben die Vermutung, dass Büchner von diesen Versuchen durch die medizinische Fachliteratur Kenntnis hatte und bei der Darstellung des Experiments im Drama auf sie zurückgriff.

Mit dem nationalökonomischen Ziel dieser Experimente, Ersatznahrungsmittel für die ärmeren Bevölkerungsschichten oder aber für die fürstlichen Heere zu finden, verträgt sich nicht die Freude des Doktors angesichts von Woyzecks psychischen Störungen.

Diese Freude wäre dagegen erklärlich durch die Annahme, dass Büchner mit dem Doktor einen Vertreter jener zeitgenössischen Theorie darstellen wollte, die psychische Störungen durch somatische Krankheiten, vor allem im Magen-Darm-Bereich, verursacht sah. [...]

Nach dem Kenntnisstand der zeitgenössischen Medizin hätte eine vielwöchige Erbsendiät gravierende Störungen im Magen- und Darm-Bereich herbeigeführt, die den Somatikern zufolge wiederum das Auftreten von Wahnvorstellungen zumindest begünstigt hätte. Überhaupt spielen in der umfangreichen Diskussion über das Verhältnis zwischen Körper und Psyche die Verdauungsorgane eine zentrale Rolle. So schreibt Johann Christian Reil in seinem Werk *Ueber die Erkenntniss und Cur der Fieber*: »Fettes Fleisch, Hülsenfrüchte, grobe Fische und ungegorne Mehlspeisen erzeugen leicht [...] Krankheiten des Unterleibes, durch welche sich nach und nach ein Hang zur Melancholie entspinnen kann.« Und an anderer Stelle heißt es: Der Genuss von »schwer verdaulichen Nahrungsmitteln«, wie z.B. von »Hülsenfrüchten«, »macht zuerst die Nerven des Unterleibes krank, diese afficiren das Gehirn und auf solche Art entspinnt sich Hypochondrie, die endlich in Melancholie und andere Arten von Geisteszerrüttungen übergehen kann.«

*(Aus: Georg Büchner: Woyzeck. Hrsg. v. Burghard Dedner. Stuttgart: Reclam 2000. S. 185–187 [= Erläuterungen und Dokumente. RUB 16013]. Auszüge)*

# Facetten autoritären Verhaltens in der Literatur (S. 326–343)

Bernd-Michael Schülke

## 1 Zielsetzung und Aufbau des Kapitels

Dieses Kapitel geht zunächst weniger von literarischen Kategorien aus; es rückt vielmehr den Begriff *autoritäres Verhalten* in den Vordergrund. Wichtig sind daher Aspekte und Betrachtungsweisen, die die Schüler aus Unterrichtsfächern wie Religion, Ethik oder Sozialkunde kennen. Von dieser Überlegung ausgehend wird deutlich, dass die Beschäftigung mit Begriffen wie *autoritär, Autorität* geeignet ist, die eigene Position, die eigenen Lebensumstände und gegenwärtige Gesellschaftsstrukturen zu erkennen, zu deuten und ggf. zu ändern.
Philosophisch-weltanschauliche Beiträge – vor allem solche, die kirchlich-religiöse Gedanken vertreten – stellen häufig das Begriffspaar »Autorität« und »Freiheit« gegenüber und gehen von einem Vorrang der Autorität aus. In diesem Zusammenhang werden Begriffe wie »Gehorsam« und »Gefühl des Vertrauens« sowie »freiwillige Unterordnung« diskutiert. Der Schüler wird die dieser Unterrichtseinheit zugrunde liegende Problematik wohl zunächst von den hier genannten Vorstellungen her sehen, vielleicht auch noch von Anfang an soziologische Kategorien in Betracht ziehen: Angesprochen werden sollten daher Autoritätsstrukturen, die aufgrund von Sachkompetenz gegeben sind. Dass ein Verhältnis wie das vom Arzt zum Patienten, das vom Lehrer zum Schüler oder ganz allgemein das vom Meister zum Lehrling in der Sache begründet, »vernünftig« und mit Weisungsbefugnissen verbunden ist, kann im Unterricht leicht vermittelt werden. Wichtig erscheint der Hinweis darauf, dass in demokratischen Gesellschaften die dergestalt vorhandenen autoritären Strukturen jederzeit hinterfragt, überprüft und verändert werden können und müssen.

Neue Horizonte erschließen sich den Schülern wahrscheinlich, wenn die Lehrkraft psychologische und pädagogische Aspekte in den Unterricht einbezieht. Hier spielt der Begriff *autoritär* eine wesentliche Rolle. Angesichts des in mehreren europäischen Ländern in den 20er- und 30er-Jahren des 20. Jahrhunderts aufziehenden Faschismus untersuchten verschiedene Wissenschaftler die Zusammenhänge zwischen autoritärer Triebunterdrückung und faschistischer Ideologie, zwischen Vater-Sohn-Verhältnis und (späterer) blinder Reproduktion herrschender, autoritärer gesellschaftlicher Verhältnisse, zwischen strenger Erziehung in einer hierarchischen Familienstruktur und der Ausbildung eines autoritären Charakters. Zu nennen wären u. a. die Studien von Wilhelm Reich (*Massenpsychologie des Faschismus*, 1933), Erich Fromm (Beitrag in: *Studien über Autorität und Familie*, 1936), Max Horkheimer (ebda.), Theodor W. Adorno et al. (*The Authoritarian Personality*, 1950) und Theodor W. Adorno/Bruno Bettelheim (*Studies in Prejudice*, 1950). – Die im Schülerband abgedruckten lexikalischen Texte wie auch die von Horkheimer und Fromm erscheinen besonders geeignet, die Schüler mit den hier vorgestellten Begriffen vertraut zu machen.

Die Bedeutung einer Unterrichtseinheit zum Thema »Facetten autoritären Verhaltens in der Literatur« wird u. a. daran ersichtlich, dass die entsprechenden Verhaltensweisen in ganz unterschiedlichen Epochen ausgebildet und literarisch verarbeitet wurden. So gliedert sich dieses Kapitel entlang einer Zeitschiene vom ausgehenden 18. Jahrhundert bis heute unter den ordnenden und bündelnden Oberbegriffen »patriarchalisches Verhalten«, »militaristisches Verhalten« und »kleinbürgerliche Gesinnung« und schließt ab mit einem Abschnitt zur psychologischen Dimension des Autoritären.

## 2 Aufgaben – Lösungen – Kommentare

### Definitionen des Autoritären zur Kenntnis nehmen

**Aufgabe 1** (S. 327)
Die unter der Überschrift *Merkmale des Autoritären* versammelten Kurzdefinitionen sollen – wie auch das Kaiser-Wilhelm-Porträt – dem Schüler einen Einstieg in das zu behandelnde Themenfeld bieten. In einem offenen Gespräch soll nach Durchsicht der beiden Definitionen zu den Begriffen »autoritär«/»autoritärer Charakter« diskutiert werden. Wichtige Voraussetzung ist, dass alle Schüler die entsprechenden Begriffe notieren: »persönlicher Macht- und Überwertigkeitsanspruch« und »Identifikation mit Autorität« in Text 1 sowie »unflexible, vorurteilsbeladene, intolerante Einstellung«, »Geschlossenheit des Wahrnehmens« und »starre Denk- und Handlungsweisen« in Text 2.

Sicherlich fällt es den Schülern leicht, geeignete Beispiele aus der Geschichte und der Gegenwart zu nennen und auf die erwähnten Merkmale zu beziehen (etwa Herrscher aus der Zeit des Absolutismus, Wilhelm II. oder Politiker des Dritten Reiches).

**Aufgabe 2** (S. 327)
Bei der Interpretation des Gemäldes von Max Koner sollten folgende Merkmale und Symbole der kaiserlichen Macht und des autoritären Charakters herausgestellt werden: Der noch junge Kaiser steht übergroß im Bildzentrum auf einem den Erdball verkörpernden kostbaren Marmorboden; seine Haltung ist starr, das rechte (Spiel-)Bein ist demonstrativ, fast aggressiv dem Betrachter entgegengestreckt; die Beine stecken in hohen, das Militärische überdeutlich betonenden Schaftstiefeln; die fast ausgestreckten, nach vorne weisenden Arme symbolisieren (wie die gesamte Körperhaltung) Kraft, Stärke und Entschlossenheit, die zu Fäusten geballten Hände halten demonstrativ Zeichen der Macht und des Kampfes (Zepter und Degen); wie die Krone und das weit wallende Ornat die kaiserliche Macht zeigen, verkörpern Uniform und verschiedene Orden die militärische; das »persönliche Regiment« und Wilhelms Entschlossenheit können an der stilbildenden Barttracht und seinem starren, am Betrachter vorbeigehenden, in die Ferne gerichteten Blick (»Deutschlands Zukunft liegt auf dem Meer«) festgemacht werden; die Säulen als (kaiserliches) Würdemotiv bilden den Hintergrund des Bildes – sie stehen hinsichtlich des Materials wie auch thematisch im Zusammenhang mit dem edlen Fußboden.
Alles in allem kann dieses Gemälde als Versinnbildlichung des autoritären und aggressiven politischen Programms und Kurses Wilhelms angesehen werden.

## **Patriarchalisches Verhalten** (S. 328–331)

### Auffassung und Verhaltensweise Millers herausarbeiten

**Aufgabe 1** (S. 329)
Die Schüler sollten hier die auf dem Seitenrand empfohlenen Tipps berücksichtigen. Im Vorfeld könnten die Schauspieler – vielleicht unter Anleitung eines »Regisseurs«?! – einzelne Sätze des Schillertextes streichen und das Umsetzen z. B. der Regieanweisungen üben.

**Aufgabe 2** (S. 329)
Miller will die Beziehung seiner Tochter zu Ferdinand nicht dulden, er fürchtet Luise zu verlieren. Seiner Einschätzung nach »schwänzt« sie in einer »Schlaraffenwelt« herum und vergisst – indem sie einen Adligen liebt! – ihre (bürgerliche) Herkunft, ihre »Heimat« (S. 329, Z. 45). Hier spielen wohl auch Angstgefühle des alternden Vaters eine Rolle, der seinen Einfluss auf die erwachsen gewordene Tochter schwinden sieht und befürchtet, anstelle eines »wackern ehrbaren Schwiegersohn[s]« (S. 329, Z. 46 f.) einen unzuverlässigen, aus einer anderen (höheren!) Schicht stammenden zu bekommen. Daher macht er sich Vorwürfe, seine Tochter nicht strenger – d. h.: autoritärer – erzogen zu haben (S. 328, Z. 9 f.).
Auch seine Frau überhäuft Miller mit Vorwürfen; er rügt ihre Naivität in Bezug auf Ferdinands Verhalten (vgl. S. 328/29, Z. 29–38) und beschimpft sie sogar als »infame Kupplerin« (S. 329, Z. 54), die auf Ferdinands Avancen hereinfällt.

**Aufgabe 3** (S. 331)
Miller verhält sich seiner Tochter gegenüber auch im letzten Akt von *Kabale und Liebe* unduldsam, unnachsichtig und autoritär-fordernd. »Du warst mein Alles« (S. 330, Z. 7) ruft er fast vorwurfsvoll und sieht sich um die Früchte seiner Erziehung betrogen (ebda., Z. 9 ff.). In nahezu berechnender Weise zwingt er Luise zu einer Art »Offenbarungseid«, indem sie sich von Ferdinand lossagt und die Idee eines »reinigenden« Selbstmords fallen lässt – dieses Vorhaben hält ihr Miller als quasi »schuldhaften Bruch der Vaterbindung« vor Augen (Gert Sautermeister; in: *Kindlers Literaturlexikon*, Bd. IV; Weinheim 1981, S. 5098). So kann er schließlich nach einem letzten, durchaus berechnenden und »infamen« Appell (»Wenn die Küsse deines Majors heißer brennen als die Tränen deines Vaters – stirb!«, S. 331, Z. 38 f.) seine am Boden zerstörte Tochter (»Verbrecherin, wohin ich mich neige!«, ebda., Z. 42) unter »Lachen und Weinen« umarmen und Luise als sein »Himmelreich« betrachten (ebda., Z. 48) – eine durchaus mehrdeutige Vokabel.

**Aufgabe 4** (S. 331)
Millers moralischer Rigorismus ist besonders gut erkennbar an seinen pathetisch-vorwurfsvollen Fragen und Ausrufen (vgl. Seite 330 im Schülerband), mit denen er seine Tochter in die Enge treibt und ihr seine Moralvorstellungen gewissermaßen aufzwingt. In diesem Kontext sollte Camus' radikaler und im ersten Moment befremdlich wirkender Gedanke diskutiert werden. Nützlich wäre es, Beispiele aus der Geschichte und der Gegenwart als Vergleich und Beleg für die »Richtigkeit« des Zitats heranzuziehen. Vor allem die radikalsten Vertreter der Französischen Revolution könnten hier zitiert werden. Auch aktuelle radikale Moralvorstellungen wie die einiger moslemischer Gruppen könnten erwähnt werden, etwa die Verurteilung Salman Rushdies mittels einer Fatwa am 14. 2. 1989 durch den iranischen Staatschef Khomeini mit der Begründung, Rushdies Buch *Die satanischen Verse* (1988 erschienen) sei gegen den Islam, den Propheten und den Koran gerichtet.

**Aufgabe 5** (S. 331)
Die Schüler sollten die folgenden Textstellen notieren und als Grundlage zur Erklärung und Beurteilung des autoritär-patriarchalischen Verhaltens Millers heranziehen:
*Seite 331, Z. 7f.:* »Die Herrschaft des Mannes in der Familie bleibt als Teil ...«
*Z. 10f.:* »Die bürgerliche Frau ist traditional an das Haus gebunden ...«
*Z. 15f.:* »Die Sozialisation des Rationalitäts- und Leistungsprinzips ...«.

**Aufgabe 6** (S. 331)
Miller will seine Vorstellungen von Ehre, Liebe, Ehe, Familie u. dgl. »im Innern«, innerhalb der Familie, autoritär und unter Missachtung individueller (Freiheits-)Rechte von Frau und Tochter durchsetzen. Was in gesellschaftlicher Hinsicht bürgerlich-fortschrittlich aussieht, entpuppt sich im privat-familiären Umfeld als patriarchalisch-autoritär.
Die aufgezeigte Ambivalenz verdeutlicht auch der als zusätzliches Informations- und Diskussionsmaterial gedachte Textauszug von Rudolf Grimminger (im Schülerband Seite 331), der das Verhältnis von Mann und Frau in der bürgerlichen Familie anspricht.

## Militaristisches Verhalten (S. 332–337)

Dass Militarismus und autoritäres Verhalten zwei Seiten derselben Medaille sind, muss in diesem Zusammenhang nicht eigens hervorgehoben werden – allein die im Schülerband auf den Seiten 327, 335, 336 und 337 abgebildeten Fotos und Karikaturen sowie der Text von H.-U. Wehler (ebda., S. 336 f.) zeigen das zur Genüge.

[s. die schematische Darstellung *Anmerkungen zum Militarismus im Deutschen Kaiserreich* (**M 1**)]

### Diederich Heßlings Kindheit und Jugend beschreiben

**Aufgabe 1** (S. 333)
Hervorzuheben sind folgende Aspekte: Diederich ist ein »weiches« Kind, das oft Prügel bezieht und vom autoritären Vater gedemütigt wird; er hat keine Achtung vor der Mutter und verhält sich gegenüber den Lehrern, die Macht ausüben, unterwürfig.

Ergänzend kann **M 2** im Unterricht eingesetzt werden. In seinem Aufsatz *Diederich Heßlings autoritärer Charakter* weist Jochen Vogt darauf hin, dass es gerechtfertigt sei, »ausnahmslos die Kindheit des Untertanen Diederich Heßling (zu) beschreiben«, um so den sich später entfaltenden autoritären Charakter in seiner Genese kennenzulernen. Er begründet dieses Verfahren – das auch für unseren Unterrichtsverlauf bestimmend sein soll – mit den Forschungen von Th. W. Adorno, M. Horkheimer, W. Reich und anderen, die den Zusammenhang zwischen familialen und gesellschaftlichen Bedingungen mit der Herausbildung des autoritären Charakters dargelegt hätten.
So gesehen ist es sicherlich richtig, sich ausführlicher mit dem 1. Kapitel des Romans *Der Untertan* zu beschäftigen, und hier besonders mit dessen Anfang.

Als Ergebnis könnte nach der Behandlung der gestellten Aufgabe im Sinne eines zusammenfassenden (und das *gesamte* 1. Kapitel einbeziehenden) Tafelschemas die Grafik (**M 3**) an die Schüler verteilt werden. Denkbar wäre auch, dieses Schema im Rahmen eines gesteuerten Unterrichtsgesprächs auf einer Overheadfolie nach und nach entstehen zu lassen. Die entsprechenden Gliederungspunkte (»Familie«, »Schule« etc.) und Seitenzahlen sollten dann vorgegeben werden. Da die den Schülern gestellte Aufgabe sich nur auf die Begriffe »Familie« und »Schule« der Grafik bezieht, sollten die drei restlichen Sozialisationsinstanzen »Universität«, »Militär« und »Politik« in der Folgestunde behandelt werden – die Schüler müssten bis dahin das gesamte 1. Kapitel des Romans gelesen haben.

### Wie sich Diederich Heßling als Firmenchef vorstellt

**Aufgabe 1** (S. 335)
Mindestens drei Textstellen sind für eine adäquate Behandlung der Aufgabe wichtig:
*Z. 23/24:* Diederich fixiert den Maschinenmeister;
*Z. 33/34:* Diederich will Opponenten zerschmettern;
*Z. 39–46:* Mitglieder der SPD sind für Diederich Vaterlandsfeinde.
Auf der Basis dieser drei Textauszüge (und ggf. einzelner weiterer) müsste es den Schülern ohne Weiteres möglich sein, die Gedanken des Maschinenmeisters zu Papier zu bringen: Wut, Ohnmacht, Hass – aber auch: Widerstand und Mut zum Kämpfen.

**Aufgabe 2** (S. 335)
Unschwer festzustellen ist die nahezu wörtliche Übereinstimmung der Rede Wilhelms mit der Diederich Heßlings. Ein Vergleich besonders der Z. 3–7 der Ansprache Wilhelms mit den Z. 39–46 des Romanausschnitts macht Heinrich Manns Verfahren deutlich: Er lässt die fiktive Romanfigur wie den Kaiser (in diesem Fall eines allerdings ungleich kleineren Reichs) auftreten, legt ihr wirklich gesprochene Sätze in den Mund (»O-Ton«) und kombiniert in seiner Erzählweise den Handlungsgang des Romans mit Versatzstücken der unmittelbaren Realität. Diese Art der zunächst nicht erkennbaren Montage – be-

sonders für uns Heutige, die wir Wilhelms Reden i. A. nicht mehr kennen! – dient der Bloßstellung und Entlarvung *beider*, Heßlings *und* Wilhelms, und erreicht so eine über den Roman und seine schlichte Rezeption hinausgehende, auf die politische Realität zielende Wirkung. Die Wortwahl Heßlings ist bezeichnend: »zerschmettere ich«, »an meinem unbeugsamen Willen«, »so zerschneide ich«.

### Historische Kontexte zum Verständnis der Figur Heßlings hinzuziehen

Zum tieferen Verständnis des Zusammenhangs von militaristischem Verhalten und Ausformung eines autoritären Charakters ist es nützlich, die spezifisch preußisch-deutsche Variante vor allem in ihrer Entstehung zu betrachten. So kann es gelingen, den Typus des »Untertans«, wie er sich besonders in Preußen im 18./19. Jahrhundert entwickelte, genauer zu erfassen. Auf die Tätigkeit als Firmenchef vorbereitet durch die straff hierarchische Ordnung der Neuteutonen-Korporation während seiner Studienzeit und durch die Zucht, das Exerzieren und die Ideale der Tapferkeit und Ehrliebe während seiner Militärzeit, entspricht Diederich Heßling exakt diesem Typus des Untertanen.
Es sind die Verhaltensweisen des preußischen Militärs, die dort herrschenden Ehrbegriffe und Ideale, die den Zivilisten Diederich Heßling prägten und ihn als Firmenchef autoritär-aggressiv auftreten lassen.

**Aufgabe 1** (S. 337)
In arbeitsteiligem Verfahren, eventuell auch als Hausaufgabe schon vorbereitet, könnten in Kurzreferaten der Wehlertext und die beiden Karikaturen vorgestellt werden. Die anschließende Besprechung müsste von den Zeilen 8 ff. auf Seite 336 des Schülerbandes ausgehen und würde dann in die Diskussion des Wehler'schen Begriffs *sozialer Militarismus* die beiden Karikaturen einbeziehen. Gerade sie machen in ihrer satirischen Zuspitzung einerseits deutlich, wie sich das preußische Militär selbst sah, seine Rolle und Bedeutung, und zeigen andererseits auf, dass militärische Normen, Verhaltens- und Denkweisen tief in den banalsten Alltag hineinwirkten und ihn bestimmten. – Wichtig wäre, die entscheidenden Begriffe des Wehlertextes – v. a. in den Z. 5–12 der Seite 336 – auf den Roman zu beziehen, besonders auf die Frage, inwieweit sie Diederich Heßlings Redeverhalten beeinflussen und verständlich machen. Sicherlich weiß Diederich sich nach seiner vorzeitigen Entlassung vom Militärdienst im Zivilleben jetzt an der »Spitze der Prestigeskala« (Z. 9); die Wert- und Ehrvorstellungen des preußischen Militärs hat er verinnerlicht, sie bestimmen Wortwahl und Duktus seiner Rede (z. B. S. 334, Z. 26: »Zug in den Betrieb bringen« oder ebd., Z. 34: »zerschmettere ich«).

**Aufgabe 2** (S. 337)
Wenn nicht schon während der Beschäftigung mit dem »Untertan« und den Begleitmaterialien geschehen, so sollte abschließend in einem Rundgespräch der Zusammenhang zwischen militärischem Streben und autoritärem Verhalten hergestellt werden. Es sei noch einmal darauf hingewiesen, dass die Synopse »Anmerkungen zum Militarismus im Deutschen Kaiserreich« (**M 1**) auch hier, als Abschluss der Sequenz, behandelt werden könnte.

Den Komplex »militaristisches Verhalten« ergänzend, sei noch auf folgende Ausweitung des Themas – eventuell auch als Klausuraufgabe – hingewiesen:
Am Beispiel der Beziehung Diederich Heßlings zu Agnes Göppel und zu Guste Daimchen soll sein Verhältnis zu Frauen untersucht und im Zusammenhang mit den Begriffen »autoritärer Charakter« und »militaristisches Verhalten« diskutiert werden.

## Kleinbürgerliche Gesinnung (S. 338–340)

### Die »Argumente« des Vaters bewerten

Als Vertreter einer »Übergangsklasse« (Karl Marx) steht der Kleinbürger historisch zwischen dem sich im Verlauf des 19. Jahrhunderts formierenden Großbürgertum und dem im Zuge der industriellen Revolution entstehenden Proletariat. Diese Situation, nämlich in einer Art »Zwischenschicht« zu stecken, erzeugt beim Kleinbürger ein diffuses Bewusstsein, das sich gegenüber anderen, vor allem vermeintlich »tiefer Stehenden«, oft in Überheblichkeit, falschem Selbstbewusstsein, Unduldsamkeit, Aggressivität und autoritärem Gehabe äußert. Grundlegende Werte sind dabei die von Heinz Schilling (s. Schülerband, S. 340) aufgezeigten: Ordnung, Besitz, Sparsamkeit etc.
Es ist dieser Typus, bezogen auf die Zeit nach dem 2. Weltkrieg, den F. J. Degenhardt in seinem Lied *Vatis Argumente* oberlehrerhaft-autoritär auftreten lässt. Als Mitläufer des Nationalsozialismus, der seine – angebliche – Stunde null genutzt und einen Betrieb aufgebaut hat, sieht er sich nun den Fragen und Vorwürfen der jungen Generation ausgesetzt. Er versteht sie nicht, will sie auch nicht verstehen und stellt, fast im Sinne des Verdrängens, sein »Ärmel aufkrempeln, zupacken, aufbau'n« dagegen. Wie oben dargelegt, sind dies die Werte des verunsicherten Kleinbürgers, der sich unverstanden fühlt und bedroht sieht. Rudi Dutschke als Sprecher der rebellierenden, studentischen Jugend ist ihm ein rotes Tuch, ein »intellektueller Klugscheißer«.
Die im Teil 3 (»Ergänzungen und Vertiefungen«) abgedruckte Synopse zu den Ursachen und Folgen der APO

(**M 4**) verdeutlicht ein wenig den Hintergrund des Degenhardtliedes und könnte als Folie auch für die Schüler von Nutzen sein.
Nahezu unverzichtbar ist neben der Behandlung des Textes auch die Vorführung des von Degenhardt selbst gesungenen Liedes, das als Schallplatte oder CD u.a. über das Internet erhältlich ist. Nur so kann die zupackende Art, in der Degenhardt seinen Vati »loslegen« lässt – und ihn ironisierend kommentiert –, ansprechend vermittelt werden.

**Aufgabe 1** (S. 339)
Der Gesprächsentwurf der Schüler (z. B. Sohn: ›Ist dein Vater auch so stur, wenn es um die Diskussion der Bedeutung Rudi Dutschkes geht ...‹) könnte zum Anlass genommen werden, über Lebensumstände, Werte, Inhalte und Ziele der Nachkriegsgeneration zu debattieren. So gesehen wäre es sinnvoll, den Schülern diese Epoche mit einigen ausgewählten Bildern, Kurztexten etc. vorzustellen.
Aus der Fülle der vorhandenen Literatur seien hier nur die Bild-Text-Bände der Elefantenpress (*Bikini – die fünfziger Jahre*, Berlin 1981 und *CheSchahShit*, Berlin 1984), der Band von Rudolf Großkopf (*Unsere 50er Jahre*, Frankfurt/Main 2005), der von Hermann Glaser (*Kulturgeschichte der Bundesrepublik Deutschland – Zwischen Grundgesetz und Großer Koalition 1949–1967*, München – Wien 1986) sowie der von Hans-Ulrich Wehler (*Deutsche Gesellschaftsgeschichte 1949–1990*, München 2008) als mögliche Informationsquellen genannt.
Für die Schüler könnte es auch aufschlussreich sein, diese Aufgabe mit dem Auftrag zu verbinden, bei den Eltern und Großeltern über die Zeit der 50er- und 60er-Jahre nachzufragen.

**Aufgabe 2** (S. 340)
Die Textauszüge von Klaus Walter und Heinz Schilling beleuchten Degenhardts Lied und die Kleinbürgermentalität von heute her, sorgen also für eine wünschenswerte Aktualisierung. Einerseits geben sie mit ihren zentralen Aussagen und Begriffen (bei Walter: Z. 3 und 5/6 – Stichwort »Generationenkonflikt«; bei Schilling: Z. 8–10 und Z. 12–15: z. B. »Ordnung«, »Beharrlichkeit«) Interpretationshilfen für *Vatis Argumente*, andererseits beziehen sie aber auch das gesellschaftliche Umfeld der Schüler mit ein und können so im Unterrichtsgespräch fruchtbar gemacht werden.

**Aufgabe 3** (S. 340)
Vor allem die Rigidität, mit der kleinbürgerliche Denk- und Verhaltensweisen gelebt werden, ist Ausdruck autoritären Verhaltens; denn es duldet keine anderen Auffassungen. Ausgehend von Vatis kleinbürgerlicher Gesinnung (z. B. S. 338, Z. 67: »immer sauber bleiben« und S. 339, Z. 100 f.: »gute Rasse erkennt er sofort«) sollten die zentralen Ergebnisse dieser Sequenz zusammengefasst und ggf. in Form einer Grafik festgehalten werden. Sie könnte etwa folgende Aspekte enthalten, die die Schüler weiter auffüllen können.

**FACETTEN AUTORITÄREN VERHALTENS**

| **Patriarch**<br>(Musikus Miller) | **Militarist**<br>(Diederich Heßling) | **Kleinbürger**<br>(»Vati«) |
|---|---|---|
| ▸ in der Familie bestimmend<br>▸ das Gute wollend, dadurch Unterdrückung der Frau und der Tochter<br>▸ ... | ▸ autoritätsgläubig<br>▸ hierarchisches Denken<br>▸ ... | ▸ starre Auffassungen<br>▸ reaktionäres Denken<br>▸ ... |

## Die psychologische Dimension des Autoritären (S. 341–343)

Wie eingangs dargestellt, erschienen die wichtigsten Arbeiten in Bezug auf den Typus des autoritären Charakters im Umfeld der (späteren) Frankfurter Schule, deren Vertreter die Ersten waren, die im amerikanischen Exil in den 30er-Jahren im Rahmen der *Kritischen Theorie* den Zusammenhang zwischen Faschismus und autoritären Strukturen im Menschen untersuchten. Es waren also Psychoanalytiker wie W. Reich und E. Fromm sowie Philosophen und Soziologen wie Th. W. Adorno und M. Horkheimer, die im Sinne eines interdisziplinären Ansatzes u. a. familiensoziologische Studien betrieben, um so den Typus des neuartigen sadomasochistischen bzw. autoritären Charakters zu erforschen.

Die sich in den 20er- und 30er-Jahren dergestalt entwickelnden autoritären Gesellschaftsformen bewirkten – wie am Beispiel des von Heinrich Mann schon früh erfassten »Untertans« literarisch verarbeitet –, dass der Einzelne in ein System von Abhängigkeiten nach oben und nach unten eingebunden war. Für Fromm war damit »die Voraussetzung für das funktionalistische Zusammenspiel von sadomasochistischem Charakter und autoritärer Gesellschaftsform gegeben« (Wiggershaus, *Die Frankfurter Schule*, München 1986, S. 176).

Die im Schülerband abgedruckten Texte von Horkheimer und Fromm sollen einmal die Eingangssequenz mit den lexikalischen Notizen auf einem ungleich höheren Niveau ergänzen und die gesamte Unterrichtseinheit damit abrunden, wie sie zum andern im Sinne eines Rückblicks ermöglichen, die drei literarischen Textbeispiele von Schiller, H. Mann und Degenhardt präziser und tiefer zu würdigen.

### Zusatztexte auswerten

**Aufgaben 1 bis 3** (S. 342)

Die abschließende Beschäftigung mit den Texten von Horkheimer und Fromm kann auf der Basis dieser drei Aufgaben erfolgen; ihrer Zielsetzung nach gehören sie eng zusammen. Die entscheidenden Begriffe und zentralen Aussagen, die im Unterrichtsgespräch herausgearbeitet und entsprechend interpretiert werden sollten, sind die folgenden:

- **bei M. Horkheimer:**
  *Z. 1/2:* »starrer Typus«
  *Z. 6:* »Autoritätsgebundenheit«
  *Z. 8–11:* »Anerkennung (von) Macht« und »konventionelle Werte … Erfolg, Fleiß …«
  *Z. 12:* »hierarchisches Denken«
  *Z. 16:* »Radfahrernatur«
  *Z. 19ff.:* »Ich-Schwäche« und »keine Selbstbestimmung«
  *Z. 24:* »Verachtung … (von) Fantasie«
  *Z. 29ff.:* »Betonung von Männlichkeit/Weiblichkeit«
  *Z. 31/34:* »Unbehagen in der Kultur«, »Wunsch nach Zerstörung«: »Zynismus«/»Menschenverachtung«
  *Z. 39f.:* »Dekadenz der Opfer«
  *Z. 42ff.:* (autoritärer) Charakter wurde in der Kindheit »gebrochen« (→ strenger Vater / Mangel an Liebe)

- **bei E. Fromm:**
  *Z. 6ff.:* Herrscher und Beherrschte sind zwei »Formen der autoritären Persönlichkeit«
  *Z. 10f.:* »Unfähigkeit, (…) Freiheit zu ertragen«
  *Z. 11:* Gegensatz »autoritärer Charakter« – »reifer Mensch«
  *Z. 16f.:* autoritärer Charakter »kann nicht lieben«, nicht »von Vernunft Gebrauch machen«
  *Z. 17f.:* autoritärer Charakter ist einsam, hat Angst
  *Z. 19ff.:* »symbiotische Beziehung« …; Basis: »Verschmelzung bei Vernichtung der eigenen Integrität«
  *Z. 30ff.:* Unterscheidung rationale – irrationale Autorität
  *Z. 42:* masochistische Unterwerfung unter irrationale Autorität
  *Z. 48ff.:* Diktaturen basieren auf irrationaler Autorität
  *Z. 56ff.:* Mensch hat als Ziel, »seine eigene Autorität zu werden« → Gewissen / Treue / Überzeugung → »Welt mit Vernunft und Liebe begreifen«

Wichtig ist, an dieser Stelle noch einmal die Grafik »Facetten autoritären Verhaltens« (s. o., S. 197) anzuschauen, eventuell zu ergänzen und v. a. die entscheidenden Begriffe und Kategorien der Texte von Horkheimer und Fromm in das Schema unten einzutragen. Viele der Kennzeichnungen des autoritären Charakters treffen auf Diederich Heßling als »Untertan« zu. Einzelne Begriffe an dieser Stelle herauszuheben scheint unnötig; es reicht sicherlich, einige wenige Merkmale in die Grafik zu übernehmen, etwa »starrer Typus«, »Anerkennung von Macht«, »strenger Vater«.

Nicht ganz so offensichtlich ist die Zuordnung einzelner Kennzeichnungen des autoritären Charakters hinsichtlich des Musikus Miller und Degenhardts »Vati«. Für Letzteren passt am ehesten wohl das Festhalten an »konventionellen Werten« wie Fleiß, Erfolg, Sauberkeit und der »starre Typus«. Auffällig – und entsprechend erklärungs- und diskussionswürdig – ist, dass *Kabale und Liebe* als der älteste der drei literarischen Texte die wenigsten Möglichkeiten zu bieten scheint, den Typus des autoritären Charakters (nach den Kategorien von Fromm und Horkheimer) nachzuweisen. In Ablösung von (noch) feudal-absolutistischen Strukturen ist das sich gerade formierende Bürgertum (noch) nicht deformiert, noch steht es in Opposition und hat seine neue Rolle nicht gefunden. Das Autoritäre, eher im familiären Umfeld zu finden, gibt sich wohlwollend-fürsorglich, aber die Art wie dies durchgesetzt wird, nämlich mit Repression, ist patriarchalisch (s. Fromm: »Unfähigkeit, Freiheit zu ertragen«), d. h. duldet keine anderen Einstellungen.

## 3 Ergänzungen und Vertiefungen

**M 1**

**Schematische Darstellung:** Anmerkungen zum Militarismus im Deutschen Kaiserreich
Die Darstellung präsentiert in geraffter begrifflicher Form den Zusammenhang von militaristisch geprägter Gesellschaft und ihren Auswirkungen. Sie vertieft das am Beispiel des Romans *Der Untertan* Erarbeitete und bringt Verhaltensweisen und Vorstellungen, die im Zusammenhang mit dem Thema »Facetten autoritären Verhaltens« von Bedeutung sind, auf den Begriff: Chauvinismus, Statussymbol, Hierarchie etc.

**M 2**

**Zusatztext:** Jochen Vogt: *Diederich Heßlings autoritärer Charakter*
Der Text kann auf präzise Weise die Interpretation der Figur Heßlings als »autoritären Charakters« bestätigen.

**M 3**

**Schematische Darstellung:** Prozess und Instanzen der Sozialisation. Das Strukturprinzip des 1. Kapitels von Heinrich Manns *Der Untertan*
Die schematische Darstellung der Sozialisation Diederich Heßlings berücksichtigt allein das 1. Kapitel des Romans. Unter Sozialisation wird in Anlehnung an H. Fend, *Sozialisierung und Erziehung* (Weinheim 1969, S. 26) der Prozess verstanden, in dem die Normen der umgebenden Gruppe gelernt werden (»Internalisierung« von Standards): Familie – Schule – Universität – Militär – Politik stellen als die hier entscheidenden Instanzen gleichzeitig das Gliederungsprinzip des 1. Romankapitels dar.

**M 4**

**Schematische Darstellung:** Ursachen und Folgen der außerparlamentarischen Opposition (APO)
Die genannten Informationen verdeutlichen den Hintergrund des Degenhardt-Textes und können als Verstehenshilfe genutzt werden.

**M 5**

**Zusatztext:** Alfred Andersch: *Der Vater eines Mörders*
Die im Herbst 1980 posthum erschienene Erzählung von A. Andersch löste schon bei ihrem Vorabdruck in der Süddeutschen Zeitung eine Fülle von Reaktionen aus, oft in Form von Leserbriefen von Mitschülern des Autors (vgl. zum Beispiel die Wochenendausgabe vom 9./10. August 1980). Letztlich drehte sich die Diskussion um die Frage, die Andersch selbst in seinem Nachwort formuliert hatte: »Schützt Humanismus denn vor gar nichts?« – Im Unterricht könnte das autoritäre Verhalten des Rex in diesem Kontext besprochen werden.

**M 6**

**Zusatztext:** Christoph Meckel: *Suchbild – Über meinen Vater*
Neun Jahre nach dem Tod seines Vaters fand Christoph Meckel 1978 dessen Kriegstagebücher. Fast schon im Sinne einer Abrechnung, zumindest einer von Irritationen geprägten »Suche« nach seinem Vater, mischte Christoph Meckel dessen Aufzeichnungen mit seinen eigenen Erinnerungen und verarbeitete sie zu einem Roman, der gerade auch unter dem Aspekt »Facetten autoritären Verhaltens« gelesen werden kann.

Beide poetischen Texte sind geeignet, den Themenkomplex »Facetten autoritären Verhaltens« zu ergänzen.

**M1**

## Schematische Darstellung: Anmerkungen zum Militarismus im Deutschen Kaiserreich

**Kennzeichen einer durch Militarismus geprägten Gesellschaft**

- (übertriebene) Liebe zu Vaterland und Kaiser: Chauvinismus; (Hurra-)Patriotismus
- gesellschaftliche Werte entsprechen militärischen Wertvorstellungen: Denken in »Befehl und Gehorsam«
- Armee als »Schule der Nation« (Lehrer = Reserveoffizier); Charakterbildung durch das Militär; Gültigkeit eines militärischen Ehrenkodex auch im Zivilleben: Treue, Tapferkeit, Pflichtgefühl, Loyalität
- ständige Erinnerung an die (ruhmreiche) militärische Vergangenheit: Friedrich der Große, Sedan(sfeiern)
- Existenz von Kriegerverbänden und ihre Bedeutung in der Öffentlichkeit:
  - »Stütze der Armee«
  - Verbreitung militärischen und monarchischen Denkens
  - Sozialaufgaben (Gräberversorgung!)
- Uniform als Statussymbol (vgl. Hauptmann von Köpenick)
- Unterlegenheit(sgefühl) der Zivilisten

**Auswirkungen auf die politische Kultur**

- – Gleichsetzung von militärischer und politischer Struktur: Hierarchie wird zur politischen Ordnungsstruktur (»Der Untertan«): »Untertanenmentalität« →
  - blinde Autoritätsgläubigkeit
  - starre Orientierung auf Befehl und Gehorsam
- Schule und Armee als Sozialisations- und Vermittlungsinstanzen dieser Werte und Strukturen
- Krieg als akzeptiertes (und nahezu »heiliges«) Mittel der Politik
- Überbetonung der eigenen Rasse, der eigenen Gruppe, des eigenen Volkes (→ Hitler!)
- Annahme eines (natürlichen) Rechts des Stärkeren
- Zusammenhang zwischen Kleidung und Ordnung (Tirpitzbart, Matrosenanzug, Südwester etc.)
- Bewunderung und Idealisierung autoritär auftretender Persönlichkeiten

**»WILHELMINISMUS«**

**M2**

**Aufgaben:** 1. Lesen Sie den Text gründlich (ggf. zweimal!) »mit dem Stift« und gliedern Sie ihn in Sinnabschnitte, die Sie mit Oberbegriffen versehen.
2. Entwerfen Sie eine kleine Grafik, die das Binnenverhältnis Vater – Mutter – Sohn Heßling erfasst. Belegen Sie die Anlage Ihrer Grafik mit entsprechenden Textstellen aus dem 1. Kapitel des Romans *Der Untertan.*

## Diederich Heßlings autoritärer Charakter (1971) Jochen Vogt

Die Behauptung sei aufgestellt, dass Heinrich Manns Roman »Der Untertan« mehr und anderes ist als die effektvoll vergröbernde Satire auf das wilhelminische Deutschland, für die man ihn gemeinhin ansieht. Dass ihm vielmehr eine *sozial-psychologische* Darstellungsintention im exakten Wortsinn zu eigen ist, wie sie sich bündig in dem geplanten und später (aus politischen Rücksichten?) fallen gelassenen Untertitel ausspricht: »Geschichte der *öffentlichen Seele* unter Wilhelm II.« Dass Heinrich Manns Roman eine erste Theorie und Analyse des Faschismus, genauer: der sozialpsychologischen Bedingungen für seine Entstehung und Ausbreitung, entwirft. Dass schließlich diese Theorie von den Erkenntnissen, die eine kritisch orientierte Sozialwissenschaft und -psychologie seit den Dreißigerjahren gewonnen hat, vollauf bestätigt wird. [...]

Wenn die These sich bestätigt, dass im »Untertan« bereits ein Charakterbild der »autoritären Persönlichkeit« entworfen ist, so wäre damit auch die methodische Beschränkung gerade auf diese Textstellen gerechtfertigt, die ausnahmslos die Kindheit des Untertanen Diederich Heßling beschreiben. Dann müsste nämlich – da ja der autoritäre Charakter durch spezifische Konstellationen und Erfahrungen der frühen Kindheit festgelegt wird – das spätere private und vor allem politische Verhalten des Untertans aus diesen Kindheitsepisoden schlüssig sich ableiten lassen. [...]

Schrankenlose Macht des Vaters ist im beschriebenen Typus der bürgerlichen Familie die alles beherrschende Erfahrung des Kindes. Rechtfertigung zieht jene Macht, ohne dies doch einzugestehen, aus der physischen Überlegenheit des Vaters und aus seiner ökonomischen Verfügungsgewalt über Menschen und Sachen. Die tritt der Heßling'schen Familie noch recht unmittelbar, die Autorität des Vaters stetig erneuernd, vor Augen. Zwar ist, am Übergang von der handwerklich-häuslichen zur industriellen Fertigungsweise, der Familienverband nicht mehr Produktionsgemeinschaft, doch bleibt die Verbundenheit von Produktions- und Privatsphäre, von *Papierfabrik, Kontor [...]* und Wohnhaus, auch räumlich eng genug, um *das Oberhaupt in seiner produktiven gesellschaftlichen Leistung* den »Seinen« ausdrücklich vor Augen zu führen [...].

Aus schierer Daseinsnotwendigkeit fügt das Kind sich wie selbstverständlich der »väterlichen« Macht. Ihre Legitimation rational zu ergründen, gar infrage zu stellen, verbietet schon das Missverhältnis der Kräfte, auch der intellektuellen. So muss die Autorität des Vaters als natürlicher Zustand erscheinen: legitimiert durch ihre bloße Existenz, keiner Erklärung bedürftig. Kaum wüsste Diederich zu sagen, warum er den Vater noch fürchterlicher findet als Gnom und Kröte, die grausigen Schemen der Fantasie. Gleichviel, er ist fürchterlich, und Diederich fürchtet ihn. [...]

*Unterwerfung unter die Autorität [...] der Eltern, Respekt und Furcht* gehen beim autoritären Charakter typischerweise zusammen mit *launenhafte[r] Aufsässigkeit gegen die Eltern [...].* In den Schuldgefühlen, die solche Aufsässigkeit regelmäßig begleiten, kündigt die willentliche, ja masochistische Rückkehr unter die Disziplinargewalt sich an. Deren Emblem ist, in der Familie wie später in der Schule, der Rohrstock. Im Strafritual wird – mit Bracchialgewalt und in gegenseitigem Einverständnis – die momentan erschütterte Herrschaftsordnung wiederhergestellt. Diederichs Drang zur *Abstrafung* zeigt seine objektive Unfähigkeit, die schon gewohnte Unterordnung prinzipiell infrage zu stellen. [...]

Die masochistische Identifikation mit der herrschenden Macht garantiert, dass kindliche Aufsässigkeit nur selten gegen diese Macht selber gerichtet wird. [...]

Der geheime Bezugspunkt, um den die Vater-Sohn-Beziehung sich ordnet, ist die Mutter. Erst sie liefert dem Ehemann das zentrale Motiv zur Entfaltung seiner Autorität gegenüber dem Kind. Dieses Motiv wird freilich nicht beim Namen sexueller Eifersucht genannt – hier im Text so wenig wie im täglichen Leben der Bürgerfamilie. Dennoch unterdrückt Vater Heßling in seinem Sohn den erotischen Rivalen. *Love for the mother, in its primary form, comes under a severe taboo [...].* Und erst unter diesem Aspekt des väterlichen Lustmonopols wird die autoritäre Charakterbildung des Kindes, wird sein Verhalten gegen die Macht und die Machtlosen in voller Konsequenz durchschaubar [...].

Fast härter unterdrückt als der Sohn, dem immerhin die Nachfolge des Vaters winkt, ist in der bürgerlichen Fami-

lie die Frau. In einer von Männern beherrschten Gesellschaft bleibt sie *häusliche Leibeigene* des Mannes [...], bis dass der Tod sie scheide. So entspricht es vielleicht nicht dem Status, den Frau Heßling als »Geschäftsfrau« nach außen vertritt, wohl aber ihrer innerfamiliären Abhängigkeit, wenn sie, statt die Arbeit zu tun, *die ihr aufgegeben war ..., mit dem Dienstmädchen* klatscht.
Zwar mögen der Ehefrau rechtliche Subordination, ökonomische Abhängigkeit und sexuelle Beschränkung durch den Mann bewusster sein, als sie dem Kinde werden können. Gerade so wird aber die Frau zur loyalen Stütze väterlicher Autorität, ja der Autorität überhaupt: erkennt sie doch in ihr die Garantin ihrer eigenen Existenz und der ihrer Kinder. [...]

*(Aus: Jochen Vogt: Diederich Heßlings autoritärer Charakter. In: Text + Kritik, Sonderband »Heinrich Mann«; München 1971, S. 58ff.)*

**M3**

## Schematische Darstellung:

### Prozess und Instanzen der Sozialisation.
### Das Strukturprinzip des 1. Kapitels von Heinrich Manns »Der Untertan«

**Familie**

Diederich ist ein weiches Kind, fürchtet sich; kompensiert aber diese Schwäche und zeigt sich hart gegenüber Abhängigen, den Schwestern und den Arbeitern der väterlichen Firma.

| Vater | Mutter |
|---|---|
| *»sollte man ihn lieben«:* | *»fühlte gar keine Achtung«:* |
| streng, hart, bürokratisch, pflichtbewusst, furchterregend | gefühlsselig, klatscht, betet, erzählt Märchen und liest Romane |

**Schule**

Diederich ist stolz darauf, dass er an dem menschenverachtenden Organismus Gymnasium *(»kalte Macht«)* leidend Anteil hat; Schule *»verschlingt«* den Menschen ganz; Diederich ist den *»scharfen Lehrern ergeben und willfährig«* und huldigt dem Rohrstock als Symbol von Macht.

**Universität**

Diederich lebt bei Bier und Befehlen in der Korporation mit sich und der Welt in Frieden; er geht in ihr unter – sie denkt und handelt für ihn; er dient und lässt dienen; Ordnung, Pflicht, Selbstbeherrschung und Ehrerbietung sind für ihn neue Maßstäbe.

*»Er selbst war nur ein Mensch, also nichts.«*

**Militär**

Es imponiert Diederich, dass die persönliche Würde auf ein Mindestmaß reduziert ist; er geht auf im *»großen Ganzen«*; Diederich sinkt *»zur Laus herab, zum Bestandteil …«*; Diederich hat den *»soldatischen Geist freudiger Unterwerfung«*; er ist *»Teil der Macht«* und hat ein *»herrliches Gefühl«*.

**Politik**

Wiebel spricht von *»subversiven Tendenzen, Vaterlandsfeinden«*; jüdische Liberale sind das Prinzip der Unordnung und Auflösung: *»Prinzip des Bösen«*; Agitation gegen Sozialdemokraten.

Diederich liegt vor dem Kaiser, der personifizierten Macht, im Schlamm.

**Entindividualisierung**
**Einordnen in ein Kollektiv**
**Kompensation von Schwäche**
**Orientierung an der Macht**

**M4**

## Schematische Darstellung:

### Ursachen und Folgen der außerparlamentarischen Opposition (APO)

**Voraussetzungen, Ursachen, Anlässe**

- internationale kulturelle Tendenzen: Popmusik, »Woodstock«, Sexualität, Drogen
- Befreiungsbewegungen in der Dritten Welt:
  Mao Tse Tung, Ho Chi Minh, Che Guevara
- Lehre von Marx, Engels, Lenin – »Frankfurter Schule«: Adorno, Horkheimer
- Vietnamkrieg: Das Mädchen Kim Phúc, »one of the most iconic war images of all time«
- Große Koalitäion (1966–1969) und die Debatte um die Notstandsverfassung (Mai 1968)
- mangelhafte Auseinandersetzung mit der Vergangenheit des Dritten Reichs
- Krise der Ordinarienuniversität: »Unter den Talaren Muff von 1000 Jahren«
- Rolle der Springer-Presse (BILD): »Enteignet Springer!«
- allgemeine internationale Protestbewegungen:
  »Prager Frühling« 1968,
  »Mai 68« in Paris

**APO**

**Folgen: Was wurde erreicht?**

- Sensibilisierung für Probleme der Umwelt: »die Grünen«
- freierer Umgang der Menschen: Emanzipation, Sexualität
- neue Protestformen: Go-in, Sit-in
- höheres demokratisches Bewusstsein: Partizipation, Bürgerinitiativen
- Aufarbeitung der nationalsozialistischen Vergangenheit (Auschwitz-Prozess 1965)

**M5**

**Aufgaben:** 1. Beschreiben Sie den Typus des Rex so, wie ihn Franz Kien sieht.
2. Wie erlebt Franz Kien den Moment, in dem der Rex ihn zu examinieren beginnt?
3. Auf welche Weise zeigt der Rex autoritäres Verhalten?

## Der Vater eines Mörders* (1980) Alfred Andersch

*Nachdem der Direktor des Wittelsbacher Gymnasiums, Gebhard Himmler – in Anderschs Erzählung der »Rex« –, den Schüler Konrad von Greiff im Zusammenhang mit einer mündlichen Prüfung im Fach Griechisch wegen Unbotmäßigkeit der Schule verwiesen hat, nimmt die Unterrichtsstunde ihren weiteren Lauf; der Rex sucht sich das nächste »Opfer« ...; Franz Kien, Anderschs »Alter Ego«, erlebt die Szenerie:*

Der Rex setzte sich nicht wieder hin. Er verließ seinen erhöhten Platz hinter dem Pult, stand eine Weile mit dem Klasslehrer zusammen, die beiden Männer unterhielten sich flüsternd, bestimmt reden sie über den Konrad, dachte Franz, der Rex gibt dem Kandlbinder [Griechischlehrer] Anweisungen, wie er den Konrad behandeln soll, solange der noch in der Schule ist, die Klasse wurde unruhig, weil die Spannung vorbei war, und der Rex ließ sie gewähren, doch trat sofort wieder Stille ein, als er begann, zwischen den Bankreihen hin und her zu gehen, ein beleibter Mann in einem hellgrauen Anzug aus dünnem Stoff, dessen Jacke aufgeknöpft war, das weiße Hemd wölbte sich über seinem Bauch, noch immer glänzte die blaue Krawatte, tadellos geschlungen und gelegt, und hinter der Brille mit dem dünnen Goldrand blickten die blauen Augen wieder liebenswürdig, ja gütig, die Roßkastanie auf dem Schulhof filterte das Licht eines schönen Maitags auf die geschlossenen Fensterscheiben des Klassenzimmers, München leuchtete, der Rex leuchtete, und doch dachten alle, was Franz dachte: Jetzt sucht er sich ein neues Opfer aus. Er überläßt es nicht mehr dem Kandlbinder, die Schüler aufzurufen, Mensch, dachte Franz jäh, da kann es ja auch mich erwischen, er erschrak bei der Vorstellung, der alte Himmler könne ausgerechnet ihn nach vorne holen, an die Tafel, um ihn in Griechisch zu prüfen. [...]

»Oberstudiendirektor im Wittelsbacher ist der alte Himmler«, hatte [sein Vater vor drei Jahren] gesagt. »Vor dem nimm dich in Acht! Du wirst ja, besonders in den Unterklassen, kaum mit ihm zu tun haben, aber wenn, dann hüte dich, bei ihm unangenehm aufzufallen! Der Mann ist gefährlich!« [...]

Der Rex, wie er so zwischen den Bankreihen umherging, sah nicht aus wie einer, der irgendwann einmal ein Verwundeten-Abzeichen erhalten hätte. Gesund sieht er aus, dachte Franz, dick und gesund, auch wenn er keiner von den lustigen Dicken ist, er sieht nicht leidend aus wie Vater, dabei muss er nicht, wie ich gedacht habe, nur ein paar Jahre, sondern mindestens zehn Jahre älter sein als Vater, sechzig wahrscheinlich, wenn er einen Sohn hat, der doppelt so alt ist wie ich und der schon in der Politik mitmischt, jedenfalls sieht der alte Himmler gut erhalten aus, nur aus der Nähe sieht man, daß sein Gesicht nicht faltenlos ist, sondern aus tausend winzigen Fältchen besteht, aber seine Haut wirkt trotzdem glatt, so hell gerötet, wie sie ist, hell fleischrot unter den glatten weißen Haaren, alles an ihm ist hell, glatt, scheißfreundlich und so pieksauber wie sein weißes Hemd, aber ich mag ihn nicht [...].

Er kam jetzt den Gang entlang, an dessen Innenseite Franz Kien saß, und blieb neben ihm stehen. Franz wagte nicht, zu ihm aufzublicken, er hielt den Kopf gesenkt, nahm nur den mit dem weißen Hemd bespannten Bauch neben sich wahr, und eine Hand, auf der weiße, – oder waren es blonde? –, Härchen über ein paar braunen Altersflecken schimmerten, der Rex trug einen breiten goldenen Ehering an dem Ringfinger seiner rechten Hand, alle diese Beobachtungen stellte Franz nur an, in der verzweifelten Hoffnung, der Rex möge es vielleicht doch nicht auf ihn abgesehen haben, obwohl er doch bei seinem Pirschgang neben Franz innegehalten hatte, ein Jäger, der ein Knacken im Unterholz gehört hat. [...]

Aber dann hörten Franz Kiens Gedanken ganz plötzlich auf, sich weiterzubewegen, denn der Rex ließ die Hand, die soeben noch auf Hugo Aletter gedeutet hatte, auf Franz' Schulter sinken und fragte: »Nun, Kien, wie sieht es denn mit deinem Griechisch aus?« Er legte die Betonung auf das Wort »deinem«.

Ausgeschlossen, dachte Franz. Das konnte es nicht geben. Aber dann gleich: es hat stattgefunden. Es findet statt. Der Rex wird mich in Griechisch prüfen. Herrgottsakrament. Himmelherrgottsakrament. Ein Unglück. Ein Unglück ist geschehen. So muß es sein, wenn man von einem Auto überfahren wird. [...]

*Text in originärer Rechtschreibung

*(Aus: Alfred Andersch: Der Vater eines Mörders. © 1982 Diogenes Verlag AG Zürich, S. 57ff.)*

**M6**

**Aufgaben:**
1. Informieren Sie sich in einschlägigen Fachlexika (z. B. im *Kritischen Lexikon zur deutschsprachigen Gegenwartsliteratur* oder in Stein/Stein: *Chronik der deutschen Literatur*) über den Vater Eberhard und den Sohn Christoph Meckel und bereiten Sie ein entsprechendes Referat vor.
2. Studieren Sie die abgedruckten Textstellen aus Christoph Meckels Roman *Suchbild* und erstellen Sie ein Psychogramm des Vaters. Inwiefern kann man sein Verhalten autoritär nennen?

## Suchbild – Über meinen Vater (1980) Christoph Meckel

**Seite 9 ff.:**

Mit Zuverlässigkeit und Pedanterie verwaltete er die eigene Lebenszeit. Alles Gelebte zu den Papieren. Er archivierte. Er sammelte und pflegte mit Feingefühl. [...] Schubladen voll gebräunter Papierpakete. Er notierte Träume, Begegnungen mit Bekannten, die beiläufigen und die ERFÜLLTEN GESPRÄCHE; Ergebnisse von Tennisspielen, Schießübungen und Blutsenkungen. Er notierte Vollmondnächte und Sternfall, sammelte die Locken seiner Kinder, verzeichnete die Zahl getrunkener Schoppen und das tägliche Wetter: Hochdruck, Tiefdruck und Körperreaktionen; Regen und Föhn und die entsprechende Stimmung. Wetterkataloge, gesammelter neige d'antan aus vier Jahrzehnten. Speisezettel, Waschzettel, Flugscheine, Hotelrechnungen und Kinoprogramme. Er sammelte schlecht getippte Marschbefehle, Programme von Kameradschaftsabenden während des Kriegs und Entwürfe für Hitlerfeiern in der polnischen Etappe. Er sammelte Fotos von Landschaft und Architektur und jedes Detail zur Geschichte seiner Provinz: Familienhistorien, Poeten und Großherzöge, Landkarten, Baudenkmäler und Goethes Nichten. [...] Mit Zähigkeit archivierte er noch seine letzte Krankheit, Depressionen, Fieberanfälle und Schmerzattacken, Rezepte, Medikamente und Medikamentierung, Wirkung und Nebenwirkung von Cortison, die Namen seiner Ärzte und Krankenschwestern, die Reste seiner Hoffnung (in stolpernder Schrift) und den Blick aus dem Fenster des Krankenzimmers in einen Frühlingstag.

Die Welt meines Vaters ist die Landschaft Badens zwischen Karlsruhe und Basel. [...] Die Landschaft ist in allen Gegenden schön, sie gilt als eine der schönsten in Mitteleuropa, vielfältig, üppig, idyllisch [...] Es gibt [hier] den Hochmut des provinziellen Dickschädels mit Begriffen wie SCHOLLE und BODENSTÄNDIGKEIT, und es gibt einen chronischen, vielfach ahnungslosen und beinahe gutartigen oder aber hartköpfig-rustikalen Chauvinismus gegen Plattdeutsche, Franzosen, Burmesen, Kinder, Studenten, Protestsänger, Schweizer, Isländer, Juden, Spaghettifresser, Chilenen, Neger, Russen und Hergelaufene (der Chauvinismus hält sich in Grenzen, sofern die Genannten lokalen Boden nicht betreten). Es gibt das breitärschig-selbstgerechte Heimatgefühl mit Männerchören, Frauenchören, Kinderchören, gemischten Chören, Trachtenkapellen und Blaskapellen. Es gibt Feuerwehrvereine, Heimatvereine, Wandervereine, Mundartvereine, Stammtische und Frühschoppen jeder Provenienz. Es gibt ein paar Hundert Hebelstuben mit Hebelbildern, Hebelsprüchen und ehrenamtlich hebelnden Oberlehrern. Es gibt die entwicklungsfeindliche Gesinnung für Grund und Boden, Besitz und Überlieferung, Anstand und Ordnung.

**Seite 38 ff.:**

In meinem erwachsenen Vater steckte ein Kind, das mit den Kindern Himmel auf Erden spielte. Es klebte in ihm eine Sorte Offizier, die bestrafen wollte im Namen der Disziplin.

Nutzlose Affenliebe des glücklichen Vaters. Hinter dem Verschwender von Zuckerbroten kam ein Offizier mit der Peitsche daher. Der hielt für seine Kinder Strafen bereit. Der beherrschte so etwas wie ein System von Strafen, ein ganzes Register. Zu Anfang gab es Schelte und Wutausbruch – das war erträglich und ging wie der Donner vorbei. Dann kam das Ziehen, Drehen und Kneifen am Ohr, die Ohrfeige und der berühmte Katzenkopf. Es folgte die Verbannung aus dem Zimmer, danach das Fortgesperrtsein ins Kellerloch. Und weiter: Die Kindsperson wurde ignoriert, durch strafendes Schweigen gedemütigt und beschämt. Es wurde zu Besorgungen missbraucht, ins Bett verurteilt oder zum Kohleschleppen abkommandiert. Zum Schluss, als Mahnmal und Höhepunkt, erfolgte die Strafe, die Strafe schlechthin, die exemplarische Bestrafung. Das war die Strafe des Vaters, die ihm vorbehaltene, eisern gehandhabte Maßnahme. Im Sinn von Ordnung, Gehorsam und Menschlichkeit, damit Recht geschähe und das Recht sich dem Kind einpräge, wurde die Prügelstrafe angesetzt. Die Sorte Offizier griff zum Tatzenstock und ging schon mal in den Keller voraus. Ihm folgte, wenig schuldbewusst, das Kind. Es hatte die Hände auszustrecken (Handflächen nach oben) oder sich über die Knie des Vaters zu beugen. Die Prügel erfolgten gnadenlos und präzis, laut oder leise gezählt, und ohne Bewährung. Die Sorte Offizier äußerte Bedauern, zu dieser Maßnahme gezwungen zu sein, behauptete, darunter zu leiden, und litt darunter. Auf den Schock der Maßnahme folgte das lange Entsetzen: der Offizier verordnete Heiterkeit.

[Nach dem angeblichen Diebstahl eines wertlosen Ringes, den der vierjährige Junge achtlos weggeworfen hatte – er wurde danach wiedergefunden –, kommt es erneut zu einer väterlichen Strafmaßnahme:] Zehn Tage lang, zu lang für jedes Gewissen, segnete mein Vater die ausgestreckten, vier Jahre alten Handflächen seines Kindes mit scharfem Stöckchen. Sieben Tatzen täglich auf jede Hand: macht hundertvierzig Tatzen und etwas mehr: es machte der Unschuld des Kindes ein Ende. Was immer im Paradies geschah, mit Adam, Eva, Lilith, Schlange und Apfel, das gerechte biblische Schlagwetter vor der Zeit, das Gebrüll des Allmächtigen und sein ausweisender Finger – ich weiß davon nichts. Es war mein Vater, der mich von dort vertrieb.

**Seite 44 ff.:**

[...] Der Glaube an die Rechtmäßigkeit des Kriegs, das unbedingte Vertrauen in Autorität, das auf Prinzipien reduzierte Denken schmolz jede ambivalente Empfindung ein. Ihm fehlte in allem das elementare Entsetzen, weil ihm die Einsicht in den Zusammenhang fehlte. Er lebte sich ein, und ich frage mich, was das heißt. Er gewöhnte sich daran, er machte mit.

[...] Er lebte sich tatsächlich und gründlich ein, zuerst als Schütze und später als Offizier, mit der restlosen Überzeugung, im Recht zu sein, und nicht im Hinblick auf ein Ende des Krieges. Er sang und marschierte konform mit dem Deutschen Reich (durchaus nicht mit Hitler, SS und NS-Partei), er bejahte die gewaltsame Expansion. Er glaubte an den Triumph der deutschen Idee und empfand den Rückzug (das ABBRÖCKELN, wie er es nannte) als schmerzlichen Verlust für sich und die Heimat.

[...] Er war nicht mehr nur der Autorität unterstellt: er war Offizier. Er selbst unterstellte die andern: als Autorität. [...] Die Autorität veränderte seine Optik. Der ästhetische Mensch, um edle Sprache bemüht, verfiel immer häufiger in den Toilettenjargon der Herrenleute. Er war vielleicht kein Menschenverächter, aber er sah jetzt Polacken überall, elende Weiber und renitentes Gesindel. Er war vermutlich kein Antisemit, aber er sah die Beseitigung der Juden als Schicksal, Tragödie und für den Einzelnen furchtbar, im Ganzen aber als unabänderlich an. Er sah den erschossenen Feind ohne jedes Interesse. Der geschlachtete Partisan ließ ihn friedlich träumen.

Die schöngeistig dünne Schale wurde brüchig. Die Verrohung des Offiziers nahm weiter zu. Zum Vorschein kam der Chauvinismus des gehobenen Untertans.

[Nach dreijähriger Kriegsgefangenschaft in Nordafrika kehrt der Vater im Frühjahr 1947 zurück.] Die Freude auf meinen Vater war grenzenlos. Erinnerung an die frühe Kinderzeit schien mein Bild von ihm vergoldet zu haben. Ich flog zu ihm in das vergoldete Bild. Nach ein paar Monaten war die Verklärung weg. Die Entzauberung war gründlich, verstörend am Anfang, dann endlos grau. Der Halbgott des Kinderglaubens war ein nervöser Mann, Erzieher mit Nachholbedarf an Autorität. Er arbeitete an der Wiederherstellung seiner Familie, das heißt: an der eigenen, bestimmenden Rolle in ihr. Er kontrollierte Kleider, Fingernägel und Manieren, beaufsichtigte Schulaufgaben und nahm jeden Tintenklecks zum Anlass für prinzipielle Verkündigungen über Arbeit, Ordnung, Anstand und Kinderpflicht. Erstmals erschien der Satz WOZU HAT MAN KINDER. [...] Seine Liebe zu mir wurde wertlos für mich. Zum ersten Mal empfand ich Mitleid mit ihm. [...] Die Rücksicht auf ihn wurde zur Familienkrankheit. Sie war der Grund für das Scheitern dessen, was in der Bindung natürlich und hell sein kann. Die Rücksicht für ihn wurde immer mehr zur Unaufrichtigkeit gegen ihn. [...] FAMILIE wurde zur gewöhnlichen Last und mein Vater zu einem, der nicht mehr infrage kam.

**Seite 99:**

Was Offenheit hieß und Leben gewesen wäre, ging in väterlicher Besinnlichkeit unter. Was Einsicht war, Argument und Stellungnahme, scheiterte an seiner Weigerung, sich zu korrigieren. Die Antwort auf eine Frage nach seiner Rolle im Krieg scheiterte an seiner Weigerung, sich genau zu erklären. Erkenntnis scheiterte an ihrer Verdrängung. Es fehlte der goldene Faden in seinem Muster.

Er fehlte. Er fehlte.

Es fehlte die Bejahung ungewaschener Kinderhälse, und es fehlte die Bejahung vaterfremden Denkens. Es fehlten weder Goethes noch Schillers Gedichte, aber es fehlte die Anerkennung von Interessen, die in der Familie nicht vorhanden waren. Was der Vater betrieb, war die konstante Entwertung, die Entwertung seiner selbst und des Lebens der andern.

Er war der Entwerter.

Das Leben war anderswo.

*(Aus: Christoph Meckel: Suchbild – Über meinen Vater.* 

## Notizen

# Migrantenliteratur (S. 344–357)

Thorsten Zimmer

## 1 Zielsetzung und Aufbau des Kapitels

Die auf Deutsch verfassten Werke der in Deutschland lebenden Migranten werden von der Literaturgeschichtsschreibung und -wissenschaft bisher allenfalls peripher berücksichtigt, obwohl es inzwischen eine beachtliche Zahl an mehr oder weniger populären Texten gibt, die der hypothetisch als »Migrantenliteratur« titulierten Literatursparte zugeordnet werden können.
Die wesentlichen Ursachen dieser Missachtung liegen dabei keineswegs in einer Ignoranz oder Arroganz der germanistischen Wissenschaft, sondern ergeben sich vielmehr aus konkreten, der Migrantenliteratur immanenten Eigenheiten. So besteht zwischen den hier zu berücksichtigenden Autoren nicht nur eine Uneinigkeit über die Bezeichnung der von ihnen bedienten Sparte, sondern auch über die grundsätzliche Angemessenheit der Zusammenfassung ihrer Werke und der damit verbundenen Abgrenzung gegenüber der übrigen deutschen Literatur. Viele der zu berücksichtigenden Autoren sind deutsche Staatsbürger und sehen sich – nachvollziehbarerweise – als deutsche Schriftsteller. Eine weitere Ursache der fehlenden Berücksichtigung ergibt sich aus dem Blick auf die Qualitäts- und Popularitätskriterien der Texte, die häufig weniger auf deren literarisch-ästhetischem Niveau gründen als in der gesellschaftlichen Relevanz und Brisanz der Migrationsproblematik.

Eine Berücksichtigung der Migrantenliteratur im Deutschunterricht ist dennoch naheliegend oder sogar notwendig, begegnen die Schülerinnen und Schüler hierbei doch Texten, deren Zeitbezug offensichtlich ist. Die Themen, die beschrieben und diskutiert werden, sind den Schülerinnen und Schülern bekannt, das Engagement der Texte wird sich ihnen schnell erschließen, sodass es zu einer motivierenden und weitreichenden Korrelation zwischen der Lebenswelt der Schülerinnen und Schüler und den Texten kommen kann. Längst bereichern kulturelle und nationale Vielfalt auch die Perspektiven innerhalb der konkreten Lerngruppen, sodass die Beschäftigung mit der Migrantenliteratur eine Unmittelbarkeit erreichen kann, die nicht für alle Themen des Deutschunterrichts selbstverständlich ist.
Dass die Beschäftigung mit den Texten die Empathie und das Fremdverstehen fördert und implizit auch den Blick auf die eigene kulturelle und nationale Identität zu differenzieren vermag, liegt dabei auf der Hand. Wenn es dem Unterricht gelingt, die – beidseitigen! – Vorurteile der Texte zu entlarven, ihre Entstehung nachzuvollziehen und differenziert über ihre Angemessenheit zu diskutieren, vermag er letztlich auch kommunikative Kompetenzen zu fördern und einen Beitrag zur Konfliktreduzierung zu leisten.
Über die beschriebenen sozialen und affektiven Intentionen hinaus ermöglicht die Beschäftigung mit den Texten auch einen sehr grundsätzlichen Blick auf die Funktion von Literatur. Alle Texte sind ebenso gesellschaftlich engagiert wie autobiografisch-psychologisch motiviert und im Sinne einer Selbstfindung und Selbstvergewisserung der Autoren zu lesen und zu diskutieren.

Der Blick auf die Migrantenliteratur im Deutschunterricht der Oberstufe ist daher nicht nur gesellschaftspolitisch naheliegend, sondern auch aus fachdidaktischer Sicht bereichernd und sinnvoll. Folgende Kompetenzen werden bei der Bearbeitung dieses Kapitels gefördert:

- literarische Texte verstehen;
- Literatur textimmanent und textübergreifend (z. B. autobiografisch oder sozialgeschichtlich) interpretieren;
- Erzählqualitäten wahrnehmen und beschreiben können;
- sich mit der identifikatorischen Wirkung von Sprache auseinandersetzen.

## 2 Aufgaben – Lösungen – Kommentare

### Innere und äußere Konflikte – lyrische Texte (S. 345–347)

#### Sich über die Thematik der Gedichte austauschen

**Informationen zu den Gedichten**
**Ingo Cesaro** veranschaulicht im Gedicht *Heimweh* die Sehnsucht der Migranten – es handelt sich wohl um Gastarbeiter – nach ihrer Heimat und ihre Hoffnung auf eine Rückkehr durch die Beschreibung einer scheinbar regelmäßig wiederkehrenden Situation. Wie Zugvögel, die sich im Herbst sammeln, um ihre gemeinsame Reise anzutreten, treffen sich die Ausgewanderten in Wartesälen und auf Bahnhöfen, um der potenziellen Abreise und ihrer Heimat etwas näher zu sein.

Das Gedicht *Biografie* von **Ares Ören** verarbeitet Schwierigkeiten in der gegenseitigen Wahrnehmung von türkischen Gastarbeitern und Deutschen und blickt damit auf grundsätzliche Probleme der Integration. Ironisch unterstellt das lyrische Ich die Interessenlosigkeit der Deutschen an dem Einwanderer, die auf dessen Seite dazu führt, dass er wesentliche Informationen seiner Biografie gar nicht preisgeben möchte. Beidseitige Voreingenommenheiten machen die Kommunikation unmöglich.

Das lyrische Ich in **Kemal Kurts** Gedicht *'schuldigung* wendet sich aus der Sicht der Gastarbeiter an die vermeintlichen Gastgeber und entschuldigt sich für eine Reihe von Alltäglichkeiten und Lebensnotwendigkeiten. Ironisch wird eine Unterwürfigkeit und Minderwertigkeit der Migranten im Gastland akzeptiert, die natürlich eine Reihe von Vorwürfen gegenüber den Deutschen impliziert. Es geht in dem Gedicht um Intoleranz und fehlendes Verständnis für die Situation der Gastarbeiter, damit auch um die Schwierigkeiten der Integration.

Poetischer als die anderen hier behandelten Gedichte blickt **Adel Karasholi** in dem Gedicht *Ölbaum und Eiche* auf die Empfindungen der Migranten. Hier geht es vor allem um die Frage nach der Identität und der kulturellen Beheimatung, wobei die beiden Bäume der Überschrift – mit autobiografischem Bezug – die Kulturräume Syrien und Deutschland symbolisieren, in deren Schatten das lyrische Ich zu wachsen versucht.

In **Nevfel Cumarts** Gedicht *Zwei Welten* wird der problematische Versuch des Migranten beschrieben, beide Kulturen und Lebenswelten – also die Kultur seiner Herkunft und die des Gastlandes – zu verbinden. Metaphorisch durch eine Brücke veranschaulicht, die sich zwischen beiden Identitäts-Ufern aufspannt und eine Verbindung herstellen möchte, scheint das lyrische Ich zunächst den Wunsch zu haben, eine neue Identität »zwischen den Kulturen« zu finden und dadurch beide Seiten verbinden und in sich aufheben zu können. Dies bleibt allerdings ein Wunsch. In der Realität werden weder die Entwurzelung auf der einen noch die Fremdheit auf der anderen Seite durch etwas Neues aufgehoben.

**Aufgabe 1** (S. 347)
Die Gedichte sind in unterschiedlichen Migrationsmilieus entstanden, vermitteln insgesamt aber dennoch einen guten Eindruck von der Stimmung und den Gefühlen der Eingewanderten. Vielleicht ist es sinnvoll, die unterschiedlichen Themen der Gedichte in einer Mindmap an der Tafel zu sammeln. Dies kann während der Besprechung oder – als Zusammenfassung – im unmittelbaren Anschluss daran geschehen. Die Mindmap kann als Grundlage für die weitere Diskussion der Thematik genutzt werden.

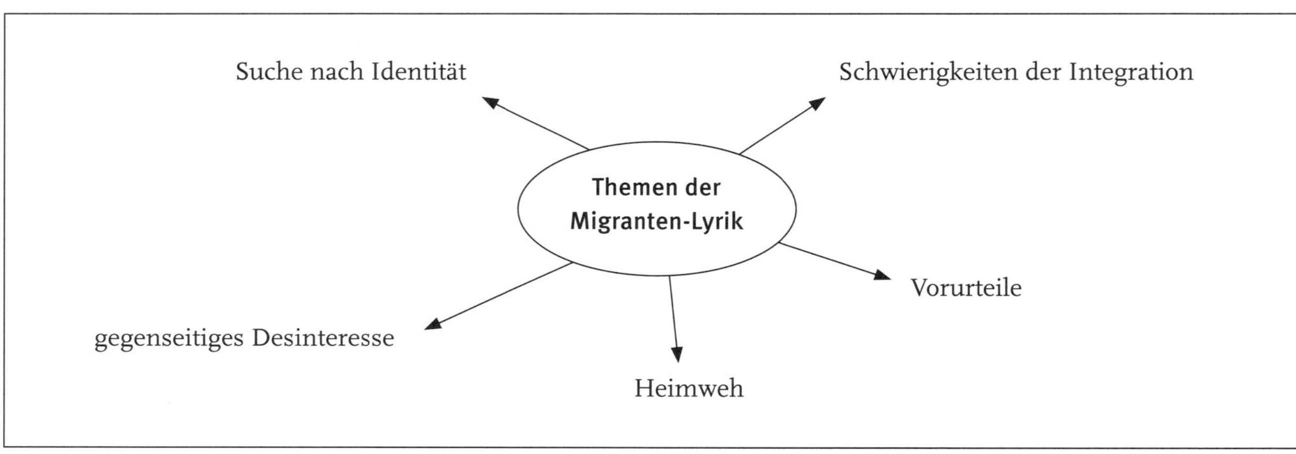


**Aufgabe 2** (S. 347)
Interessant und ergiebig wird das Interview sicher, wenn die Themen spontan oder anonym abgefragt werden. Eine spontane Umfrage kann mit der Methode »Blitzlicht« arbeiten. Hierzu sollte eine überschaubare Gruppe von Schülerinnen und Schülern gebeten werden, schnellstmöglich – ohne langes Nachdenken – ihre Assoziationen zu den einzelnen Begriffen zu äußern oder zu notieren. Nacheinander werden die Begriffe genannt und die Eindrücke gesammelt. Auch eine anonyme Umfrage, bei der die Schülerinnen und Schüler ihre Eindrücke zu den einzelnen Begriffen auf einem Blatt notieren können, liefert differenzierte Ergebnisse, die sich für den kontrastierenden Blick auf die Texte nutzen lassen. Weitere Begriffe, die abgefragt werden können, sind »Identität«, »Unterwegssein«, »Heimweh« und »Fremdsein«.

[Eine historische Einbettung der Texte in die Geschichte der Migration ermöglicht der Zusatztext **M 1**.]

**Aufgabe 3** (S. 347)
Der Vortrag wird den Schülerinnen und Schülern das Einfühlen in die Stimmungen der Gedichte vereinfachen. Der Differenziertheit der Vorüberlegungen und Deutungen entsprechend gibt es bei allen Gedichten sicherlich unterschiedliche Möglichkeiten zur emotionalen Nuancierung. Gerade die Gedichte, in denen Integrationsprobleme und gegenseitige Vorurteile und Vorbehalte angedeutet werden, lassen sich sehr unterschiedlich verstehen und vortragen. Mindestens wird man diskutieren können, ob die Texte die Situation eher bedauern – der Vortrag müsste traurig, resigniert gestaltet werden – oder ob die Aussagen als Vorwürfe zu verstehen sind. In diesem Fall wäre der Vortrag vorwurfsvoll, vielleicht ironisch zu gestalten. Wenn es die Lerngruppe erlaubt, sollten die gestische und mimische Begleitung des Vortrags ebenfalls bei der Diskussion berücksichtigt werden.
Eine andere Möglichkeit, die Auseinandersetzung mit den Texten und ihren Themen produktionsorientiert zu vertiefen, bietet das Erstellen von Collagen. Die Schülerinnen und Schüler erhalten den Arbeitsauftrag, den Text der Gedichte auf große Plakate zu kleben und durch passende – möglichst aktuelle – Bilder, Texte, Schlagzeilen oder Gegenstände so zu ergänzen, dass das Thema und die vermeintliche Aussage des Gedichtes deutlich werden.

## Fremd sein – epische Texte (S. 348–353)

### Sich mit Vorurteilen auseinandersetzen

**Aufgabe 1** (S. 349)
Das Schweigen des Gastwirtes in der Geschichte unterstreicht sicherlich grundsätzlich die Isoliertheit des schimpfenden Beamten. Er muss in die Kneipe gehen, um seine Stimmungen artikulieren zu können, weil ihm zu Hause offensichtlich niemand zuhört. Doch auch die Theken-Kommunikation ist nur eine scheinbare. Resultiert die Offenheit des Mannes zumindest teilweise aus seinem Alkoholkonsum, so stößt sie ja auch bei dem Barkeeper nicht wirklich auf ein offenes Ohr. Er beschränkt sich auf seine Funktion hinter der Theke und lässt sich an keiner Stelle auf das Gespräch ein.
Nimmt man im Zusammenhang mit dem formulierten Arbeitsauftrag an, der Barkeeper ließe sich doch noch auf ein Gespräch ein, muss zunächst geklärt werden, welche grundsätzliche Position er einnehmen könnte. Stimmt er dem klagenden Beamten zu? Verteidigt er die Gastarbeiter? Wie viel Verständnis hat er? Im Sinne einer kontrastiven Vertiefung des in der Geschichte Beschriebenen, ist es sicherlich reizvoll, dem Barkeeper eine Entlarvung der Vorurteile und der Spießigkeit seines Gastes in den Mund zu legen. Vielleicht verteidigt er die Gastarbeiter, weil er andere Erfahrungen mit ihnen gemacht hat oder weil er selbst einmal im Ausland gearbeitet hat.

Ein Dialogauszug könnte folgendermaßen beschrieben werden:

BARKEEPER: Ist aber auch schwer als Ausländer. Ich hab selbst mal im Ausland gearbeitet…
MÜLLER: Was? In der Türkei?
BARKEEPER: Nein, nein. Kanada. Ich wollte…
MÜLLER: Das ist doch was anderes. Da ist man doch kein Ausländer. Das sind doch Amerikaner…
BARKEEPER: War auch nicht so leicht. Fremde Sprache, keine Arbeitserlaubnis…
MÜLLER: Ich finde, das kann man nicht vergleichen. Sie wollten doch nicht einfach etwas von dem Wohlstand des Landes geschenkt bekommen…
BARKEEPER: Wollen ihre Klienten denn etwas geschenkt bekommen?
MÜLLER: Ich bitte Sie! Haben Sie mir nicht zugehört?
BARKEEPER: Entschuldigen Sie… aber ich habe das Gefühl, Sie sind mit Ihrer eigenen Situation nicht zufrieden… Sie wirken etwas einsam…
MÜLLER: Was? Ha! Das muss ich mir nicht anhören. Ich nicht! *(Zieht Fotos aus dem Portemonnaie)*. Hier: Reihenhaus in der Südstadt – fast abbezahlt. Meine Frau brauchte nie etwas zu arbeiten. Und hier, mein Jüngster… wird Betriebswirt… Im April geht er für ein Jahr nach New York…
BARKEEPER: Ins Ausland!?
MÜLLER: Wollen Sie es nicht verstehen? Ausland ist nicht gleich Ausland!
BARKEEPER: Zum Glück ist »Deutscher« auch nicht gleich »Deutscher«.

**Aufgabe 2** (S. 349)
Die Diskussion hängt von den konkreten Schülerideen ab. Aspekte, die umgesetzt und angesprochen werden könnten, sind zum Beispiel:

- Der Beamte erlebt die aufgeschlossene und emotionale Welt der Gastarbeiter als Kontrast zu seiner eigenen Spießigkeit. Das Provokante besteht darin, dass er sein eigenes Leben infrage stellen müsste. (Dies ist sicherlich auch eine wesentliche Aussageabsicht der Geschichte).
- Viele seiner Äußerungen sind sehr plakative Vorurteile.
- Viele seiner Erlebnisse machen die beschriebenen Gastarbeiter sehr sympathisch und ihn selbst sehr unsympathisch.

- Auf beiden Seiten sind Vorurteile feststellbar: Der Charakter des Beamten Müller ist ja ebenso übertrieben und karikaturhaft wie seine Wahrnehmung der Ausländer.

**Aufgabe 3** (S. 349)
Als typische Merkmale einer Satire lassen sich zum Beispiel nennen:

- Entlarvung menschlicher Schwächen und Fehler,
- Anprangerung/Anklage menschlicher Laster,
- übertriebene Darstellung bestimmter Wertvorstellungen,
- häufig ironische Sprachverwendung,
- Ziel: Wachrütteln, Aufmerksamkeit erwecken, Kritisieren.

Diese Merkmale lassen sich in der Geschichte von Rafik Schami belegen. Entlarvt und angeprangert werden sollen natürlich die Spießigkeit und Borniertheit des Beamten, der die Ausländer als Provokation empfindet und es nicht schafft, seinen kritischen Blick auf sein eigenes Leben anzuwenden. Die Ironie liegt auch darin, dass der Umgang mit den ausländischen Antragstellern den Inhalt seines Berufes bildet. Er hat ja eben die Aufgabe, die Anträge entgegenzunehmen und wird dafür bezahlt. Übertrieben und ironisch ist auch die Art, in der der Beamte die Ausländer benennt und darstellt. Eine Ansammlung von Vorurteilen und Schimpfwörtern wird aufgeführt, die in der Realität sicherlich nicht aus dem Mund eines einzigen Menschen zu vernehmen sind. In dem Beamten kulminieren vielmehr zahlreiche bekannte Vorwürfe gegenüber den Ausländern. Auch die Darstellung der Ausländer selbst weist satirische Züge auf. Sie benehmen sich gerade so, dass sich alle Vorurteile bestätigen. Sie haben unaussprechliche Namen, sie wirken ungepflegt, haben keine Achtung vor Verwaltungsnotwendigkeiten, äußern sich unverbindlich, handeln, bestechen, sind faul und unzuverlässig.
Satirisch überzeichnet ist auf der anderen Seite auch der Beamte, der als Inbegriff einer perspektivenlosen Spießigkeit vorgestellt wird. Auch das beschriebene Ziel der Satire kann für die Geschichte vom Kummer des Beamten Müller bestätigt werden: Hier geht es um ein Wachrütteln, ein Aufmerksammachen hinsichtlich gegenseitiger Vorurteile, deren Ausräumen erst die Grundlage einer interkulturellen Kommunikation und Integration sein kann.

## Die Erlebnisse des Icherzählers beschreiben

**Aufgabe 1** (S. 351)
Der kleine Aleksander hat ein sehr inniges Verhältnis zu seinem Großvater. Die beiden scheinen sich sehr nahezustehen und sich sehr ähnlich zu sein. Brisant und traurig wird diese Nähe natürlich durch den beschriebenen Tod des Großvaters. Textstellen und Einzelheiten, die markiert oder notiert werden könnten, sind:
*Z. 2–3:* Gegenseitiges Verständnis, Nähe
*Z. 6:* Der Junge bewundert seinen Großvater, er stellt ihn neben den Volkshelden Gagarin.
*Z. 15:* Die ironisch-emotionslose Beschreibung des Todes zeigt, dass der Junge den Tod nicht wahrhaben möchte. Er ist seinem Großvater noch so nahe, dass er dessen Sterben nicht glauben kann und nicht als Realität akzeptiert.
*Z. 41–42:* Der Junge glaubt seinem Großvater auch die ungewöhnlichsten Aussagen. Er fühlt sich in dessen Weltsicht sicher aufgehoben. Die Fantasie scheint die große, verbindende Gemeinsamkeit der beiden zu sein.
*Z. 50–63:* Die Ereignisse beschreiben die ungeheure Tiefe der Trauer und die Flucht vor der Realität.
*Z. 66:* Das Versprechen belegt, dass die Nähe zum Großvater für den Jungen auch in Zukunft bestehen bleiben wird. Das Erzählen wird die Beziehung lebendig halten.

**Aufgabe 2** (S. 351)
Folgende Besonderheiten lassen sich im abgedruckten Textauszug beschreiben:
*Z. 2:* Ironie (in den Bewertungen des Alters)
*Z. 5:* Verbindung von öffentlichen Themen und Ereignissen mit Familiärem und Privatem
*Z. 9:* Überraschende Ereignisse werden in lakonischer Erzählweise vermittelt. Wichtiges scheint als Nebensächlichkeit dargestellt.
*Z. 12–13:* Verbindung von öffentlichen Themen und Ereignissen mit Familiärem und Privatem
*Z. 15:* Bagatellisierung, naiver Erzählstil aus Sicht des Kindes
*Z. 16:* Sachliche Darstellung von sehr emotionalen Ereignissen
*Z. 19:* Bagatellisierung
*Z. 20:* Naiver Erzählstil aus Sicht des Kindes
*Z. 24:* Metaphorik
*Z. 26:* Metaphorik
*Z. 32–37:* Mitteilung von Familiärem und Privatem, Vermischung von Emotionen
*Z. 46–47:* Verbindung von öffentlichen Themen und Ereignissen mit Familiärem und Privatem
*Z. 57–60:* Naiver Erzählstil aus Sicht des Kindes, Verbindung von öffentlichen Themen und Ereignissen mit Familiärem und Privatem

**Aufgabe 3** (S. 352)
Für Aleksander und seine Familie entwickelt sich während des Aufenthaltes in Deutschland eine Horizonterweiterung im Sinne eines Interesses an Ereignissen in anderen Ländern. Im abgedruckten Textauszug wird der Fernseher zum Symbol für diese Öffnung, gleichwohl die Themen, die sich durch seine technischen Möglich-

keiten eröffnen, von sehr unterschiedlicher Art und Qualität sind. Einen charakteristischen Unterschied der beiden Länder – Bosnien und Deutschland – beschreibt die Polizei, wie Aleksander sie schildert. Ernsthaftigkeit, Konsequenz, Disziplin und Gewalt gehören zu ihren Attributen und machen sie offensichtlich wenig sympathisch – erst recht nicht im Vergleich mit der Polizei in der bosnischen Heimat. Auch das Wort »Fristen« scheint für den Schreiber ein Charakteristikum Deutschlands zu sein, das er vor allem als konsequenten Verwaltungs- und Behördenstaat wahrnimmt. Die Aufzählungen am Ende des Briefes beschreiben die Freizeitbeschäftigungen eines deutschen Jugendlichen in den 1990er-Jahren. Vor allem das fortschrittliche technische Niveau wird angedeutet. Die Verfügbarkeit der Technik – hier in Form eines Computerspiels – wird als Grundlage für Beziehungen und Integration dargestellt.

**Aufgabe 4** (S. 353)
Die beschriebenen Themen sind zentrale Aspekte des Romans und beschreiben die Fragen, die den Such- und Adoleszenzprozess des Hauptprotagonisten begleiten. Insgesamt muss er sich mit der Tatsache abfinden, dass der Krieg zu einer Entwurzelung der Bosnier führt. Viele Rituale und Muster, die das Leben auf dem Dorf bisher strukturierten, prägten und sinnvoll machten, taugen nicht mehr angesichts der radikalen Veränderung der Lebenssituation. Sicherlich erlebt der Junge in der Emigration nach Deutschland in vieler Hinsicht eine Bereicherung und eine Öffnung, die Entwurzelung und die Trauer um den Heimatverlust prägen den Roman allerdings deutlich. Gerade die vermeintliche Vertraute Asija wird zur Symbolfigur der Sehnsucht nach der Vergangenheit und der Heimat. Seine Identität verliert Aleksander insofern nicht, als er das Versprechen an seinen Großvater, niemals mit dem Erzählen aufzuhören, konsequent weiterverfolgt. In seinen Fantasiewelten bleibt sein Leben erfüllt, die Beziehungen und Verwurzelungen sind intakt.

Im Vergleich mit den lyrischen Texten wird die abweichende Migrationssituation deutlich. Anders als die lyrischen Ichs der Gedichte beurteilt Aleksander Deutschland nicht aus der Sicht eines Gastarbeiters. Die Perspektive des Kriegsflüchtlings, der die Lebensgefahr einer Belagerung erfahren hat, ist weitaus versöhnlicher. Trotz der oben beschriebenen Darstellungen der Polizei oder der Kritik am deutschen Verwaltungsstaat scheint der Bosnier keine Integrationsprobleme zu haben, die auf einer wie auch immer gearteten Ablehnung durch die Deutschen beruhen. Das Heimweh und die Sehnsucht Aleksanders beziehen sich auf den Tod des Großvaters und den Verlust des Heimatortes samt seiner Bewohner, an denen die Deutschen keinen aktiven Anteil haben. Auch Sprachprobleme spielen bei der Beschreibung der Migrationssituation Aleksanders keine Rolle.

## Gast, Gastarbeiter, Deutscher? – pragmatische Texte (S. 354–357)

### Sich mit Problemfeldern der Gastarbeiter beschäftigen

**Aufgabe 1** (S. 355)
Der Text verfolgt insgesamt einen sozialkritischen Ansatz und schlägt phasenweise einen klassenkämpferischen Ton an. Problemfelder, die angesprochen werden, sind:

- Demütigungen im Alltag als Fremde in Deutschland,
- die problematische Identitätssuche, das Leben zwischen den Kulturen,
- Beschreibung der Lebensbedingungen der Ausländer in Deutschland, Isolation,
- das Schicksal der Migranten im Heimatland,
- die zerstörte Hoffnung der Migranten auf eine Rückkehr in ihr Heimatland,
- Unsicherheiten in Deutschland aufgrund vieler Gesetze,
- Ausländerfeindlichkeit in Deutschland,
- die Angst vor der Ausweisung,
- Kommunikationsprobleme,
- das Phänomen der Überanpassung an Deutschland,
- Integrationsprobleme,
- Konflikte der verschiedenen Gastarbeitergruppen untereinander.

**Aufgabe 2** (S. 355)
Der Roman von Sasa Stanisic befasst sich nicht mit der Gastarbeiterproblematik und gehört in einen anderen Migrationskontext. Er kann allerdings kontrastiv eingesetzt werden, indem das transportierte Deutschlandbild mit dem des Textes von Schami und Biondi verglichen wird. Mindestens der Blick auf den Grund der Ausreise aufgrund der Situation in der Heimat und die Erfahrungen des deutschen Verwaltungs- oder Behördenstaates zeigen dabei interessante Ähnlichkeiten.
Vor allem der Aspekt des übermächtigen Verwaltungsstaates, der – ohne auf den konkreten Menschen zu blicken – über die Zukunft und das Wohlergehen der Gastarbeiter entscheiden kann, ist ein Thema der kurzen Geschichte *Der Kummer des Beamten Müller*. Personifiziert durch den unsympathisch-spießigen Beamten wird die Behörde als mächtig, unmenschlich, auch unwissend und intolerant gezeigt. Integrations- und Kommunikationsprobleme werden ebenfalls angedeutet.
Zahlreiche Gemeinsamkeiten mit den Themen des Textes weisen die Gedichte aus dem ersten Teil des Kapi-

tels auf. Sie lassen sich als Illustration und Veranschaulichung dessen, was der Text benennt, heranziehen.

So verdeutlicht das Gedicht *Heimweh* von Ingo Cesaro die Stimmung der Einwanderer, die die Hoffnung auf eine Heimreise noch nicht ganz aufgegeben haben, obwohl sie immer wieder damit konfrontiert werden, diese noch aufschieben zu müssen. Ares Örens Gedicht *Biografie* spielt polemisch und ironisch mit dem Vorurteil, der deutsche Staat und die Deutschen seien vor allem an den Passdaten des Einwanderers interessiert, weil diese für ihren Verwaltungsapparat notwendig sind. Fehlende Kommunikation und gegenseitiges Misstrauen sind weitere gemeinsame Themen. Schon der Titel des Gedichtes von Kemal Kurt – *'schuldigung* – suggeriert, dass sich das Gedicht auf die angesprochene »Überanpassung« der Ausländer an die Deutschen beziehen lässt. Selbst für Belanglosigkeiten entschuldigt sich das lyrische Ich. Ob die Hoffnung auf eine Akzeptanz oder Integration hier noch besteht, kann nicht geklärt werden. Identitätsprobleme und das Leben zwischen den Kulturen sind die vergleichbaren Themen der Gedichte *Ölbaum und Eiche* von Adel Karasholi und *Zwei Welten* von Nevfel Cumart.

## Die Einstellung des Autors zur deutschen Sprache untersuchen

**Aufgabe 1** (S. 357)
Die zentrale These des Textes besteht darin, dass Schriftsteller, deren Werke in deutscher Sprache verfasst sind, als deutsche Schriftsteller zu bezeichnen sind – unabhängig von dem Blick auf ihre Herkunft und Vergangenheit. Belfellah wehrt sich gegen eine Kategorisierung als ein »in deutscher Sprache schreibender Ausländer«. Zwangsläufig tangieren seine Überlegungen die grundsätzlichen Identitäts- und Integrationsprobleme der Migranten in Deutschland.
Belfellah erfährt Sprache als naheliegenden Ort und als hinreichendes Medium der Selbstverwirklichung eines Schriftstellers und beansprucht für sich, eben dies in der deutschen Sprache gefunden zu haben. Eine weitergehende nationale oder kulturelle Identifikation erfolgt für ihn durch das Benutzen der Sprache, womit er einen engen Zusammenhang zwischen der Wahrnehmung der Welt und der Sprache, die zu ihrer Beschreibung benutzt wird – also einen engen Zusammenhang zwischen Sprechen und Denken –, unterstellt. Durch das Benutzen der deutschen Sprache kommt es für ihn nicht bloß zu einer Identifikation des Sprachbenutzers mit der Sprachgemeinschaft, sondern zu einer darüber noch hinausgehenden Korrelation: Die Sprache trägt zur Identität des Dichters bei wie der Dichter zur Identität der Sprache. Indem die Leser in einem ebensolchen Verhältnis zur Sprache stehen, entsteht – aufgrund des Mediums Sprache – eine enge Verbundenheit zwischen Werk, Dichter und Leser, in welcher auch die gesamte sprachliche – und damit literarische – Tradition des Sprachraums aufgehoben ist. Von der Herkunft des Sprachbenutzers, seiner Hautfarbe oder anderen äußeren Eigenschaften bleibt diese Beziehung völlig unberührt.

[Die Auseinandersetzung mit diesem Text lässt sich durch eine Verbindung mit der Bearbeitung des Textes **M 2** weiterführen und vertiefen.]

## 3 Ergänzungen und Vertiefungen

**M 1**

**Informationstext:** Veysel Özcan: *Die Geschichte der Migration in Deutschland*

Der Text liefert einen ersten Überblick über die Migrationsgeschichte in Deutschland seit 1945. Er lässt sich als Ausgangspunkt für eine weitergehende grundsätzliche Beschäftigung mit der Thematik nutzen. Die genannten Informationen können dabei zu einer weiteren Auseinandersetzung mit den Materialien des Kapitels genutzt werden. Folgende Stationen der Migrationsgeschichte werden genannt:

- 1945–1949: Rund 12 Mio. Vertriebene und Flüchtlinge siedeln nach Westdeutschland um.
- 1955: Zwischen Deutschland und Italien wird ein erstes Anwerbeabkommen geschlossen.
- 1960/1961/1968: Anwerbeabkommen mit Spanien, Griechenland, der Türkei und Jugoslawien.
- 1971: Verlängerung der Aufenthaltsgenehmigung wird vereinfacht; Einschränkung des »Rotationsmodells«.
- 1973: »Anwerbestop«, es leben rund 2,6 Mio. erwerbstätige Ausländer in der damaligen Bundesrepublik.
- 1970er-/1980er-Jahre: Rechtliche Verbesserungen für die ausländischen Arbeitskräfte.
- Seit Ende der 1980er-Jahre: steigende Beschäftigung temporär beschäftigter ausländischer Arbeitskräfte.
- Ab 2000: »Green-Card« zum Anwerben ausländischer Arbeitskräfte mit befristeten Stellen.
- Neben ausländischen Arbeitern wandern auch Spätaussiedler und Asylbewerber in Deutschland zu.

**M 2**

**Zusatztext:** Tom Cheesman / Deniz Göktürk: *Türkische Namen, deutsche Texte*

Der Text bietet einen Ausgangspunkt für den Blick auf die Bewertung der türkischen Migrantenliteratur und ihre Rolle innerhalb der deutschsprachigen literarischen Landschaft. Er eignet sich für eine Diskussion zu der Frage, wie sinnvoll und legitim eine Unterscheidung zwischen »deutscher« und »deutschsprachiger Migrantenliteratur« ist. Die Hauptaussagen sind:

- Die inzwischen umfangreiche Literatur deutsch-türkischer Schriftsteller wurde in der Vergangenheit nicht genug gewürdigt.
- Die bekanntesten literarischen Repräsentanten der deutsch-türkischen Kultur wurden von Deutschen geschaffen und waren zumindest tendenziell unauthentisch.
- Inzwischen ist eine Veränderung erkennbar: Texte türkischer Autoren stehen auf den Bestsellerlisten und werden bei Literaturpreisen berücksichtigt.
- Die Verleihung des Bachmann-Preises an Emine Özdamar war umstritten. Man glaubte, die Sympathien der Juroren hätten sich eher auf die »Ausländerin« als auf ihre Texte bezogen.
- Der zweite Roman Özdamars trug zur Reduzierung der Unterscheidung zwischen deutscher und »deutschsprachiger türkischer« Literatur bei.
- Insgesamt sind die literarische Szene und die deutsche Alltagskultur allerdings noch von einem »Differenz-Multikulturalismus« bestimmt.

**M1**

**Aufgaben:** 1. Fassen Sie die Informationen zur Geschichte der Migration in Deutschland in einem übersichtlichen Zeitstrahl zusammen.
2. Ordnen Sie die Texte des Kapitels in die Geschichte der Migration in Deutschland ein. Welche Textinformationen passen zu den einzelnen Texten?

## Die Geschichte der Migration in Deutschland (2007) Veysel Özcan

### Vertriebene, Flüchtlinge und Übersiedler

Zwischen 1945 und 1949 kamen ca. 12 Mio. Vertriebene und Flüchtlinge als deutsche Staatsangehörige in das Gebiet der heutigen Bundesrepublik. Nach Gründung der DDR im Jahr 1949 und bis zum Bau der Berliner Mauer 1961 übersiedelten 3,8 Mio. von Ost- nach Westdeutschland.

### Ausländische Arbeitskräfte und deren Familien

Schon während dieser Zeit schloss die Bundesrepublik mit Italien (1955) ein erstes Anwerbeabkommen zur Rekrutierung von Arbeitskräften ab. Westdeutschland befand sich im wirtschaftlichen Aufschwung, gleichzeitig herrschte im Inland eine Knappheit an Arbeitskräften. Weitere solcher Abkommen folgten unter anderem mit Spanien (1960), Griechenland (1960), der Türkei (1961) und Jugoslawien (1968).
1968 lebten 1,9 Mio. Ausländer in der Bundesrepublik, davon waren 1 Mio. erwerbstätig. Innerhalb von 5 Jahren, bis zum Anwerbestopp 1973, erreichte die Zahl der Erwerbstätigen mit 2,6 Mio. ihren bis heute höchsten Wert. Die größten Gruppen unter den ausländischen Beschäftigten waren zum damaligen Zeitpunkt 605.000 Türken und 535.000 Jugoslawen, gefolgt von 450.000 Italienern, 250.000 Griechen und 190.000 Spaniern.
Im selben Zeitraum stieg auch die Zahl der Ausländer insgesamt auf 4,0 Mio., womit sie sich im Vergleich zu 1968 mehr als verdoppelte. Die quantitative Schere zwischen ausländischen Erwerbstätigen und der ausländischen Wohnbevölkerung insgesamt ging seit Anfang der 1960er-Jahre bis heute stetig auseinander.
Dabei war der Daueraufenthalt der angeworbenen Arbeitskräfte offiziell zunächst nicht vorgesehen, vielmehr sollten sie nach einem begrenzten Aufenthalt wieder in ihre Heimatländer zurückkehren. Doch dieses sogenannte »Rotationsmodell« stieß alsbald auf Widerstand bei den Arbeitgebern, die nicht ständig neue Arbeitskräfte anlernen wollten. Die Verlängerung der Aufenthaltsgenehmigungen wurde 1971 erleichtert, was dazu führte, dass sich der Aufenthaltsstatus der »Gastarbeiter« verfestigte und sie ihre Familienangehörigen nachholten. Die Rechte von ausländischen Arbeitnehmern wurden darüber hinaus durch mehrere Entscheidungen des Bundesverfassungsgerichtes in den 1970er- und 1980er-Jahren gefestigt, sodass ihr Aufenthalt aufgrund ihres rechtlichen Status nicht mehr von der Lage auf dem Arbeitsmarkt abhing. Diese Statusverbesserung bezog sich im Mai 1972 auf 40 % aller damaligen »Gastarbeiter« (rund 900.000 ausländische Arbeitskräfte), darunter 400.000 Italiener als Angehörige eines EWG-Mitgliedstaates in Deutschland.
[...]

Die temporäre Beschäftigung von ausländischen Arbeitnehmern, darunter Werkvertrags- und Saisonarbeitnehmer sowie Schaustellergehilfen, spielt in der Bundesrepublik seit Ende der 1980er-Jahre wieder eine beachtliche Rolle. Im Jahr 2005 wurden 320.383 Genehmigungen für Saisonarbeitnehmer und Schaustellergehilfen erteilt. Die durchschnittliche Zahl der Werkvertragsarbeitnehmer lag im Jahr 2003 noch bei 43.804. Der Rückgang auf 21.916 im Jahr 2005 ist vor allem auf den Beitritt mittel- und osteuropäischer Staaten zur Europäischen Union zurückzuführen. Personen aus diesen Staaten können in einigen Wirtschaftsbereichen ihre Dienste seitdem unabhängig von bilateralen Werkvertragsabkommen anbieten.
Auch die sogenannte Green Card diente zur Anwerbung von Arbeitskräften für eine befristete Beschäftigung (5 Jahre). Zwischen 1. August 2000 und 31. Dezember 2004 wurden 17.931 Arbeitsgenehmigungen für ausländische Fachkräfte in der Informationstechnologie zugesichert, von denen 13.041 tatsächlich in Anspruch genommen wurden.

### (Spät-)Aussiedler

Neben der Anwerbung von Arbeitskräften waren (Spät-)Aussiedler eine weitere bedeutende Quelle der Zuwanderung. (Spät-)Aussiedler sind Deutschstämmige aus Mittel- und Osteuropa sowie aus den Nachfolgestaaten der Sowjetunion. Zwischen 1950 und 1987 kamen 1,4 Mio.

Aussiedler nach Deutschland, vor allem aus Polen und Rumänien. Wie auch die Zahl der Asylbewerber (siehe unten) nahm die Zahl der jährlich einreisenden Aussiedler in der Folgezeit stark zu. 1990 erreichte sie mit 397.000 ihren Höhepunkt.

Zwischen 1988 und 2005 kamen auf diese Weise insgesamt 3 Mio. Personen nach Deutschland. Die Zahl der jährlich zuwandernden Aussiedler ist seit Mitte der 1990er-Jahre rückläufig, unter anderem aufgrund gesetzlicher Maßnahmen wie der Einführung eines jährlichen Kontingentes und der Verpflichtung zum Nachweis deutscher Sprachkenntnisse vor der Einreise. Im Jahr 2005 wurden 35.522 einreisende (Spät-)Aussiedler gezählt. Seit 2005 müssen auch die Familienangehörigen Deutschkenntnisse nachweisen.

(Spät-)Aussiedler und ihre Nachkommen spielen in der politischen und öffentlichen Integrationsdebatte eine eher untergeordnete Rolle, obwohl es sich de facto um Migranten handelt, die ähnlich wie andere Zuwanderergruppen mit Integrationsproblemen im Bildungsbereich oder auf dem Arbeitsmarkt konfrontiert sind.

*(Aus: http://www.focus-migration.de/Deutschland_Update.1509.0.html, 15.05.2009)*

**M2**

**Aufgabe:** Notieren Sie thesenartig die Aussagen, die der Text über die Situation der Migrantenliteratur im Jahr 1999 macht.

## Türkische Namen, deutsche Texte. Ein Literaturüberblick Ende 1999

Tom Cheesman / Deniz Göktürk

Schriftsteller mit nichtdeutschem Hintergrund – von Kemal Kurt als die »Fünfte Literatur« bezeichnet – sind derzeit in der deutschen Literatur äußerst präsent. Die größte ›ethnische Minorität‹ Deutschlands umfasst über zwei Millionen türkische Deutsche oder Deutsch-Türken. Wird ihre Stimme auf dem literarischen Markt tatsächlich gehört?

In Sachen Literatur wurde bis jetzt mehr über Deutsch-Türken gesprochen, als dass sie selbst zu Wort (oder besser gesagt: zum Schreiben) kämen. Kemal Kayankaya, der hartgesottene, des Türkischen nicht mächtige Detektiv in Happy Birthday, Türke (1987) und anderen Romanen, ist eine Erfindung von Jakob Arjouni – und der ist, nach welchen Kriterien auch immer, keineswegs türkisch, selbst wenn das international erfolgreiche Marketing des Buches und des nachfolgenden Films dies glauben machen konnte. Es gab sogar peinliche Zwischenfälle, als die Organisatoren multikultureller Literaturfestivals in letzter Minute feststellten, dass Arjouni nicht auf authentische Weise für die Belange von Migranten, ja nicht einmal der bikulturellen Nachkommen von Migranten sprechen konnte, sodass sie seine Einladung zurücknehmen mussten. Auch zeichnete die international einflussreichste und am meisten wahrgenommene Repräsentation von Deutsch-Türken, Günther Wallraffs Buch und Film *Ganz unten* (1985) – das schnellstverkaufte Buch in der Geschichte der BRD – Gastarbeiter ausnahmslos als der Artikulation unfähige, leidende Opfer bösartiger deutscher Ausbeuter. Und die am meisten gepriesene literarische Darstellung eines türkischen Immigranten in Deutschland stammt von einem anderen gar nicht türkischen Deutschen, Sten Nadolny, in seinem Roman *Selim oder die Gabe der Rede* (1990). Dies ist die Geschichte einer türkisch-deutschen Freundschaft in Verbindung mit der politischen Geschichte der BRD in den 60er-Jahren, deren Struktur exakt auf dem Kritikpunkt basiert, den ich hier zu verdeutlichen suche: Während Selim ein als genialer Geschichtenerzähler gefeierter ›Sprecher‹ ist, stammt seine eigene Geschichte jedoch vollständig von einem Erzähler, der ein deutscher ›Schriftsteller‹ ist.

Doch die Zeiten ändern sich. Eine vielfältige Bandbreite von Stimmen in neuen Texten von türkisch-deutschen Autoren lässt die Kategorisierungen scheitern und widersetzt sich der Marginalisierung. Die Zeiten der ›Gastarbeiterliteratur‹ und ›Migrantenliteratur‹, die auf einen engen Bereich von Stilen und Inhalten beschränkt waren, sind vorüber (nun ja, so gut wie). Türkische Namen erscheinen auf deutschen Bestsellerlisten. [...]

Türkische Namen tauchen auch unter den Gewinnern der angesehensten Literaturpreise auf. Zehra Çirak gewann den Hölderlin Preis für Lyrik 1994 und Emine Sevgi Özdamar erhielt 1991 den Ingeborg Bachmann Preis für den Roman *Das Leben ist eine Karawanserei hat zwei Türen aus einer kam ich rein aus der anderen ging ich raus* – ein fiktionalisierter und poetisierter Bericht über ihre Kindheit in der Türkei der 50er-Jahre, der mit ihrem Aufbruch nach Deutschland im Alter von 18 Jahren abschließt, um in einer Fabrik zu arbeiten und ihr Interesse am Theater weiterzuverfolgen. [...]

Die Entscheidung, [ihr] den Bachmann-Preis zu verleihen, war höchst umstritten. Sie wurde in weiten Kreisen eher als Zeichen einer warmherzigen, liberalen Sympathie für ›ausländische Mitbürger‹ im Allgemeinen und Türken im Besonderen zu einer Zeit aufsehenerregender Brandanschläge auf die Wohnungen von exponierten ›Nicht-Deutschen‹ in der Folge der deutschen Einheit gesehen, denn als ein abgeklärtes Maß für literarische Qualität. Nicht nur einige deutsche (inklusive deutsch-türkische) Kommentatoren, sondern auch einige andere Diaspora-Türken und durchaus auch Türken in der Türkei fragten sich, ob *Karawanserei* tatsächlich solch eine hohe Auszeichnung verdiente (wobei Verlage übrigens den Bachmann-Preis als das Todesurteil für die Verkaufszahlen betrachten, da er für gewöhnlich für irritierende, experimentelle Prosa verliehen wird). Doch der zweite Roman, obwohl stilistisch weniger innovativ, bestätigt Özdamars Projekt als einen wichtigen Beitrag zur Aufhebung der Unterscheidung zwischen deutschen und türkischen nationalen Traditionen, der deutsche Leser (und in Übersetzung auch andere) aufklärt über die feministischen und undogmatischen linken Ansichten zur Sozial- und Kulturgeschichte der zeitgenössischen Türkei und (in ihrem bisherigen Werk zu einem geringeren Grad) des zeitgenössischen Deutschlands. [...]

Mit ihren verschiedenen Akzenten und Akzentuierungen regen alle hier vorgestellten Schriftsteller zum Nachdenken über die Position ethnisch ›Nicht-nur-Deutscher‹ an: vor allem jener Deutschen, deren Namen und Gesichter sie in die Lage bringen, als Angehörige einer diskriminierten Minderheit etikettiert zu werden. Deutschland könnte endlich – mit dem neuen Gesetz zur Staatsbürgerschaft – kurz davorstehen, die offizielle Gleichung von Nation und ethnischer Zugehörigkeit ad acta zu legen. Doch die bürgerliche Gesellschaft, eingeschlossen die Publikations- und Marketingindustrie, beteiligt sich am Differenz-Multikulturalismus, der, wie ein Großteil der politischen und der Popkultur des Landes, aus den USA importiert wurde. Was auch immer dies noch bedeuten mag, es scheint ziemlich sicher, dass der soziokulturelle Druck, der durch die Ambiguitäten des gleichzeitigen Dazugehörens und Ausgeschlossenseins produziert wird, noch für einige Zeit weiterhin in allen möglichen Formen des kreativen Schreibens verarbeitet werden wird.

*(Aus dem Englischen von Alexander Schlutz. Dieser Essay erweitert einen Artikel, der von New Books in German in Auftrag gegeben wurde, einer Zeitschrift, die amerikanische, britische und andere Verlage auf deutsche Literatur aufmerksam macht.)*

*(Aus: http://parapluie.de/archiv/generation/texte/parapluie-generation_texte.pdf, 15.05.2009)*